国家社科基金
后期资助项目
GUOJIA SHEKE JIJIN HOUQI ZIZHU XIANGMU

营业转让制度研究

—— 以日本法为中心展开

The Study of the System of Business Transfer:
Centering on Japanese Law

刘小勇　著

中国人民大学出版社
·北京·

目　录

第一章 导　　论

一、营业转让的功能、必要性及客观性

在我国的经济活动中，经常会发生各类市场主体将其资产整体转让给他人，由他人在该资产的基础上继续进行原经营活动的现象，小到个体户，大到上市公司，都会自觉利用这一方式以满足各自的目的与需求。这些经济活动主要有如下表现形式，如某个体工商户为转换经营或搬迁而将其店铺及营业一起转让给他人；又如，地方政府为盘活国有资产而将其所属的国有小企业转让给民营企业乃至外资企业；又如，某国际知名企业为优化其经营结构，将其意欲放弃的某产品的生产销售业务一并转移给中国企业[1]；又如，一些大型企业为实现上市，通常采取的手法是先成立一家股份有限公司，然后将其主业资产注入该公司以使其上市[2]；再如，在资本市场上，大股东们通常热衷于围绕其上市子公司进行资产重组或置换以实现集团公司整体上市等目的[3]；等等。尽管实施这类经济行为的主体各不相同、其目的与动机各异，但却存在着一个共同点：它

---

[1] 如 IBM 向联想转让其个人电脑制造及销售业务。

[2] 如武汉钢铁股份有限公司、鞍钢股份有限公司以及同仁堂科技发展股份有限公司等的上市（参见许海峰主编：《资产重组》，316 页，北京，人民法院出版社，2005）。

[3] 如为实现集团公司的整体上市，中国东方航空集团公司将其全资下属子公司中国东方航空云南公司和中国东方航空西北公司拥有的全部航空主业及关联资产转让给其上市子公司——中国东方航空股份有限公司。参见史建三等：《东方航空股份有限公司收购云南航空、西北航空》，见史建三主编：《中国并购法报告（2006 年卷）》，北京，法律出版社，2006。又如，在 2003 年，武汉钢铁股份有限公司向其大股东——武汉钢铁（集团）公司定向增发股份，而受让后者的钢铁主业，从而最终完成了集团公司的整体上市。参见罗文志等编著：《上市公司并购法律实务》，199～205 页，北京，法律出版社，2005。

们所转让的对象并非只是单个的财产，也并非只是全部财产的简单集合，而是包含各类有形、无形财产以及具有财产价值的包括专有技术、信誉、顾客关系、销售渠道、地理位置、创业年代等各类事实关系的有机整体物，这个整体物具有类似于生命体的活力，只要受让人继续对其进行经营，就可源源不断地创造出价值与收益。① 在大陆法中，这样的有机整体性财产被称为营业，而对其的转让行为被称为营业转让。

利用营业转让的情形按其作用功能可大致作以下类型化的划分：(1) 利用营业转让，企业将其全部或特定的营业部门转移给其他企业，转让企业可从中获得对价，而受让企业则可扩大经营范围与规模。(2) 利用营业转让，经营数个营业的企业，将其特定的营业部门转移给其新设企业或既存企业。该情形的特征是转让当事人实质上具有同一性，实际上构成了企业的分立或分拆。(3) 陷于经营危机与濒临破产的企业为了经营的再生，可新设立一企业，利用营业转让，将其除掉债务的营业转让给该新设企业。在此种情形下，新旧企业主几乎不发生改变。

由此可见，营业转让的实施具有两大方面的积极意义。其一，利用此类手法，转让方可取得高于只是单个转让其财产的对价，而受让方则可取得现成的资产，在此资产的基础上继续原经营就可获得收益，从而避免从零起步的艰难。其二，利用此类手法，公司内部以及公司与公司之间还可实施并购重组，以达到调整经营结构、优化资源配置②、增强企业的竞争力、节约时间与费用、分散危险、促进多元化经营与经营的合理化、快捷便利地确保人才稳定、确立专业化经营的责任体制等目的。

当然，对于以上目的的实现，营业转让并非唯一的选择，当事人也可采用合并、分立以及单纯的财产转让等手段达成目的。但是，前者与后三者在经济功能、法律效果上存在着一定程度的差异，不能完全互相替代，因为：第一，公司合并虽可完成公司间的资产收购，但必须收购

---

① 如在联想收购 IBM 全球个人电脑业务的事例中，联想集团收购的并非只是单纯的财产，更重要的是受让了 IBM 的各种无形财产（包括专利、商标、品牌）以及具有财产价值的各种事实利益（如客户、营销渠道、技术等）。具体分析详见孙英：《营业转让法律制度研究》，见王保树主编：《商事法论集—2008 年第 1 卷（总第 14 卷）》，121～123 页，北京，法律出版社，2008。

② 参见孙英：《营业转让法律制度研究》，见王保树主编：《商事法论集—2008 年第 1 卷（总第 14 卷）》，162 页。

对象公司的全部财产，对象公司也必须消灭，故合并顶多只能完成上述类型（1）中的部分重组，且在债权债务方面为概括性继承，当事人无法根据需要进行取舍。第二，如果我国允许进行合并分立①，利用公司分立几乎可实现所有利用营业转让所能实现的目的，可是，除非公司在分立前与债权人就债务清偿达成的书面协议另有约定，否则公司分立情形下分立前的债务由分立后的公司承担连带责任，而且，承继权利义务的公司还必须继承相应的劳动合同关系，这使得分立后的公司在债务与劳动者的继承上也别无选择。第三，利用财产转让的形式，在某些情形下，也可大致达到前述营业转让所能达到的目的。但财产转让中的财产仅限于法律上承认的财产，而不包括各种具有财产价值的事实关系，故难以完全实现前述营业转让所能实现的功能。

而且，与公司合并和分立所不同的是，营业转让并不需要法律的特别规定就可实施。法律赋予了合并与分立三个重要的法律效果：第一，消灭公司不需要经过清算程序；第二，权利义务的概括性继承；第三，可通过资本多数表决强迫持异议股东处分其所持有的股权。这也就是说，如果没有法律的特别授权，公司的合并与分立无法实现，因为上述法律效果不能以当事人的意思自治而达成。可营业转让与前两者不同，即使制定法上没有明文规定可进行营业转让，营业转让也可依据民法及合同法上的一般规定，以及通过转让当事人的约定而得以实施，因为营业转让的实现并不需要达成上述特殊的法律效果。至于作为实现营业转让目的最关键因素的营业财产范围（尤其是各种具有财产价值的事实利益，如客户关系、营业秘诀、销售渠道等）的确保，则完全可通过转让当事人之间详细周密签订的合同而得以实现。因而无论有无立法，当事人都可实施营业转让，且以其他手段不可替代，故营业转让是客观存在的。②

综上，营业转让不仅是有着重要作用的，还是必要的、客观存在的经济行为与并购重组手段。

---

① 所谓合并分立是指被分立公司将其营业转让给其他既存公司的分立。韩国与日本均在其公司法中明文规定了合并分立，而我国《公司法》及相关法规尚未明确是否可进行这类公司分立。

② 张民安教授也持同样的观点。参见张民安：《商法总则制度研究》，346页，北京，法律出版社，2007。

二、我国关于营业转让的制度概况与问题的所在

因营业转让是一种重要的、必要的且客观存在的经济行为与并购重组手段，且由于被转让的对象通常包括各类有形财产以及各类具有财产价值的事实关系，甚至有时还包括合同与债务，故实施这类行为必然会给各类相关主体包括转让当事人、转让人的债权债务人、转让公司的股东及劳动者乃至国家等带来方方面面的利益冲突，从而涉及民商法、劳动法、反垄断法乃至税法上的种种问题。因此，为使这类转让行为能够快捷顺利地进行，同时又能合理妥善地处理其所带来的利益冲突，需要一个完善的制度体系对其予以规范。本部分在以下拟逐一分析我国现行法对于这些利益冲突的调整现状，以考察我国现行制度是否可达成这一目标。

（一）转让当事人之间的利益调整

1. 营业资产的范围

关于被转让营业资产的范围，尤其是各类无形财产、事实关系以及债务，是转让当事人之间最易产生争议的问题之一。如果当事人具备相当的法律知识，或者聘请了法律专业人士做顾问，为避免日后的纠纷，一般都会在营业转让合同中详细约定营业资产的范围。但也有相当一部分当事人有可能疏于详细约定营业资产的范围，或虽已约定，但却无法做到面面俱到、详细周全，以至于双方在合同的具体履行中，往往会对某项资产是否属于转让的对象产生争议。①

对于这样一个问题的处理，我国目前不存在法律上的明文规定。但如果运用以上大陆法中的营业转让的概念，即营业转让为有机整体性财产的转让，可认定如果进行了营业转让，就应该转移相关所有的财产，这样就可合理妥善地解决这类纠纷。可是，虽然我国学说尤其是商法学说上存在着营业转让的概念，但我国民商基本法（如《民法通则》、《合

---

① 我国司法实践中曾有这样一个案例：甲公司与乙公司签订转让协议，约定甲公司以 80 万元将其下属胡萝卜汁食品厂一次性转让给乙公司，但是在甲公司将原胡萝卜汁食品厂所有的财产向乙公司移交时，却将胡萝卜汁生产线灌装机的计算机控制模块拆走，导致灌装机因计算机控制模块程序错乱而无法运转，原胡萝卜汁食品厂被迫停产。问题在于，甲方的这种行为是否构成违约？参见马跃、毕芳芳：《营业转让问题研究》，载《人民司法》，2004（6），24 页。

同法》、《公司法》）却并不使用这一概念，而各类行政法规、部门规章以及司法解释虽然事实上对营业转让这种行为进行了相应的规定，但各自的制定者们似乎未曾在观念上将其把握为营业转让，而是分别使用了不同的用语进行界定，有的使用"企业产权"的转让，有的使用"企业"的出售，还有的使用"资产"的出售。[①] 由于既无法律的明文规定，也无统一的法律概念，故很难期待法官在处理这类纠纷时会运用营业转让的概念进行审判。

2. 转让人的竞业禁止义务

转让人是否负有竞业禁止义务也是涉及转让当事人利益的另一重要问题，为避免争议，应予以明确为宜。由于受让人受让营业的目的是为避免从零开始、白手起家，而购买能产生收益的他人营业，从而使自己能尽快地获得收益，故一般来说，从保护受让人利益的角度出发，以及从营业转让的目的出发，如当事人无特别约定排除，应考虑使转让人承担竞业禁止义务。当然，在转让当事人进行同业经营也可产生规模效应的情形下，则不应使转让人承担该义务。可是，我国现行法律法规以及司法解释对这个问题却几乎未作任何规定。因此，如果转让方在转让后仍进行同业竞争，营业受让人很难获得法律上的救济。

（二）转让方债权人的利益保护[②]

在营业转让中，转让方将具有担保债务价值的营业资产转移至受让方后，转让方通常不是解散，就是资产价值大幅缩减，尽管转让方会取得相应的现金对价，但由于现金对价容易转移与消耗，在这种情形下，如债权人依旧只能向转让人请求履行债务，其债权则很有可能得不到实现。而受让人取得了营业资产及营业的收益力，故从利益平衡的角度来看，有必要考虑在某些情形下使受让人承担清偿责任。可根据我国现行民商法的规定及学说理论，如果转让当事人与债权人未就转移债务达成协议，债权人只能向原债务人请求，而不得向受让人请求。虽然债权人可运用合同法上的撤销权、破产法上的撤销权以及公司法上法人格否认等规定来维护自己的权益，但这些规定都有着各自严格的适用条件，且在法律适用上存在着不确定性，债权人并不容易实现维权的目的。

---

① 详见第二章四之（二）中的论述。
② 详见第四章之四中的论述。

也正因为现行规定无力保护债权人的合法权益，我国司法实务界在审判实践中发展出了所谓的"债务随企业财产变动原则"，并被相关司法解释所采纳。该原则的核心内容为，债务随企业财产变动，即受让人应对债权人承担清偿责任，除非当事人另有约定并经债权人认可。显然，与现行民商法规定在保护债权人利益方面的无力恰好相反，该原则过于保护债权人的利益，从一个极端走向了另一个极端。而且，该原则对于企业以其资产进行出资的行为也同样适用。可是，如果是这样，企业岂不是无法对外进行投资？

由此可知，无论是民商法上的规定，还是司法实践中的处理原则，都无法合理妥善地调整因营业转让所带来的债权人、受让人以及转让人之间的利益冲突，故确有必要立法明文建立更加合理的调整机制。①

（三）股东利益的保护②

转让方如果转让了其全部营业，其要么变更经营目的，要么解散；如果转让的是营业的重要部分，其要么无法继续原来的经营，要么只能大幅缩小营业规模。而且，转让方通常还应负有竞业禁止的义务。因此，转让营业全部或营业的重要部分，与合并、分立、章程变更一样，属于转让方的重大变更事项，故为维护股东的权益，有必要对股东的利益予以特别考虑，设置相应的保护程序。而如果只是单纯的财产转让，即使是重要部分，相对于营业转让，其对于股东的影响也不是那么重大，故为提高公司决策的效率，仅使其履行相对简单的程序即可。因此，关于何为营业的转让、何为营业的重要部分的转让，需要设定一个明确的判断标准。如果判断标准不明确，既不利于保护股东，又会给交易安全带来隐患。理想状态的规则应该是既可以保护股东的利益，又能顾及交易安全，且兼顾经营效率，即在股东、第三人以及公司之间保持利益平衡。

我国《公司法》仅对上市公司在一年内出售重大资产超过资产总额30％的情形，规定需要通过股东大会的特别决议（《公司法》第122条）。可是，这样的规定显得简单而粗糙，因为判断是否需要股东大会的决议，

---

① 朱慈蕴教授也认为应在此方面健全商法上的保护制度。参见朱慈蕴：《营业规则在商法中的地位》，载《清华法学》，2008（4），13页。

② 详见第五章之四之（一）中的论述。

需要以其是否对公司产生重大的、根本的影响为标准，从量与质两方面进行综合考察，而不应仅从数量比例方面进行判断。我国这样规定，既有可能会漏掉一些本应履行股东大会决议程序的营业转让，又有可能将本应属于董事会决议的财产转让纳入股东大会的决议事项，且不利于交易第三方的利益保护。

而且，该条仅适用于上市公司，对于数量占绝对优势的非上市股份有限公司以及有限责任公司却无明确要求，而是将其交由章程任意规定（《公司法》第105条）。可是，重大的营业转让对公司及股东利益的影响是根本性的，使其履行股东大会决议程序的规定应为强行性规定，而不应将其交由股东自治。况且，鉴于中小股东在公司权力分配中的劣势，期待章程对此问题进行合理规定也是不现实的。

我国《公司法》还规定，公司转让主要财产的，对股东会该项决议投反对票的股东可以请求公司按照合理的价格收购其股权（《公司法》第75条）。可是，该规定存在着以下四点问题。第一，该规定未区分营业与财产。如在单纯转让财产的情形下也赋予异议股东的股份回购请求权，无疑损害了公司的经营效率。第二，《公司法》并未对何为"主要财产"规定一个明确的比例，如果没有一个客观的判断标准，本条的适用将会比较困难。第三，既然公司转让主要财产并非股东大会的法定决议事项，又何来股东会的决议？既然无股东会的决议，反对股东就无权行使股份回购请求权。因此，如果公司章程中没有规定公司转让主要财产为股东大会的决议事项，该条就形同虚设。第四，该规定仅适用于有限责任公司，而不适用于股份有限公司。可是，并非所有股份有限公司的股票都可自由流通，故该规定疏忽了对股份有限公司中的中小股东的保护。

此外，证监会于2008年颁布、2011年修订的《上市公司重大资产重组管理办法》规定，上市公司进行重大资产重组需履行股东大会的特别决议程序。较之《公司法》上的相关规定，该规定比较细致精确，可在合理性、立法技术等方面仍然存在着诸多问题，而且，该《办法》只是部门规章，立法层次不高，且适用范围仅限于上市公司，不具有普遍意义。

由此可见，我国《公司法》及证券法规中虽不乏保护营业转让中股东权益的规定，但过于简单、粗糙或不合理，远谈不上对于各方主体利益冲突的妥善调整。

(四) 劳动者利益的保护①

如前所述，营业转让所伴随的结果不是解散就是大幅缩小营业规模，其必然会带来与劳动者解除劳动合同的问题。虽然在解除与劳动者的合同之际，企业必须向劳动者支付经济补偿金，但对于劳动者来说，获得有限的补偿金远远不能弥补失去工作所带来的损失；加之考虑到营业与劳动者之间的结合关系，确有必要建立通过使受让人继承劳动合同等方式保护劳动者的制度体系。但如一味强调劳动者一方的利益，又有可能会阻碍企业间的并购重组。因此，调整营业转让所带来的劳动合同问题也需考虑劳动者保护与企业并购重组效率之间的平衡。

可是，我国的《公司法》、《劳动法》以及《劳动合同法》均未对此问题作出明确规定，仅在一些部门规章与地方法规中有所涉及，但其规定未必合理，且存在着立法位阶太低、适用范围较窄（地域及所有制形式的限制）等问题。显然，我国现行法无力妥善调整好营业转让所带来的转让当事人与劳动者之间利益的冲突。

(五) 税法上的利益调整②

在营业转让中，因营业转让方向营业受让方转让营业资产，故营业转让涉及资产转让所得税（企业所得税）等方面的税收问题。如果只是一般的营业转让，按照一般的转让所得税规则计征即可，可有的营业转让并非只是单纯的营业财产转让，而是作为企业重组的手段被利用，如以营业资产出资设立子公司，或者以营业资产向子公司或其他公司增资等情形。在这些情形下，当事人只是通过转让营业以完成企业重组，并非以取得转让对价为目的，故不应按一般财产转让规则计征所得税，而应考虑对其赋予课税延迟等特别的税收优惠，但问题的关键在于如何区分需享受优惠的营业转让与一般的营业转让。可是，我国现行税法却没有合理地界定可享受课税优惠的营业转让。如对于某企业以其营业资产出资新设子公司、母公司将其某一生产部门转让至其子公司并接受子公司股份等理应享受课税延迟优惠的情形，我国现行法却将它们排除在外。

---

① 详见第六章之四中的论述。
② 详见第七章之四中的论述。

（六）反垄断法上的规制①

公司受让其他公司营业的全部或重要部分，与公司合并一样，也可导致市场的集中，故应对其施以一定的反垄断法上的规制。通常，对于导致市场集中的企业并购重组行为的规制可分为两类，一类是事前申报制度，另一类是事后措施。关于前者，应制定适合于营业受让特点的申报标准，否则将损害重组效率。关于后者，审查标准应着重于并购重组行为所带来的限制竞争方面的后果。

根据我国《反垄断法》的规定，成为反垄断法规制对象的行为包括通过取得资产的方式取得对其他经营者的控制权的行为。可是，如果忠实地从字面上来理解该规定的含义，营业受让似乎不属于其规制对象之列，因为营业受让只能取得其他法人的营业资产，而不能取得其他法人的控制权。也许正因为规制适用对象范围的不明，立法者在制定申报标准时似乎并没有考虑到营业受让的特性，而是将所有当事企业的营业额合计作为标准，可是，营业受让后，当事企业之间并不必然产生股权持有方面的连接关系，故这样的计算标准并不合理。此外，我国《反垄断法》将包括合同性的所有的经营者集中都列入申报的范围，可是，所有类型的经营者集中都必须进行申报既会增加反垄断执法机构的工作负担，也会妨碍并购重组的效率。

（七）关于营业担保、租赁等交易中的利益调整②

与营业转让一样，在以营业为交易客体的营业的担保、营业的租赁以及委托经营等行为中，同样会引起合同当事人之间、合同当事人与债权债务人之间、合同当事人与股东之间以及当事人与竞争秩序之间（反垄断法的问题）等方面的利益冲突，故也应以合理妥善的规则进行调整。可是，我国现行法上却几乎不存在规范这些行为的法律法规。

三、外国法上营业转让的制度概况

如前所述，大陆法在观念上将各种财产以及具有财产价值的事实关

---

① 详见第八章之三中的论述。
② 详见第九章之四中的论述。

系组成的有机的、组织性的财产称作营业，并将对其的转让行为称为营业转让。对于营业转让所带来的各种利益冲突，大陆法以营业及营业转让的概念为基础，进行了相对合理妥善的调整。而英美法系虽未建立与使用明确的营业及营业转让的概念，但也不乏调整各种利益冲突的规则。本部分在下文中拟主要以日本法与美国法为例，介绍外国法有关营业转让制度的概况。

（一）转让当事人之间的利益调整

1. 营业资产的范围

关于被转让营业资产的范围，日本法虽无明文规定，但其通说与判例均认为，营业资产由积极财产与消极财产组成，积极财产包括物、权利以及各种具有财产价值的事实上的利益，消极财产则包括营业上的交易以及其他基于营业产生的一切债务，即只要营业转让合同中没有特别排除，营业资产的范围不仅包括各种有形无形的财产，还包括客户的介绍、营业秘诀的传授等事实利益，甚至还包括基于营业所产生的一切债务。不过，当事人之间可通过约定来限定转让营业资产的范围。当然，如果某项资产转让不构成营业转让，其转让的财产范围就不包括合同中未曾明确的财产。① 这样的规则应大致妥善解决转让当事人之间关于营业资产范围的争议。

由于美国不存在明确的营业资产的概念，故关于所转让资产的范围，原则上以协议中的约定为准，即：协议中特别约定转移该资产的，该资产属于转让的范围；如协议中无约定，则该资产不属于转让的范围。也许，对于当事人之间关于转让资产范围的争议，美国法院根据个别事例的具体情况也可作出合理的解决。可是，正因为美国法上不存在营业这个概念，法院对此类问题难以形成一个统一的认识，故当事人当然也就无法对结果形成一个准确的预期。从这点看，确定明确的营业转让概念对于解决这类问题应更为有效。

2. 转让人的竞业禁止义务②

关于转让人是否负有竞业禁止义务，日本、韩国、意大利以及中国澳门等大部分大陆法系国家与地区的法律均对此予以明文肯定。同时，

---

① 宇田一明『営業譲渡法の研究』（中央経済社　1993 年）85 頁。
② 详见第三章之二、三中的论述。

鉴于转让人与受让人如同时经营同一营业，又有可能产生协同效应与规模效应而双赢，日本法、韩国法同时也允许转让当事人可以特约免除转让人的竞业禁止义务。当然，如某项资产不构成营业转让，自然就不适用关于竞业禁止义务的规定。而同属大陆法系的德国、法国虽无明文规定转让人的竞业禁止义务，但其学说与判例却倾向于肯定在当事人无约定情形下转让人的竞业禁止义务。因法律及判例的态度明确，且允许当事人之间自由约定，故这些国家及地区的制度可妥善解决转让当事人之间关于竞业禁止义务的争议。

　　而在美国法上，制定法并未规定资产转让人的竞业禁止义务。不过，美国有判例曾表明，商誉的转让人不得进行诱引原营业顾客等不当且欺诈的行为，这可在某种程度上弥补与明文规定竞业禁止义务的日本法的差距。

（二）转让方债权人的利益保护①

　　关于营业转让中转让方债权人的利益保护，鉴于仅依据民法规定及学理解释难以充分保护债权人的利益，德国、日本、韩国等多数大陆法系国家均依据外观保护与营业财产担保的法理，立法明文肯定在受让人继续使用转让人的商号或发出承担营业债务公告的情形下受让人的清偿责任。这样规定既具有一定的现实合理性，又在理论上具有某种程度的正当性与说服力，且实际解决了一部分尤其是欺诈性营业转让中的债权人保护问题。法国法则通过建立营业转让的登记公告制度以实现对债权人利益的保护。而意大利、中国澳门则由于受到了新的企业法律概念的影响，直接规定受让人对原转让人的债务承担连带责任。

　　美国制定法并未明文规定资产受让方应承担原营业上的债务，但其判例法依据实质存续与事实合并等后继者责任的法理肯定了在某些情形下资产受让方承担清偿债务的责任。概观这些判例，其依据的无外乎是转让方解散，受让方使用了转让方的商号、继承原有的生产线以及营业业务等理由。这实际上与日本法根据受让人是否继续使用转让人的商号来区分受让人承担债务的责任有某些类似之处，所不同的是前者只是将继续使用商号作为考虑的因素之一，而后者则将继续使用商号视为受让人承担债务的充分条件。

---

　　①　详见第四章之二、三中的论述。

（三）股东利益的保护①

为维护营业转让中股东的权益，日本公司法规定公司进行全部营业或重要部分营业转让的，须得到股东大会的承认。关于此处营业转让的概念，日本判例与学说的共识为，与商法总则中的营业转让一致，即转让的对象财产至少应构成作为有机的整体而发挥功能的组织性财产。因此，如果只是单纯的财产转让，即使是重要的财产，因其对于股东的影响不是那么重大，也不需股东大会的决议。至于何为重要部分的判断，日本判例与学说均认为，不仅应从量的方面，还应从质的重要性方面进行判断。这样的处理既维护了股东的利益，同时又兼顾了经营效率与交易安全。此外，日本公司法还赋予了对营业转让持异议股东的股份回购请求权。

美国各州公司法以及 1999 年修订前的模范公司法均明文规定，公司转让其全部资产或实质性全部资产如果非为在公司的通常业务过程内，则需要通过股东大会的决议。而 1999 年修订模范公司法则将该规定改为：公司因资产处置而不能维持重要的继续中的营业活动的，需要通过股东大会的决议。关于全部资产转让的范围，特拉华州公司法明文规定全部资产的转让包含着商誉、营业权等的转让，但美国模范公司法以及大多数州的公司法并没有规定全部资产的转让必然包括商誉、营业权等无形价值的转让，从这点意义上来看，美国公司法上的全部资产转让的概念比大陆法系的营业转让概念要广。也就是说，在美国公司法上，不构成营业的财产转让也有可能引发履行股东大会决议程序的义务，但必须满足非为在公司的通常业务过程内或不能维持重要的继续中的营业活动等条件。关于何为全部及实质性全部的认定，虽然 1999 年修订前的模范公司法的正式解释认为该语句应为"全部或几乎全部"，但大多数判例并没有严格采用这一标准，而认为只出卖了部分重要资产也需通过股东大会的决议。从这点来看，美国法上的全部资产转让实际上也包含资产的重要部分的转让。至于在此情形下持异议股东的股份回购请求权，除极少数州公司法外，美国制定法则没有明文规定，但判例法则根据情况的不同灵活地确认了股份回购请求权。

---

① 详见第五章之二、三中的论述。

(四) 劳动者利益的保护①

关于营业转让中劳动合同应当如何处理的问题，日本的商法与公司法均未对此作出明确的规定，其劳动法也未专门进行规定，但其涉及劳动争议的判例大致确定了如下原则：进行营业转让的情形，雇佣关系不被当然继承，但营业转让当事人约定继承劳动者且劳动者同意被继承的除外；而如果劳动者主张应由受让人继承雇佣关系，其必须证明在转让当事人之间存在着继承的协议。这样的规定似乎对劳动者的保护不利，故为不增加劳动者的举证责任，多数判例倾向于从宽认定转让当事人之间的这种协议，如有的判例甚至认为，如没有特别的反证，应推定转让当事人之间存在着继承雇佣关系的协议。尽管如此，如转让当事人特别约定排除劳动合同的继承，或受让人重新雇用原劳动者的，劳动者将因此失去工作或被降低劳动条件，故以上处理方式仍存在隐忧。不过，日本判例在各个具体事例中，通过运用法人格否认、不当劳动行为等法理有效地弥补了上述缺陷。而且，对于在营业转让前后的解雇行为，日本判例以解雇权滥用及整理解雇等法理进行了合理的限制。欧盟则规定无论是全部营业转让或部分营业转让，受让人都必须继承原劳动合同关系，但适用对象限于从业于被转让组织的劳动者。

美国劳动法遵循解雇自由的原则，即只要不构成违法的差别对待（工会所属、人种、性别、年龄、残疾等），雇主可在任何时候自由地解雇劳动者。故关于资产转让时劳动者的对待问题，美国法上当然也就不存在由受让方继承劳动合同的规则，只要不构成违法的差别对待，受让公司可自由地决定继承的有无、人数以及对象。这样的处理似乎不利于劳动者利益的保护，但考虑到美国强大的工会力量以及良好的社会保障体制，不能简单地认为这样不妥。

(五) 税收上的利益调整②

日本法人税法并没有针对营业转让进行特别的规定，在税收处理上，原则上将其与个别的财产转让同样对待。而如果以营业作为实物进行出资，即以营业财产作为出资资产，新设公司或者受让公司将股份交付给

---

① 详见第六章之二、三中的论述。
② 详见第七章之一、二中的论述。

转让公司作为对价，且为企业集团内的或为举办共同事业的适格出资行为的，可享受课税延迟的优惠待遇。

同样，在美国税法上，以营业作为实物进行出资的，无论是向新设公司出资，还是向既存公司出资，如符合美国岁入法典所定义的"重组"（reorganization）中的各种条件的，也享受课税延迟的待遇。

（六）反垄断法上的利益调整①

日本独占禁止法②规定，公司如进行营业受让，在一定的交易领域导致实质性限制竞争的，公司不得实施这类行为；并规定，公司如违反该规定，公正交易委员会可命令当事公司采取必要的措施。营业受让后受让人控制的是其所受让的营业，而非经营者。因此，较之我国法，日本法使用营业受让的概念更合乎逻辑。而即使是我国所效仿的对象——欧盟法，也是使用取得对其他企业的控制权这样一个说法，而并非经营者。日本法还根据营业受让的特点，制定了专门适合于营业受让特性的申报标准，即首先规定受让公司的总资产额标准，再规定其所受让营业部分的资产额或营业额的标准。此外，考虑到执法机构的工作负担、当事公司的经营效率等问题，日本法并未将合同性的结合行为（如营业的租赁、委托经营等）列为申报对象之列。但是，不申报并不意味着不对其进行反垄断审查，如其在结果上导致限制竞争，同样会受到反垄断上的处罚。这表明日本独占禁止法对接受反垄断审查的行为与需进行申报的行为进行了合理的区分。

美国反垄断法也使用资产（asset）这一用语。根据现行的《克莱顿法》（Clayton）第7条的规定，任何人受让从事商业活动或任何对商业有影响的活动的其他人的资产的全部或一部分时，如该项受让的结果将会实质性地减弱本国任何地域的某项商业活动或影响商业的任何活动中的竞争，或者意图形成垄断，则该项受让将被禁止。此处资产的范围包括其转让可导致减弱竞争的任何资产。可见，与日本法不同，美国法并不强调受让的是否为营业及营业用的固定资产，或转让方对所受让"企业"的控制，而只强调是否带来限制竞争的结果。关于资产受让的事前申报，

---

① 详见第八章之一、二中的论述。
② 日本的独占禁止法相当于我国的《反垄断法》，其全名为《关于私人性独占的禁止及确保公正交易的法律》，为行文方便，以下统称"独占禁止法"。

与日本法同样，美国法上禁止进行资产受让的适用范围，与资产受让事前申报制度的适用范围也不一致，前者强调的是结果，后者则依据一定的量化标准；其事前申报的适用条件也并不仅仅强调当事人规模，还强调交易规模，而且，合同性的企业集中也不在申报对象之列。

（七）关于营业的担保、租赁等交易行为的规则[①]

由于营业资产的特性以及法律的限制，日本实务中一般采用营业让与担保的方式进行融资。关于营业让与担保的主要争议在于其实施是否应履行股东大会的特别决议程序，对此，日本判例与学说理论的处理原则趋向于根据对股东利益影响程度的大小而区分对待，即含有事实关系的营业的让与担保需通过股东大会的决议，而其他情形原则上则不需通过。

在营业的租赁合同方面，关于租赁当事人之间的权利义务关系问题，日本法并未明文规定，学说上一般认为，营业的出租人在出租期间，负有让承租人使用营业并从中取得收益的义务，并负有竞业禁止义务；而在与营业债权人的关系上，判例则倾向于类推适用商法[②]第 17 条的规定，即在承租人续用出租人商号的情形下，应承担清偿营业上债务的责任；关于股东的保护问题，公司法明文规定此种情形下应履行股东大会的特别决议，并赋予了异议股东的股份回购请求权；关于反垄断法方面的问题，独占禁止法明文规定公司如因租借其他公司营业的全部或重要部分而造成实质上限制一定交易领域内的竞争的，则不得进行该租借。

在营业的委托经营合同方面，关于在对债权人的关系上是否类推适用商法第 17 条，日本法并未明文规定，学说上也存在着争议；而在股东保护问题、反垄断法方面，则与营业的租赁的相关制度基本一致。

四、我国关于营业转让制度的学术研究现状与存在的问题

我国的商法先驱们以及中生代学者们对大陆法系其他国家的营业转

[①]　详见第九章之二中的论述。

[②]　日本于 2005 年将商法中的第二编"公司"从商法典中独立出来，制定了独立的公司法。为统一用语，如无特别指明，本书将日本 2005 年前的商法称为"旧商法"，2005 年修订的商法称为"商法"，2005 年前的公司法称为"旧公司法"，2005 年修订的公司法称为"公司法"。

让制度多有介绍，并取得了一定的研究成果①，但这些成果缺乏对某一特定问题或制度的深入研究。而一部分新锐学者们则在前辈研究的基础上，在基础理论的构建、概念的辨析以及制度的总体设计方面取得了一定程度的进展，但在具体问题的剖析、具体制度的构建上仍缺乏深入细致的研究。②

具体而言，第一，关于营业转让的概念，我国学者对于一般意义上的营业转让概念已进行了较为深入的分析与探讨③，但对于各个具体情形中（如债权人与转让当事人之间的利益冲突以及股东利益的保护等情形）究竟应如何把握营业转让的概念，即如何判定是否进行了营业转让，尚欠缺探究。

第二，关于转让当事人之间合同上的权利义务，我国已有学者进行

---

① 参见沈达明：《法国商法引论》，46～85 页，北京，对外经济贸易大学出版社，2000；谢怀栻：《外国民商法精要》，236～237 页，北京，法律出版社，2002；王保树：《商法总论》，183～195 页，北京，清华大学出版社，2007；王保树：《寻求规制营业的"根"与"本"》，见《中国商法年刊（2007）》，206～213 页，北京，北京大学出版社，2008；朱慈蕴：《营业规则在商法中的地位》，载《清华法学》，2008（4），7～23 页；叶林：《营业资产法律制度研究》，载《甘肃政法学院学报》，2007（1），7～12 页；吴建斌：《现代日本商法研究》，91～97 页，北京，人民出版社，2003；徐民、王丽娜：《营业价值理论视角下营业概念的扩张》，载《海南大学学报》（人文社会科学版），2009（2），177～181 页；张民安：《商法总则制度研究》，317～401 页；童列春：《商法学基础理论建构：以商人身份化、行为制度化、财产功能化为基点》，175～194 页，北京，法律出版社，2008；等等。

② 参见郭娅丽：《营业转让法律制度研究》，北京，法律出版社，2012；孙英：《营业转让法律制度研究》，见王保树主编：《商事法论集—2008 年第 1 卷（总第 14 卷）》，122～177 页；孙英：《营业财产：特殊的财产形态》，载《山东审判》，2008（6），41～45 页；李飞：《营业财产理论评析——构成要素、性质及其在商法上的地位》，载《法律科学》，2008（2），89～96 页；滕晓春：《营业转让制度研究》（博士论文），资料来源于中国知网 http://epub.cnki.net/kns/default.htm；张学文、任璐：《营业财产论纲》，载《福建论坛·人文社会科学版》，2009（12），28～31 页；陈恺：《营业转让问题探讨》，载《北方工业大学学报》（社会科学版），2009（4），61～65 页；刘文科：《营业：商法上的特殊客体》，载《政法论坛》，2010（5），145～152 页；郭娅丽：《商法理念下营业转让的法律规制》，载《理论探索》，2001（3），125～128 页；史玉成、王卿：《论营业资产转让的法律效力》，载《政法论丛》，2011（3），39～45 页。

③ 参见刘文科：《营业：商法上的特殊客体》，载《政法论坛》，2010（5），145～152 页；孙英：《营业转让法律制度研究》，见王保树主编：《商事法论集—2008 年第 1 卷（总第 14 卷）》，122～177 页；李飞：《营业财产理论评析——构成要素、性质及其在商法上的地位》，载《法律科学》，2008（2），89～96 页；郭娅丽：《商法理念下营业转让的法律规制》，载《理论探索》，2001（3），125～128 页；张学文、任璐：《营业财产论纲》，载《福建论坛·人文社会科学版》，2009（12），28～31 页；等等。

了较为详尽的探讨①；关于营业转让人的竞业禁止问题，我国学者大都提倡应对转让人课以竞业禁止义务，并有学者对该义务的性质、规范的种类以及法律责任的性质等进行了详细的研究②，但未对该义务的产生根源、法理依据等进行详细的考察与论证。

第三，关于营业转让中债权人的保护，我国大部分学者都主张引入德日法上以受让人是否继续使用原商号为区分来确定受让人对营业债务的清偿责任制度③，但均未对以续用商号为区分标准的法理依据、合理性、必要性等问题进行充分、细致的探讨。有学者甚至认为无论是否续用商号，受让人均应承担清偿责任④，可该学者的分析存在着两大缺陷：一是该见解明显不适宜于仅转让部分营业的情形；二是该见解混淆了对内关系上的债务转移与对外关系上的债务转移。⑤也有学者主张我国应借鉴法国法，建立营业转让的登记制度⑥，可该学者并未详细阐述我国导入该制度的理由、合理性及可行性。还有些学者主张我国既应该建立营业转让的登记制度，也应该制定以是否续用商号为区分的责任承担制度⑦，可这些主张并未建立在充分论证的基础上，且未探讨这两种制度是否融合或冲突的问题，还存在着一味保护债权人而忽视受让人利益之嫌。

第四，关于营业转让中股东利益的保护问题，我国有学者主张实施营业转让应履行股东大会的决议⑧，也有学者分析了未经股东大会决议通

---

① 参见周洪政：《对营业转让合同作为非典型合同的典型分析》，载《湖南大学学报》（社会科学版），2011（1），146～150页；郭娅丽：《营业转让中财产移转规则的构建——民法中的"从物"理论及其现代应用》，载《山西师大学报》（社会科学版），2011（2），49～52页。
② 参见郭娅丽：《论营业转让人的竞业禁止义务》，载《河北法学》，2011（3）。
③ 参见王保树：《寻求规制营业的"根"与"本"》，见《中国商法年刊（2007）》，211页；叶林：《营业资产法律制度研究》，载《甘肃政法学院学报》，2007（1），12页；朱慈蕴：《营业规则在商法中的地位》，载《清华法学》，2008（4），21页。
④ 参见胡伟：《论营业转让中债权人保护的法律规制》，载《南阳师范学院学报》（社会科学版），2010（1），2页。
⑤ 这是因为，依据营业转让的概念，可推定在无特别约定的情形下债务在转让当事人之间发生了转移，但这并不意味着在对债权人的关系上也发生了转移。
⑥ 参见张民安：《商法总则制度研究》，330页。
⑦ 参见余竹旗：《论营业转让中的债权人保护》，载《安徽大学学报》（哲学社会科学版），2009（2），85～88页；郭娅丽：《"金蝉"不再"脱壳"——论营业转让中债权人的利益保护》，载《河北法学》，2012（2），78～79页；郭兰英、郭婧：《营业转让中债权人利益的保护》，载《山西省政法管理干部学院学报》，2011（1），89页。
⑧ 参见叶林：《营业资产法律制度研究》，载《甘肃政法学院学报》，2007（1），11页。

过的营业转让的效力及撤销权的行使等问题①，但均未详细分析需履行股东大会决议的营业转让的范围，以及探讨是否还应该施以除股东大会决议之外的其他保护措施。

第五，关于营业转让中劳动合同的继承问题，我国有些学者主张受让人应继承原劳动合同关系②，或者是与转让的营业对象或内容密切联系的劳动合同权利义务应随着营业的转让而发生移转③，可是，这些主张忽视了营业转让的效率问题，还缺乏与其他重组（如合并、分立）情形的比较，论证较为简单粗糙。

第六，关于营业转让中的税收及反垄断法上问题的探讨，我国目前几乎没有学者涉及。④

第七，关于营业担保、租赁等交易中的利益冲突调整规则，我国学者一般只是简单地进行概括性的叙述，而未进一步深入地探讨。⑤

此外，这些已有的研究多半只停留在对外国法的一般介绍以及概念的辨析上，而未对外国法上各项具体制度及问题进行充分、细致与深入的考察；也没有对各国法进行分析比较，分析该制度对于我国是否妥当，进而探讨我国应选择采取何种模式建立营业转让制度。

五、本书的研究目的、对象、范围及内容

（一）本书的研究目的与动机

由前述分析可知，营业转让是一种非常重要的且必要的、客观存在

---

① 参见郭娅丽：《可撤销的营业转让合同研究——以日本判例和学说为中心》，载《中南大学学报》（社会科学版），2011（3），77～82页。
② 参见张完连、杨萍：《论营业转让中劳动者的保护》，载《兰州商学院学报》，2010（3），84页；胡伟：《营业转让中职工利益保护之规制》，载《洛阳师范学院学报》，2010（1），58页。
③ 参见侯玲玲：《我国企业重组中的劳动合同继承问题研究》，载《华东政法大学学报》，2008（6），109页。
④ 仅有陈国奇：《作为反垄断法规制对象的营业转让——兼析〈反垄断法〉第20条第2项》（载《北方法学》，2008（6），77～82页）对营业转让的反垄断法问题进行了简单的探讨。
⑤ 参见赵旭东主编：《商法学》，84～86页，北京，高等教育出版社，2007；官欣荣主编：《新编商法原理》，156页，北京，中国检察出版社，2009；李凡、陈国奇：《营业财产独立性辨析》，载《政治与法律》，2008（3），124页。

的经济行为与并购重组手段，其实施必然带来诸如转让当事人及债权债务人之间、转让人与股东之间、转让当事人与劳动者之间等方方面面的利益冲突，可是，我国现行制度却并不能对这些利益冲突进行合理妥善的调整。而以日本法为代表的大陆法以营业及营业转让的概念为基础，构建了一套较为完整合理的制度体系；以美国法为代表的英美法虽未使用明确的营业及营业转让概念，但也通过一些制定法与判例法的规则实质性地予以了相对合理的调整。因此，我国确有必要借鉴外国的制度制定有关营业转让的规则。而且，鉴于确定明确统一的营业及营业转让概念更有利于解决转让当事人之间合同上的争议以及其他争议，我国的营业转让制度体系应以营业及营业转让概念为基础建立。

可是，我国目前的学术研究虽对营业及营业转让的概念进行了较为深刻的剖析，但对于各种具体问题及各项具体制度的研究还远谈不上充分与深入，对外国法的研究也只停留在一般介绍的水平上。而且，比学术研究本身更令人担忧的是我国立法与司法的现状和趋势。我国目前仍看不到出台能够确立营业转让概念及基本制度的商事通则的希望。公司法使用的是与其类似的用语——资产出售，而有关证券法上的部门规章也在使用资产出售这一概念，可这一概念的使用并不利于营业转让概念的推广及对营业转让行为的正确把握。而在我国的审判实践中，法官们似乎也并未接受营业转让的概念，也从未依据该概念及法理对相关案件进行过审理。可以预见，我国立法及司法在今后相当长的一段时间内仍将继续维持这一现状。这从一个侧面也反映了商法学者在我国的立法及司法体系中并不具备足够的话语权，或者说商法上的学术积累还达不到足以影响立法的水平。笔者作为一名从事商法教学与研究的工作者，对于营业转让制度在我国立法和司法中的现状与将来的地位深感忧虑，故希望通过自己的绵薄之力为我国有关营业转让的学术研究，以及我国将来引入营业转让概念及制度贡献自己的一份力量。

因此，本书的研究目的在于通过详细考察外国法上的营业转让制度，揭示有关营业转让各项具体制度的法理依据、合理性、可行性，探讨这些法理、制度是否适合于我国，是否可妥善解决我国法所存在的问题，并对我国法上具体的理论构建、立法及司法提出合理的建议。同时，鉴于我国目前学术研究的不足，本书也拟通过对于外国法的考察、资料的整理与收集，为今后学术同人的研究尽可能地提供一些外国法上的文献资料。

（二）对外国法考察的对象及范围

营业及营业转让的概念发源于德国与法国，可两国却在具体的概念及制度构建上出现了较为明显的分歧，而日本法则在继承德国法的基础上，进一步发展与丰富了营业和营业转让的概念及理论，并以此为基础，在不同的法律中一贯使用营业转让的概念，对营业转让中各个具体法律问题的解决及应对积累了丰富的立法和司法经验，且在学术理论上进行了深入细致的探讨与研究，还给旁边的韩国、我国台湾地区的"立法"及学术理论带来了深远的影响。而我国的商法学者对于营业转让制度的研究也多半是基于日本法的规定与学说，故对日本法的研究有助于阐明与延伸这些已有的学说理论与研究成果。而且，日本的学者们在研究相关问题时，大多细致深入地考察了德国、法国及美国法上的相关制度及学说理论，故考察日本法的同时，也可深入地了解其他外国法。笔者曾留学日本多年，归国后也一直没有间断对于日本法的研习，故对日本法的研究具有一定程度的积累，也掌握了相对翔实的资料，故本书拟选择以日本法为中心，对营业转让的各项具体制度展开详细的考察与探讨。

同时，在资料允许的范围内，本书还将根据各项具体制度的具体情况，简单介绍其他大陆法系国家的相关理论与制度，以对大陆法系各国法的现状有一个全面系统的了解与把握。此外，美国法虽然没有使用明确的营业及营业转让的概念和理论，但也并非不存在调整相关利益冲突的规则，尤其对于营业转让所带来的公司法上的利益冲突，美国公司法上也有着相对成熟的规定、丰富的判例积累以及学说理论，故美国法上的经验也理应能给我国法提供有益的借鉴。因此，笔者在力所能及的范围内，也将对美国法上的相关问题展开分析与考察。总之，本书在详细考察日本法以及其他各国法的基础上，将日本法以及其他各国法进行对比，分析各自的优劣，以探讨理想的规制模式。

当然，本书还将对我国法的现状及问题进行详细的分析与探讨，以深入揭示我国法的缺陷与不完善之处，并结合对外国法尤其是日本法的研究心得及结论，探求我国应如何借鉴国外的营业转让制度解决我国法上的问题。

（三）本书研究的具体内容及章节安排

营业转让是当事人自觉运用的经济行为与并购重组手段，即使法律没有如公司合并、分立那样予以明确规定,当事人也可依据一般的民法及合同法的规定签订合同实施营业转让。而大陆法中的商法只不过是将这类客观发生的经济行为从观念上抽象概括为营业转让,并在此概念的基础上对这种行为所带来的各种利益冲突施以相应的法律规范,予以调整。本书所要研究的对象就是这些法律规范,并将之统称为营业转让制度。

因营业转让本质上是转让当事人之间的合同行为,为合同法或商法总则所调整,故涉及双方当事人合同上权利义务的实体性规范及程序性规范①可称为营业转让的基本制度或狭义的营业转让制度,而包括该制度在内的所有涉及营业转让的制度则可称为广义的营业转让制度。而营业转让的竞业禁止义务及营业上债权债务的处理与营业转让的概念紧密相关,也属合同法或商法总则所调整,故竞业禁止义务制度与债权债务的处理制度可归为与狭义的营业转让制度直接相关的制度。而营业转让中股东的保护、劳动者的保护、税收处理、反垄断限制等问题主要分属公司法、劳动法、税法以及反垄断法其他各个部门法调整,故这些制度可归为与狭义的营业转让制度间接相关的制度。不过,鉴于如何对股东实施保护涉及营业转让概念本身,并牵涉受让人利益的调整,而如何处理劳动合同的继承问题也与营业转让概念本身以及与营业转让中权利义务的转移规则紧密相连,故在某种程度上也可以说该两项制度与狭义的营业转让制度直接相关。这也就是说,某项制度与狭义的营业转让制度是否直接相关有时界限并不十分明确。

笔者虽是一名商法学者,但因本书的研究目的在于如何妥善地调整营业转让所带来的各种利益冲突,为了尽可能地使研究内容更加全面与完整,故本书的研究范围将不局限于商法,也涉及劳动法、税法以及反垄断法等方面的问题。当然,营业转让制度主要是商法上的制度,其他法尤其是税法、反垄断法上的规制与(狭义的)营业转让制度本身关系并不十分紧密,故本书的研究重点在于营业转让的概念、竞业禁止、营业债务的承担以及股东的保护等商法上的制度,而劳动法、税法以及反垄断法方面的研究则仅主要限于与(狭义的)营业转让制度相关的内容。

---

① 如转让人向受让人交付各种动产、传授经营上的秘诀、介绍客户以及受让人向转让人缴纳营业资产转让的对价等内容为实体性规范,而如法国法上需由转让人或受让人对营业转让进行公告等制度则为程序性规范。

不过，因这些研究内容各自独立且不能截然地划分是否与（狭义的）营业转让制度直接相关还是间接相关，故本书在章节的安排上将不拘泥是否重点以及是否与营业转让制度直接相关，而是将这些内容独自成章、分别阐述。这样虽然在体系上略显杂乱，但也便于对各个问题的揭示与研究。

本书拟在以下各章中具体对营业转让所涉及的各种问题及各项制度逐一展开详细的考察与研究①：

因营业及营业转让的概念是建立营业转让各项制度的基础，故本书在第二章中拟对营业及营业转让的概念进行辨析。首先，详细考察日本法上关于营业及营业转让概念的学说理论，并分别分析商法总则、公司法等不同法中营业转让概念的界定与判例的判断标准，且将其与最易混淆的公司分立概念进行区分。然后介绍其他国家与地区的营业概念的概况。最后，在对日本法以及其他各国（地区）法进行必要的比较与评析，以及分析我国立法、司法及学说现状的基础上，借鉴日本及其他各国（地区）法的经验，对我国法上营业及营业转让概念的具体构建提出建议，并提出区分营业转让与公司分立的标准。

第三章拟研究营业转让中转让人的竞业禁止义务制度。首先，详细考察日本法的相关规定及学说理论。然后介绍其他各国（地区）法的概况，以阐明转让人的竞业禁止义务究竟是法定义务，还是必然产生之义务，以及该义务的具体内容。最后，借鉴外国法的经验，探讨我国是否应立法对营业转让人课以竞业禁止义务以及如何具体地设计制度。

第四章研究营业转让中营业债务的承担制度。营业债务应该由谁承担这个问题是营业转让制度中的重点及难点问题，本书不吝笔墨将其作为重点进行研究。该章首先考察日本法的相关规定及学说理论，其中，重点介绍与考察日本法上一般情形下受让人承担清偿责任的法理、继续使用原商号情形下受让人承担清偿责任的法理以及法律适用上的具体问题。然后，

---

① 本来，有关调整营业转让当事人之间权利义务关系的规则为最基本的营业转让制度（即狭义的营业转让制度），似应作为重点研究，但对于这些关系，依据民法、合同法以及当事人之间的约定以及运用营业转让的概念已足以进行合理的调整，日本的学术研究中鲜见专门讨论该问题的论文即可说明这一点。而我国已有学者对这个问题进行了较为详尽的研究，如周洪政：《对营业转让合同作为非典型合同的典型分析》，载《湖南大学学报》（社会科学版），2011（1），146～150 页；郭娅丽：《营业转让中财产移转规则的构建——民法中的"从物"理论及其现代应用》，载《山西师大学报》（社会科学版），2011（2），49～52 页。故本书不对其进行专章讨论。

再介绍其他国家（地区）制度的概况尤其是法国的营业资产登记制度、美国的后继者责任制度，并将这些制度与日本法上的制度进行比较分析，探讨其优劣。最后，详细分析我国法的现状与问题，探讨我国应如何借鉴外国法的经验，以建立可合理妥善地解决我国法上问题的制度。

第五章研究营业转让中的股东保护制度。因其与营业转让的概念关系密切，且为商法中的重要问题，故该制度也是本书研究的重点内容之一。该章拟首先详细考察日本法的相关规定及学说理论，其中，重点分析和探讨营业转让与股东大会决议之间的关系，探究需履行股东大会决议的营业转让的概念与范围。这个问题实际关系到公司经营的效率、股东的保护以及第三人利益之间的调整。然后介绍美国法以及其他大陆法系相关制度的概况，其中，因美国法的相关规定、学说理论及判例均较丰富，故重点介绍美国全部资产转让中的股东保护制度。最后，在详细分析我国法现状及问题的基础上，探讨我国应如何借鉴外国法的经验对此问题进行规定。

第六章研究营业转让中的劳动者保护制度。该章主要考察日本法上营业转让中的劳动合同继承制度以及与之相关的集体合同的继承，劳动条件的变更，劳动者的知情权、异议权乃至解雇滥用等问题，并且还将考察与之紧密相连的合并、分立中的劳动合同继承制度。然后简单介绍其他国家与地区的制度概况。最后通过借鉴日本法以及其他国家与地区制度的经验，对我国的立法及司法提出建议与展望。

第七章研究营业转让中的税收处理问题。该章以日本法为中心，重点考察日本、美国等国立法如何设定可享受课税优惠的营业转让的条件，并分析我国法的现状与问题，在此基础上，借鉴外国法，对我国立法提出合理的建议。

第八章研究有关营业受让的反垄断规制。该章拟主要考察日本法上关于需接受反垄断法审查的营业受让的概念与范围，以及需进行事前申报的营业转让的范围，并以美国法与欧盟法为例，介绍其他国家与地区的制度概况，然后在分析我国法的现状与问题的基础上，借鉴外国法，探讨我国应如何对这些问题进行规定。

第九章研究以营业作为客体的类似营业转让的其他交易行为。考察日本法以及其他各国（地区）法对于营业让与担保、营业的租赁及委托经营中的竞业禁止、营业债务的承担、股东的保护以及反垄断等问题的规制，并探讨我国应如何建立制度以调整这类交易行为所产生的各种利益冲突。

第二章 营业转让的概念辨析

一、问题的提出

营业及营业转让是大陆法系商法中的重要概念，同时也是内容丰富、实践意义突出的商法制度之一。事实上，我国已经存在着许多规范营业转让这一行为的法律法规，但一般却并未使用营业转让的称谓，而是使用诸如企业产权出售、企业出售、资产出售及资产取得等其他用语，这些用语所表示的意义较接近于大陆法系的营业转让。可是，由于我国并不存在商法典或商事通则，在立法上缺少关于营业转让概念的一般定义及规范营业转让的基本制度，致使这些法律法规未能使用统一明确的概念，而是对其所规范的对象各自定义与界定，从而造成概念界定不清、适用范围不明、规则本身不合理、规则之间相互冲突以及法律适用上的困难等诸多问题。而解决这些问题，需要正确认识与把握营业转让这一客观经济行为与现象。因此，在探讨如何建立妥善合理的营业转让制度体系之前，有必要澄清营业及营业转让的基本概念。①

我国学界目前对于营业及营业转让概念的描述与分析多半只是在借鉴国外现有的学说理论，而对于大陆法系营业及营业转让概念的形成、历史沿革及学说上的争议甚少进行详细深入的考察与探讨。无疑，对于营业转让概念的历史沿革研究将会对营业转让概念的厘清大有裨益。而且，我国学界对于国外判例上营业转让的构成也缺少必要的关注。只对营业转让概念进行抽象笼统的界定无助于实际问题的解决，只有深入了解在具体的案例中如何判断是否构成营业转让，才可能真正厘清营业转

---

① 参见王保树：《寻求规制营业的"根"与"本"》，见《中国商法年刊（2007）》，208 页。

让概念的内涵与范围，才可能真正地解决法律适用中出现的问题。

我国法上存在着许多与营业转让类似的诸如企业产权出售、企业出售、资产转让、财产转让以及公司分立等概念，关于前几种概念，很多学者已对它们与营业转让的区分进行了精辟的分析与论述①，且即使与营业转让概念混淆，一般也不会对当事人的权利义务造成具体的影响。可是，由于我国尚未对公司分立的概念及程序、法律效果作出详细明确的规定，且对营业转让缺乏统一明确的概念界定，而学界对这两者概念的区分也仅是在借鉴外国法的基础上进行简单的比较，未能指出区分的明确标准，故有时很难对两者作出区分。而如果不能正确区分两者，将会严重影响当事人的实体权利和义务，并导致当事人无法预见其行为的法律后果。最高法院的"中国进出口银行诉广州万宝电器、万宝冰箱等公司借款纠纷案"就反映出这样的问题。②

---

① 参见刘文科：《营业：商法上的特殊客体》，载《政法论坛》，2010（5），147～149 页；郭娅丽：《论营业转让制度的规范对象与立法模式》，载《法学杂志》，2010（11），55～56 页；孙英：《营业转让法律制度研究》，见王保树主编：《商事法论集—2008 年第 1 卷（总第 14 卷）》，158～161 页；周洪政：《我国商法设立营业转让规则的必要》，载《商业研究》，2010（9），187 页；等等。

② 最高人民法院判决"中国进出口银行诉广州万宝电器、万宝冰箱等公司借款纠纷案"（《中华人民共和国最高人民法院（2001）民终字第 166 号判决书》，见李国光主编：《最高人民法院关于企业改制司法解释条文精释及案例解析》，121～136 页。北京，人民法院出版社，2003）就反映出这一问题。

　　1999 年 3 月，万宝电器工业公司（以下简称"万宝电器"）、万宝集团冰箱工业公司等（转让方）与广州万宝冰箱有限公司（受让方，以下简称"万宝冰箱"）签订了《转让协议书》，约定受让方购买转让方的资产，交易价格为 127 383 293 元人民币，交易价款不支付现金，而由受让方等承接转让方所欠中国工商银行、中国银行、中国交通银行已办理抵押担保手续的债务。转让方的其他债务仍由转让方承担，与受让方无关。同时，受让方接纳转让方的 1 200 名在职职工。

　　中国进出口银行（以下简称"进出口银行"）因万宝电器未能偿还进出口银行约 1 亿元的贷款，于 2001 年 2 月向北京市高级人民法院起诉，其中要求万宝冰箱与万宝电器共同承担偿还逾期贷款的责任。北京高院一审做出判决，万宝电器返还逾期的贷款本息，其中的万宝冰箱不承担赔偿责任。其依据的理由是：虽然万宝冰箱使用万宝电器的部分资产，但该权利是根据双方之间《转让协议书》而取得，对于进出口银行的债权，万宝冰箱未表示承接，并不发生债权债务转移的后果，仍应由万宝电器承担。

　　进出口银行等不服，上诉至最高人民法院。最高人民法院认为：在万宝电器的改制中，该公司的部分财产随同部分债务从该公司剥离出来，并入万宝冰箱。当公司部分财产和债务直接从公司分离，设立成为新公司时，将构成公司简单分立，如无债权人之同意，分立的公司对分立前公司的债务应当承担连带责任；如果该部分财产和债务分离后与其他已经存在的企业合并，则构成合并分立，如无债权人之同意，接受分立财产（转下页）

营业的概念最早起源于德国，而且，关于营业及营业转让的概念，德国有着最为丰富的学说理论。而日本商法学者则在介绍、研究德国学说的基础上，展开了其独自的学说理论，进一步丰富了营业及营业转让概念的内涵。而且，日本在商法总则、公司法、反垄断法、劳动法等法律中一贯以营业转让作为规范对象，是使用营业转让概念与用语最为彻底的国家。因营业转让的概念随着各个法律所保护对象的不同而不同，故在日本司法实践中，形成了为数不少的判断是否构成营业转让的判例，这些判例为营业转让概念的具体厘清提供了鲜活的实例。此外，日本近年来制定了详尽的公司分立制度，这也为我们区分营业转让与公司分立提供了一个极佳的示例。而法国形成营业概念的历史也较为悠久，且其概念、制度与德日形成了鲜明的对比。此外，中国台湾地区的有关规定、意大利法上的营业转让概念也有着其各自的特点与可鉴之处。

因此，本章拟首先详细考察日本法，具体考察日本学说上关于营业及营业转让概念的各种观点，并分别分析商法总则、公司法、劳动法、反垄断法等法中营业转让的界定与判例的判断标准，然后详细介绍公司分立与营业转让的区别。在考察完日本法之后，再介绍德国法、法国法、中国台湾地区有关规定、意大利法上营业转让概念的概况，并对各国（地区）法进行必要程度的比较与评析。最后，在分析我国立法、司法及学说的现状与问题的基础上，借鉴日本等国法的经验，对我国法上营业及营业转让概念的具体构建提出建议，并提出区分营业转让与公司分立的标准。

（接上页）的企业应当在接受财产价值范围内对分立前公司的债务承担连带责任。从本案实际情况看，万宝电器与万宝冰箱的改制即构成合并分立。万宝电器与万宝冰箱等各方当事人在《转让协议书》中所作的债务划分安排，因未取得债权人进出口银行的同意，该协议书中有关债务划分的内容对进出口银行不生效。故将其改判为：万宝冰箱在接受万宝电器的财产价值范围内对万宝电器的上述债务承担连带责任，若承担债务额超过其依据转让协议应当承担的债务额，可以向万宝电器追偿。

学者吴伟央在对该案的评析中认为，该行为既不是"资产买卖行为"、也不是"对外投资"行为与"企业改制"行为，而实际上是一种"合并分立行为"，转让方与受让方应该对转让方的债务承担连带责任，甚至应负完全连带责任（吴伟央：《公司财产、负债及人员等同时转让的行为性质及债务承担——兼评"中国进出口银行诉广州万宝电器、万宝冰箱等公司借款纠纷案"》，见赵旭东主编：《公司法评论》，3辑，101~105页，北京，人民法院出版社，2005）。此外，对于财产、债务等同时转让的行为，著名公司法学者赵旭东教授也倾向于将其认定为公司分立（参见《合并分立后的企业债务该如何承担》，见 http://www.legaldaily.com.cn/bm/2005 - 12/13/content_234390.htm）。

二、日本法

（一）营业的概念

营业的概念一般被认为包括主观意义上的营业与客观意义上的营业，前者指的是营业活动，营业范围、营业自由中的营业即指此意；而后者指的是营业财产，营业的转让、担保及租赁等中的营业即为客观意义上的营业。[①] 关于客观意义上的营业的概念，日本学说上存在着营业财产说、营业权利说与企业者地位说。[②]

营业权利说仅为极少数学者所主张，该说在主张营业是在一定的共同的目的下，物、权利以及事实关系等结合在一定组织中的统一组织体的基础上，认为营业可成为在此之上的一种独立的无形财产权，可作为一个物权的客体。其理由依据在于：第一，少数民法学者甚至认为具有独立经济价值的集合物可作为一个独立的物，成为物权的客体，而营业相较单纯的集合物而言，其自足性乃至独立性更加显著，故存在着更强的理由认为营业可成为一个物权的客体。第二，一般意义上的无形财产权的保护对象为思想，其个性的基础在于创造性的思想。营业的本质并不存在于单个的财产中，而存在于为共同目的将这些财产结合在一起的组织中，这个组织就是无形的精神产物。这虽然不是艺术的乃至学问上的思想，但构成了以经济性计划为内容的思想。这个思想并不是一个单独、抽象的存在，而是化身于构成营业主要中核的部分，故在营业转让中，对于营业同一性的维持，营业固有的组织伴随着该主要构成部分的转移一并转移是必要的。第三，营业作为一个物权的客体，可从不正当竞争防止法以及旧商法第 21 条（商法第 12 条）的规定中找到根据。[③] 根据不正当竞争防止法第 2、3、4、14 条的规定，如果某人使用与他人营业同一或类似的表示，实施了使与他人的设施或

[①] 在这里，需注意的是，在日本及德国，在营业转让、租赁、继承的语境中，企业（unternehmen）与（客观意义的）营业为同义语。西原寛一 「商法概念としての企業」『商法の基本問題─田中先生還暦記念』（有斐閣　1952 年）16 頁、鈴木竹雄 「流通の対象たる企業と侵害の対象たる企業」『商法研究　総論・手形法』（有斐閣　1981 年）176 頁注（1）を参照。

[②] 这些见解同样也存在于德国，而日本的学说一般都是在借鉴德国学说的基础上提出的。

[③] 野津務 「営業の法的本質」『商法の諸問題─竹田先生古稀記念』（有斐閣　1952 年）56、60～61 頁を参照。

活动混同的行为，陈述了有害他人营业信用的虚伪事实或散布该虚伪事实的，营业主可行使损害赔偿请求权、行为停止请求权以及信用恢复处置请求权。而根据旧商法第 21 条的规定，无论何人都不得以不正当的目的使用有误认为他人营业之虞的商号，如果违反，营业主可行使损害赔偿请求权及行为停止请求权。这些规定都肯定了对侵害他人营业中的商誉行为的绝对权利。商誉、客户是不能单独存在的事实关系，虽构成营业的核心，但存在于营业之中，故这些规定结果上保护的是营业。营业主关于其营业可排除他人的侵害，且可对该侵害行使损害赔偿请求权，故不得不说，这样一种绝对的排他的法律上的权利只能是以支配营业为内容的物权。这是因为，物权的本质在于其排他性，而不在于其对象如何。[①]

可是，营业权利说存在着缺陷。因为，在不承认集合物的观念、缺少集合物公示制度的现行法中找不到承认营业权的根据，而且，如果只是营业组织还好说，但包含有形物（动产、不动产）的该集合体无论在何种意义上，也无法符合无形财产的观念。况且，如果只着眼于营业组织，对其的转让在转让当事人之间可考虑为一种势力范围的转移，其对于第三人在该范围内并不具有当然的排他力，故即使承认其为无形财产权，其与通常的无形财产权也完全不同。有观点认为，如果承认一种权利的成立，就一方面可以单一行为处分作为整体的企业，另一方面可期待对企业的经济价值的完全利用。可是，当事人之间不仅可依一个债权契约约定作为整体的概括性转移，而且即使是具体的履行行为，如果当事人希望的话，也并非就不能将各构成部分一起进行转移。不过，在对第三人的关系上，各个物件必须个别地履行登记等对抗手续。可即使承认一种权利、可依一个行为对其进行转移，也不能忽视关于交易安全的第三人利益。那么，在转让之际，至少应在特别的登记簿上登记各部分的范围，才可将企业作为整体进行处分，可是，企业的流通性并不大，没有必要不厌事先登记之烦谋求流通的快捷。[②]

企业者地位说认为，企业者以自己的名义进行营业活动，是损益结

---

① 野津務 「営業の法的本質」『商法の諸問題—竹田先生古稀記念』（有斐閣　1952 年）56、60～62 頁を参照。

② 鈴木竹雄 「流通の対象たる企業と侵害の対象たる企業」『商法研究　総論・手形法』（有斐閣　1981 年）185～187 頁を参照。此处的"范围"指的应是客户关系、顾客群等。

果的第一归属者，故企业者的地位为营业的本体。① 有学者对此提出批判，认为：如果只是抽象地考虑企业者的地位，无论是否受让企业，任何人都可因营业的开始而当然取得营业，故难以承认其为转让的对象，而且，即使将（营业的）转让视为债权合同，承认主体的转移为主要部分，而将物质部分的转移视为附属部分，可这样的解释并未触及合同的本质。因此，企业者地位说也不可取。②

而营业财产说为通说③，该说认为营业既包括各种财产，也包括具有财产价值的事实关系。而且，因只有将营业财产与事实关系结合起来，营业才能发挥功能，故营业并非只是这两者的简单集合，而是将这两者结合在一起的组织化的有机体，是可以自己产生能量的存在。不过，学者们对其进行的表述在语感上各有不同，有的学者将其表述为营业有机体，有的学者将其表述为具有社会活力的有机整体，有的学者则将其表述为作为为了一定的营业目的组织化的有机整体而发挥功能的财产。其中，最后一种说法为判例所采用，是目前较为通用的一种表述。相对于其他见解的片面性，该见解全面地揭示了营业的本质，应该说代表了正确的方向。④ 不过，也有学者指出，因作为意思决定要因的自然人并不存在于这样的概念中，故将不存在意思决定机关的营业视为组织并不妥当，而应视为机构，即机构化的整体财产。⑤

此外，日本学者还对于德国学说上早期出现的营业财产说以及营业组织说展开了批判。德国早期的营业财产说认为企业是属于该企业的各个财产物件与权利的集合。当以属于营业的权利义务的总体为对象时，在多数情形下，事实上以营业的全体为对象与以包含事实关系的营业为对象会产生同一的结果，故从这点上看，该说也具有一定的合理性。可

---

① 升本重夫 「企業讓渡に就て」 法学新報 46 巻 2 号 28 頁以下。
② 鈴木竹雄 「流通の対象たる企業と侵害の対象たる企業」『商法研究　総論・手形法』（有斐閣　1981 年）177～179 頁を参照。
③ 鈴木竹雄 「流通の対象たる企業と侵害の対象たる企業」『商法研究　総論・手形法』（有斐閣　1981 年）184 頁、大隅健一郎 「営業の讓渡及び出資」『会社法の諸問題—松本先生古稀記念論文集』（昭和 39 年　有斐閣）57 頁、鴻常夫『商法総則』（全訂第四版）（平成 3 年　弘文堂）126 頁、岸田雅雄『企業取引法入門』（平成 8 年　日本経済新聞社）130 頁等を参照。
④ 鈴木竹雄 「流通の対象たる企業と侵害の対象たる企業」『商法研究　総論・手形法』（有斐閣　1981 年）177 頁を参照。相对于德国学说对于营业概念的众多争议，日本学者大多只是介绍德国的学说，他们的见解趋同于通说。
⑤ 西岡勇 「営業讓渡の本質について」 自由と正義 22 巻 11 号 80 頁。

是，从理论上讲，不仅仅在事实上，而且在法律上也必须考虑事实关系，况且，这在现实中也是必要的。因为，根据企业的不同，在企业的财产要素远小于事实要素的情形下，事实关系就越发变得不可或缺。这时，仅仅转让剥离事实关系的营业财产不能完成真正的营业转让。① 而营业组织说则认为内部组织、营业上的秘诀、供应商、客户等事实关系才是营业的本体，而各个财产则是作为抽象组织的营业的从物。该说通过将营业财产视为作为营业本体的营业组织的从物，将两者进行了连接，与营业财产说相比，其不仅在法律上承认营业上的事实关系，还将主从关系倒置。即使存在着缺少营业财产的营业，但完全没有营业组织的营业也不可能存在，承认营业的意义在于其组织的价值。如果考虑到这一点，该说也是妥当的。可是，营业中这两者孰轻孰重根据企业的不同而不同，实际上也存在着很多以物与权利为必要的营业（如以利用专利与采矿权为主的营业等），而且，只有将这两者结合在一起，营业才有可能发挥功能。如果考虑这一点，区分主从既无意义也不合理。②

关于营业的法律性质，如前所述，尽管营业被视为一种财产，但是日本的判例及学说上的通说均不承认营业为所有权或物权的目的物，即其不能成为物权处分行为的对象。③ 当然，作为例外，在特别法如各种财团抵押法及企业担保法另有规定的情形下，营业也有可能成为担保物权的客体。④ 不过，营业可被视为债权法上独立的标的，因为当事人之间可自由地决定债权合同的内容。⑤换句话说，即可依一个债权合同约定整体营业的概括性转让。⑥

此外，在此不得不提及与营业概念类似的、紧密关联的"企业"的概念。企业原本为经济学上的概念，一般被定义为为了某种目的、以一定规模的设备财产与运营这些设备财产的人员为构成要素的独立的事业

---

①　鈴木竹雄 「流通の対象たる企業と侵害の対象たる企業」『商法研究　総論・手形法』（有斐閣　1981 年）178 頁を参照。

②　升本重夫 「企業譲渡に就て」法学新報 46 巻 2 号 9 頁、野津務 「営業の法的本質」『商法の諸問題—竹田先生古稀記念』（有斐閣　1952 年）53 頁。

③　野津務 「営業の法的本質」『商法の諸問題—竹田先生古稀記念』（有斐閣　1952 年）54 頁を参照。

④　详见第九章之二之（一）中的论述。

⑤　実方正雄『商法講義』（1963 年）80 頁を参照。

⑥　鈴木竹雄 「流通の対象たる企業と侵害の対象たる企業」『商法研究　総論・手形法』（有斐閣　1981 年）186 頁を参照。

体或生活体。① 企业与营业概念之间的最大区别在于两点：第一，企业概念中通常包含着人的要素，即企业包括运营该事业财产的人员以及从属的劳动者，甚至还包括作为企业权利主体的商人本身②，而营业概念一般只包括除人的要素之外的客观的物的要素；第二，企业概念更强调企业独自承担责任的独立性。可是，在讨论商法中营业转让的问题时，学者们通常将作为转让对象的营业视为企业，即法律形态上的企业就为营业转让中的营业，两者在营业转让的语境中为同一概念，可以互换。可企业概念的导入对于营业的概念及其转让规则的解释却存在着不容忽视的影响，这是因为企业概念更接近于一个独立的责任实体且包含有人的要素，故有的见解认为营业上的债权债务（包括劳动合同）应附着于企业一起转移③，有的见解认为营业为企业者的地位④。

（二）商法总则上营业转让的概念

1. 营业转让的目的

学者们在阐述营业转让的概念时，一般都从营业转让的目的出发来揭示营业转让的本质，故有必要在论述营业转让概念之前考察转让当事人利用营业转让的目的。按照营业转让的功能划分，营业转让的目的可分为原始目的与派生目的。

（1）利用营业转让的原始目的。

转让当事人利用营业转让最原始、最基本的目的在于，转让人可取得好的对价，而受让人则可避免从零起步的艰难。因为，作为转让对象的营业除了所有营业财产的集合，还包括各种具有财产价值的事实上的利益，如商号、商誉、营业秘诀、客户关系、劳动者等，其能直接带来收益，体现了转让人经营活动的成果，具备超过单纯的营业财产价值总和的组织性价值。因此，转让人可通过营业转让使自己获得有利的对价，并可防止因营业的解体而导致组织价值的丧失。而对于营业受让人而言，营业受让可避免从零开始，直接购买作为已经经营到一定水平的

---

① 西岡勇 「営業譲渡の本質について」 自由と正義 22 巻 11 号 71 頁、西原寛一 「商法概念としての企業」『商法の基本問題—田中先生還暦記念』（有斐閣　1952 年）14 頁。

② 西原寛一 「商法概念としての企業」『商法の基本問題—田中先生還暦記念』（有斐閣 1952 年）23 頁。

③ 福井守 「営業譲渡における企業概念の適用」 法学論集 32 巻 41〜43 頁を参照。

④ 西岡勇 「営業譲渡の本質について」 自由と正義 22 巻 11 号 85 頁。

收益源泉体的他人营业，然后利用他人已形成的客户关系、销售渠道、信誉等资源，注入自己的营业活动，从而最快地获得营业上的收益。在此种情形下，受让人投入的经营活动最小，而其购买营业的价格又最低。①

（2）利用营业转让的派生目的。

企业还可利用营业转让完成企业间的并购重组，以达到增强企业的竞争力、节约时间与费用、分散危险、促进多元化经营与经营的合理化、快捷便利地维系人才、确立专业化经营的责任体制等目的。有学者根据日本的实例，将利用营业转让进行并购重组的情形归纳为如下 4 类：1）利用营业转让，有数个营业的企业另设立新企业，将其特定的营业部门转移给该新设企业。该情形的特征是转让当事人实质上具有同一性。2）利用营业转让，有数个营业的企业将其特定的营业部门转移给其他企业，转让企业可从中获得对价，并实现企业资源的有效配置，而受让企业则可扩大经营范围与规模。3）与其他企业合资营业，可与该企业共同设立新企业，合资双方各自将其营业转让给新企业。4）陷于经营危机与濒临破产的企业为了经营的再生，可新设立一企业，利用营业转让，将其除掉债务的营业转让给该新设企业。在此种情形下，新旧企业主几乎不发生改变。②

2. 关于营业转让概念的学说

日本现行商法虽然设置了数条关于营业转让的规定③，但其本身并没有定义何为营业转让，对其的解释依赖于学说与判例。而在德国学说的影响下，学者们围绕营业转让的概念提出了多种多样的见解。这些学说见解大致可分为以下三类，第一类是地位替代说，第二类是营业转让说，第三类是主观客观二元说。④

（1）地位替代说。

在地位替代说中具体又存在着两种学说，它们分别为企业主体地位转让说、企业者地位继承说。

---

① 宇田一明『営業讓渡法の研究』（中央経済社　1993 年）2 頁、113 頁を参照。
② 宇田一明『営業讓渡法の研究』（中央経済社　1993 年）109 頁～111 頁を参照。
③ 日本商法第 16 条至第 18 条、日本公司法第 21 条至第 24 条。
④ 宇田教授将这些学说见解分为两大类，一类是地位替代说，另一类是营业转让说，并将前者称为主观说，后者称为客观说。宇田一明『営業讓渡法の研究』（中央経済社 1993 年）62～63 頁を参照。笔者在宇田教授所持观点的基础上，对该分类法进行了若干修正。

1）企业主体地位转让说。

该说认为，营业转让不是"营业"的转让，而是以企业的存续为前提的企业者地位的转让，其具体内容为：转让人依契约交出企业主的地位，取而代之的是受让人代替其出任企业主的地位，从而使受让人以自己的名义从事该企业的企业活动，并取得收益。[①]

2）企业者地位继承说。

该说认为，营业转让为对企业财产尤其是固定资产的所有者地位、企业活动的权利义务的归属者地位、企业收益的第一次归属者地位、企业经营首脑者的地位等四种地位概括性继承的法律关系。[②] 之所以这样主张，其理由在于：虽然将营业转让解为财产转让的一种形式简洁明了，特别是将营业财产解为组织化的财产且包含广泛的事实关系的思路可大致地阐明这一经济现象，可是，将商业使用人等人的要素以及商誉等事实关系也看作严密意义上的转让对象比较牵强，而且，存在着不能准确地说明转让后竞业禁止的产生根据。而如果将企业解为物、人各要素有机地组织在一起的活着的经济体，并使其成为商法的中心概念，那么，以该概念作为基础，对营业转让进行符合活着的实体的概念构成就比较妥当。因此，不将企业考虑为可处分的单个客体，而是可将营业转让解为企业作为活着的实体继续独立存在下去，只是其具体的主体地位被有偿继承的法律现象。通过这样对营业转让的理解，就可合理地解释财产转移之外的法律关系。也就是说，营业转让人必须将受让人导入经营，是因为受让人接受了经营首脑者的地位；转让人必须废止营业或解散，是因为受让人接受了企业活动的权利义务归属者的地位，今后企业活动的效果归为受让人；转让人负有一定的竞业禁止义务，是因为受让人接受了企业收益的归属者地位；而之所以认为营业转让不应该本质地影响以前债权人、债务人与企业的关系，是因为企业应被看作活着的实体独立存在。[③]

3）对地位替代说的评析。

地位替代说将营业转让理解为营业主地位的转让或替代，非常贴切地反映了社会的实态与现象。越是物质基础雄厚且辅助人员组织化的企

① 升本重夫 「企業讓渡に就て」 法学新報 46 卷 2 号 30 頁。
② 西原寬一 『商法総則』（昭和 13 年　日本評論社）395 頁以下。
③ 西原寬一 「企業概念の実定法の適用」『商法の諸問題—竹田先生古稀記念』（有斐閣 1952 年）79 頁、西原寬一 「商法概念としての企業」『商法の基本問題—田中先生還暦記念』（有斐閣　1952 年）7 頁。

业，其与特定的企业者相分离的程度就越高，就越是一个独立、客观的存在，尤其是大型的股份有限公司。在这类企业中，与其说是"营业"从旧营业主移转至新营业主，不如说是"营业"的经营者被更换。而且，受让人如果没有取得与转让人同样的地位，就不可能从营业中取得收益。因此，地位替代说具有一定的合理性与说服力。但地位替代说本身存在着如下缺陷：其一，地位替代说中的西原说（企业者地位继承说）一方面肯定营业转让的情形下营业的法主体性，另一方面却否定其在担保（质权、抵押权）情形下的法主体性，这在理论上是自相矛盾的；其二，仅仅是地位的受让，其本身并不能自动地实现取得收益的目的，只有取得营业，并进行经营活动，才能获得收益；其三，地位的替代也好，地位的转让也好，其只不过是社会学上的用语表达，是购入"营业"的表面现象；其四，地位替代说认为，只要不损害企业物质基础的同一性，营业转让可排除个别财产的转让，但既然是法律地位的继承，作为法律的一般原则，其应与合并、继承一样概括性继承转让人的财产，而地位替代说在这一点上是矛盾的①；其五，仅仅是将营业转让理解为营业主体的变更，难以阐明转让当事人之间的法律关系，例如，这样理解难免会丧失将营业转让的债权合同类比于买卖等有偿合同的基础②；其六，这样的见解既无内容又无色彩，因为所有权利的转让都可视为主体的交替，故这样的见解对阐明营业转让的本质毫无用处③；其七，这样的见解无视交易当事人的意图，因为受让人会对受让的营业进行有别于转让人的个性化经营，故不得不说地位替代说是非常生硬的法律构成；其八，地位替代说虽可用于解释转让人竞业禁止义务的发生根据，但该义务应理解为建立于转让人的诚信义务之上的道义责任④。基于以上几点原因，近年来主张地位替代说的学者已不多见。

（2）营业转让说。

营业转让说又被称为客观说，具体也存在着两种学说，一是营业财产转让说，二是营业组织转让说。

---

① 宇田一明『営業讓渡法の研究』（1993 年　中央経済社）3、64 頁。
② 鈴木竹雄「流通の対象たる企業と侵害の対象たる企業」『商法研究　総論·手形法』（有斐閣　1981 年）184 頁を参照。
③ 野津務「営業の法的本質」『商法の諸問題—竹田先生古稀記念』（有斐閣　1952 年）59 頁を参照。
④ 西岡勇「営業讓渡の本質について」自由と正義 22 巻 11 号 86～87 頁。

1）营业财产转让说。

该说将企业视为转让/转移的对象，认为营业转让是将各种财产以及具有财产价值的事实关系组成的组织性财产进行转让的行为。但持该说的学者都认为营业转让为客观意义上的营业的整体转移，作为营业转让对象的营业为组织化的有机体，是具有可自我增值的能量的存在。而且，该"营业"一经转让，由于其作为有机体具有可自我增值的能量，故转让人的营业活动依据转让合同在一定的范围内归属于新的营业主，也正因为是这样的"营业"，转让人还应负有竞业禁止义务，当然，具体结果如何，根据作为合同对象的"营业"的质与内容的不同而不同。[①]

2）营业组织转让说。

该说与营业财产转让说具有共通的基础，即均将营业转让看作对各种财产以及具有财产价值的事实关系组成的组织性财产的转让。可是，营业组织转让说认为，如进行企业经营，在该企业中就会产生独特的经营组织，并能确保获得收益的机会，这些可称为法律交易的客体，对其的转让为"营业"的转让。[②] 有学者甚至还认为各个营业财产只不过是该"营业"的从物。[③]

3）对营业转让说的评析。

商法（公司法亦然）虽然没有直接定义何为营业转让，但根据其表述，例如"受让营业的商人……""……转让营业后……"（商法第17条第1、2款），应推断法律是将营业作为交易上的客体对待。因此，可以说营业转让说将营业作为客体在法律上是有根据的。

不过，营业组织转让说却存在缺陷。该说将因企业活动产生的经营组织的价值以及客户等得到确保的销售机会称为组织价值。的确，作为能产生超额收益源泉的客户关系、供应商关系、销售机会、营业上的秘诀、经营上的组织等"事实关系"是构成作为营业转让对象的"营业"的不可或缺的要素，但缺少各个具体财产的转让，只是"事实关系"的转让，不能构成营业转让。将各种财产称为该营业从物的见解虽然也有

---

① 宇田一明『営業讓渡法の研究』（中央経済社 1993年）86頁を参照。

② Pisko，Das Unternehmen als Gegenstand des Rechtsverkehrs（1907）. S. 58 ff. 转引自宇田一明『営業讓渡法の研究』（中央経済社 1993年）12頁，野津務『商法総則（第二部 営業論）』（昭和9年 有斐閣）120、348～351頁。

③ Pisko，Das Unternehmen als Gegenstand des Rechtsverkehrs（1907）. S. 58 ff. 转引自宇田一明『営業讓渡法の研究』（中央経済社 1993年）9頁。

一定的道理，但其只能代表部分企业的实际状况。而且，在这里，主要讨论的应该是"营业"由什么构成，而并非主从关系。①

营业财产转让说将各种具体财产与具有财产价值的事实关系视为一个有机的整体，将该组织性的财产作为一个整体进行转让的债权合同视为营业转让合同，认为受让人利用该合同可继受转让人的地位，并进行经营活动，产生收益。作为"营业"转移的结果，营业活动被继承，即由于营业转让合同为诺成合同，作为营业转让合同的履行行为，必须对构成"营业"的营业财产与事实关系进行具体的转让及转移。② 营业转让合同虽然与构成营业的财产的买卖合同类似，但其另包含有客户的介绍、营业秘诀的传授等内容，准确地说，其应该是一种混合合同。③ 因该说较为全面地说明了营业转让的现象，近年来，已渐渐成为通说，而最高裁1965 年大法庭判决也被认为是采纳了营业财产转让说。④

不过，营业替代说与营业转让说在本质上没有区别，其区别只在于对象把握的方法论上，前者以经济/社会的现象面为基础进行立论，而后者以法律方法评价经济/社会的现象，并赋予其法律上的效果。⑤

（3）主观客观二元说。

主观客观二元说又可分为营业财产转让及经营导入契约合并说与营业活动替代说。

1）营业财产转让及经营导入契约合并说。

该说认为，营业转让为在转让"营业财产"的同时，为使受让人能继续转让人的经营活动，转让人负有应将受让人导入（einführen）其经营活动的义务的契约。⑥

2）营业活动替代说。

营业转让的主要目的在于受让人继受转让人所转让的营业主的地位，随之而来的是作为营业活动手段的营业财产被转让。⑦

---

① 宇田一明『営業譲渡法の研究』（中央経済社　1993 年）17 頁。
② 宇田一明『営業譲渡法の研究』（中央経済社　1993 年）18～19 頁。
③ 岸田雅雄『企業取引法入門』（平成 8 年　日本経済新聞社）131 頁。
④ 该判决认为，营业转让是向受让人转让为一定营业目的而被组织化的、作为有机整体而发挥功能的财产（包括客户等的具有经济价值的事实关系）（昭和 40・9・22 民集 19 卷 6 号 1600 頁）。
⑤ 宇田一明「営業譲渡と競業避止義務」札幌学院法学 5 巻 1 号 93 頁。
⑥ 田中耕太郎『改正商法総則概論』（昭和 13 年　有斐閣）338 頁を参照。
⑦ 高窪喜八郎『改訂商法総論』（昭和 3 年　法律評論社）249 頁以下。

3）对主观客观二元说的评析。

根据营业转让说的思路，可将营业的所有构成部分视为转让的客体，且能被视为客体的才能作为营业的构成部分。可是，第一个问题是，对于在法律上无法被承认为权利的企业的事实关系，是否可将其视为客体，与通常的权利一样对其进行法律处分呢？根据通说，其不属于任何物体，故不能认为对其可进行法律上的转移，所谓对其的转移只不过意味着转让人将受让人导入该事实关系。因此，在转让人对受让人履行传授营业的秘诀，介绍供应商、客户，并遵守竞业禁止义务等作为不作为的义务，使其享受利益的情形下，事实上就可实现对事实关系的移转，仅此而已。而且，即使是主张在企业组织之上存在着某种无形财产权的学者也认为，不能像通常的权利那样以意思表示实现事实关系的移转，而必须通过上述方法予以实现。第二个问题是，营业不仅是静态的财产，而且是具有社会活力的有机体，营业者本身难道不可作为人的要素成为其构成部分吗？于是，主观客观二元说认为，营业转让为作为物的要素的财产与作为人的要素的营业活动的移转，即转让人在转让营业财产的同时，为使受让人受让营业主体的地位而承担一定的作为不作为的义务。

可是，理解营业转让的概念并无必要引入行为要素，因为事实关系并不绝对排斥处分的观念。例如，工厂的厂房机械等配置中所体现出的组织，与营业财产不可分，故在对厂房机械等转移时可当然视为对组织的转移；像营业上的秘诀等权利，可将其视为智力的产物，具有与专利权等同样的性质，故可不将其视为实际的传授，而承认可通过处分行为完成对其的转移；对于营业的外部事实关系即狭义的 Chancen（事实关系），如果其是基于营业的物质要素产生，可随着营业财产的转移而自然地转移，如果是基于营业者的信用而产生，由于其为对于特定或不特定客户的一种人的关系，以处分行为而转移人的关系并不一定不合道理；而且，转让人的竞业禁止义务也并非是依据法律规定或当事人之间的约定而负担的独立义务，其实际上是随狭义的 Chancen 的转移而产生的必然的效果。因此，在此意义上，不妨可将事实关系作为权利的客体，而没有必要引入主体的行为要素。[①]

至于主观客观二元说中的地位替代理论，前文已介绍了对其的批判

① 鈴木竹雄 「流通の対象たる企業と侵害の対象たる企業」『商法研究　総論・手形法』（有斐閣　1981 年）182 頁を参照。

性评析，在此不再赘述。

3. 构成"营业转让"的具体条件分析

如前所述，对于营业转让，通说为营业财产转让说，即认为营业转让的对象为包含各种具体财产与具有财产价值的事实关系的组织化的、有机的整体财产。换句话说，只要构成"有机的整体而发挥功能的组织化财产"的转让，就构成营业转让，须适用有关营业转让的规则。

在有关商法第 17 条（旧商法第 26 条）适用，即受让人续用原商号的须对债权人承担债务清偿责任的判例中，判例一般从劳动者、商标使用权、销售渠道、客户、供应商、设备、土地、不动产甚至是债务等各方面是否作为整体转让来对是否构成"有机的、整体的组织化财产"的转让进行综合的判断，但并不要求所有的营业财产缺一不可，而只要能构成有机的整体即可。① 不过，值得注意的是，如果原营业财产不能发挥取得收益的功能，则有可能被否定进行了营业转让，如在某判例中，虽然转让人与受让人在商号、管理人员、营业场所、从业人员等方面存在着同一性，可法院却以原商号不能发挥吸引客户的功能为由对营业转让的发生进行了否定。②

可是，在这类判例中，法官在具体判断是否构成营业转让时甚少采用通说上的有机整体性标准，而大多是通过详细地比较分析两者之间在营业目的、营业场所、管理人员、电话等设备、建筑物、从业人员、客户、供应商以及商号等方面是否同一，而推定是否构成营业转让。这与适用旧商法第 245 条（规定营业全部或重要部分的转让需通过股东大会的决议）的情形有所不同。而之所以会出现此种差异，其原因也许在于，因判例一般认为商法第 17 条的意旨在于保护债权人的外观信赖，故法官在此类争议中倾向于分析当事人之间是否构成了债权人所信赖的外观；

---

① 在東京地判昭和 55 年 4 月 14 日（判例時報 977 号 107 頁）中，受让人整体继承包括报纸的制作发送人员、商标使用权、销售渠道、读者层、广告代理店等有机的报纸发行体系的行为被视为进行了营业转让；在大阪地判昭和 57 年 9 月 24 日（金融商事判例 665号 49 頁）中，受让人整体继承包括供应商、客户、营业设备、从业人员、各种纺织物的制造以及销售的营业活动的行为被视为进行了营业转让；在大阪地判平成 6 年 3 月 31日（判例時報 1517 号 109 頁）中，受让人整体受让转让人的土地、不动产、高尔夫球场设备、债务以及继承营业活动的行为，被认定为维持了作为组织的整体的同一性，进行了营业转让。

② 鈴木竹雄 「流通の対象たる企業と侵害の対象たる企業」『商法研究　総論・手形法』（有斐閣　1981 年）190 頁を参照。

而且，这些事例大多为转让人为逃避债务而设立第二公司的情形，继承原来的营业活动显而易见，无须特别进行证明。① 从这点也可得知，如何理解商法第 17 条的意旨，对是否进行了营业转让的判断可产生微妙的影响。

而在涉及是否为产生竞业禁止义务（旧商法第 25 条）的营业转让的事例中②，法院认为，如转让前后供应商、客户、营业设备、从业人员等具有同一性的，构成营业转让。这类事例中对是否进行了营业转让的判断，理应重点关注受让人是否继承了转让人的营业活动，而非是否同一的外观，因此，从理论上讲，有关竞业禁止义务的事例中对是否进行了营业转让的判断标准与有关债权人保护的事例中的判断标准的侧重点应有所不同。

由以上相关判例也可看出，事实上，在判断是否构成有机整体的组织化财产的转让之际，受让的财产与原转让人的财产是否具有同一性最为重要。因为法官无法亲眼看到转让了什么，自然也就应通过比较两者的同一性对是否进行了转让进行推断。而学说上的通说也主张应维持作为整体的同一性。可问题在于需具备何种程度或何种范围的同一性。从判例的情形来看，至少需大部分财产具备同一性才可构成营业转让。但有学者主张不一定必须取得物理上的、观念上的、社会一般通念上的同一物，只要是对于取得收益必不可少的"生命源"、"核心"或"活力源"被转让，就足以构成营业转让。③ 也有学者主张不必要求与原企业同一，而只要作为流通对象的企业包含维持一个组织体的必要范围即可。不过，该学者也承认，如果是涉及债权人保护的商法第 17 条中的营业转让，因其意旨在于债权人对于企业同一性的外观信赖，故通说的理解是妥当的。④

（三）公司法上的营业转让⑤

转让人利用营业转让可获得更高的对价，而受让人则可直接在原营

---

① 升田純「現代型取引をめぐる裁判例（3）」判例時報 1644 号 12 頁を参照。
② 大阪地判昭和 57・9・24 金融・商事判例 665 号 48 頁、東京高判昭和 60・5・30 判時 1156 号 146 頁、仙台高判平成 1・10・30 金融・商事判例 839 号 11 頁。
③ 西岡勇「営業譲渡の本質について」自由と正義 22 巻 11 号 85 頁。
④ 鈴木竹雄「流通の対象たる企業と侵害の対象たる企業」『商法研究 総論・手形法』（有斐閣 1981 年）190 頁を参照。
⑤ 有关公司法上的营业转让概念的分析，详见第五章之二之（二）、（三）、（四）中的论述。

业基础上获得收益，以避免从零起步的艰难，因此，商法总则要求转让的对象一定是能产生收益的、有机的、组织化的整体财产。可是，商法总则所调整的只是转让人与受让人以及债权人之间的利益冲突，并不考虑商人内部的关系；而在公司制企业中，如营业转让构成公司的重大变更事项，则应考虑使其履行股东大会的决议程序，故营业转让涉及股东利益的保护、公司的经营效率以及交易安全等问题。因此，公司法上的营业转让概念相较于商法总则上的营业转让，有着更为复杂的考虑因素。

转让方公司如果转让了其全部营业，要么变更经营目的，要么解散；如果转让的是营业的重要部分，要么无法继续原来的经营，要么只能大幅缩小营业规模。而且，转让方公司通常还应负有竞业禁止的义务。因此，转让营业的全部或营业的重要部分，与合并、分立及章程变更一样，属于转让方的重大变更事项，故为维护股东的权益，避免在股东不知情的情形下发生公司重大事项变更的事态，旧商法第 245 条第 1 款第 1 项（公司法第 467 条第 1 款第 1 项、第 2 项）规定，公司转让营业的全部或重要部分的，必须履行股东大会的特别决议程序。因此，界定何为须履行股东大会决议程序的营业转让，首先需从维护股东利益的角度出发。可是，如果一味地考虑股东的利益，则难免会扩大营业转让概念的范围，出现本应由董事会决策的事项而归为股东大会决策的结果。因此，界定营业转让概念的范围还必须考虑公司的经营效率，这个问题实际上关系到股东会与董事会之间的权限分配。

不过，在这个问题上，不仅需要考虑股东的利益与顾及公司的经营效率，还得考虑与受让人利益之间的协调。如果认为未经股东大会特别决议的营业转让绝对无效，对受让人而言，营业转让的概念就必须是一个清晰的、客观的、可预测的存在。相反，如果认为未经股东大会特别决议的营业转让只是相对无效，即公司的无效主张不得对抗善意的第三人，那么，对营业转让概念的客观性要求相应就会降低。故如何界定营业转让的概念还必须考虑与受让人之间的关系。因此，确定公司法上营业转让的概念必须至少考虑股东的利益、公司的经营效率以及受让方利益等因素。

判例与多数说认为，旧商法第 245 条第 1 款第 1 项规定的需履行特别决议程序的营业转让，与旧商法第 24 条规定的营业转让为同一意义，即其为：（1）通过转让作为有机的整体而发挥功能的组织性财产；（2）受让人受让转让人所经营的营业活动；（3）转让人在该转让的限度内负有旧商法第 25 条所规定的竞业禁止义务的法律行为。

　　少数说则认为，即使只是转让重要财产，如其对公司的存续有重大影响，也应构成旧商法第 245 条所规定的营业转让。而有力说在认为营业应具有有机的整体性上与多数说是一致的，但主张不应以营业活动的继承和竞业禁止义务的承担为构成营业转让的要件。

　　由于少数说一味地强调保护股东的利益，而过度地损害交易安全、阻碍经营，与现行法律所确定的权限分配秩序不符，且与法律规定的文义相距甚远，故很少得到学者们的支持，近年来已几乎销声匿迹。而多数说与折中说强调作为有机整体而发挥功能的组织性财产应为正确的方向。因为，第一，这样理解不会破坏法律概念的统一性（与商法总则上规定的营业转让概念一致）；第二，如果扩张理解营业转让的概念，将重要财产的转让也视为营业转让，在客观上就难以明确何为营业转让，以至于损害受让人的利益与交易安全；第三，如果转让人仅转让个别财产，其通常具有继续进行现有经营的意图，反之，如果转让的是组织性财产，转让人通常不具有继续经营的意图，故进行组织性财产的转让就必须对股东进行特别的保护；第四，从现行法的规定来看，单一财产的转让属于董事会的权限范围，如旧商法第 260 条明文规定：重要财产的转让应由董事会决定。

　　判例与多数说同有力说的分歧在于营业活动的继承和竞业禁止义务的承担是否为构成营业转让的要件。有力说所依据的理由主要为：第一，即使转让人不承担竞业禁止义务，也有可能在事实上产生与承担该义务一样的后果，如转让人转让其全部财产的情形，而且，当事人之间可依合意排除该义务的产生，故其不应作为决定性的标准；第二，竞业禁止义务的产生与否是转让当事人之间的事，而履行股东大会的特别决议程序的必要与否则是公司内部的事，两者没有关系。如果以是否承担竞业禁止义务为要件，转让公司的董事就可以任意操作而规避股东保护的特别程序；以继承营业活动的有无来决定是否需通过股东大会的特别决议，同样也会导致董事规避法律的行为。因有力说所举的理由更为充分与具有说服力，近年来有力说有渐渐成为通说的势头。不过，在判例与多数说同有力说之间至少存在着这样一个共同点：判断是否需要通过股东大会的决议，应在进行营业转让的时点进行判断，而不应在营业转让后根据受让公司的行动进行判断。即无论将来要件 2、要件 3 如何，只要在该转让的时点，可从客观上判断该转让伴随着要件 2 和要件 3，且该转让构成了要件 1 所要求的组织性财产的转让，就可认为其足以构成营业转让。如果作这样理解，判例与多数说同折中说之间的差别其实就很小。

（四）劳动法、税法以及反垄断法上的营业转让

1. 劳动法上的营业转让

日本劳动成文法并未对营业转让中的劳动者设置特别的保护规定，而是交由判例依据具体的情况进行个案处理，故一般来说，在劳动争议事例中，是否构成营业转让这个问题本身并非那么重要，很少发生关于是否构成营业转让的争议。可是，对于营业转让中的劳动合同继承问题，商法学者及劳动法学者均给予了很大的关注，提出了各种各样的见解，而判例也经常面临这样的问题。虽然对于劳动法中营业转让的概念，学说与判例并未作出正面的解答，但从其表述来看，劳动法中的营业转让概念与商法总则中的营业转让概念并无不同，即转让的对象必须是有机的、整体的组织性财产。不过，在主张劳动合同应随营业一并继承的学者中，一般都认为营业应理解为包含人的要素的企业。①

2. 税法上的营业转让②

日本税法的规制对象并非营业转让，而是实物出资，因为对某项资产的转让是否给予课税延迟的优惠，关键在于作为转让财产的对价转让方是否取得受让方的股份。可是，除完全母子公司之间的实物出资之外，无论是公司集团内部的实物出资，还是为举办共同事业的实物出资，法人税法都要求享受课税延迟优惠的适格实物出资至少必须构成营业转让（100％支配关系的公司间的实物出资除外），因为法人税法首先要求转让的必须为事业，而不是单纯的财产。而且，法人税法在此所要求的营业转让还必须是特殊的营业转让，须符合（1）实物出资法人的转让事业的主要资产和负债由受让公司继承、（2）预计大约有 80％以上的分割事业从业人员来从事受让公司的事业、（3）预计受让公司继承并经营转让公司的转让事业等条件。可见，相较于商法总则及公司法上的营业转让，法人税法上的适格实物出资概念实际上更为严格，除要求有机的、整体的组织化财产被转让外，还要求受让人继承分割事业的主要资产与债务、绝大部分劳动者从事事业活动。

---

① 关于企业的概念，参见本章二之（一）中的论述。
② 参见第八章之一中的论述。

3. 反垄断法上的营业转让

因反垄断法的目的在于促进公平竞争，故反垄断法上的营业转让与商法总则以及公司法上的营业转让概念也不完全一致。

日本独占禁止法第 16 条第 1 款规定，公司如因实施以下五种类型的行为，导致在一定的交易领域会实质性地限制竞争的，不得实施该行为。该五种类型的行为有：（1）营业的全部或重要部分的受让；（2）营业上的固定资产的全部或重要部分的受让；（3）营业的全部或重要部分的租赁；（4）关于营业的全部或重要部分的经营受任；（5）签订共享营业上的全部损益的合同。该条第 2 款规定，总资产合计额在 100 亿日元以上的公司如受让资产额或营业额超过 10 亿日元的营业、固定资产的全部或部分的，必须就受让计划向公正交易委员会进行申报。

而且，该法第 17 条第 2 款还规定，如公司实施违反上述第 16 条第 1 款的行为，公正交易委员会可命令其提出申报或报告，以及命令其转让营业的一部分或以其他方法排除限制竞争的状态。

独占禁止法的目的在于维护以自由主义经济体制为前提的公平竞争，故其对于导致在一定的交易领域会实质性地限制竞争的营业受让施以事前申报的义务，以及赋予公正交易委员会采取排除措施的权利。因此，通说认为，独占禁止法上的营业转让概念与商法上的营业转让概念在解释上、实务上并不完全相同。[①] 如上所述，判例与通说认为，公司法上的营业转让必须满足三个条件即有机整体性财产的转让、经营活动的受让以及竞业禁止义务的承担，可是，判断是否构成公司法上的营业转让需考虑股东的利益、公司经营的效率以及与第三人之间的关系，而独占禁止法则是以有可能影响竞争的营业受让为规制对象，故至少可以说，竞业禁止义务的承担不作为构成营业受让的要件。

根据公正交易委员会公布的《关于企业结合的独占禁止法的运用指针》的解释，如营业的部分具备作为一个经营单位而可发挥功能的形态，从受让公司事业的实际情况来看在客观上具有价值且达到一定的数值标准，就构成营业的重要部分。[②] 具体来讲，（1）特定营业部门的转让，

---

① 上杉秋则 「営業譲渡・譲受けと独占禁止法」『営業譲渡・譲受ハンドブック』（商事法務研究会編 平成 11 年新訂第二版）428 頁、竹内昭夫 「独禁法改正政府素案について―企業分割と商法関係を中心に―」 商事法務 694 号 7 頁などを参照。

② 『企業結合審査に関する独占禁止法の運用指針』8 頁。资料来源于日本公正交易委员会网站 http://www.jftc.go.jp。

（2）特定产品的生产部门或销售部门的转让，（3）需批准的特定营业的转让，以及（4）公司的分公司、工厂等的转让等情形通常被认为具备作为一个经营单位而可发挥功能的形态；而（1）为公司而存在的部门（如从属于主营业务的业务部门）的转让、（2）停业中的营业部门（因客户关系已消失）的转让、（3）为其他营业目的而转用营业财产、（4）以营业进行实物出资等情形通常不被认为构成营业的重要部分。①

（五）营业转让与公司分立的区分

1. 在经济功能上的类似

在理论上，营业转让与公司分立中所转让的对象均为营业，且两者中的营业概念均为为了一定的营业目的而被组织化的功能性的财产②，故两者的经济功能极其类似。

如前所述，利用营业转让的手法，可大致达到以下四种目的：（1）利用营业转让，经营数个营业的企业另设立新企业，将其特定的营业部门转移至该新设企业。（2）利用营业转让，经营数个营业的企业将其特定的营业部门转移给其他企业，转让企业可从中获得对价，而受让企业可扩大经营范围与规模。（3）为与其他企业共同经营合资事业，可与该企业共同设立新企业，合资双方各自将其营业转让给新企业。（4）陷于经营危机与濒临破产的企业为了经营的再生，可新设立一企业，利用营业转让，将其除掉债务的营业转让给该新设企业。由此可知，营业转让无外乎两种形态：第一是转让企业新设立一企业，将自己的特定营业转让给该新设企业；第二是转让企业将其特定营业转让给其他既存的企业。

---

① 　上杉秋则 「営業譲渡・譲受けと独占禁止法」『営業譲渡・譲受ハンドブック』（商事法務研究会編　平成11年新訂第二版）432～434頁。

② 　根据日本2005年之前的商法规定（旧商法373条、374条之16），公司分立中所转让的对象为营业。当时之所以将转让对象规定为营业，原因在于：由于公司分立中的债务转让可以是不需债权人同意的免责性转让，劳动合同的转让也不需劳动者的同意，故需要以继承"营业"的形式来实现对债权人的保护。可是，在公司分立中，规定有事前及事后的信息披露、债权人的异议程序等制度，以"营业"的受让来实现对债权人的保护变得没有多大必要；由于不易判断关于特定的权利义务的集合是否为营业，如果事后判定没有"营业"的受让，公司分立就会导致无效，而招致法律上的不安定，因此，公司法将公司分立的转让对象规定为"有关事业的全部或部分权利义务"，而不再要求一定为"营业"的受让。江頭憲治郎『株式会社法』（有斐閣　2006年）790～791頁注（2）を参照。

　　而日本公司法也明文规定了类似于以上营业转让类型的两类公司分立形式。第一类是新设分立，指的是一个或两个以上的公司通过分立将有关其事业的全部或部分权利义务由设立的公司继承的分立；第二类是合并分立，指的是公司通过分立将有关事业的全部或部分权利义务由其他公司继承的分立（日本公司法第 2 条之 29、30，我国学者多半将后者称为合并分立，为实现行文的统一，本章在以下统称为"合并分立"）。由此可见，在日本法上，利用公司分立可达到与营业转让同样的目的与效果。这也表明，两者在经济功能上的相似程度取决于能否进行合并分立，如果能，则两者在经济功能上的差异很小，几乎可以互相替代。

　　2. 创设公司分立制度的理由

　　日本在 2000 年之前，一直都未规定公司分立制度，实务中一般利用营业转让以达到公司分立所能达到的重组目的。在企业国际竞争日趋激烈的社会经济形势下，为提升企业经营的效率、确保企业统治的实效、使企业能够灵活快捷地进行并购重组，日本于 21 世纪初在立法上进行了一系列有关企业重组制度方面的改革，在商法中创设公司分立制度就是其中重要的一环。[①]

　　由于营业转让为"特定继承"，即权利义务的转移需要个别地履行程序，且债务的转移还必需债权人的同意，程序相当繁杂；而在以营业出资设立新公司的情形下，还必须经法院选任的检查官检查，这需要半年至一年的时间。而且，依分立而新设立的公司不能继承分立公司所提取的盈余公积金或任意公积金[②]，故日本企业界对此相当不满，要求创建公司分立制度的呼声很大。而公司分立制度的最大特点就是可实现对分立公司权利义务的概括性继承，即分立公司的债务不需债权人的同意就可由继承公司承担，且为免责性的承担。[③] 因此，利用公司分立制度，可免去实施营业转让所必需的繁杂手续，实现快捷便利的企业重组。[④]

---

①　原田晃治「会社分割法制の創設について（上）」商事法務 1563 号（2000 年）4 頁を参照。

②　弥永真生『リーガルマインド会社法』（有斐閣　2006 年第 10 版）390～391 頁を参照。

③　免责性承担是指转让人对所转让的债务不再承担连带责任。关于债务的承担问题，详见第四章之二之（三）中的论述。

④　事实上，我国《公司法》规定公司分立制度是不存在这个背景的，估计当时创建这个制度的理由主要是因为国外存在这个制度。

3. 在法律效果及程序上的区别

如前所述，法律对营业转让与公司分立两者赋予了程度不同的法律效果，但这同时也导致在程序上存在着较大差别，下文将详细分析这些差别。

（1）债权债务的继承。

营业转让为"特定继承"，权利义务的转移需要个别地履行程序，即债权的转移需要通知债务人，而债务的转移则需债权人的同意。正因为如此，营业转让不需履行债权人保护程序。而公司分立则为概括性继承，即当事人可在分立计划或分立协议中记载转移的债务，并将其内容公告或通知债权人，如债权人在规定期间没有提出异议，该债务转移就为免责性的转移；对于未记载的债务，则由分立后的各公司承担连带责任。①

正因为在债务的继承方面存在着这样的重大差别，所以当事人利用这两种方式各有利弊。前者虽然在程序上相对繁杂，但具有可遮断偶发债务的优点；后者虽不能遮断偶发债务，但可完成概括性的继承，具有程序简单、快捷便利的好处。

（2）劳动合同关系的继承。②

如同一般的债权债务转移，在营业转让中，劳动合同关系的继承也为特定继承。转让当事人可以约定是否继承劳动合同关系，但决定继承劳动合同关系还必须经劳动者本人同意。鉴于这样处理容易对劳动者造成损害，日本判例通常倾向于运用法人格否认、不当劳动行为、解雇权

---

① 不过，在这里需注意的是，在公司分立中，并非所有的债权人都有权提出异议。提出异议的债权人仅限于以下三类债权人。第一，公司分立后不能向分立公司请求履行债务的分立公司的债权人（日本公司法第789条第1款第2项、第810条第1款第2项）。这是因为可向分立公司请求履行债务的债权人，因分立公司从继承公司或设立公司理应取得相当于转移的净资产额的对价，故其不能对公司分立提出异议。第二，在分立公司将作为分立对价的股份等分配给股东的情形下，该分立公司的债权人（日本公司法第789条第1款第2项、第810条第1款第2项）。其理由在于：在公司的分立生效之日，分立公司将作为分立对价的股份等向股东进行分配的，不受分配可能额的限制，因此，即使是分立后可向分立公司请求履行债务的债权人也能提出异议。第三，继承公司的债权人（日本公司法第789条第1款第2项）。其理由为，由于分立公司分立出来的有可能是不良资产，这有可能会对继承公司的债权人不利，而且，依分立协议中关于资本金、资本公积金的算定方法，有可能会产生资本金、资本公积金减少的效果，因此，有必要赋予继承公司债权人以异议提出权。江頭憲治郎『株式会社法』（有斐閣 2006年）809～811頁を参照。

② 关于劳动合同继承方面的内容，详见第六章之二中的论述。

滥用等法理来实现对劳动者的救济。

而在公司分立中，为了提升重组效率，原则上也将劳动合同关系的继承视为概括性的继承，但为保护劳动者的利益，法律对其进行了如下修正：如在分立计划或合同中，以从事被继承营业为主的劳动者被记载为继承的对象的，该劳动合同关系被继承公司当然地继承（日本劳动合同继承法第3条），即该继承为概括性继承，不需取得该劳动者的同意；在该类型的劳动者被排除在继承对象之外的情形下，如劳动者在一定的期限内提出异议的，该劳动合同关系由继承公司继承（日本劳动合同继承法第4条）；如以从事被继承营业为辅的劳动者被记载为继承对象，该劳动者在提出异议期限内提出异议的，其劳动合同不被继承（劳动合同继承法第5条）。而且，分立公司还对劳动者负有事前通知及事前协议的义务。

（3）对价的种类及向股东的交付。

营业转让被视为交易行为，故作为转让营业的对价，既可以是受让公司的现金，也可以是受让公司的股份，当然也可以是其他财产。而公司分立是关于公司组织上的变更，被视为组织法上的行为，故在2005年公司法制定之前，通说认为不能仅以现金作为对价，不过，对于合并分立，2005年公司法承认可仅以金钱等作为对价交付。①

在营业转让中，只能由转让公司接受受让公司所交付的对价。如果转让公司在接受对价后，拟继续将所接受的对价交付给股东，该交付相当于向股东分配利润，必须接受分配规则的限制。② 而且，由于是利润分配，还必须另提出议案以取得股东大会决议的通过。而在公司分立中，分立公司接受继承公司所交付的对价后，可继续将其分配给分立公司的股东，也就是可实施所谓的人的分立。③ 该分配不受分配规则的限制，而且，可直接在分立协议或分立计划中规定即可，不必另提出议案。

可见，如需进行人的分立，较之营业转让，利用公司分立更为便利。

---

① 不过，如果仅以金钱等作为对价，就不能成为税制上享受税收延迟的适格分立。江头宪治郎『株式会社法』（有斐閣　2006年）791頁注（4）を参照。
② 日本的利润分配规制相当复杂，其核心内容为，只有在净资产大于所有者权益时，才能够向股东分配利润。
③ 在日本法上，根据分立是否伴随股东的变更，分立分为物的分立与人的分立。所谓物的分立，是指分立公司将作为对价的新设公司或继承公司的股份全部保留的分立，而人的分立则是指分立公司的股东最终获得新设公司或继承公司的股份的分立。

（4）股东大会的决议。

因营业转让被视为交易行为，因此，除非是对全部或重要的营业进行转让，一般不需履行股东大会的决议程序。①同样，营业受让也被视为交易行为，受让公司受让营业的，只有在受让其他公司全部营业的情形下，才必须通过股东大会的决议。②

而公司分立则被视为公司组织上的变更，除非构成了简易分立或略式分立③，一般需通过股东大会的特别决议。

（5）股东的救济。

1）持异议股东的股份回购请求权。

公司进行营业转让或营业受让时，异议股东不享有股份回购请求权，只有当营业转让的对象为营业的全部或重要部分时，或当营业受让的对象为转让方营业的全部时，当事公司中持异议的股东才享有股份回购请求权（日本公司法第 469、470 条）。

而在公司分立的情形下，当事公司中持异议的股东享有股份回购请求权（日本公司法第 785、786、797、798、806、807 条）。不过，在简易分立中，持异议股东不享有股份回购请求权（日本公司法第 785 条第 1 款第 2 项、第 806 条第 1 款第 2 项）。④

---

① 不过，在转让全部或重要营业的情形下，存在着简易营业转让、略式营业转让的例外。如转让资产的账簿价额不超过转让公司总资产额的 1/5，不需履行股东大会的决议程序（日本公司法第 467 条第 1 款），这就是所谓的简易营业转让制度。如营业转让的受让人持有转让公司总股东表决权的 9/10，转让公司可不通过股东大会的决议，这被称为略式营业转让制度（日本公司法第 468 条第 1 款）。

② 不过，在这种情形下，也存在着简易营业受让与略式营业受让的例外。如受让公司作为对价所交付财产的账簿价额的合计额不超过该公司净资产额的 1/5，受让公司可不需通过股东大会的决议，这被称为简易营业受让（日本公司法第 468 条第 2 款）；如转让公司持有受让公司的总股东表决权的 9/10，受让公司可不需通过股东大会的决议，这被称为略式营业受让（日本公司法第 468 条第 1 款）。

③ 如分立对分立公司或继承公司的股东影响比较轻微，可不通过股东大会而进行分立，这种制度被称为简易分立。在分立公司中，如该转让资产的账簿价额未超过分立公司总资产额的 1/5，不需履行股东大会的决议程序（日本公司法第 416 条第 4 款）；在继承公司中，如在分立之际，其所交付的继承公司的股份数乘以每一股的净资产额所得的金额，加上所交付的继承公司的公司债以及其他财产的账簿数额的合计额，不超过继承公司的净资产额的 1/5，不需要履行股东大会的决议程序（日本公司法第 796 条第 3 款）。而在合并分立中，当一方公司持有另一方公司（从属公司）的总股东表决权的 9/10 时，从属公司无论是成为分立公司的，还是成为继承公司的，都不需通过股东大会的决议。该制度被称为略式分立。

④ 这是因为在简易分立中，股东虽有可能因此受到损害，但其损害比较轻微。

2）请求公司停止分立权。

在略式分立中，如果该略式分立违反法律法规、公司章程，或比照当事公司的财产状况以及其他情况，合并分立协议中所确定的向分立公司交付的金钱等事项显著不当的，且有对从属公司的股东不利之虞的，从属公司的股东可请求从属公司停止进行公司分立（日本公司法第784条第2款、第796条第2款）。

而在略式营业转让或受让中，公司法未规定从属公司的股东享有请求从属公司停止转让营业或受让营业的权利。

（6）无效之诉。

如公司分立违法，各当事公司的股东、董事、执行官、监事、清算人或破产管理人以及不承认分立的债权人①，可在分立生效之日起6个月内提起公司分立无效之诉（日本公司法第828条第1款第9、10项，第2款第9、10项）。

而对于营业转让，公司法上则没有关于无效之诉的规定。

（7）出资的检查与解散。

如果因转让营业所取得的对价为受让公司的股份，则构成对受让公司的实物出资，需要接受检查官的检查，这样既花钱又费时。而公司分立则不需接受检查官的检查。

营业转让后，如果转让公司消灭的，需要履行清算程序；而公司分立后分立公司消灭的，可不经清算程序。②

（8）竞业禁止义务的有无。

在营业转让中，如果转让当事人间没有特别的意思表示，转让人对受让人负有竞业禁止义务。而对于公司分立，公司法则未规定分立公司对继承公司承担竞业禁止的义务。也就是说，与营业转让相反，如果转让当事人之间没有特别的意思表示，转让人对受让人不负有竞业禁止义务。③

---

① 不承认公司分立的债权人除了在债权人的异议程序中提出异议的公司债权人之外，还包括应接受个别催告而没有接受催告的债权人。江头宪治郎『株式会社法』（有斐閣2006年）822頁注（2）を参照。

② 这只是在解散分立中才存在的问题。不过，日本法并没有规定解散分立制度。

③ 前田庸『会社法入門』（有斐閣　2006年第11版）677頁を参照。在审议创设公司分立制度法案的中间草案中，曾规定了分立公司的竞业禁止义务。对此，反对意见认为，是否禁止竞业应委托给当事人自治，在例外的情形下，应根据反垄断法或不当竞争防止法来处理，或者原则上竞业自由，只在分立计划书或分立协议书中规定禁止的情形下，才应当负担竞业禁止的义务。在最终的商法修订中，这样的规定没有被设置。山下真弘「会社分割法制の創設と営業譲渡」立命館法学 2000年 3・4号下卷（271・272号）1011頁を参照。

（9）会计处理。

1）资产计价。

因公司分立继承公司或设立公司继受资产、负债的会计处理分为权益结合法和购买法两种方式，即在分立后分立公司仍继续支配作为分立对象的营业的情形下（单独新设分立、企业集团内以重组为目的的合并分立、实质上不为收购的为经营共同事业的合并分立及共同新设分立等），以分立公司的账簿价格计价，此为权益结合法；而在对作为分立对象的营业进行了转移的情形下（企业集团外的公司作为继承公司的合并分立、能识别取得者的共同新设分立等），以继承时该资产的市价计价，此为购买法。①

而营业转让一般只能采用购买法，即以受让时受让资产的市价进行计价，而不论其属于哪种营业转让类型。

2）资本金的变化。

营业转让时转让公司的资本不会减少，如需减资，则需履行股东大会的特别程序，但在人的分立中，由于分立公司的股东取得继承公司的股份而不向分立公司交付对价，所以有可能会导致资本减少情形的出现。

3）盈余公积金等的继承。

在人的分立中，新设公司或继承公司可继承分立公司的盈余公积金、未分配利润②，而营业转让则不允许受让公司继承转让公司的盈余公积金及未分配利润。

（10）公司分立计划书或协议书的记载、置备与公示。

公司分立计划书或协议书的法定记载事项大致有：1）当事公司或设立公司的名称表示；2）关于继承公司、设立公司继承的权利义务的事项；3）分立条件等；4）继承公司、设立公司的组织、体制等；5）程序的进行时期等。

---

① 江頭憲治郎『株式会社法』（有斐閣　2006 年）794 頁を参照。

② 在物的分立中，则不允许新设公司或继承公司继承分立公司的盈余公积金、未分配利润。因为在人的分立中，分立公司的净资产因公司分立而减少，故必须减少资本的部分。在此之际，可减少盈余公积金及利润，在这减少额的范围内，可例外地承认新设公司或继承公司继承盈余公积金及利润。而在物的分立中，分立公司接受了新设公司或继承公司的股份，其净资产额没有发生变化，故分立公司资本的部分也不发生变化，因此，设立公司或继承公司不得继承盈余公积金和利润。原田晃治「会社分割法制の創設について（下）」商事法務 1566 号 11 頁（2000 年）を参照。

合并分立、新设分立的各当事公司必须在从吸收分立合同等置备开始日、新设分立合同等置备开始日起至分立生效之日后满 6 个月之日止的期间，将记载一定事项①的文件置备于总公司。各当事公司的股东及债权人可在营业时间内的任一时间，请求阅览这些文件，并可缴纳公司所定费用以取得这些文件的复印件等。②

而营业转让却没有关于这方面的要求与规定。

4. 小结

因公司分立中所转让的对象一般也为营业，可以说其实际上也是营业转让的一种，但又不是一般意义上的营业转让，而是依法律规定被特殊化的营业转让，这种特殊化体现在上述的法律效果及实施的程序上。

在传统的大陆法上，公司分立被视为与合并一样的公司组织变更的行为，故受让公司所交付的对价应为受让公司的股份，而且还应交付给分立公司的股东③；而在营业转让中，虽然转让公司可接受受让公司的股份，但一般不将其所受让的股份交付给其股东。因此，依据传统的公司法理念，可以受让公司交付对价的种类以及是否交付给分立公司的股东为标准对某项行为的性质进行判定。不过，现代公司法为使公司重组能更自由高效地进行，已打破这一传统，放开了分立中对受让公司所交付对价的限制，可完全是现金或其他财产，而不一定为受让公司的股份，且不一定向分立公司的股东进行分配。④ 正是由于有了关于这一点的变革，在现代公司法上，仅凭对价种类及向股东的分配已不能判定某资产重组行为是否为公司分立或营业转让。

而从以上关于营业转让与公司分立的制度比较中可以得知，营业转让与公司分立实际上在经济效果上极其类似，几乎可以互相取代，但两

---

① 这些事项有：(1) 合并分立合同、新设分立计划的内容；(2) 关于分立条件等的妥当性的事项；(3) 当事公司其他的财务报表的内容；(4) 该当事公司的重要后发事件等的内容；(5) 关于分立公司、继承公司、设立公司的债务履行的预估事项。

② 江头宪治郎『株式会社法』（有斐閣 2006 年）804 頁を参照。

③ 1966 年法国公司法、1982 年欧盟公司法第 6 指令都明确了这一点。而且，在公司分立制度创始国法国，当初的学说理论就是将公司分立视为对受让公司的实物出资。山田純子「会社分割の規制（1）」民商法雑誌 99 巻 6 号 821、833、839 頁を参照。

④ 如最近才立法确立公司分立制度的日本法（详见本章二之（五）之 3 中的论述）、韩国法（参见 [韩] 李哲松：《韩国公司法》，吴日焕译，712 页，北京，中国政法大学出版社，2000）。

者却在法律效果上存在较大差别。当然，这些差别并非与生俱来的，而是人为设计的，即立法者为使企业能更快捷便利地进行公司重组，对公司分立规定了不同于营业转让的法律效果，这些法律效果上的差别集中体现在债权债务及劳动合同关系的继承、股东的变化等方面。这也就意味着，因公司分立的法律效果比较特殊，故必须依赖法律的特别授权及规定，否则无法实施公司分立，而营业转让的实现则无须赋予特别的法律效果，故实施营业转让仅凭民商法上的一般性规定以及当事人之间的协议就可进行。同时，也正是因为这些法律效果会给债权人、股东等带来比较大的影响，故法律另作出了很多详细的保护相关主体的程序性规定。

　　既然两者在法律效果及程序上存在着较大差异，那么两者的区分就可从此入手。因为，如当事人意图享受公司分立所带来的法律效果与种种便利，必须有意识地、主动地对其行为冠以公司分立的名称，并遵照公司法的规定履行各种程序，否则将不能获得所需的法律效果。反过来讲，如果当事人并未将其资产重组行为冠以公司分立的名称，且未履行法定的程序，当然就不能享有公司分立制度的便利与好处，同时，该事实本身也说明其主观意识中并不想利用公司分立制度来完成该重组，故应将该行为看作营业转让或财产转让。换句话说，判断某行为是营业转让还是分立须以当事人明确的意思表示为基础，并辅以是否履行了法定的程序。

三、其他各国与地区的制度概况

（一）德国法

　　在早期的德国，关于客观意义的营业概念①存在着不同的学说，这些

---

①　与日本主观意义上的营业与客观意义上的营业都表达为"营业"不同，德国使用不同的用语进行区别。在德国商法典上，前者为"Geschäftsbetrieb"或"Gewerbebetrieb"，后者为"Handelsgeschäft"（德国商法第 22、23、25、26 条等）；可是，关于后者的表达，判例与学说并不总是遵从法典，而使用多种多样的用语，如 Handelsgeschäft, Unternehmen, Erwerbsgeschäft, Handelsbetriebe, Handelsgewerbe, Beterib, 等等。其中，Unternehmen 原本为经济学上的企业之意，在阐明商法上的营业转让之际，商法学者常以之替代商法典中的营业（Handelsgeschäft）。西原宽一 「商法概念としての企業」『商法の基本問題—田中先生還曆記念』（有斐閣 1952 年）16 頁、西岡勇 「営業譲渡の本質について」自由と正義 22 巻 11 号 77 頁を参照。

学说大致可分为三类。① 第一为多数学者所主张的营业财产说，该说认为，营业为各个财产物件的集合，且不仅仅为集合物，而且是组织化的财产。之后的学者还主张营业除各种财产之外，还应包含客户等事实关系。② 第二为营业组织说，该说将营业理解为被称为老铺、goodwill 或 Chancen 等的固有的事实关系，其包含内部组织、营业上的秘诀、供应商、客户、销售的机会等，这些事实关系才是营业的本体，可作为法律交易的客体，而各个财产则是作为抽象组织的营业的从物。③ 第三为营业（企业）有机体说或营业权利说，该说认为，营业是人与经济财物的有机整体，企业者及其机关所创造的无形财产化身于营业中，可承认其为一种无形的财产权，即"关于营业的权利"（Recht am Unternehmen）。④

至于营业转让的概念，则与以上各营业的概念相对应，分别被主张为营业财产的转让、营业组织的转让以及营业权利的转让。此外，还有

---

① 除下述三类观点之外，更早时期，甚至还存在着营业为法人的见解，即人格说（Persönlichkeitstheorie）的主张。在该说当中，又存在两类见解。第一，营业为拥有法人格的目的财产，营业主为营业的使用人或机关，营业主的替换对于营业基础的本质及同一性没有任何影响。因此，关于营业所产生的权利义务为营业的权利义务，而不是营业主的权利义务。第二，可区分营业为作为权利主体的营业与作为权利客体的营业，前者的营业为设施（Anstalt），营业主为其使用人或机关，后者的营业为财产的总体（Vermögenskomplex），营业主可对其进行处理。Endemann, Das deutsche Handelsrecht 4 Aufl. S. 54. 转引自野津务 「営業の法的本質」『商法の諸問題—竹田先生古稀記念』（有斐閣　1952 年）44 頁。关于人格说，日本学者野津务认为，该说不仅反映了营业的经济作用，而且，可对德国商法上的无法人格的合名公司的法律地位与社员的法律地位进行区分，从这点上看，该说有一定的合理性。可是，日本商法上的公司都具有法人格，没有必要承认营业的人格为公司的人格实体。公司纯粹以社团为基础，承认其实体足矣。现在，已无任何学者支持人格说。主张人格说的结果是只以营业财产为限承担营业上的债务，可是，如果没有特别法的规定，原则上是不承认这样的结果的。因为，如果对商人的债权效力只及于营业财产，而不及于商人的私用财产，就有可能对债权人造成重大的损害。承认作为权利主体的营业与作为权利客体的营业的区分，会导致财产权的主体同时又是财产权的客体的结果，只能说这是自相矛盾。野津务 「営業の法的本質」『商法の諸問題—竹田先生古稀記念』（有斐閣　1952 年）44 頁を参照。
② Behrend, Lb. d. Handelsrechts, Bd. I, 1886. S. 202ff.；Lehmann-Ring, HGB. § 25 Nr. 2；Staub-Bondi, HGB. § 22 Anm. 4. 转引自西原寛一 「商法概念としての企業」『商法の基本問題—田中先生還暦記念』（有斐閣　1952 年）17 頁、野津務 「営業の法的本質」『商法の諸問題—竹田先生古稀記念』（有斐閣　1952 年）45 頁。
③ Pisko, in Ehrenbergs Hdb. Bd. II, S. 198ff.；Derselbe, Das Unternehmen als Gegenstand des Rechtsverkehrs, 1907, S. 15ff. 转引自西原寛一 「商法概念としての企業」『商法の基本問題—田中先生還暦記念』（有斐閣　1952 年）17 頁。
④ Jsay, Das Recht am Unternehmen, 1910, S. 27, 41, 72ff., 138ff. 转引自西原寛一 「商法概念としての企業」『商法の基本問題—田中先生還暦記念』（有斐閣　1952 年）19 頁。

少数学者主张营业转让是作为物的要素的财产与作为人的要素的企业的活动的转移，即在转让企业财产的同时，转让人承担使受让人取得企业主体地位的一定的作为与不作为的义务。[①]

对于营业权利说，有学者提出如下批判：如果承认为权利，以单纯的合意应该就可处分，可这与事实相反，虽然承认可对其进行处分，但不以权利的原则，而必须以物以及其中的动产法的原则进行处分。[②]

对于营业组织说，有学者认为，该说通过将营业财产视为作为营业本体的营业组织的从物将两者进行了连接，与营业财产说相比，其不仅在法律上承认营业上的事实关系，还将主从关系倒置。即使存在着缺少营业财产的营业，但完全没有营业组织的营业也不可能存在，承认营业的意义在于其组织的价值。如果考虑到这一点，该说也是妥当的。可是，营业中这两者孰轻孰重根据企业的不同而不同，而且，只有将这两者结合在一起，营业才有可能发挥功能。如果考虑这一点，区分主从既无意义也不合理。[③]

以上为德国商法总则上的营业转让的内容，可德国股份法却并不使用营业转让的概念，而为全部公司资产的转让（Übertragung des ganzen Gesellschaftsvermöns）。依据德国股份法第 179a 条第 1 款规定，股份有限公司在签订负有义务向第三者转让全部资产的合同时，必须通过第 179条规定的股东大会的决议。该条的全部资产被解释为作为资产价值全体的资产，而非个别的财产物件。[④] 不过，此处的资产转让并不一定需要构成商法总则上的营业转让，即不被要求为有机的组织化财产的转让。但也并非与营业毫无关系，因为是否可运用留下来的资产继续营业对于判断是否构成全部资产的转让非常关键。[⑤]

---

① Wieland, Handelsrecht, Bd. I. S. 255. 转引自鈴木竹雄「流通の対象たる企業と侵害の対象たる企業」『商法研究　総論・手形法』（有斐閣　1981 年）181 頁。

② J. v. Gierke. Handelsrecht u. Schiffahrtsrecht, 5. Aufl. S. 101. 转引自鈴木竹雄「流通の対象たる企業と侵害の対象たる企業」『商法研究　総論・手形法』（有斐閣　1981年）180 頁。

③ Wieland, Handelsrecht, Bd. I. S. 253. 转引自鈴木竹雄「流通の対象たる企業と侵害の対象たる企業」『商法研究　総論・手形法』（有斐閣　1981 年）179 頁。

④ 田村淳之輔「営業譲渡と株主総会決議」『八十年代商事法の諸相：鴻常夫先生還暦記念』（有斐閣　1985 年）532 頁を参照。

⑤ 详见第五章之三之（二）的内容。

（二）法国法

法国与德日法上营业相对应的概念为"商事营业资产"（fonds de commerce），且与德日混同使用企业与营业概念不同，法国严格区分使用企业（entreprise）与企业财产（fonds de commerce），前者为物的要素与人的要素紧密结合的独立经济生活体，而后者本质上为财产性的概念，故被转让的对象为企业财产，而非企业。①　商事营业资产的概念产生于19世纪，其出现主要是基于两个方面的迫切需要：一是面对竞争对手的进攻，商人们都希望能够保护自己的顾客群体；二是商人的债权人要求承认商业营业资产。②

关于商事营业资产概念的界定，学说上并无定论，具体存在着以下见解。Juglart 和 Ippolio 认为，"所谓商事营业资产实际上是由器材、设备、物品等有形要素和租赁权、商事名称、商事招牌等无形要素构成的整体物"③。Didier 指出，所谓商事营业资产，实际上是无形财产和有形财产结合在一起的整体物，更具体地说，是用来从事商事经营活动的动产，因此，商事营业资产实际上包括两项内容，即"商事"和"营业资产"④。Ripert 和 Roblot 认为，所谓商事营业资产实际上是对商事顾客名单所享有的无形财产权，此种顾客名单通过那些为商事经营活动服务的各种要素附加在商事营业资产上，这些要素包括两类，即有形要素如物品，以及无形要素如商事名称、招牌、专利及商标。⑤　而伊夫·居莱则认为其由用于从事商业活动的全部动产财产构成，但未对其法律性质进行直接的描述。⑥

以上见解均强调商事营业资产的集合性，均认为此种资产由有形财产和无形财产共同构成。但是，在此需注意的一点是，法国的判例及学

---

① Despax，L'entreprise et le droit，no. 315. 转引自福井守 「営業譲渡における企業概念の適用」法学論集 32 巻 35 頁、36 頁注 7。
② 参见［法］伊夫·居荣：《法国商法》，第 1 卷，罗杰珍、赵海峰译，703～762 页，北京，法律出版社，2004。
③ Michel de Juglart et Benjamin Ippolito，Courts de droit commercial，p. 34. 转引自张民安：《商法总则制度研究》，318 页。
④ Paul Didier，Droit commercial，presses Universitaires De France，p. 361. 转引自张民安：《商法总则制度研究》，318～319 页。
⑤ George Ripert et RenéRoblot，TraitéDe Droit Commercial，Seiaième edition，L. G. D. J. p. 427. 转引自张民安：《商法总则制度研究》，319 页。
⑥ 参见［法］伊夫·居荣：《法国商法》，第 1 卷，罗杰珍、赵海峰译，703 页。

说均认为商事营业资产并不包括不动产以及债权债务。① 商事营业资产之所以不包括不动产，有如下几点原因：第一，传统法律认为不动产的出卖行为仅仅是一种民事行为，不是商事行为，如将其上升为商事行为，违反了民事行为区别于商事行为的法律原则。第二，如果将不动产归为商事营业资产，那么，商人实际上要通过两个登记行为才能够完成商事营业资产的买卖。第三，在法国，商人在从事经营活动时往往租用他人的建筑物，而自己并不建造建筑物，故法律往往考虑租赁权的问题。② 第四，将土地、建筑物及附着物作为不动产排除在商事营业财产之外的判例规则有其目的性，即为了保护不动产上的优先权债权人而对付那些仅仅在商事营业资产上持有优先权的债权人。③ 而将债权债务排除在商事营业资产之外的主要原因则在于：法国人认为这实际上是商事营业资产的转让人与受让人的意思反映。这是因为，受让人在确定所购买的积极财产的价值时已经劳神费力，当然不情愿再去购买消极财产并对此种财产价值加以评估，将债务从商事营业资产中排除出去，可以更快捷地实现商事营业资产的转让；而对债权价值的评估亦非易事，故受让人也无兴趣购买债权，且对于转让人而言，由于其已保留了自己的债务，故亦应保留自己的债权。④ 此外，法国法上的"广义财产权"理论也被认为是将债权债务排除在商事营业资产之外的原因之一。⑤

　　关于商事营业资产的性质，法国判例及学说均认为其为动产，其原因被归结为，"商事营业资产的构成要素或者是有形的动产（原材料或设备），或者是动产性的权利（尤其是租赁权），不包括不动产"⑥。

　　不过，值得关注的是，由于新的企业法律概念即认为应在某种程度

---

① 而企业的范围更广，可以包括用于商业经营的所有财产，动产与不动产，有形财产与无形财产，甚至包括债权与债务。从这点看，法国法上的企业概念似乎更为接近德国法、日本法上的营业概念，但其企业的概念并非法律上的概念，而只是经济上的概念。不过，营业资产也不是一个始终非常明确的概念。参见［法］伊夫·居荣：《法国商法》，第 1 卷，罗杰珍、赵海峰译，705、753、755、762 页。

② 参见张民安：《商法总则制度研究》，321、329 页。

③ 参见沈达明：《法国商法引论》，51 页。

④ V. Paul Didier, Droit commercial, pp. 364 - 365. 转引自张民安：《商法总则制度研究》，328 页。

⑤ 详见李飞：《营业财产理论评析——构成要素、性质及其在商法上的地位》，载《法律科学》，2008（2），92 页。

⑥ Michel de Juglart et Benjamin Ippolito, p. 433. 转引自张民安：《商法总则制度研究》，333 页。

上承认作为事业体的企业的权利义务主体性与财产独立性的出现，之后不少的立法规定与判例均肯定了营业的受让人当然应成为附着于该营业的债权债务与劳资关系的主体。① 这说明，法国法上营业转让中的营业概念在某种程度上实际也与企业概念混同。

（三）意大利法

与法国法一样，意大利法在概念上也明确区分主体意义上的企业（impresa）与客体意义上的企业财产（azienda）。根据意大利民法第2555条的规定，企业财产指的是企业主为企业的经营而组织的全部财产的总和。② 可是，与法国法一样，由于受到了新的企业法律概念的影响，意大利民法规定，在企业财产转让的情形下，企业受让人应成为企业上所有债权债务及劳资关系的承担主体（意大利民法第2112、2558、2559、2560条）。③ 由此可见，虽然存在着立法用语的区别，但意大利法的营业（企业财产）概念事实上也趋同于企业概念。④

（四）中国台湾地区的有关规定

台湾"民法"并未对营业及营业转让进行规定，且台湾也无商法典，故当然也不存在商法总则中的营业转让，但"公司法"、"企业并购法"、"公平交易法"以及"银行法"均有关于营业转让的规定。"公司法"第185条第1项第2款，"企业并购法"第27条第1项、第39条第2项，"公平交易法"第6条第1项第3款，均以让与或受让"全部或主要部分之营业或财产"作为是否适用营业让与规范、税收优惠或事业结合管制

① 详见第四章之三之（三）中的论述。
② 由意大利民法规定竞业禁止的第2557条、合同继受的第2558条、债权转移的第2559条、债务转移的第2560条等条文可知，其"企业财产"实质上指的就是德国法、日本法上的营业（参见《意大利民法典》，费安玲、丁玫、张宓译，北京，中国政法大学出版社，2004）。同样的情况也存在于澳门法中（澳门商法典第105、106、108、110、112、113条等，参见中国政法大学澳门研究中心/澳门政府法律翻译办公室编：《澳门商法典》，北京，中国政法大学出版社，1999）。
③ 意大利民法典第2559条规定，被转让的企业发生债权转移的，即使未通知债务人或者债务人未予接受，自在企业登记簿上进行转让登记时起，也依然对第三人产生效力（参见《意大利民法典》，费安玲、丁玫、张宓译）。第2112、2558、2560条的规定参见第四章之三之（五）。
④ 古田龍夫・土肥一史「商法第26条及び第28条について（二）」福岡大學法學論叢21卷3・4号334頁を参照。

的判定标准，"银行法"第 62 条之三第 3 款则以让与"全部或部分营业及资产负债"作为是否适用银行业管制的判定标准。

　　从以上法条的文义来看，似应将"营业"与"财产"分开定义。有学者认为，如果是这样，那么营业应是指公司为特定的营业目的，具有组织性或有机整体性的功能性财产，除包括公司营业用之财产对象及权利外，尚涵盖客户资料、营业秘密、销售机会或其他具有经济价值的经营资源或事实关系，而财产则包括有形财产及无形财产。如将营业视为财产权的一种即营业权，则财产可将营业涵盖在内。① 不过，营业能否视为民法上的财产权尚存疑问。② 可无论为哪种解释，因营业的转让必伴随财产的转让，既然财产的转让也能达到适用有关规范的标准，故仅规定财产的转让即可，而无必要规定为营业让与。③ 因此，台湾"立法"对营业让与进行规定并无意义。台湾司法实践在判定是否构成法律所定义的营业让与时通常仅从财产面而为解释分析、罕见从让与营业出发的事实即可佐证这一点。④

（五）美国法

　　虽然美国法上并不存在大陆法上统一、明确的营业转让的用语与概念⑤，但美国公司法事实上对营业转让这种客观经济行为的理解与把握同德日一致。如特拉华州等州公司法中的需股东大会或董事会决议的公司全部资产的出售被规定为应包括商誉与营业权（including its goodwill and its corporate franchises）。⑥ 而商誉（goodwill）一词的意义被解释为具有包括该企业的长期传统与社会信用、地理位置、客户等的可获得超

---

　　① 参见王志诚：《企业组织重组法制》，153～154 页，北京，北京大学出版社，2008。
　　② 参见刘连煜：《公司法原理》，198 页，北京，中国政法大学出版社，2002。
　　③ 笔者尚未查阅到关于台湾为何这样"立法"的文献。唯有一种情形可合理解释这样的"立法"，即存在着不伴随财产转让的营业转让，可这样的情形毕竟极为罕见，估计这不是出于台湾"立法者"的意旨。
　　④ 详见第五章之三之（三）中的论述。
　　⑤ 美国统一商法典第六篇对大宗转让（bulk transfers）进行了专门的规定，我国有学者认为此处的大宗转让即相当于大陆法上的营业转让（周洪政：《我国商法设立营业转让规制的必要》，载《商业研究》，2010—09，188 页）。但笔者认为关于大宗转让的规定解决的是欺诈性转让中债权人的利益保护问题，且所转让的财产仅包括原料、材料、商品及其他库存，故大宗转让与营业转让虽有类似之处，但差距较大，不能等同。
　　⑥ Del. Gene. Corp. Law, § 271 (a); Flo. Stat. Ann. § 608, 19.

越其他企业的收益的无形财产价值的事实关系。① 这说明在美国某些州的公司法上，公司全部资产的概念事实上等同于德日的营业转让。

四、日本及其他各国（地区）法的评析与借鉴

（一）日本及其他各国（地区）法的评析

1. 商法总则上的营业转让概念

由以上对日本法、德国法、法国法、意大利法、中国台湾地区的有关规定以及美国法的考察可知，以营业财产的构成为标准，世界上关于营业概念的界定大致分为两类，一类为德日模式，另一类为法国模式，美国法、意大利法以及中国台湾地区的有关规定比较靠近德日模式。

无论是德日模式，还是法国模式，在认为营业为有机的、组织化的整体性财产方面趋向于一致，但两者在具体的营业财产构成上存在着以下若干不同之处：

第一，法国模式将债权债务排除在商事营业资产之外，而德日模式的营业财产原则上包括债权债务，但当事人可自由排除特定的债权债务。显然，法国模式这样的理论构成对营业上债权人的保护不利，再加之有些合同对经营者有用，且为企业的继续存在所必需，故债权债务被排除在外的原则将导致债权人利益的受损、效率的破坏，并且有害于企业维持原则。②

第二，法国模式较重视营业财产的具体构成，而德日模式并不十分重视营业财产的具体构成，而着重从整体上强调营业财产的有机性及组织性，即只要构成了有机整体性的财产，就可认定为营业，而不关注某一项财产是否包含于其中。法国法对营业财产具体构成的重视主要体现在两个方面：其一，认为顾客名单对于营业财产不可缺少。其二，认为营业财产不包括不动产。可是，顾客群虽然对于商事营业资产不可缺少，但也最容易消失，有关商业营业资产的理论之所以有含糊不清之处，盖

---

① 田中英夫编著『英米法辞典』（東京大学出版社　1991 年）第 385 頁。
② 参见沈达明：《法国商法引论》，49～51 页。

源于此。① 正因为顾客群的不确定性，法律不易为其稳定提供有效保障。② 而且，根据营业性质及行业的不同，对于顾客群的要求也不一样，有些营业即使暂时缺少顾客群，只要该营业财产是有机的组织性财产，也是能够在未来争取到顾客群的。因此，顾客名单并非为营业财产必要的构成要素。至于上述营业财产不包括不动产，其实质性理由仅在于：如包括不动产，则完成一个商事营业资产的买卖须进行两个登记，并产生不动产上的优先债权人与商事营业资产优先债权人之间的冲突。可是，即使商事营业资产不包括不动产，完成商事营业资产的买卖实际上也同样须另进行不动产的登记，更何况被包括在营业资产范围之内的专利权、商标权也同样须进行登记或备案。而在不动产上拥有优先权的债权人的法律地位也并不一定会因为不动产是否包括在商事营业资产之内而有多少实质性差异，这归根结底取决于合理的私人安排。③ 而且，这种利益冲突只存在于商事营业资产被抵押的情形。因此，笔者认为，德国法与日本法并不重视营业财产的具体构成，而着重于营业财产的有机性与组织性的做法则更能把握营业概念的实质。

第三，法国法认为商事营业资产为动产，而德国法及日本法却几乎不考虑商事营业资产的财产性质。笔者认为造成这一差异的主要原因为法国法要求买卖商事营业资产必须进行登记。因为，如要求买卖商事营业资产必须进行登记，就有必要将其定性为不动产或动产，而如将其定性为动产，就可顺理成章地排除商事营业资产中的不动产。可是，即使在法国，无论是将其定性为动产，还是不动产，既无强有力的理由与根据，也无实际意义。④

综上所述，法国模式的营业概念因过分强调单个财产（如顾客群）对于营业的重要性，且将不动产及债权债务排除在营业财产之外，割裂了营业的有机整体性，没有从根本上把握营业及营业转让的本质，其理论体系并不十分完善与妥当。而德日模式上的营业概念则更强调整体，在理论上显得更加合理与完美。不过，概念的完美并不一定意味着在处理具体问题上的合理与妥当。即使是将债权债务纳入营业财产范畴的德

---

① 参见［法］伊夫·居荣：《法国商法》，第 1 卷，罗杰珍、赵海峰译，748 页。

②③ 参见李飞：《营业财产理论评析——构成要素、性质及其在商法上的地位》，载《法律科学》，2008（2），91 页。

④ 参见滕晓春：《营业转让制度研究》（博士论文）第 42 页，资料来源于中国知网 http：//epub. cnki. net/kns/default. htm。

日模式，因当事人可自由排除特定的债权债务，故基于其营业概念而构筑的债权债务人保护体系也难言完善。而法国模式则在采纳新的企业法律概念的基础上，通过制定营业资产买卖的登记制度、设置一些例外规定（如关于劳动合同、保险合同、出版合同和租赁合同等与商事营业资产一起转移的规定）等方式维护债权债务人的利益，从而有效地弥补了以上理论上的缺陷。虽然如此，笔者仍认为，德日模式的营业概念相对更完备、更直接明了，基于该概念建立的调整当事人利益冲突的规则体系也相对妥善；而基于法国模式的法律体系则多少显得有些迂回曲折与难以理解，而建立营业资产买卖的登记制度、制定关于合同转让以及债权人保护的例外规定，无疑会增加更多的行政负担、占用更多的立法资源，且不便于营业转让的快捷进行。

2. 其他法上的营业转让概念

虽然德国、日本在调整转让当事人间的利益冲突方面及商法总则中均使用了营业的概念，但在维护公司股东利益方面即公司法上，则采用了不同的方式。日本继续沿用商法总则中的营业概念，而德国则以公司财产的概念取而代之，中国台湾地区的有关规定则采用综合这两者的方法。

由于公司制企业构成上的复杂性，相较于商法总则上的营业转让，判断是否构成公司法上的营业转让需考虑更多主体的利益。日本的做法是将需股东大会决议的转让限定为营业的转让，并将此处的营业转让理解为转让作为有机的整体而发挥功能的组织性财产，这样既可维护经营效率与股东保护之间的平衡，又可兼顾第三人的利益。而如使用公司财产的概念，似有扩大股东大会决议范围之虞，从而既有可能影响公司的效率，又有可能损害交易安全。德国法将决议的范围限定为公司的全部资产似可解决这一问题，但同时又有可能漏掉营业的重要部分的转让。而中国台湾地区的有关规定则在营业之外又加入了财产的概念，这易造成扩大需股东决议的营业转让范围的结果。因此，日本法的规定以及对于营业转让概念的理解应较为妥当。

日本反垄断法使用的也为营业转让，但同时也将营业上的固定资产的全部或重要部分的受让纳入规制范围。这样一来，营业转让概念在反垄断法上则不具有较多实质性的意义，因为判断是否作为反垄断审查的对象是以该交易是否带来垄断的结果为标准进行的，而不论其是否构成私法意义上的营业转让。不过，营业转让的概念在判断是否成为申报的对象上仍具有一定程度的意义，因为这样规定可将不构成营业转让的单纯财产转让排除在申报对象之外，从而可提高司法的效率。这个判断标准通常被认为是该转让的对象作为一个经营单位而可发挥功能的形态，故在这一点上，反垄断法上的营业转让概念与商法总则及公司法上的营业转让概念其实是共通的。而台湾"公平交易法"则规定为"全部或主要部分之营业或财产"，与以上论述同理，既然规定了"财产"，那么，"营业"的概念如何将变得并不重要。

（二）我国法的现状及借鉴

1. 我国现行法的规定

我国民商基本法（如《民法通则》、《物权法》、《合同法》、《公司法》等）并没有对营业及营业转让的概念进行一般性的定义，当然就更不存在关于营业转让的基本制度。可一些单行法却在使用营业转让的用语并对其进行规制，如《企业破产法》第 69 条中的"营业的转让"及《反垄断法》第 48 条的"转让营业"，而有的单行法虽然没有直接使用营业转让的用语，而使用其他的称谓，但其规制的对象仍为营业转让或与之类似的行为。如《公司法》第 104 条及第 121 条的"重大资产"的转让、《证券法》第 75 条中的"营业用主要资产的抵押、出售"、《反垄断法》第 20 条第 2 项中的"取得股权或者资产"等。

我国还存在着大量实质性规制营业转让这一经济现象的部门规章以及司法解释。其中，部门规章有：1989 年 2 月 19 日发布的国家体改委、财政部、国家国有资产管理局《关于出售国有小型企业产权的暂行办法》，1995 年 5 月 12 日发布的《国家国有资产管理局关于加强企业国有产权转让监督管理工作的通知》，1998 年 6 月 5 日发布的《国务院关于在国有中小企业和集体企业改制过程中加强金融债权管理的通知》，1999 年 2 月 11 日发布的 国家经济贸易委员会、财政部、中国人民银行《关于出售国有小型企业中若干问题意见的通知》，2003 年 11 月 30 日中华人民共和国国务院办公厅转发的国务院国有资产监督管理委员会《关于规范国有企业改制工作意见的通知》，财政部 2003 年 12 月 31 日发布的《企业国有产权转让管理暂行办法》，国务院国有资产监督管理委员会 2004 年 8 月 25 日发布的《关于企业国有产权转让有关问题的通知》，中国证监会 2008 年 3 月 24 日发布并于 2011 年修订的《上市公司重大资产重组管理办法》。司法解释有 2002 年 12 月 3 日通过的《最高人民法院关于审理与企业改制相关的民事纠纷案件若干问题的规定》。这些部门规章及司法解释虽然没有使用营业转让的称谓，但其使用的企业产权出售、产权转让①、企业出售②、出售资产③等概念实质上就为营业转让。④

此外，我国一些地方性法规及规章也对营业转让或类似的行为进行了规定。如1999年6月30日通过的《深圳经济特区商事条例》、2001年12月7日发布的《北京市产权交易管理规定》、2004年10月25日颁布的《上海市产权交易市场管理办法》等。其中，尤其值得一提的是，《深圳经济特区商事条例》第32条至第36条对营业转让的基本制度进行了详细具体的规定。

由上述可知，因我国现行法未规定营业转让的一般概念及基本制度，各种法律法规对营业转让及类似行为的称谓不一，概念界定不清，且存在着规则本身不合理、立法层次低、适用范围有限等诸多问题。而这样的现状也导致我国司法实践在处理营业转让问题时处于无法可依、无所适从的困境。

此外，关于公司分立，我国《公司法》并未对其作出定义，而根据《关于外商投资企业合并与分立的规定》第4条，公司分立是指一个公司依照《公司法》有关规定，通过公司最高权力机构决议分成两个以上的公司。至于是否可进行合并分立，我国立法则未予以明确。而关于实施公司分立的程序及效果，我国《公司法》仅规定了极其简单的寥寥数条。由此可知，我国立法规定并没有提供明确区分营业转让与公司分立的标准。

2. 学说上的见解与评析

我国学者关于营业及营业转让的概念以及规制方面的观点大多源自德日学说尤其是日本学说。与日本学说一样，关于营业的意义，我国学

---

① 例如，《企业国有产权转让管理暂行办法》第2条规定："本办法所称企业国有产权，是指国家对企业以各种形式投入形成的权益、国有及国有控股企业各种投资所形成的应享有的权益，以及依法认定为国家所有的其他权益。"

② 例如，最高人民法院2003年颁布的《最高人民法院关于审理与企业改制相关的民事纠纷案件若干问题的规定》中的"国有小型企业出售"实质上就为企业整体资产的转让。这是因为，既然是出售，此中的"企业"就不能理解为企业法人本身，因为其不可能自己卖自己，而只能是出卖自己的资产。

③ 如《上市公司重大资产重组管理办法》第11条中的"出售资产"。

④ 参见朱慈蕴：《营业规则在商法中的地位》，载《清华法学》，2008（4），11~12页。

者一般均认为分为两种意义：一是主观意义上的营业，指的是营业活动；二是客观意义上的营业，指的是营业财产，可作为转让、租赁、委托经营等的客体，所谓营业转让中的营业即指此意。① 也有学者主张将营业财产与营业活动有机结合起来，认为营业是蕴含营运价值的、持续营运状态下的营业财产，是营业财产和营业活动有机结合的、具有整体性的价值体系。② 该见解的意义在于可为营业免受侵权或不正当竞争找到理论依据，但对于营业转让中的问题分析并无实益。

关于客观意义上的营业，我国通说认为是供进行营业活动之用的有组织的一切财产以及在营业活动中形成的各种有价值的事实关系的有机整体，也即所谓的营业财产论。③ 营业财产的具体构成包括：积极财产（资产）与消极财产（负债），如各种不动产、动产、无体财产、债权、债务等，以及专有技术、信誉、顾客关系、销售渠道、地理位置、创业年代等事实关系。④ 对此，有学者借鉴法国的制度，在主张营业转让应予登记的基础上，认为我国法律应当将不动产从营业财产中排除出去，其理由是，如果不动产属于营业财产，那么商人在转让自己的营业财产时实际上需要完成两个登记行为，即营业财产转让的登记和不动产转让行为的登记，而同一财产的转让行为要通过两套独立的登记制度来完成，违反了同一财产仅仅通过一次登记完成转移的法律原则，且违反了商事快捷性的原则。⑤ 该见解与通说并非矛盾，因为其前提条件是建立法国式的营业转让登记制度。可是，姑且不论营业转让的登记制度是否合理、是否符合我国国情，即使实施该制度，也未见得一定要排除不动产。因为，第一，如前所述，即使商事营业资产不包括不动产，完成商事营业资产的买卖实际上也同样另须进行不动产的登记，而包括在资产范围内的专利权、商标权也须两次登记或备案；而营业财产制度在转让、租赁

① 参见谢怀栻：《外国民商法精要》（增补版），257 页，北京，法律出版社，2006；王保树：《寻找规制营业的"根"与"本"》，见《中国商法年刊（2007）》，209 页；赵旭东主编：《商法学》，78～79 页；顾功耘主编：《商法教程》，55 页，上海，上海人民出版社；北京，北京大学出版社，2006；叶林：《营业资产法律制度研究》，载《甘肃政法学院学报》，2007—01，7 页；官欣荣主编：《新编商法原理》，151 页。
② 参见徐民、王丽娜：《营业价值理论视角下营业概念的扩张》，载《海南大学学报》（人文社会科学版），2009（2），180 页。
③ 参见脚注①中的文献。
④ 参见王保树：《寻找规制营业的"根"与"本"》，见《中国商法年刊（2007）》，209 页；吴建斌：《现代日本商法研究》，90～91 页；官欣荣主编：《新编商法原理》，151 页。
⑤ 参见张民安：《商法总则制度研究》，329～330 页。

等交易行为中的效率性的突出体现是，当事人无须就各项构成要素单独协商就能实现作为有机整体的营业财产的迅速转让，从而最大限度地保证经营行为的持续性，因此，包括不动产实际上并不影响商事交易的快捷性。第二，如果不包括不动产，在商事营业资产的价值上，以及对于债权人保护方面，拥有不动产的商人反倒不如作为不动产承租人的商人，而这样的结果并不妥当。① 第三，这样的制度安排显然对于那些以不动产作为关键要素的营业转让（如地理位置对于营业非常重要的餐厅、旅店、商店等）不妥。

关于营业的法律性质，学术上一致认为，营业为财产，但非一般的财产，而是一种特殊的财产。不过，学者们对于营业财产特殊性的描述则存在着若干差异。有学者认为营业具有权属的可控性、要素的整体性、价值的确定性以及可转让性等特性②，有学者认为营业具有机能性、复合性、变动性等特性③，也有学者认为营业具有有机整体性、变动性以及不动产性等特性④。在此基础上，有学者进一步认为，这种特殊性还体现为在营业财产之上还存在着一种权利，该权利为绝对权，但又明显区别于传统民法中的绝对权：它以营业目的为中心，拘束着构成营业资产的个别物或权利，但并不排斥这些个别的物或权利在脱离营业资产的关系中成为其他权利的独立的、个别的客体。⑤ 也有学者从立法论上主张，营业应作为民法上的物即集合物，可以买卖、抵押、租赁、用益等。⑥ 还有学者主张营业为商法上所特有的客体，即商人所有权的客体，这种营业所有权只是一种法律上的拟制，只在营业转让、营业质押、营业租赁等特殊的场合才会被适用。⑦

与上述关于营业概念的通说见解一致，关于营业转让的概念，我国大多数学者持营业财产转让说，认为营业转让就是转让人将上述营业财

---

① 参见李飞：《营业财产理论评析——构成要素、性质及其在商法上的地位》，载《法律科学》，2008（2），91页。
② 参见叶林：《营业资产法律制度研究》，载《甘肃政法学院学报》，2007（1），9页。
③ 参见孙英：《营业财产：特殊的财产形态》，载《山东审判》，2008（6），44~45页。
④ 参见李飞：《营业财产理论评析——构成要素、性质及其在商法上的地位》，载《法律科学》，2008（2），93~94页。
⑤ 参见孙英：《营业财产：特殊的财产形态》，载《山东审判》，2008（6），45页。
⑥ 参见郭娅丽：《商法理念下营业转让的法律规制》，载《理论探索》，2001（3），127页。
⑦ 参见刘文科：《营业：商法上的特殊客体》，载《政法论坛》，2010（5），146页。

产整体转让给受让人的契约行为。① 而少数学者则持营业财产转让说与营业地位（活动）替代说相结合的主观客观二元说，主张营业转让是指营业的转让人通过与营业受让人订立转让合同，将其营业让与受让人，受让人向转让人支付营业对价，并取得营业的经营者地位；营业转让不仅使受让人受让了营业财产，通常也使受让人从营业转让人那里承继了营业活动。② 对此，笔者认为，对营业转让本质的把握，并无必要引入营业地位（活动）替代的要素，因为：第一，地位的取得也好、活动的承继也好，只不过购入"营业"的自然结果与表面现象；第二，如果理解为地位的取得，作为法律的一般原则，应与合并、继承一样概括性地继承转让人的财产，可该说并不否认可依特别约定排除个别财产的转让，这是矛盾的；第三，理解营业转让的概念并无必要引入行为要素（使受让人承继营业活动），因为各种事实关系并不绝对排斥处分的观念。如营业上的秘诀等权利，可将其视为智力的产物，具有与专利权等同样的性质，故可不将其视为实际的传授，而承认可通过处分行为完成对其的转移。

至于营业转让的法律性质，我国学说一致认为营业转让为类似于买卖合同的合同行为，可订立一份转让合同即可完成。但对于该合同是单一合同，还是混合合同，即适用统一的转让规则，还是区别不同的财产适用不同的转让规则，则存在着分歧。有少数观点认为，营业转让为单一合同而非复数合同（即混合合同），虽然营业财产由各类动产、不动产、无形财产组成，但营业转让适用统一的规则（动产、不动产或无形财产的买卖规则），而非分别适用各类财产的买卖规则完成。③ 多数观点则认为，因包含各种财产与事实关系，因而营业转让是一种包含着不同客体的较复杂的混合合同，对于各种财产的转让需适用不同的转让规则。④

---

① 参见王保树：《寻找规制营业的"根"与"本"》，见《中国商法年刊（2007）》，210 页；官欣荣主编：《新编商法原理》，151 页；郭娅丽：《商法理念下营业转让的法律规制》，载《理论探索》，2001（3），126 页；张完连：《营业转让独立性之考究》，载《无锡商业职业技术学院学报》，2010（3），19 页；史玉成、王卿：《论营业资产转让的法律效力》，载《政法论丛》，2011（3），39 页。

② 参见朱慈蕴：《营业规则在商法中的地位》，载《清华法学》，2008（4），20 页；周洪政：《我国商法设立营业转让规则的必要》，载《商业研究》，2010（9），186 页。

③ 参见李凡、陈国奇：《营业财产独立性辨析》，载《政治与法律》，2008（3），130 页。

④ 参见史玉成、王卿：《论营业资产转让的法律效力》，载《政法论丛》，2011（3），39～40 页；李领臣、王拥：《营业转让的法律效果——基于日本和台湾地区的理论研究和法律规范》，载《理论建设》，2011（4），27 页；张完连：《营业转让及其理论依据之考究》，载《河南机电高等专科学校学报》，2011（6），89 页。

关于营业转让的具体构成，综合我国学者的主张，大致有四大要素：一为有机整体性，即所转让的财产并非各个财产的简单集合，而是围绕特定的经营目的结合在一起的组织性的、可发挥功能的有机整体；二为现物性，即作为营业转让的标的至少应包括一种现金以外的有形财产或无形财产要素；三为重大性，即要求转让标的不仅在数量上占转让方营业的重要部分，而且从法律效果上衡量可能导致转让方营业的重大变更；四为顾客群，即当这些财产的转让同时负载着顾客群一起转让时，这时的财产转让才构成了营业的转让。[①] 对以上见解，笔者认为，有机整体性是营业及营业转让的概念之魂，一般情形下毋庸置疑。而现物性是否为绝对的要件却值得商榷，因为财产要素与事实关系要素孰轻孰重、孰主孰从因各具体情形不同而不同，没有必要片面强调某一方面。[②] 至于重大性，则更不能作为构成营业转让的一般要素，而只是特别法（如公司法）上要求履行股东大会决议的营业转让的构成要素。最后，关于顾客群是否为构成营业转让的必要条件，笔者认为，即使没有转让顾客群，受让人也可利用受让的营业进行经营以获得顾客群，故顾客群只能作为一个参考条件，而非绝对条件。

3. 日本法及其他各国法对我国法的借鉴

由以上考察可知，对于营业转让这样一个客观存在且必要的经济行为与现象，我国法并没有使用一个明确、统一的概念对其进行规范，这导致了立法及司法实践的混乱与困境。而日本法则是使用营业及营业转让概念最为彻底的国家，其在商法总则、公司法、劳动法以及反垄断法中一贯使用营业转让的概念。虽然营业转让的概念依各个法律的立法目的的不同而有所区别，使得司法实践对于是否构成营业转让的判断出现了一些困难，但营业转让的概念之魂即有机整体性财产的转让却始终作为一条红线贯穿于整个法律体系，这维持了法律概念的明确性与统一性，不至于导致我国法上企业出售中的企业究竟为主体还是客体那样的困惑，从而避免了立法体系及法律适用上的混乱。而有的国家如德国则在不同

---

① 其中，有机整体性几乎为所有学者的共识，而现物性、重大性（参见郭娅丽：《商法理念下营业转让的法律规制》，载《理论探索》，2001（3），126 页）、顾客群（参见滕晓春：《营业转让制度研究》，中国政法大学博士学位论文，54 页，资料来源于中国知网 http：//epub. cnki. net/kns/default. htm）仅为个别学者所主张。

② 日本某判例就认为，仅转让报社的商号、商标（报纸题字）、制作运送人员、销售渠道、读者、广告代理点等事实关系，而不转让主要的物的设备的转让，也构成营业转让（東京地判昭和 55 年 4 月 14 日判夕 977 号 107 頁）。

的法律中分别使用不同的用语，如在商法总则中使用营业，而在股份法中使用公司财产，这样易造成适用范围上的偏差。因此，笔者认为，我国应借鉴日本的立法模式，尽可能地在不同的法律中统一使用营业转让的概念。至于营业转让的概念及规则的适用范围需依不同的法律而发生变动的问题，则可通过依据不同的立法目的进行解释的方法予以适当调整。

在学理上，关于营业的概念，尽管日本历史上有过营业财产说、营业组织说以及营业者地位说的争论，但因营业财产说比较全面客观地把握了营业的本质，代表了正确的方向，并经历了历史的沉淀与检验，故现今日本学者一致持营业财产说。因此，我国通说上的营业财产论应为妥当。至于是否应引入法国模式的营业概念，因其与现行的制度体系相距甚远，且制度设计较为复杂，并不利于交易的迅捷进行，故不宜考虑。而关于营业转让的概念，我国事实上出现了营业财产转让说与营业财产转让说和营业地位替代说相结合的主观客观二元说的分歧。因营业地位替代说存在着理论上的若干缺陷，且对具体问题的解决并无实益，故日本主流学者一致持营业财产转让说。笔者认为，营业财产转让说已充分正确地揭示了营业转让这一行为与现象的本质，并无必要再引入营业地位继承的因素。

关于营业转让的具体构成要素，日本学说及判例并不强调具体的特性如现物性与顾客群，而着重强调有机整体性，即只要能构成有机的、可发挥功能的整体性财产，就构成了营业转让，即使暂时缺少了现物或顾客群。此外，在不同类型的判例中，强调的重点不一，如在营业上债权人保护的判例中强调的是外观同一性与功能性，在股东保护的判例中强调的是所转让营业对于股东的价值大小。在有机整体性的基础上区分不同的保护对象，来对是否构成营业转让进行判断的做法可值得我国法借鉴。

具体而言，在涉及营业上债权人保护的事例中，关于是否构成营业转让的判断，应从劳动者、商号、商标使用权、销售渠道、客户、供应商、设备、土地、不动产甚至是债务等各方面是否作为整体转让来对是否构成"有机的、整体的组织化财产"的转让进行综合的判断，但并不要求所有的营业财产缺一不可，而只要能构成有机的整体即可。① 具体可

---

① 当然，究竟应如何判断在此种情形下是否构成营业转让，取决于我国对营业上债务的清偿承担问题采取何种制度。关于这一点，详见第四章之二之（四）之2中的论述。

采取先分析前后财产是否同一，在此基础上再分析是否为有机的整体性转让的判断方法。因债权人保护的法理依据除外观信赖之外还在于营业财产的担保性与收益力，如果该营业财产已不具收益力，也就是说已不能发挥功能的，应否认构成了营业转让。而在涉及转让人是否应承担竞业禁止义务的争议中，判断是否进行了营业转让，理应重点关注受让人是否继承了转让人的营业活动，而非是否同一的外观，也就是说，对于前后财产是否同一的判断可作一定程度的从宽解释。

而无论我国是否在未来的商事通则中规定营业转让的基本制度，我国都应在公司法中使用营业转让的概念，以替代目前概念不明的需股东大会决议的"重大资产转让"。借鉴日本法的经验，我国公司法中的营业转让仍应与一般（总则上）的营业转让概念一致，理解为转让作为有机的整体而发挥功能的组织性财产，这样既可维护经营效率与股东保护之间的平衡、又可兼顾第三人的利益。具体判断是否构成营业转让，可在有机整体性的标准上，重点分析对于公司及股东的重要程度即可，而对于前后财产是否同一的判断也同样可作从宽解释。

由于劳动者与营业之间的结合关系，故劳动法上的营业转让概念当然应该是有机整体的组织性财产的转让，不过，该营业财产是否可发挥功能则可不在考虑之列。因反垄断法的立法目的在于限制垄断，日本反垄断法上营业转让的概念并不具有较多实质性的意义，但将其作为申报的对象仍可在提高司法效率、节约司法资源上起到一定作用，故我国反垄断法也应使用营业受让①的概念，即受让的是有机的、可发挥功能的整体性财产，而非模糊不清的"取得资产"。至于税法上的可享受免税延迟待遇的以营业作为实物的实物出资行为，因其为一种更为严格的营业转让，如要求继承大部分的劳动者等，故当然更应该是有机整体性财产的转让。

关于营业转让与公司分立的区分问题，由以上对日本法的考察及分析可知，区分某行为是营业转让还是分立应以当事人明确的意思表示为基准，并辅以是否履行了相关的程序进行判断。这是因为，当事人如意图享受公司分立所带来的种种便利与好处，其必须主动将其行为冠以公司分立的名称，并按照公司法的规定履行各种程序，否则其不能获得所

① "营业受让"与"营业转让"是一个事物的两个方面，前者主体指的是受让方，后者主体指的是转让方。具体到反垄断法上，严格地说应强调受让为宜，因此，此处用"营业受让"。

需的法律效果。实际上，从《关于外商投资企业合并与分立的规定》第 4 条对公司分立的定义也可得出这样的结论。

在前述的"中国进出口银行诉广州万宝电器、万宝冰箱等公司借款纠纷案"中，万宝电器在向万宝冰箱转让资产债务之时，双方并未意识、也未明示自己的行为为公司分立，且未履行《公司法》上所规定的保护债权人的程序，当然也就不能获得实施公司分立所应带来的法律效果，故万宝电器的行为不应视为公司分立，因为如视为公司分立，一方面，由于缺乏法律上的明文规定，当事人并不能享受到分立制度所带来的好处，另一方面，在法官认为需要让其承担责任的时候，又课之以连带责任，这对受让人极其不公。

不过，也许会有人对笔者的见解提出这样的质疑：美国判例法为保护债权人的利益，认为如资产转让实质构成了公司合并的，应将其视作合并对待，使受让人承担清偿营业上债务的责任，既然美国都有这样的判例，我国为什么不能这样判定呢?[1] 可是，请注意：第一，美国判例法上发展出的所谓的事实合并法理的本来目的是保护股东的利益，而并非保护债权人的利益，而即使是前者，也仅有少数法院接受这样的观点；第二，事实合并法理的运用必须满足受让公司以本公司的股权作为转让对价、转让公司清算并解散等四个条件。其中，第一个条件最为关键，如缺少，将直接排除事实合并法理的应用。[2] 因此，只有满足以股权作为转让对价即股东延续的条件，才有被视作合并从而肯定受让人清偿责任的可能。

---

[1] 实际上，在我国司法实践中就曾出现过类似于美国事实合并法理的判例，但最终被司法监督程序纠正。在该案中，法院将受让公司受让转让公司的整体性资产视为兼并，判令受让公司需对转让公司的债权人承担清偿债务的责任。而学者们一致认为该行为为资产收购，而不是吸收合并。详细案情及相关介绍参见福建东南新闻网 http://www.fjsen.com/magazine/rmzt/2005/200507/20050721.htm。

[2] 参见彭冰：《美国法上的继受人责任》，载《环球法律评论》，2008（2），67 页。

第三章　营业转让中转让人的
竞业禁止义务制度

一、问题的提出

作为营业转让的法律效果之一，多数国家与地区均规定了转让人的竞业禁止义务，但也有国家并未肯定该义务的存在。① 那么，我国法究竟应该肯定还是否定这种义务的存在？对此，我国绝大多数学者主张引入该义务，但并未就该义务的产生根源、法理依据等进行详细的考察与论证。②

日本在其商法及公司法中均明确规定了相对较为完善的竞业禁止义务，但是，在学说上，关于转让人的竞业禁止义务的性质存在着必然产生说与法定义务说的对立，前者主张竞业禁止义务是营业转让的必然结果，而后者主张该义务是法律为实现某种政策性的目的而特别规定的义务。如果持必然产生说，那么即使我国无立法上的明文规定，在解释上也应肯定转让人的竞业禁止义务；如果持法定义务说，那么，如法无明文规定，转让人就不应负竞业禁止义务。因此，采纳以上何种观点将直接影响我国的立法与司法实践，故考察与探究日本法的立法规定与学说理论或许能给我国法带来有益的启示。而相较于日本法在竞业禁止义务上的明确化与彻底化，其他各国则采取了相对较为温和的做法，这其中

---

① 除日本之外，还有韩国、德国、意大利、中国澳门等国家与地区明文规定了转让人的竞业禁止义务。详见本章之三中的论述。

② 参见王保树：《商法总论》，186 页；赵旭东主编：《商法学》，83 页；朱慈蕴：《营业规则在商法中的地位》，载《清华法学》，2008（4），20 页；张民安：《商法总则制度研究》，364 页。

尤以英国法与美国法为代表，它们并未肯定转让人的竞业禁止义务，因此，考察日本以外其他各国的法律制度也许能够进一步深化对于本问题的认识。

本章以下以日本的立法规定、相关学说为中心展开考察，且同时考察日本以外的其他各国法律制度，以揭示营业转让与竞业禁止义务之间的内在关系，并以此为基础，探讨我国是否应立法引入竞业禁止义务以及如何规定该义务的具体内容。

二、日本法上营业转让人的竞业禁止义务

(一) 关于竞业禁止义务的法规制度及变迁

日本在其最初的商法典（1890 年商法典）中，就存在着关于转让人的竞业禁止义务的明文规定。其第 29 条规定，与商号一同转让营业的人如果负有不从事其营业的债务的，该债务限于同一地域且履行转让行为后 10 年内。也就是说，依此规定，如果当事人之间没有特别约定的，转让人就不负有竞业禁止义务；而且即使作出特别约定，也要受到较为严格的时间及地域上的限制。当时作此规定的理由是基于宪法规定的营业自由原则以及对公益保护的强调。随后，在 1893 年的商法修订中，该条被变更为第 22 条，并在内容上作出了大幅的修改，该条第 1 款规定，与商号一同转让营业的情形，如当事人没有作特别的意思表示的，转让人在 20 年内，不得于同一市镇村内经营同一营业；该条第 2 款规定，转让人作出不从事同一营业的特别约定的，其特别约定限于同一府县内且自转让其营业之日起 30 年内有效；同时，该条第 3 款又规定，虽有前两款之规定，但转让人不得以不正当竞争的目的经营同一营业。同时，该法第 23 条还规定，不伴随商号而转让营业的情形，也准用第 22 条的规定。由此可见，新商法对原规定作了原则性的修改，改变了旧商法中无特别约定就不负有竞业禁止义务的原则，而是将其改为即使无特别约定，转让人也应负竞业禁止义务；而且，新商法扩大了承担竞业禁止义务的地域和时间，并对转让人的不正当竞争行为作了明文限制。作这样修订的理由在于，立法者的思路已从原来强调竞业禁止义务的消极功能，转向于保护受让人的利益、强调竞业禁止义务的积极意义。其中，制定第 1 款是为了迎合当事人的正当要求，以保护受

让人的利益；同时，原规定中的地域过窄、时间过短，已不适应社会的发展；制定第 2 款是因为考虑到营业自由的原则，而对竞业禁止义务作必要的限制；制定第 3 款是为了制止某些虽未违反第 1 款及第 2 款，但影响营业转让实效的不正当竞争行为。①

1938 年的商法修订将第 22 条与第 23 条合二为一变更为第 25 条，并扩大了承担竞业禁止义务的范围，将其中第 1 款中的"同一市镇村"改为"同一市镇村或与之邻接的市镇村"，第 2 款中的"同府县内"改为"同府县内或与之邻接的府县内"。2005 年的商法大修订进一步扩大了地域范围，彻底去掉了第 2 款中的地域限制。无疑，这样的修订是社会发展的必然结果，因为随着时代的变迁，交通手段越来越发达，企业的规模也越来越大。同时，2005 年的商法大修订将公司法独立出来，将原 25 条改为 16 条，并在公司法第 21 条中又重复设置了与商法第 16 条同样的规定。②

(二) 竞业禁止义务的产生依据

学说中关于竞业禁止义务的产生依据，存在着两种对立的学说，即必然产生说与法定义务说。

1. 必然产生说

必然产生说为多数说，该说认为，无论法律是否明文规定，转让人继续经营同种营业等有碍于营业转让实效的行为是当然不被允许的。对营业转让的本质持地位替代说③的学者认为其理由在于，既然受让人受让营业是以取代原企业者的地位而取得收益为目的，那么，竞业禁止义务的产生就是营业转让的必然结果。④ 而对营业转让的本质持营业转让说与

① 如转让人抢夺原来的客户或妨害受让人与原客户的交易关系等不正当竞争行为，虽然这些行为并未违反转让当事人之间的关于竞业禁止的特别协议或突破地点、时间上的限制。而对于这类不正当竞争行为，是难以适用反不正当竞争法或侵权行为法来追究的。山本为三郎 「営業譲渡と競業避止義務」 法学研究 73 巻 2 号 (2000 年 2 月) 94 頁を参照。

② 新商法第 16 条的原文如下所示：转让营业的商人 (以下本章中称"转让人") 只要当事人没有特别的意思表示，自其营业转让之日起 20 年内，不得在同一市镇村的区域内以及与之邻接的市镇村区域内进行同一营业。转让人作出不从事同一营业的特别约定的，其特别约定，限自转让其事业之日起 30 年内有效。虽有前两款的规定，但转让人不得以不正当竞争的目的从事同一营业。

③ 关于营业转让概念的学说，详见第二章之二中的论述。

④ 田中耕太郎『改正商法総則概論』338 頁～339 頁、西原寛一『商法総則・商行為法』(商法講義①) 105 頁。

主观客观二元说的学者则认为其理由为，签订营业转让合同的受让人的目的在于，为避免从零出发，收购作为收益源泉体存在的他人的营业，站在其现存的台阶上取得收益；而商法第 16 条第 1 款的规定，并不是以确认进行营业转让是否伴随着竞业禁止义务为目的，而是在承认进行营业转让必定伴随着竞业禁止义务的基础上，考虑宪法所确定的营业自由的原则，对其所涉及的地域与期间进行限定；同样，商法第 16 条第 2 款的规定，也是基于同一旨趣。① 那么，竞业禁止义务产生的实质性根据又何在呢？持地位替代说的学者认为在于地位的受让，持营业转让说与主观客观二元说的学者一般则认为，其根据在于构成"营业"核心要素的"事实关系"（特别是客户）的转移。② 也有学者认为，作为营业转让对象的收益源泉体的"营业"，本来就是一个具有有机性、功能性并且能自己产生能量的存在，有形及无形的营业财产与"事实关系"密不可分，不应当只将"事实关系"抽出而讨论实质性的根据。③ 而受让人通过受让作为收益源泉的营业，将自己的营业活动注入其中，从中可产生收益，因此，该营业的转让人就应负有不得妨碍或侵害产生收益机会的义务。故该义务产生的实质性根据在于作为"收益源泉"的"营业"的转让本身。④

该说还认为，事实上，在实践中产生竞业的现象并不多见，这也可作为主张必然产生说的理由之一。虽然存在着转让双方当事人期待因两营业的并存而产生协同效应或规模效应的情形，但这只不过是一般情形的例外。⑤

2. 法定义务说

法定义务说虽为少数说，但其观点确有令人信服的地方。针对持地位替代说的学者所主张的必然产生说，持法定义务说的学者认为，为使转让人继续原来的营业，转让人必须离开原来企业的地位以停止营业，但是，这并不意味着转让人不得利用其他的设备、权利等开展营业；只

---

① 宇田一明 「営業譲渡と競業避止義務」 札幌学院法学 5 巻 1 号 72 頁～73 頁。
② 鈴木竹雄 「流通対象としての企業と侵害対象としての企業」 法協 59 巻 9 号 1424 頁、河本一郎 「営業譲渡・譲受をめぐる法律問題」 『会社の営業譲渡・譲受の実務』 ―「営業の重要なる一部」 の判断と実務手続― （1979・商事法務研究会） 12 頁。
③ 宇田一明 「営業譲渡と競業避止義務」 札幌学院法学 5 巻 1 号 74 頁～75 頁。
④ 鴻常夫『商法総則』（補正第 2 版）（弘文堂 1984 年）134 頁、宇田一明 「営業譲渡と競業避止義務」 札幌学院法学 5 巻 1 号 100 頁。
⑤ 宇田一明 「営業譲渡と競業避止義務」 札幌学院法学 5 巻 1 号 72 頁～73 頁。

要不是不正当竞争，转让人根据营业的自由权另行开展营业活动本身没有任何问题，不能将该义务视为转让地位的当然效果，因此，竞业禁止义务应为法定义务。① 针对持营业财产转让说的学者所主张的必然产生说，持法定义务说的学者作出如下反驳：诚然，在营业转让中，为确保原有的客户，完全转移作为其本质要素的客户是必要的，转让人重新经营同种营业并劝回从前的客户，或妨碍受让人与其客户进行交易的行为将使得营业转让本身失去实效，这样的行为即使没有特别规定也理应被禁止；但这不应成为禁止经营一切同种营业的理由，被禁止的不是经营同种营业，而是使营业转让失去实效的转让人的妨害行为。不过，转让人经营同种营业，也有可能存在着因妨害客户关系等而使营业转让失去实效的危险。对此说法，持上述法定义务说的学者认为，这只不过是可能性，因可能存在的危险而使转让人的竞业禁止义务必然化的观点欠妥。而且，美英法等国也并没有明文规定转让人的竞业禁止义务，而是将转让人可经营同一营业作为一般原则，受到禁止的只是妨害客户关系等不正当行为而已。② 也有学者主张，对于产生这种危险的可能性也不能放任不管，对于诱引被雇佣者及客户于己方等破坏已转让的事实关系的行为，可通过运用诚信原则来处理。③ 该学者还指出，在顾客依赖于营业所的所在、建筑物、设备等营业资产，而转让人变更营业所、建筑物或其他条件进行营业的情形中，没有太多的理由课之以竞业禁止义务；而如果顾客依赖于原企业者的经营活动、个性、技术、信用等，则需要课之以竞业禁止义务。因此，什么样的营业转让需要课以竞业禁止义务，其回答并不是同一的。随着企业规模、交易等的扩大以及组织的复杂化，以企业者个人的营业活动、技术、信用等来维持顾客将变得越来越难；随着企业规模的扩大，企业的组织、被雇佣者的构成如何等因素对于吸引顾客的重要性将越来越大，营业财产、企业者的活动成果、企业组织等全部融为一体而发挥功能的企业才是能与顾客结合的主体。④

　　而有的学者认为，既然商法第 16 条承认可以特约来排除竞业禁止义

---

① 竹田省『商法総則』（弘文堂　1932 年）96 頁～97 頁、品川登「営業譲渡と競業避止義務（二一完）」民商法雑誌 3 巻 3 号 410 頁、福井守「営業譲渡人の競業避止義務」駒澤大學法學部研究紀要第 25 巻（1967 年）85 頁。

② 福井守「営業譲渡人の競業避止義務」駒澤大學法學部研究紀要第 25 巻（1967 年）85 頁～86 頁。

③ 品川登「営業譲渡と競業避止義務（二一完）」民商法雑誌 3 巻 3 号 412 頁。

④ 品川登「営業譲渡と競業避止義務（二一完）」民商法雑誌 3 巻 3 号 409 頁。

务，那么该义务就不是伴随着营业转让的本质义务，营业转让就不必然产生竞业禁止的效果，故应将其解释为根据法律或意思表示的效果；也就是说，该条只不过是为确保营业转让实效的政策性规定。①

上述主张也可作这样的理解，即其从强调营业自由的立场出发，认为本来不应课以竞业禁止义务，但为保证营业转让的实效，在有限制的条件下可承认该义务的产生。②

3. 对学说论争之我见

如前所述，对于竞业禁止义务的产生，日本学说上存在着必然产生说与法定义务说的对立。但事实上，无论持哪种学说，双方对于如何适用法律的理解其实是一致的，因为它们均认为，商法第16条第1款明确规定了即使当事人之间没有约定转让人的竞业禁止义务，转让人也应当承担竞业禁止义务，但当事人之间也可以特约来排除该义务。而且，两者都不否认对转让人课以竞业禁止义务是对现实需要的回应，反映了当事人的意思倾向，具有合理性。两者的区别仅仅在于，前者主张，即使法律无规定，该义务也必然存在；后者则主张，本来该义务不存在，其是法律所赋予的。但既然法律已经明文确定了该义务，此类争议的意义不大。正因为如此，事实上，日本学者也并没有花费较多精力去争论这一问题。

尽管必然产生说在日本为多数说，但笔者倾向于法定义务说。必然产生说本身在逻辑上就存在矛盾，因为，既然该说认为竞业禁止义务是营业转让的必然结果，那么就意味着不产生竞业禁止义务的营业转让理应不存在，但持该说的学者既承认实践中的确存在着不承担竞业禁止义务的需要和现象，又承认当事人可以特约排除该义务，这本身就是一个悖论。转让人的竞业禁止义务并非绝对的、必然产生的。正如法定义务说对必然产生说的反驳，营业者地位的受让仅仅意味着转让人不得利用原来的地位来竞业，但不意味着其不得利用其他的设备、权利等经营同种营业；事实关系的转移只限制转让人不得重新拉回已转移的客户或妨碍受让人与其进行交易，而并不禁止其经营同种营业。转让人经营同种营业，虽然存在着转让人因妨害客户关系等，从而使营业转让失去实效的可能性，但这仅仅是可

① 　服部栄三『商法総則』（第3版　昭和58年　青林書院新社）414頁、品川登「営業譲渡と競業避止義務（二一完）」民商法雑誌3巻3号410頁～411頁。
② 　宇田一明「営業譲渡と競業避止義務」札幌学院法学5巻1号102頁。

能性，并不能说明营业转让与转让人的竞业禁止义务存在着必然的联系。主张必然产生说的学者也承认，实践中的确存在着转让双方当事人因期待两营业的并存产生协同效应或规模效应而排除竞业禁止的现象。而且，因营业转让的不同，需要课以竞业禁止义务的程度也不一，越是规模大的营业转让，顾客对于转让人的个人信用、技术以及营业活动的依赖就越低，课之以竞业禁止义务的必要性也就越小。

而且，从上述立法规制的变迁来看，日本法上的竞业禁止义务也不是与生俱来的。其早期的商法规定正好与现行的商法规定相反，规定当事人之间如无特别约定，转让人不承担竞业禁止义务。后来，立法者从当事人现实的需要出发，以保护受让人为目的，为确保营业转让的实效才对其作出了政策性的修改。

三、其他各国与地区的制度概况

（一）韩国法

韩国法基本继承了日本法的规定，其商法典第 41 条第 1 款规定，在转让营业的情形下，若另无约定，10 年内该出让人不得在该同一特别市、广域市、市、郡及相邻的特别市、广域市、市、郡进行同种营业。其商法典第 41 条第 2 款规定，若出让人约定不进行同种营业，该约定只在同一特别市、广域市、市、郡及相邻的特别市、广域市、市、郡 20 年内有效。①

不过，由此可知，韩国法与日本法并非完全一致，仍有三点不同的地方：第一，韩国法规定的竞业禁止的时间上限更短；第二，韩国法仍规定了约定的地域限制，而日本法则废除了这一限制；第三，日本法特别规定了当事人之间即使有约定排除竞业禁止义务，转让人也不得以不正当竞争的目的经营同一营业，而韩国法则无此规定。

（二）德国法

德国商法典并未明文规定转让人的竞业禁止义务。学说上的通说认

---

① 参见《韩国商法》，吴日焕译，北京，中国政法大学出版社，1999。

为，依据民法典第 157 条和第 242 条，即使未做约定，转让人也应对出让人负竞业禁止义务。不过，该义务只有在为实现合同的目的于实质上和时间上都必需的情况下才有效。因此，转让人不能和受让人抢夺或者实质性妨害属于企业的客户关系。这不仅在企业转让的阶段适用，而且一般还要延续一段时间。因为，考虑到转让人与迄今为止业务伙伴的良好关系的可能，至少在开始阶段，他可以不费很大气力就能抢夺重要的一部分业务资源，其竞争对于受让人来说是一种实现合同目的的重大妨害。① 有观点认为，即使是合同约定的竞业禁止，也只在必要的、适当的限度内适用，但关于这一结论的理由却存在争议。②

(三) 法国法

法国商法典也未明文规定转让人的竞业禁止义务，而其判例虽也未明言表示，却间接地肯定了这一义务的存在。③ 关于课以转让人的竞业禁止义务的理由，有学者认为，出售商业营业资产的人有义务不（与其继任的经营者）开展竞争，这完全是正常的，因为如果资产转让人在其卖出的资产附近又重新开设类似的店铺，势必会夺走部分顾客，甚至全部顾客，这样，转让资产的行为就成了一场骗局。营业资产的原所有权人对企业的生产与销售情况特别了解，与其他竞争者相比，他是一个更为可怕的竞争对手。正因为如此，出售资产的人"不得开展竞争"的义务是一项法定义务。由此可见，在法国法上，即使当事人之间未做约定，转让人也应对出让人负竞业禁止义务。④

而对于合同中存在着竞业禁止义务条款的情形，判例对这样的条

---

① 参见 [德] C. W. 卡纳里斯：《德国商法》，杨继译，229 页，北京，法律出版社，2006。
② 其争议在于究竟依据的是民法典第 138 条，还是商法典第 74a 条第 1 款第 1 句与第 2 句。参见 [德] C. W. 卡纳里斯：《德国商法》，杨继译，229 页。
③ 比较早期的判例确立了如下原则：营业转让人负有依民法第 1626 条的担保义务，该义务包含有回避进行如减毁营业的商誉、吸引顾客等妨害营业转让实效的所有行为的义务，不过，同种营业的禁止本身并非为营业转让所产生的必然义务（D. H. 1909 I. p. 281, note Lacour. 转引自福井守「営業讓渡人の競業避止義務」駒澤大學法學部研究紀要第 25 卷（1967 年）88 頁）。近期的判例则认为，商业营业资产的出售人应当承担的义务，从根本上来说，就是所有的买卖合同都能产生的义务……对本人的行为作出保证（最高法院商事庭，1992 年 4 月 14 日判决，《民事简报》，Ⅳ，第 160 期，112 页；《商法季刊》，1993 年，150 页，Y. 果提耶述评。转引自 [法] 伊夫·居荣：《法国商法》，第 1 卷，罗杰珍、赵海峰译，763 页）。
④ 参见 [法] 伊夫·居荣：《法国商法》，第 1 卷，罗杰珍、赵海峰译，762～763 页。

款都是作宽泛的解释，以便保护取得营业资产的人。最高法院判例甚至认为，受让人的受让人也可向原转让人援引这一条款，尽管他与原转让人并没有直接的联系，其理由是，不得开展竞争条款（竞业禁止条款）不仅是为了第一个取得营业资产的人的利益，而且也是为了营业"机构"的利益。① 如果是这样，这种义务的受益人就是商业营业资产本身，这令人惊讶，因为商业营业资产并不具有法人资格。于是，有学者主张，既然是这样，那么就可以更简单地认为，"不得开展竞争"的条款是营业资产的附属部分，可以与资产的主要部分一起转移。② 自然，在这种情形下，转让人的继承人亦应承担被继承人所承担的竞业禁止义务。③ 最高法院判例还认为，这种条款不仅对转让人有约束力，而且对所有的中间人都有约束力，如与资产转让人同居的人在资产出售后不久，便在邻近重新开设相类似的店铺，那么出售资产的人也同样违反了不得开展竞争的义务。④ 最高法院判例还肯定了不得开展竞争的条款对于"间接地重新开业"的适用。"间接地重新开业"是指资产出售人以薪金雇员的身份应聘于受让人的竞争对手，同时又与原企业的顾客保持联系，或者设立一家从事受到"竞业禁止条款"所禁止的经营活动的企业。⑤

不过，即使当事人之间存在着竞业禁止义务的约定，判例也持应在竞业禁止的时间与空间上施以限制的态度。如某判例认为，该约定不得课以永久的禁止，如经过一定的时间后，客户群发生变化，新的竞争已经没有可能夺走之前的客户，在这种情形下，营业的自由得以复活。⑥ 在关于场所限制的问题上，有判例认为，客户群通常都是某一地域的客户

---

① 参见最高法院审理庭 1868 年 5 月 18 日判决，见《达罗斯判例汇编》，Ⅰ，366 页。转引自［法］伊夫·居荣：《法国商法》，第 1 卷，罗杰珍、赵海峰译，763 页。另参见张民安：《商法总则制度研究》，365 页。

② 参见［法］伊夫·居荣：《法国商法》，第 1 卷，罗杰珍、赵海峰译，763 页。

③ 参见张民安：《商法总则制度研究》，365 页。

④ 参见最高法院商事庭 1976 年 5 月 24 日判决，见《民事简报》，Ⅳ，第 157 期，149 页。转引自［法］伊夫·居荣：《法国商法》，第 1 卷，罗杰珍、赵海峰译，763 页。

⑤ 参见最高法院商事庭 1985 年 4 月 23 日判决，见《达罗斯判例汇编》，"信息通报"，479 页，塞拉述评。转引自［法］伊夫·居荣：《法国商法》，第 1 卷，罗杰珍、赵海峰译，763 页。

⑥ Cass. soc.，21 octobre et5 novembre 1960. 2. 11886. 转引自福井守「営業譲渡人の競業避止義務」（1967 年）駒澤大學法學部研究紀要第 25 卷（1967 年）89 頁。

群，故在此情形下，营业转让人可在其他地域开展类似的营业，这根据营业的种类而定。①

当然，转让当事人之间也可通过协议排除竞业禁止义务。最高法院判例认为，只要资产取得人对实际情况完全了解并且同意冒风险，那么位置上面对面的两个加油站的所有权人就可以将其中一个加油站转让给愿意取得该经营场所的人，而自己仍然可以继续经营另一个加油站。②

（四）意大利法

意大利法明文规定了转让人的竞业禁止义务。根据意大利民法典规定，转让企业的人在转让后 5 年③内，应当避免开设因其经营范围、位置或其他情形有吸引被转让企业的顾客可能的新企业（民法典第 2557 条第 1 款）。在第 1 款规定的更大范围内的避免竞争的约款有效，但是以不妨碍转让人的任何业务活动为限。约款的期间自转让时起不得超过 5 年（民法典第 2557 条第 2 款）。在约款中确定了一个更长期间或未确定期间的，自转让时起的 5 年内禁止竞争的约定有约束力（民法典第 2557 条第 3 款）。而且，第 1 款有关禁止竞争的规定，对于发生企业用益或租赁的情形也适用（民法典第 2557 条第 4 款）。不过，对于农业企业，只有当农业企业所涉及的活动有可能吸引顾客时才适用上述条款的规定。④

（五）中国澳门法

与意大利法同样，中国澳门法也明文规定了转让人的不竞业义务。⑤

---

① Civ.，27 octobre 1936. D. H. 1936，571；14 avril 1937. D. H. 1937，299. 转引自福井守「営業譲渡人の競業避止義務」駒澤大学法學部研究紀要第 25 卷（1967 年）89 頁。
② 参见最高法院商事庭 1985 年 12 月 2 日判决，见《商法季刊》，1966 年，309 页，茹夫雷述评。转引自［法］伊夫·居荣：《法国商法》，第 1 卷，罗杰珍、赵海峰译，764 页。
③ 笔者认为，意大利法规定 5 年的竞业禁止期间与其民法典中关于竞争规则的规定有关。其第 2596 条规定，限制竞争的约款以特定地区或特定活动范围为限的，该约款有效并且其效力不得超过 5 年期间。约定的期间不确定或确定的期间超过 5 年的，约款仅在 5 年期间有效。由于其为竞争规则，为强行性规定，故关于竞业禁止的时间范围以 5 年为限。
④ 参见《意大利民法典》，费安玲、丁玫、张宓译。
⑤ 参见中国政法大学澳门研究中心/澳门政府法律翻译办公室编：《澳门商法典》。

根据其商法典规定，自转让日起最多 5 年内，商业企业转让人不得自行、透过第三人或为第三人经营另一能因所营事业、地点或其他情况而使被移转企业之顾客转移之企业（商法典第 108 条第 1 款）。该义务亦及于由于与转让人之个人关系能使被移转企业之顾客转移之人以及转移其出资的主要股东（商法典第 108 条第 2 款、第 3 款）。不过，如转让人于转让日前已经自行、透过第三人或为第三人经营商业企业，则不适用第一款之规定（商法典第 108 条第 4 款）。当事人之间可订立比第 1 款更广之不竞业约定，但不得超过该款所定之时间上限，且不得使转让人不能从事任何与企业相关或不相关之职业活动（商法典第 108 条第 5 款）。当然，当事人之间还可约定免除第 1 款规定之义务，只要免除该义务不会使商业企业难以移转（商法典第 108 条第 6 款）。

除上述规定外，中国澳门法的一大特点是其明确规定了违反不竞业义务情形下受让人的救济措施。根据其商法典规定，如转让人违反不竞业义务，受让人除有权要求偿有之赔偿外，尚有权要求立即终止损害其权利之情况；如转让人违反不设立新商业企业之义务，则受让人亦有权要求立即关闭该商业企业，但该商业企业之关闭使本地区经济受损害者除外（商法典第 109 条第 1 款）。不过，如受害人于知悉或可知悉有关情况之日起 3 个月内不向法院提起诉讼，则上款所指之立即关闭请求权失效（商法典第 109 条第 2 款）。

（六）英国法与美国法

英国法及美国法没有关于竞业禁止义务的成文法规定。英国某判例确立了如下原则：在转让营业的同时转让商誉（goodwill）的，如无特别的约定，营业转让人可自由地经营与旧营业同种的营业，竞业通常不被禁止；不过，转让人不得实施在自己的新营业中使用旧营业名或直接诱引旧营业的顾客等不正当且欺诈的行为。[1] 美国也沿袭了英国判例法的以上原则，其某判例认为，商誉的卖主并不被禁止竞业，被禁止的只不过是在买主确保顾客之前诱引旧顾客至卖主自身的行为。[2]

---

[1]　Trego v. Hunt（1896, A. C. 7）.

[2]　Saburban Ice Mfg. Co v. Mul. vihill（153 N. E. 204，ohio，1926）. See Implied convenant not to compete, extent of implied convenant not to solicit, *Harvard Law Review*, vol 40；p319 - 320. なお、福井守「営業讓渡人の競業避止義務」駒澤大學法學部研究紀要第 25 卷（1967 年）86 頁参照。

(七) 中国台湾地区的有关规定

中国台湾地区的有关规定上没有关于竞业禁止义务的明文规定，其判例似乎也未确定竞业禁止义务的存在。学说上认为，让与公司并不当然解散消灭，故除非营业让与契约另有约定，否则解释上不应认为让与公司当然负有竞业禁止之义务。[①]

四、日本法及其他国家（地区）的制度对我国的启示

(一) 我国是否应肯定转让人的竞业禁止义务

如前所述，由于日本已在立法中明文规定了转让人的竞业禁止义务，故无论是持必然产生说还是法定义务说，都对其法律适用不产生影响。但阐明该问题对于我国立法与司法实践有比较大的意义，因为我国尚未通过立法或司法解释肯定转让人的竞业禁止义务。如果持必然产生说，无论在何种社会情势下，我国均应该肯定转让人的竞业禁止义务；如果持法定义务说，转让人的竞业禁止义务并不必然产生，除非有政策上的需要才应以立法课之以竞业禁止义务。

而概观日本与其他国家关于竞业禁止义务的规定，我们可以发现在对待营业转让人竞业禁止义务的问题上，各国大致存在着两大类模式：一类以日本法为代表，其主要内容是承认在无约定的情形下转让人负有一般意义上的竞业禁止义务；另一类是以英国法与美国法为代表，其与日本法相反，不承认在无约定的情形下转让人负有一般意义上的竞业禁止义务，但承认转让人负有不得进行诱引旧营业的顾客等不正当行为的义务。而德国、意大利、中国澳门等国家与地区的法律虽然肯定了转让人的竞业禁止义务，但都在一定程度上限制了竞业禁止义务的范围，从这个意义上看，虽然这些国家与地区的法律制度可归类于日本模式，但其实际上有些倾向于英美模式。而法国法则可归类于英美模式，但似乎又有些接近日本模式。鉴于一般的竞业禁止与禁止进行诱引旧营业的顾

---

① 参见王志诚：《企业组织重组法制》，194 页。

客等不正当行为之间存在着一定的交集①，且当事人可自由约定是否负有竞业禁止义务，故这两类模式之间的差距并非如字面所反映的那么大。以上各国法律制度模式的这种分歧也恰好印证了笔者在前文所得出的结论，即竞业禁止义务并非营业转让的必然结果。

因为营业转让人的竞业禁止义务并非营业转让的必然结果，而是一种法定的义务，故我国是否应立法肯定竞业禁止义务需要看是否有政策上的需要。笔者认为，我国也应立法明确规定转让人的竞业禁止义务，因为我国的情形理应也与日本一样，如当事人之间对营业转让达成合意的，从营业转让的本质来看，在大部分情形下，转让人须承担竞业禁止义务。② 对此，有人可能会主张，鉴于可能存在着承担或不承担竞业禁止义务的两种情形，所以是否承担该义务应该遵从双方的约定，而不应立法强制该义务的产生。但笔者认为，的确，如果是大型企业，由于其在签订营业转让合同之际，一般均会聘请律师，或者其本身就聘有法务人员，如确有课以竞业禁止义务的必要，必定会在合同中明确约定；而且，如果是大型企业之间的营业转让，一旦转让人将包括技术、经销渠道、店铺、客户以及劳动者等各种财产或事实关系转让给受让人，就很难重新开展原来的业务，故对于大型企业而言，也许无太大必要立法明文规定竞业禁止义务；而对于小型企业或自然人，尽管他们内心多半会期待转让人承担竞业禁止义务，但由于其自身法律知识与经验有限，怠于或疏于特别约定竞业禁止义务的可能性较大。而且，企业规模越小，其对于经营者个人的信用、经营活动、技术等因素的依附性就越强，因转让人竞业而损害营业转让实效的可能性就越大，故对于小企业或小商人等主体，确有必要立法明文规定竞业禁止义务。

对此，有人可能还会提出如下反驳：虽然日本、韩国以及意大利等国明文规定了转让人的竞业禁止义务，但同属大陆法系的德国、法国却未曾在其商法中明文规定该义务，故我国也无绝对的理由规定竞业禁止义务。笔者认为，如上所述，德国、法国虽无明文规定，但其判例倾向

---

① 这是因为转让人进行竞业的危害主要体现在与受让人争夺原客户的行为上。

② 笔者查阅了有关营业转让的事例，感觉当事人一般都会对竞业禁止义务作出约定。具体事例可参见史建三等：《东方航空股份有限公司收购云南航空、西北航空》，见史建三主编：《中国并购法报告（2006 年卷）》，334 页；李东力：《资产收购典型案例剖析——XXX 国际集团并购江苏省 YYY 有限公司案》，见史建三主编：《中国并购法报告（2006年卷）》，249 页。

于肯定约定情形下转让人的竞业禁止义务，即使是不承认竞业禁止义务的美国，其判例也禁止转让人诱引旧营业的顾客等不正当行为。而且，德国、法国以及美国的这种调整在很大程度上依赖于判例先例制度的发达，而我国并未确立完善的遵循判例先例制度，故应立法明文规定竞业禁止义务为宜。此外，为使当事人能更准确地预计自己行为的法律后果，该竞业禁止义务应是一般意义上的竞业禁止义务，而不仅仅限于对受让人有损害可能的竞业。

（二）立法及司法上的几点具体建议

笔者认为，日本以及其他国家的商法规制经过了一百多年来的洗礼与沉淀，在具体规制方面确有值得我国借鉴的地方。

如上所述，我国应立法明确规定，在当事人没有特别约定时，转让人亦应负竞业禁止义务。但考虑到如果没有地域与时间上的限制，对于转让人来说过于严格，故应如日本法那样，规定明确的地域与时间限制。由于课以该义务的主要保护对象应为小企业、小商人，所以笔者认为，如当事人之间无特别的意思表示，应将地域限制于城市中的区、农村中的乡镇一级为妥。① 鉴于转让当事人之间对于竞业禁止的不同情形与要求，我国立法也应允许当事人之间以协议约定地域及时间等内容。当然，有的情形下，当事人有可能存在着追求协同效应或规模效应的意图，故也应允许当事人以特约排除该义务的产生。

至于当事人之间特别约定竞业禁止义务的情形，虽然我国宪法并没有明文确定营业自由的原则，但其也应属于我国公民的一项基本权利②，故我国也应如日本法一样，对该义务设定时间上的上限（如不得超过 30年）。此外，考虑到当今经济的全球化与企业规模的扩大，也可借鉴日本2005 年修订商法的做法，不再对约定的竞业禁止义务规定地域限制。

根据日本商法的规定，在当事人约定排除竞业禁止义务或在双方约定的时间、地域范围或法定范围之外，转让人虽可开展同种营业的经营，但不得进行抢夺原来的客户或妨害受让人与原客户的交易关系等不正当竞争行为。而且，即使是在未确定竞业禁止义务的英美国家，其判例也禁止这类行为。而在我国现行的《反不正当竞争法》中，并不存在禁止

---

① 日本虽然规定为市，但事实上日本大部分市都非常小，甚至小于我国大城市中的区。
② 参见肖海军：《营业权研究》，127 页，北京，法律出版社，2007。

该类行为的明文规定。因此，笔者认为，为保证营业转让的实效，保护受让人的正当利益，这一点也应由立法明文规定为宜。

我国也可在立法中借鉴意大利法的经验，规定在营业租赁的情形下，转让人也应负竞业禁止义务。我国内地法规还可仿效澳门法，不仅规定转让人不得自己竞业，还规定转让人不得通过第三人或为第三人经营同种营业。

我国也不妨借鉴法国判例的做法，在当事人之间存在着竞业禁止义务约定的情形下，对竞业禁止义务的内容尽量从宽解释，以充分保护受让人的合法权益。

第四章 营业转让中营业债务的承担制度

一、问题的提出

在营业转让完成后，转让人通常不是解散，就是资产价值大幅缩减，其债权人如果依旧只能向该转让人请求履行债务，债权回收往往得不到实现。根据我国民商法的规定及学说理论，如果转让当事人未就转移债务达成协议，债权人只能向原债务人即转让人请求，而不得向受让人请求。虽然在这种情形下，债权人可考虑利用合同法上的撤销权、破产法上的撤销权以及公司法上的法人格否认等手段来实现救济，可是，这些规定都有着各自严格的适用条件，且有赖于法官的自由裁量，不确定因素较大，难以作为保护债权人的有效手段。[①]

正因为现行规定无力保护营业转让中债权人的合法权益，我国司法审判界为响应经济实务界的倡导，在审判实践中发展出了所谓"债务随企业财产变动原则"（该原则有时也被称为"债随物走原则"），该原则最终得到最高人民法院的支持，并被相关司法解释所采纳。[②] 该原则的核心内容为：债务随企业财产变动，即受让人应对债权人承担清偿责任，除非当事人另有约定并经债权人认可。可是，如果是这样，受让人受让其他企业的资产岂不是蕴含着极大的风险？显然，该原则因过于保护债权人的利益，使受让人承受沉重的负担，造成了利益相关者之间的极度不

---

① 有关我国现行法的分析，详见本章之四中的论述。
② 有关"债务随企业财产变动原则"的形成与发展，详见彭冰：《债务随企业财产变动原则研究》，见《江流有声：北大法学院百年院庆文丛之民商法学经济法学卷》，300～313页，北京，法律出版社，2004；彭冰：《"债随物走原则"的重构与发展——企业重大资产出售中的债权人保护》，载《法律科学》，2008（6），147～158页。

平衡。故相较于我国现行民商法规定在保护债权人利益方面的无力，该原则则矫枉过正，从一个极端走向了另一个极端。而且，该原则因错误地理解企业财产对于债务的一般担保的含义，在理论上存在着重大缺陷，故遭到了学者们的严厉批评。

可是，既然该原则源于我国的司法审判实践，其必定在某种程度上反映了我国司法实践的客观需要，具有一定的现实合理性，不应完全予以否定。但是，如贯彻该原则，又对受让人极度不公，而废弃该原则又无法保护债权人的合法利益，这实际上造成了法院在审理此类案件时的两难处境。造成这一困境的主要原因有：第一，我国民商事立法中营业转让概念及相关规定的缺位；第二，学说没有为规则的制定提供有说服力的理论根据。① 笔者认为，这也许与我国商法尤其是商法总则制度的不发达有着很大关系，因此，为探究解决以上问题的方法，有必要将视线投向商法制度发达的大陆法系国家。

德、日等大陆法系国家针对营业转让制定了较为完善的规定。其中，在关于营业债务的承担问题上，为保护债务人的利益，日本继承德国商法的相关规定，立法明文规定了受让人在继续使用原商号的情形下以及发出承担营业债务公告的情形下受让人的清偿责任，这在一定程度上合理地解决了债权人与受让人之间的利益平衡问题。而且，围绕这些规定的适用，日本有着多年判例的积累，在学说理论上也展开了丰富多彩的讨论与解释。日本相对较为完善的立法规定、丰富的判例以及成熟的学说理论或许可成为我国的借鉴。此外，美国法虽然未在成文法中专门针对营业债务的承担问题作出规定，但其判例法所确定的后继者责任制度也相对合理地处理了相关问题。因此，本章将详细考察日本法，介绍德国法、美国法及其他各国法的概况，并在分析我国现行制度具体存在的问题与缺陷的基础上，通过借鉴日本法以及其他各国法的立法与司法经验，探讨我国应如何构建合理完善的营业债务承担制度体系。

---

① 最高人民法院民二庭副庭长张勇健在清华大学举办的 21 世纪商法论坛（2008）开幕式的发言中指出，鉴于法院在审理该类案件时所面临的困境，司法审判界迫切需要学说上的理论支撑。

二、日本法上营业债务的承担制度

(一) 营业债务的范围及其在转让当事人之间的转移

1. 营业债务的范围

关于受让人应承担的营业债务究竟应包括哪些债务的问题，日本立法并未予以明确。其商法第 17 条仅规定为"因转让人的营业所发生的债务"。学说上一般认为，营业债务为与营业活动有关的所发生的所有债务。如作这样理解，营业债务不仅限于因营业交易所产生的债务，甚至包括因不履行债务而产生的损害赔偿责任，以及因侵权行为所产生的损害赔偿责任，而且，也不论债务在营业转让时是否到期以及受让人是否知道该债务的存在。对此，判例与学说并未表示异议。① 有学者认为，对于买受人而言，对债务的范围进行限定尤为重要，可是，上述的债务范围不甚明了（如侵权责任就难以确定债务的有无与范围），存在着无限扩大的危险，因此，应在某种程度上限定营业债务的范围。② 不过，该学者并未具体指出应如何限定债务的范围。也有学者指出，对于维持营业当然应承担的合同上的义务也应包含于营业债务，如只有该企业才可生产的商品的供给、演剧的上演等义务。③有判例也肯定了这种情形下受让人继续履行合同的义务。④

2. 营业债务在转让当事人之间的转移

关于营业转让中的营业财产是否包含债务，学说上存在争议。通说认为，营业是为了一定的营业目的而被组织化的功能性的财产，其由积极财产与消极财产组成，积极财产包括物、权利以及各种具有财产价值的事实上的利益⑤，消极财产则包括营业上的交易以及其他基于营业产

---

① 最高裁判所昭和 29 年 10 月 7 日判决就认为，营业债务的范围包括因侵权行为所产生的损害赔偿责任。

② 山下真弘『会社営業譲渡の法理』（信山社　1997 年）215、239 頁を参照。

③ 今井宏 「営業譲受人の責任」 大阪府大経済研究 18 号 57 頁。

④ 在该案件中，原告将保险柜交付给某运输公司保管，后因该运输公司进行营业转让，原告向受让该公司营业的同业公司请求交付保险柜，对此，法院认为，对于从事运输及其附属业务的公司而言，运输货物以及保管货物是其主要的业务，故经营同一事业的其他公司如表示承继或接手该公司的营业，则应解为其负有继续接手前公司营业上的物品运送及保管行为的义务（大判昭和 10 年 10 月 2 日裁判例民 239）。今井宏 「営業譲受人の責任」 大阪府大経済研究 18 号 62 頁注 3 を参照。

⑤ 权利包括物权、债权、有价证券、知识产权等，而具有财产价值的事实上的利益则指的是营业上的秘决、客户、创业的年代、名声以及地理关系等。宇田一明『営業譲渡法の研究』（中央経済社　1993 年）85 頁。

生的一切债务。① 反对说则认为，即使债务在财务及会计处理上可作为消极财产，在法律上也不被视为财产，而且其与债权不同，本质上不具有转让性，故不应认为营业包含债务。② 对于该反对说，有学者提出如下反驳：第一，在商法上，债务也必须记载于商业账簿上，而且债务作为消极的财产也是被继承的对象，这难道不是债务作为法律上的财产的表现吗？第二，判例与民法学上早就承认了债务的转让性，况且，在现在的交易关系中，债务的转让起到重要的作用，故可认为债务为财产。③

因此，关于债务在转让当事人之间的转移，通说的观点为：如在转让协议中转让当事人之间特别约定转移债务的，债务当然发生转移；如对债务的转移没有特别约定的，推定转让人应转让所有的财产，包括各类具有财产价值的事实关系以及债务，也即受让人应受让债务。

(二) 关于营业债务承担的立法规定的构造

如前所述，营业财产包括营业债务。可是，营业债务的转移并非营业转让成立的必要条件，转让当事人即使特别约定排除债务，只要不损害营业的同一性，营业的转让也可成立。而根据一般民法上的理解，营业的受让人只要没有达成债务承担的协议，在对债权人的关系上，并不必然成为债务人。因此，为保护债权人的利益，日本商法明文规定了受让人在继续使用商号以及发出承担营业债务公告的情形下受让人的清偿责任。

日本商法第 17 条第 1 款规定：受让营业的商人如继续使用转让人的商号，该受让人也承担清偿因转让人的营业所发生的债务的责任。该条第 2 款又规定：前款规定，对受让营业后受让人不迟延地进行了不承担清偿转让人债务的登记的情形，不适用；在受让营业后不迟延地由受让人及转让人向第三人通知该情况的，对接受其通知的第三人亦同。第 3

---

①　大隈健一郎「商法総則」（有斐閣　1978 年）290—291 頁、鴻常夫「商法総則」（弘文堂　第五版　1999 年）137 頁、近藤光男「商法総則・商行為法」（有斐閣　2002 年）125 頁、岸田雅雄「ゼミナール　商法総則・商行為法」（日本経済新聞社　2003 年）127 頁等。

②　長谷川雄一「営業の意義」『演習　商法（総則・商行為）改定版』（青林書院新社　1976 年）120 頁。

③　新里慶一「営業譲渡における譲受人の弁済責任」中京法学 39 巻 3・4 号（2005年）（75）211 頁。

款规定：受让人依第 1 款的规定承担清偿转让公司债务责任的，对在转让营业之日后两年内不进行请求或请求预告的债权人，转让人的责任在该期间经过时消灭。第 4 款规定：在第 1 款规定的情形下，对因转让人的营业所发生债权，在清偿者为善意且无重大过失时，向受让人的清偿有效。

日本商法第 18 条第 1 款规定：在受让人不继续使用转让人的商号，仍发出承担因转让人的营业所发生债务的公告时，转让人的债权人也可向受让公司请求清偿。也就是说，在这种情形下，受让人与转让人承担连带责任。其第 2 款规定：受让人依第 1 款的规定承担清偿转让公司债务责任的，对在转让营业之日后两年内不进行请求或请求预告的债权人，转让人的责任在该期间经过时消灭。

由此可见，在日本法上，无论转让人与受让人之间关于营业债务的承担达成何种协议，只要受让人继续使用转让人的商号，或者在受让人不继续使用转让人商号的情形下仍发出承担因转让人的营业所发生债务的公告，受让人就应承担转让人营业上的债务。

可是，问题的关键点在于，日本法在此并未明确受让人在没有继续使用转让人商号，且未发出承担因转让人的营业所发生债务的公告的情形下，受让人是否还应承担转让人的营业债务。对此，学说上存在着分歧。商法上的通说认为，在这种情形下，只要三方当事人未特别进行债务承担等法律行为，受让人并无义务承担转让人营业上的债务。而有力说则认为，只要转让当事人之间未对债务的转移进行特别除外的，债务就应发生转移，受让人应承担连带清偿责任。据此，上述商法第 17 条、第 18 条存在的意义因通说与有力说的见解不同而不同，如果采用通说，其确定了受让人继续使用商号情形下以及发出承担债务公告情形下受让人的清偿责任；如果采用有力说，其确定了即使当事人对债务进行特别除外，只要受让人继续使用商号或发出承担债务公告，受让人也应承担清偿责任。关于此问题，在下文（三）中将展开详细的探讨。

（三）一般情形下受让人是否应承担债务的分析——日本商法第 17 条、第 18 条存在的意义

根据以上学说的主张，为讨论商法第 17 条、第 18 条存在的意义，可将一般情形再按照转让当事人之间的意思表示分为特别约定不转移债务的情形、关于债务的转移没有特别约定的情形以及特别约定转移债务的情形。①

1. 在营业转让合同中特别约定不转移债务的情形

如果在营业转让合同中，约定不转移债务的，债务当然不被转移。也就是说，由原债务人继续单独承担清偿债务的责任。② 这一见解无论在判例中还是在学说中已基本形成共识，但仍有少数学者对此提出疑问。有学者认为，在这种情形下，因为营业已转移至受让人，这样处理对债权人不利，并且，因转让当事人之间的一方合同而使债权人接受不利的处理方式不合理。③ 对此，有学者主张，在这种情形下，债权人可行使民法 424 条规定的欺诈行为撤销权④来实施救济，因为，尤其在转让人仅保留债务而失去了具有担保价值的营业财产的情形下，即使转让人取得了金钱对价，但如其换取了容易消费的金钱，也可认定该转让行为具有欺诈性。该学者甚至还认为，为使不转移债务的约定具有实效性，应事先征得债权人的同意为宜。⑤

2. 在营业转让合同中关于债务的转移没有特别约定的情形

在商法第 17 条、第 18 条制定之前的早期判例中，有判例认为，在转让运输及其他营业时，通常情形下，店铺、货物、债权、债务、客户以及商业账簿等全部应被转让，故在无反证的情况下，不得不推定为全部转让。⑥ 有的判例则在前述意旨的基础上，继续阐明如下：关于债务是否包含于营业转让，首先应根据商习惯进行判断，而在营业全部转让的情形中，商习惯为进行了添加性的债务承担；在营业转让中，如当事人没有特别进行反对的意思表示时，应适用商习惯。⑦ 而在商法第 17 条、第 18 条制定之后的近期判例则认为，在营业转让中，原则上，在当事人之

---

① 后两种情形实际上可合并为一种情形，即没有特别约定不转移债务的情形，故绝大多数学说与判例未将两者分开。不过，由于这两者在法解释及效果上仍存在着差别，故本书分别对其进行探讨。

② 鸿常夫「商法総則」（弘文堂　第五版　1999 年）150 頁、志村治美『現物出資の研究』（有斐閣　1975 年）243 頁。

③ 今井宏「判批」判例評論 103 号 60 頁。

④ 日本民法第 424 条规定：债权人可向法院请求取消债务人明知损害债权人利益而实施的法律行为，不过，因该行为获得利益的人或受让人在该行为实施或受让时不知道损害债权人利益的，不在此限。

⑤ 志村治美『現物出資の研究』（有斐閣　1975 年）243 頁。

⑥ 大隈健一郎「商法総則」（有斐閣　1978 年）313 頁を参照。

⑦ 東京控判大正元年 12 月 24 日法律新聞 870 号 8 頁。此处的"添加性的债务承担"应理解为"并存式的债务承担"。

间的关系上，受让人应承担债务，但在对债权人的关系上，不应承认这种承担的效果。① 可见，判例对于在一般情形下债务是否应转移至受让人的态度并不一致，有肯定的，也有否定的。不过，在商法第 17 条、第 18 条制定之后，判例似乎更倾向于认为在这种情形下，受让人不负有向债权人清偿债务的义务。

而学说上的通说则认为，在营业转让中，如要使买受人直接对债权人承担清偿责任，必需其他法律行为，如债权人与受让人之间签订以更改债务人为目的的更改合同或债务承担合同等。② 有力说的观点却为：鉴于最近民法上的通说认为，如在债务的承担之际，债权的担保力并不因此而变弱，则新旧两债务人可以合同的方式使债务的承担得以成立，而不必以债权人为当事人，如使该合同生效，只需得到债权人的承认（同意）或明示以及默示（如请求）的追认即可，因此，在营业转让的情形中，因关于债务负担的实质利害关系转移至买受人，故如当事人之间对债务无特别约定的，与推定债务的转移同样，可推定当事人的意思为并存的债务承担。③ 而且，在现实中，从债权人的角度来看，与其说营业上的债务是特定企业主的债务，倒不如将其看作营业本身的债务更为妥帖；债权人通常是着眼于作为机能性财产的营业自身的价值与企业的收益力而取得债权的，为保护一般债权人的这种信赖，可在承认转让人清偿责任的同时，原则上承认买受人的清偿责任。④ 可是，对于受让人承担债务的推定，学者们展开了如下反驳：第一，在转让部分营业且不续用商号的情形下，推定受让人承担债务是否合理⑤；第二，对于因侵权行为而产

---

① 東京地判平成 13 年 12 月 20 日金融・商事判例 1158 号 38 頁。

② 大隈健一郎 「商法総則」（有斐閣　1978 年）317 頁、鴻常夫 「商法総則」（弘文堂　第五版　1999 年）149 頁、岸田雅雄 「ゼミナール　商法総則・商行為法」（日本経済新聞社　2003 年）133 頁、山下真弘『会社営業譲渡の法理』（信山社　1997 年）89 頁、長谷川雄一 「営業の意義」『演習　商法（総則・商行為）改定版』（青林書院新社　1976 年）120 頁、宇田一明『営業譲渡法の研究』（中央経済社　1993 年）86～87 頁等。

③ 実方正雄 「最高裁昭和 38 年 3 月 1 日判決批評」 法律時報 35 巻 13 号 104～105 頁、今井宏 「営業譲受人の責任」 大阪府大経済研究 18 号 58 頁、志村治美『現物出資の研究』（有斐閣　1975 年）240～244 頁。至于在这种情形下为什么可推定转让人之间存在着这样的主观意思，一般观点认为，既然作为营业构成要素的债务被推定转移了，故在对债权人的关系上，也可作出这样的推定。今井宏 「営業譲受人の責任」 大阪府大経済研究 18 号 57 頁。

④ 今井宏 「営業譲受人の責任」 大阪府大経済研究 18 号 58 頁。

⑤ 江頭憲治郎 「判批」 法学協会雑誌第 90 巻第 12 号 90 頁（昭和 48 年）。

生的损害赔偿等在转让当时其存在及金额都无从知晓的债务，无法推定进行了债务的承担①；第三，对于不构成营业业务的直接手段的诸如商品的应付款债务或对银行的融资债务等一般性债务，不能推定存在着债务的承担②。

也有学者认为这种情形应推定为免责的债务承担。③ 对此，有学者认为，即使在不要求免责的债务承担成立需债权人参加的民法学说上，如使债务人免责的合同产生效力，也必须经债权人的承认或追认，故不能以营业转让当事人之间的内部合同推定这种合同的存在，且这样推定也不一定符合债权人的利益，故在这种情形下只能推定为并存的债务承担。④ 也有学者进一步指出，推定为免责的债务承担不利于债权人利益的保护，因为在转让营业的一部分（如分公司、支店等）的情形下，如为免责的债务承担，债权人就只能向当事人的一方——受让人请求。⑤

3. 在营业转让合同中特别约定转移债务的情形

由于判例并未严格区分本情形与在营业转让合同中关于债务的转移没有特别约定的情形，故关于本情形下的判例态度与上述情形相同，在此不再赘述。而在学说上，对于这种情形下债务的承担，则存在以下不同的见解。

（1）转让人继续独立承担清偿债务的责任。

该说为商法上的通说，该说认为，即使在营业转让的当事人之间，营业上的债务转移至受让人，但在对债权人的关系上，转让人依然还是债务人，受让人当然也不成为债务人，除非就该债务个别履行取得债权人同意、承认等严密的程序。⑥ 其理由主要在于：第一，根据民法上的通

---

① 大原栄一 「営業讓受人の責任」『商法演習②』〔旧版〕（1960 年）39 頁。
② 古田龍夫·土肥一史 「商法第 26 条及び第 28 条について（一）」 福岡大学法学論叢 21 号（1·2）（1976 年 11 月）136 頁。
③ 境一郎 「判批」 判例評論 32 号 8 頁。
④ 今井宏 「営業讓受人の責任」 大阪府大経済研究 18 号 60 頁。
⑤ 志村治美『現物出資の研究』（有斐閣　1975 年）244 頁注 8。
⑥ 大隈健一郎 「商法総則」（有斐閣　1978 年）317 頁、鴻常夫 「商法総則」（弘文堂 第五版　1999 年）149 頁、岸田雅雄 「ゼミナール　商法総則·商行為法」（日本経済新聞社　2003 年）133 頁、山下真弘『会社営業讓渡の法理』（信山社　1997 年）89 頁、長谷川雄一 「営業の意義」『演習　商法（総則·商行為）』改定版』（青林書院新社　1976 年）120 頁、宇田一明『営業讓渡法の研究』（中央経済社　1993 年）86～87 頁等。不過，虽然在讨论问题时该情形与转让当事人关于债务的转移没有特别约定的情形理应有所不同，但绝大多数学者在阐述见解时并未严格区分这两种情形。

说，为保护债权人的利益，免责的债务承担不得仅在债务人和受让人之间进行，必须以债权人为当事人；第二，在营业转让时，使债务附属于营业对债权人是有利还是不利，不能一概而论。① 一般观点认为，债务人的更替因导致责任财产的变更，有可能损害债权的担保力以及经济价值。② 第三，如果在这种情形下受让人作为债务人应承担清偿的责任，商法第 17 条就无必要存在。③

（2）受让人独立承担清偿债务的责任。

该说为商法上的少数说。该观点认为，受让人应独立承担清偿债务的责任。其理由有二：第一，虽然古典（民法）学说对于新旧两债务人间以合同进行债务承担持反对意见，但最近（民法上）的通说承认新旧两债务人可依合同的方式使债务的承担得以成立，待得到债权人的承认（同意）或追认抑或默示（如请求）后就可产生效力；特别是在营业转让的情形下，作为营业债务的责任财产的积极营业财产从旧债务人转移至作为新债务人的受让人，故即使是债权人的承认乃至追认，都不再具有重要的意义。④ 第二，债权人通常是着眼于企业财产的担保价值和企业的收益性才成为债权人的。⑤ 对于商法第 17 条将因此失去意义的批评，该观点认为，在营业转让中，使转让人完全免责并不妥当，故商法规定受让人在继续使用原商号的情形下，转让人应与受让人一起承担连带清偿责任；而之所以区别对待是否继续使用商号，是因为在继续使用原商号的情形下，从债权人的角度看，不仅难以知悉企业者地位的更替，而且在外观上企业的同一性也得到完全的维持。⑥

（3）并存式的债务承担。

该说为商法上的有力说。该观点认为，转让人与受让人应承担不真正的连带清偿责任。其理由如下：第一，从民法上的债务承担理论出发，在债务人将关于债务负担的实质利害关系（债权人对债务人取得债权并保有的经济上的理由）完全转移至第三人的情形下，一般可推断并存的

---

① 長谷川雄一 「営業の意義」『演習　商法（総則・商行為）改定版』（青林書院新社 1976 年）120 頁。

② 宇田一明『営業讓渡法の研究』（中央経済社　1993 年）87～88 頁。

③ 長谷川雄一 「営業の意義」『演習　商法（総則・商行為）改定版』（青林書院新社 1976 年）138 頁。

④ 実方正雄 「最高裁昭和 38 年 3 月 1 日判決批評」法律時報 35 巻 13 号 87 頁。

⑤ 西原寛一『商法総則・商行為法』（岩波書店　1965 年）106 頁。

⑥ 西原寛一『商法総則・商行為法』（岩波書店　1965 年）106～107 頁。

债务承担的成立；如在营业转让中，受让作为组织性财产的营业的受让人对于自己直接负担债务具有实质性的经济上的利害关系，而且，债务人也一定认为由受让人直接承担债务更加有利与合理，因此，在这种情形下，较之债务履行的继受，认为当事人之间进行并存的债务承担更为妥当。第二，在关于债务负担的实质利害关系全部转移至受让人的情形下，存在着促使免责的债务承担的经济状况，原债务人希望将受让人变为单独的债务人，受让人也承认应由自己单独承担债务，可是，免责的债务承担需要债权人的协助。[1] 第三，通说与判例将本条（商法第 17 条）的制定理解为为保护债权人对于外观的信赖，可是，这样的理解一方面原则上不承认营业转让中债务的承担，另一方面又将本条所包含的外观信赖理解为信赖已进行了债务的承担，这在理论上是不一致的；而且，如将本条理解为保护债权人的外观信赖，理应对恶意的债权人除外，可该条并未区分债权人的善意与恶意，故不应将本条的基础置于外观保护。而在现代交易社会中，债权人签订债权合同时，通常会着眼于企业财产的担保价值与企业的收益力，因此，像这样转移担保物的情形，通常应认为债务也应一并转移，而与商号的继续使用无关。[2] 第四，民法上有力的见解认为，在只在债务人与受让人之间进行的债务承担的情形下，债权人承认并非是债务转移的要件，而是债务人免责的要件，也就是说，如得到债权人的承认，为免责的债务承担，如无承认，则为并存的债务承担，该见解代表的是正确的方向。[3] 这样解释意味着债权人只能选择转让人与受让人中的其一进行求偿，显然，相对于续用商号的情形，这对债权人不利，但考虑到续用商号的情形下理应给予债权人更好的保护，就可得到很好的解释了。而且，这样理解也可很好地解释这样一种不平衡现象：在续用商号的情形下，如债权人两年内不进行求偿，转让人的责任消失，而一般情形下转让人反倒不因此而免责。[4]

　　对以上学说，反对见解所依据的最大理由为，如果以转让人与受让

---

[1]　末川博 「併存的債務引受 (4)」京都大学法学論叢 4 卷 3 号 36～37 頁。

[2]　志村治美『現物出資の研究』（有斐閣　1975 年）241 頁。

[3]　新里慶一 「営業譲渡における譲受人の弁済責任」 中京法学 39 卷 3・4 号（2005 年）234 頁。

[4]　在受让人续用商号的情形下，如债权人在转让营业之日后两年内不进行请求或请求预告，转让人的责任消灭（日本商法第 18 条第 2 款）。境一郎 「最高裁昭和 38 年 3 月 1日判決批評」 民商法雑誌 49 卷 5 号 87 頁、山城将美 「営業譲受人の責任に関する一考察」 沖縄法学 11 号 141 頁を参照。

人之间存在并存的债务承担为原则,债权人可不区分是否继续使用商号就可当然地向受让人请求清偿,那么,就无法理解商法为何要特别规定受让人在继续使用商号情形下的责任。① 对此,有学者认为,如果将一般情形下的债务承担理解为转让当事人之间特别约定转移债务的,债务发生转移,而特别约定不转移的,债务不发生转移,那么,该规定是有意义的,因为其肯定了即使在当事人之间特别约定不转移债务的情形下,如受让人继续使用原商号,受让人也应负连带清偿债务的责任。②

4. 商法第 17 条、第 18 条存在的意义

在制定商法第 17 条、第 18 条之前,根据民法的规定与学说解释,在转让当事人之间未与债权人达成债务承担的更改协议的情形下,并不必然产生受让人承担债务的效果;这时,如关于债务的责任财产减少或灭失,债权人为实现债权的回收,只好运用民法上的欺诈行为撤销权,但运用欺诈行为撤销权维护权益存在着举证难等问题。因此,为方便债权人维权、促使商事纠纷的迅速解决,日本于昭和 13 年(1938 年)效仿德国法导入了在受让人继续使用商号或虽未继续使用商号、但仍发出承担债务公告的情形下,转让人与受让人对营业上的债务承担连带责任的制度。③

可是,如前所述,判例与学说对于一般情形下债务的承担存在着分歧,故关于商法第 17 条、第 18 条存在的意义也存在着不同的见解。判例与通说认为,除非转让人、受让人以及转让人的债权人三方之间对转移债务达成协议,否则债务不被转移,故制定该条的意义在于肯定了受让人在继续使用商号情形下的清偿责任;而有力说则认为,转让人与受让人之间没有特别约定不转移债务的,债务仍发生转移,但特别约定不转移的,债务不发生转移,故该条的意义在于肯定了即使在当事人间特别约定不转移债务的情形下,如受让人继续使用原商号,受让人也应负连带清偿债务责任。而制定商法第 17 条、第 18 条的目的是维护债权人利益,可该立法目的仍无法充分地说明该两条存在的意义,因为上述两种

---

① 今井宏 「営業譲受人の責任」 大阪府立大学経済研究 18 号(1961 年)56 頁。
② 新里慶一 「営業譲渡における譲受人の弁済責任」 中京法学 39 巻 3・4 号(2005 年)234 頁。不过,对于转让当事人间对转移债务没有特别约定的情形,该学者却没有明晰的主张。
③ 新里慶一 「営業譲渡における譲受人の弁済責任」 中京法学 39 巻 3・4 号(2005 年)272 頁。

解释都与该立法目的是一致的。此外，有个别学者认为，在转让的营业为转让人财产的全部或大部分的情形下，应适用同一企业的法理，受让人对营业上的债务承担清偿责任，故现商法第 17 条、第 18 条的存在意义在于转让的营业只占转让人财产一小部分情形下对债权人的保护。[1]

　　笔者较倾向于有力说的见解。因为，第一，在当初形成商法通说时，曾经的民法通说认为受让人对于债务的承担必须转让当事人与债权人三方之间的更改协议，可当今的民法通说则认为仅依转让当事人之间的合同就可使其成立，而商法通说并没有及时吸收民法上的最新研究成果，其代表的不应是正确的方向；第二，如转让当事人特别约定转移债务的，在决定受让对价时，自然会将其作为一个重要因素予以考虑，受让人所支付的对价一定对其有所扣除，因此，从承受能力讲，由受让人承担清偿责任也是公平合理的；第三，在现代交易社会中，债权人签订债权合同时，通常会着眼于企业财产的担保价值与企业的收益力，而这些在客观上也给予了受让人承担债务的能力；第四，这些处理不至于使受让人蒙受特别的不利，因为受让人仍可通过特别约定对债务除外，以避免承受无法预知的债务。

　　不过，持有力说的学者却仍未很好地解释这样一个问题，即在转让当事人对债务的转移未作约定的情形下，受让人承担清偿责任是否合理。如果承担，这对于转让部分营业且不存在续用商号情形下的受让人尤其不公，因为其并没有承担债务的意思，且支付的对价中也理应未考虑到这种因素。笔者认为，对于这种情形，无论作何处理均不存在明显的不公，但为了规则的明确化以及相对合理化，可考虑区分全部营业转让与部分营业转让两种情形作出不同的处理。在全部营业转让的情形下，推定受让人承担了债务，而在部分营业转让的情形下，则原则上推定受让人没有承担债务。

（四）商法第 17 条的法理分析与适用

1. 商法第 17 条第 1 款的法理分析

　　根据商法第 17 条第 1 款的规定，在受让人继续使用原商号的情形下，受让人与转让人就转让的营业所发生的债务承担连带清偿责任。但围绕

---

[1]　古田龍夫「商法第 26 条及び第 28 条について（二）」福岡大学法学論叢 21 号（3・4）（1977 年 3 月）327 頁以下を参照。

该规定所赖以存在的法理，日本的学说与判例展开了如下丰富的讨论。

（1）外观信赖保护论。

判例与通说①均认为，商法第 17 条第 1 款是为保护债权人对于外观的信赖而制定的，但对于债权人信赖的是何种外观以及是否要求债权人为善意，存在着以下几种不同的观点。

1）营业主体交替认识困难论。有判例认为，从债权人的角度来看，认识营业主体的交替会比较困难，故为保护债权人所信赖的这种外观，受让人也应当承担清偿债务的责任。② 而关于因认识营业主体交替的困难而产生的对债权人的不利，有判例将其描述为：因为不容易认识到营业主体的交替，债权人很有可能失去了对转让人采取债权保全措施的机会……该条款应理解为以继续使用商号为要件，使受让人承担与转让人同一的法定责任的规定。③ 有学者认为，企业的名声，虽然在法律上为企业主的名声，可是，从社会、经济的角度来看，其为营业本身的名声，一般认为其表示的是营业，故商号（商标等）是顾客所信赖的标的，因此，只要原商号仍旧在继续使用，债权人就无法知道营业转让的事实，故有必要保护信赖这种外观的善意债权人。④

对以上论点，学说上主要展开了如下两点批判。第一，在债权人无法认识到营业主体交替的情形下，债权人到底信赖的是什么呢？如果因不知道营业主的交替，而依旧相信转让人为债务人的话，制定商法第 17 条第 1 款的合理性就不存在。本来应该保护的是债权人认为受让人为自己的债务人的信赖，但既然不知道营业主的更替，又怎么会信赖受让人为自己的债务人呢？因此，不如说这仅仅是债权人通过商号而信赖营业的同一性，可这不能称作是对权利外观的信赖。而且，权利外观责任必须以债权人因信赖外观而进行某种处置以及第三人的善意为要件。⑤ 第

---

① 持该观点的学者有长谷川雄一（長谷川雄一 「営業の意義」『演習　商法（総則・商行為）改定版』（青林書院新社　1976 年）138 頁）、鸿常夫（鴻常夫 「商法総則」（弘文堂　第五版　1999 年）149 頁）、实方正雄（実方正雄 「最高裁昭和 38 年 3 月 1 日判決批評」 法律時報 35 巻 13 号 105 頁）、涉谷达纪（竹内昭夫・龍田節　編『現代企業法講座 1—企業法総論』（東京大学出版会　1984 年）231 頁　渋谷達紀担当）、宇田一明（宇田一明『営業譲渡法の研究』（中央経済社　1993 年）96〜97 頁）等。
② 最判昭和 29 年 10 月 7 日民集 8 巻 10 号 1795 頁以下。
③ 東京地判平成 12 年 9 月 29 日金融・商事判例 1131 号 60 頁。
④ 宇田一明『営業譲渡法の研究』（中央経済社　1993 年）96〜97 頁。
⑤ 小橋一郎 「商号を続用する営業譲受人の責任—商法 26 条の法理—」『上柳先生還暦記念　商事法の解釈と展望』（有斐閣　1984 年）16 頁。

二，债权的回收如果以继续使用原商号所带来的债权人对营业主同一性的外观信赖为问题的话，可以将其解释为债权人不知道营业主的更替，因而迟延回收债权而蒙受损失。可是，保护不知道营业主体发生变更的债权人缺乏充分的理由，因为，作为不可能知道营业主的交替这样一个外观的保护，由转让人继续承担债务就已足够，而对因没有感觉到危险而急于回收债权的债权人给予特别的保护缺乏积极的理由。显然，商法第 17 条并不是以这种损害赔偿责任为问题的条款。①

　　2）债务承担外观信赖保护论。有判例认为，商法第 17 条的旨趣是为保护以前营业上的债权人的外观信赖，也就是说，在继续使用商号的情形下，债权人通常会信赖已由受让人承担债务，该条为保护债权人的这种信赖的规定。② 至于在这种情形下债权人为何信赖受让人已承担债务，多数判例对此并未具体阐明，有的判例将其实质依据解释为债权人信赖的是既存的债务与作为其实质担保物的营业总体的一体性。③ 而有的学者认为，对企业进行转让时，如无特别约定对债务除外，企业上的债务原则上应转移至受让人，债权人如承认这种转移，可向作为新债务人的企业受让人请求清偿债务，因此，即使债权人知道企业主体进行了交替，也会误认为可向受让人请求清偿债务。④ 对此，学说上展开了如下批判。第一，在继续使用商号的营业转让中，因为债权人不知道营业转让本身，所以不会认为因营业转让而进行了债务的承担。⑤ 第二，继续使用

---

① 田邊光政『商法総則・商行為法』（岩波書店　1965 年）153～154 頁。なお、服部栄三『商法総則［第 3 版］』（青林書院　1983 年）418 頁、浜田道代 「判批」 判例評論 207 号 30 頁を参照。

② 東京地判昭和 42 年 7 月 12 日下級民集 18 巻 7・8 号 814 頁、東京高裁平成 13 年 10 月 1 日金融・商事判例 1129 号 13 頁、大阪高判平成 14 年 6 月 13 日判例タイムズ 1143 号 292 頁。不过，需要说明的是，更多的判例在解释该条的法理时，均将营业主体交替认识困难论与债务承担外观信赖保护论放在一起阐述，如最判昭和 47 年 3 月 2 日民集 26 巻 2 号 183 頁、水戸地判昭和 54 年 1 月 16 日判例時報 930 号 96 頁、東京地判昭和 54 年 7 月 19 日下民集 30 巻 5～8 号 353 頁、東京高判平成元年 11 月 29 日判決時報 40 巻 9～12 号 124 頁、大阪地判平成 6 年 3 月 31 日判例時報 1517 号 109 頁、東京地判平成 13 年 3 月 30 日金融法務事情 1129 号 49 頁、東京高判平成 14 年 8 月 30 日金融・商事判例 1158 号 21 頁、長野地判平成 14 年 12 月 27 日判例タイムズ 1158 号 188 頁、最判平成 16 年 2 月 20 日金融・商事判例 1195 号 30 頁、最判平成 20 年 6 月 10 日金融・商事判例 1302 号 46 頁など。

③ 東京地判平成 13 年 12 月 20 日金融・商事判例 1158 号 38 頁。

④ 渋谷达纪（竹内昭夫・龍田節　編『現代企業法講座 1—企業法総論』（東京大学出版会　1984 年）231 頁　渋谷達紀担当）231 頁。

⑤ 池野千白 「企業外観法理と商法 26 条」 中京法学 37 巻 3・4 合併号（2003 年）360 頁。

商号不一定会导致误认债务发生了转移，也就是说，关于继续使用商号就一定会产生债务承担的信赖，缺乏合理的解释。① 第三，通说一方面认为在营业转让中原则上不承认买受人的承担而仅认为是履行的继受，但另一方面又认为债权人信赖买受人对债务的承担，这在理论上并不统一。② 第四，与前述营业主体交替认识困难论一样，该论点也存在着是否以第三人的善意为要件的问题。③

此外，无论是营业主体交替认识困难论，还是债务承担外观信赖保护论，都存在着两个共通的问题。第一，如果认为该条是对外观信赖的保护，在要求债权人为善意方面存在着问题。如果该条不保护恶意的债权人，在企业濒临倒闭而进行营业转让的情形下，债权人大多会知道倒闭企业为逃避债务而进行营业转让，且知道受让人没有承担债务的意思，在这种情形下，确有必要保护债权人。况且，这种情形在现实案例中也的确多见。④ 如果是这样，将该条的法理理解为外观保护是不妥的。⑤

第二，该立场不能充分地说明商法第 18 条第 2 款（旧商法第 29 条）的旨趣。也就是说，商法第 18 条第 2 款为以在适用商法第 17 条第 1 款情形下转让人的责任在营业转让 2 年后消灭为旨趣的规定，可在此规定下，原本责任人的责任反倒比因保护外观信赖而特别附加的责任先消灭，这显得不自然。⑥

3) 善意不要论。商法第 17 条第 1 款本身并未以债权人的善意为条件。关于这一点，大多数判例并未明文言及。有的判例认为，之所以商法第 17 条对受让人课以清偿债务的义务，是因为在继续使用商号的情形下，由于债权人不易知晓营业主发生了更替，故失去采取债权保全措施的机会比较大；因此，应将该条理解为，不论是否个别地、具体地知道，

---

① 新里慶一 「営業譲渡における譲受人の弁済責任」 中京法学 39 巻 3・4 号（2005 年）245 頁。

② 志村治美『現物出資の研究』（有斐閣　1975 年）241 頁。

③ 小橋一郎 「商号を続用する営業譲受人の責任—商法 26 条の法理—」『上柳先生還暦記念　商事法の解釈と展望』（有斐閣　1984 年）16 頁。

④ 浜田道代 「判例評釈」 判例評論 207 号（昭和 51 年）30～31 頁。

⑤ 山下真弘 「商号続用のある営業譲受人の責任—債権者保護の視点から—」 立命館法学 256 号（1997 年）239～240 頁、近藤光男 「営業譲渡に関する一考察」 神戸法学年報第 3 号（1987）79 頁、今泉邦子 「商法 26 条 1 項によって営業譲受人の責任が認められた事例」 法学研究 78 巻 4 号（2005 年 4 月）116 頁。

⑥ 伊藤敦司 「商法 26 条の適用範囲に関する一考察」 杏林社会科学研究第 19 巻第 4 号 2004 年 3 月 41 頁。

只要继续使用商号，就应对受让人课之以与转让人同一的义务。① 对此，有学者指出，该见解存在着矛盾，因为其一方面认为需要保护不可能知道营业主变更的债权人，另一方面又"不问是否个别地、具体地知道"（营业主的变更）。② 而有学者则对善意不要论提出了相对较为合理的解释，他认为，关于企业的重要的信息，一般是以固定的登记外观为标准，而以动态的外观信赖保护为例外③；而根据现商法第 15 条的规定，商号的转让只能在营业转让或营业废止的情形下进行，且登记为商号转让的对抗要件，故对于商号的转让，采用的是以登记制度为前提、以登记这样的固定外观为基准的拟制恶意人要件；可是，对于商号，日本法并没有采取完全的强制登记制度，也就是说并不要求必须登记，故在因登记而免责的要件之外，商法第 17 条第 2 款后段另规定了转让人或受让人对于第三者进行的个别的通知作为免责的要件；而即使因转让人、受让人的个别主体行为（通知）以外的事情而知道营业转让的事实，其远远不如登记制度安定与确实，故不能将其等同于因登记制度而产生的免责。④ 另有学者认为，商法第 17 条第 2 款可以认为是优先考虑保护受让人的规定，这对债权人而言已非常严苛，且债权人并不经常看登记，如果在受让人的免责事由上再加上债权人必须为善意的条件，则对债权人不公。⑤

　　此外，另有判例认为，作为企业体，该营业转让中的转让人与受让人之间显然具有同一性与连续性，故受让人关于债权人知道不承担债务的抗辩违反了诚实信用原则。⑥ 虽然该判例在此采取的是善意不要的立场，但其所阐述的法理似乎偏离了外观信赖保护论，而更接近下文所述的企业财产担保论，不过，需注意的是，该立场的前提条件在于转让人与受让人之间存在着同一性与连续性。

---

① 東京地判昭和 54 年 7 月 19 日判例時報 946 号 113 頁、東京地判平成 12 年 9 月 29 日金融・商事判例 1131 号 60 頁。

② 新里慶一 「営業譲渡における譲受人の弁済責任」 中京法学 39 巻 3・4 号（2005 年）238 頁。

③ 池野千白 「企業外観法理と商法 26 条」 中京法学 37 巻 3・4 合併号（2003 年）374 頁。

④ 其中，"因登记制度而产生的免责"具体指的是商法第 17 条第 2 款的规定，即如受让营业后受让人不迟延地进行了不承担清偿转让人债务的登记，在受让营业后不迟延地由受让人及转让人向第三人通知该情况的情形中，受让人不承担责任。池野千白 「企業外観法理と商法 26 条」 中京法学 37 巻 3・4 合併号（2003 年）66 頁。不过，在这里仍需注意的是，该学者为持企业财产担保论的学者。

⑤ 本島浩 「商法 26 条 1 項に関する判例の研究」 沖大法学第 7 号 11 頁注 23。

⑥ 神戸地判昭和 54 年 8 月 10 日判時 964 号 116 頁。

4）善意限定论。有判例认为，商法第 17 条第 1 款所保护的外观信赖为对营业主体变更不知的信赖或债务承担的信赖，但该款不适用于知道营业主体变更以及不承担债务事实的债权人。[1] 由此可见，该判例认为债权人的恶意包括知道营业主体变更的恶意以及不承担债务事实的恶意。而在学说上，有的学者认为，债权人的恶意为知道进行营业转让的恶意足矣。[2] 有的学者则认为应为知道受让人不承担债务的恶意。[3] 其理由在于，如果债权人只知道进行了营业转让的事实，仍存在信赖受让人承担债务的情形，故应受到该款的保护。而其后有判例也主张债权人的恶意应限定为知道不承担债务事实的恶意。[4] 关于该款的适用应限于善意的理由，有学者认为，既然第 17 条是基于外观主义的立场，应以债权人的善意与无重大过失作为保护债权人的主观要件，因为如果债权人能预测已进行营业转让，其应主动询问转让人或受让人，如其怠于采取积极的债权回收或债权保全措施，是不值得保护的；而且，由于受让人不得不承担本来可不承担的债务，从与受让人的平衡角度来看，债权人也应该为善意且无重大过失。[5]

不过，善意限定论的问题在于，如何确定债权人为恶意的基准时点。在某判例中，被告主张，在论及商法第 17 条的责任时，应将其理解为：如债权人为恶意，应类推适用该条第 2 款，继续使用商号的营业受让人不承担责任，因原告对于被告公司不承担转让公司的债务为恶意，故被

---

① 東京地判昭和 49 年 12 月 9 日判例時報 778 号 97 頁。该事件的概要如下：被告 B 公司为破产公司 A 设立的公司，其受让了 A 公司的营业，于 1970 年 9 月 4 日在 A 公司原来的店铺使用同一商号开始营业，但并未继受 A 公司对原告 C 的债务。C 曾于 1969 年 3 月开始担任 A 公司的会计，并于 1970 年 2 月起就任董事，而且，从 B 公司成立之初直至 1972 年 9 月曾担任过 B 公司的会计。由此，可推定 C 理应知道 B 在受让营业之际并未继受对 C 的债务。基于以上事实与推定，法院认为，根据通说，商法第 17 条第 1 款的旨趣在于保护不可能知道营业转让事实本身、或虽知道营业转让的事实但相信买受人已继受了债务的债权人的信赖，故对于像本案原告那样的、知道营业转让的事实以及买受人并未继受债务的事实的债权人，本规定不适用。

② 長谷川雄一 「営業の意義」『演習 商法（総則・商行為）改定版』（青林書院新社 1976 年）138 頁、宇田一明『営業譲渡法の研究』（中央経済社 1993 年）96～97 頁。

③ 渋谷達紀（竹内昭夫・龍田節 編『現代企業法講座 1—企業法総論』（東京大学出版会 1984 年）231 頁 渋谷達紀担当）231 頁、服部育生 「商法 26 条 1 項による営業譲受人の責任」名古屋学院大学論集（社会科学篇）第 36 巻第 3 号 2000 年 1 月 103 頁。

④ 東京地判昭和 55 年 4 月 14 日判例時報 977 号 114 頁。

⑤ 新里慶一 「営業譲渡における譲受人の弁済責任」 中京法学 39 巻 3・4 号（2005 年）276 頁。

告不承担同条的责任。对此，东京地方法院认为，即使允许被告主张的类推，由于其替代的是同条第 2 款的登记或通知的免责事由，这种情形下债权人的恶意也应限定于从营业转让时起至进行登记或公告而获得免责之时止的时间内，即在关于登记或通知陷于迟延的时点之后，即使债权人为恶意，营业受让人也不得免责。[①] 有学者与该判例持相同的观点，认为，根据对于商法第 17 条的解释，既然营业受让人不能对因延误时机的通知而变为恶意的债权人主张免责，那么，如认为可对在同一时期因通知之外的事实而变为恶意的人主张免责，则这两者之间失去平衡。[②] 有学者指出，该观点的问题在于获得免责之时点和陷于迟延之时点究竟为何时点以及应如何具体确定。[③] 对此，该学者认为，应以债权人对受让人请求的时点判断债权人的恶意和善意。[④]

（2）企业财产担保论。

纯粹的企业财产担保论仅为学者所倡导，而判例中尚未出现单独主张企业财产担保论的见解。该论代表性的见解认为，因为企业财产被认为是营业上债务的担保，故只要没有积极地表示不承担债务，受让人就被视为进行了并存式的债务承担，而第 17 条第 1 款就是这样一个使作为企业财产所有人的受让人也承担责任的规定。在这种情形下，正是由于作为企业财产所有人的受让人被认为是主要的债务人，故作为前债务人的转让人在营业转让两年后免责。至于为何以商号为受让人担责的要件，是因为不使用原商号而使用新商号表明受让人没有承担债务的意思。[⑤] 显而易见，企业财产担保论的优点在于：第一，该论可比较合理地解释外观信赖保护论所不能解释的商法第 18 条第 2 款；第二，该论可以合理地解释为何第 17 条第 1 款不以债权人的善意为要件。可该论却存在着如下难以克服的缺陷：第一，营业财产的担保力虽为有力的证据，但如强调之，则很难说明商法为何要根据是否继续使用商号而区别对待营业债务

---

① 東京地判昭和 55 年 4 月 14 日判例時報 977 号 114 頁。
② 渋谷達紀（竹内昭夫・龍田節 編『現代企業法講座 1—企業法総論』（東京大学出版会 1984 年）231 頁 渋谷達紀担当）232～233 頁。
③ 新里慶一「営業譲渡における譲受人の弁済責任」中京法学 39 巻 3・4 号（2005 年）241 頁。
④ 新里慶一「営業譲渡における譲受人の弁済責任」中京法学 39 巻 3・4 号（2005 年）276 頁。不过，该学者似乎没有很好地说明为什么以债权人请求的时点作为判断是否为恶意的基准时点。
⑤ 服部栄三『商法総則［第 3 版］』（青林書院 1983 年）418 頁。

的承担。① 虽然该论试图以当事人之间的合理意思解释进行说明，但这种说明从担保力与意思两方面考虑，欠缺一贯性。② 第二，企业财产担保论本身缺乏法律上的理论依据，单凭营业上的债权人着眼于营业财产价值的期待对于使其正当化是不够的。③ 第三，如果采取这种观点，即使是不努力实施债务保全的债权人，只要营业财产被转让，也可向受让人主张清偿债务，那么就会不当地优待懒惰的债权人，从而违反诚实信用或公平的原则，而且，受让人并未同意但却让其承担债务，这显著损害了交易的安全。④ 第四，既然营业财产为营业上债务的担保，为什么责任财产不限于所转让的营业财产而及于受让人所有的财产？⑤ 第五，既然企业财产作为担保财产，那么，受让人被视为进行了并存的债务承担这样的说明就显得多余，倒不如直截了当地认为作为企业财产所有人的受让人应承担法定的清偿责任即可。⑥

　　为了能更好地说明为何以是否续用商号作为受让人担责的判断标准，持该论的某学者主张，营业转让应该是伴随着"商誉"⑦ 的转让，而实际上要转让商誉，必须续用商号或向客户发函；而既不续用商号又不发函的营业转让，只能是接近于单纯营业财产的转让。⑧ 另有学者也提出了与之类似的主张，他认为，如受让人受让包含商号的具有经济价值的"商誉"以及营业用财产，就意味着受让了营业的全部，尤其是在转让人设

---

① 服部育生 「商法 26 条 1 項による営業譲受人の責任」 名古屋学院大学論集（社会科学篇）第 36 巻第 3 号 99 頁、池野千白 「企業外観法理と商法 26 条」 中京法学 37 巻 3・4 合併号（2003 年）323 頁。
② 山下真弘 「営業譲渡の債権者に対する効果—債務引受広告の意義を中心として—」 島大法学 27 号（1987 年）68 頁。
③ 落合誠一 「商号統用営業譲受人の責任」 法学教室 285 号（2004 年）29 頁。該論者指出，如果是设定了抵押，且已进行了财产的登记，在债务人转让该财产的情形下，债权人可以抵押权为根据向第三人主张对该财产的优先受偿权，可是，非为法律上的担保权人的债权人，如其对该营业财产具有某种追及力，则必须有法律上的依据，单凭营业上的债权人着眼于营业财产价值的期待对于使其正当化是不够的。
④ 落合誠一 「商号統用営業譲受人の責任」 法学教室 285 号（2004 年）29 頁。
⑤ 小橋一郎 「商号を統用する営業譲受人の責任—商法 26 条の法理—」『上柳先生還暦記念　商事法の解釈と展望』（有斐閣　1984 年）16 頁、服部育生 「商法 26 条 1 項による営業譲受人の責任」 名古屋学院大学論集（社会科学篇）第 36 巻第 3 号 99 頁。
⑥ 服部育生 「商法 26 条 1 項による営業譲受人の責任」 名古屋学院大学論集（社会科学篇）第 36 巻第 3 号 99 頁。
⑦ 此处的"商誉"应理解为商事主体所拥有与控制的能够带来未来超额经济利益的综合资源。
⑧ 浜田道代 「判例評釈」 判例評論 207 号（昭和 51 年）31 頁。

立第二公司的情形下，更凸显出保护债权人的必要，故使其承担清偿营业上债务的责任并无不妥；而如不续用商号，则意味着没有受让营业的全部，而只是营业的大部分，故这种情形下使其承担责任则过于严苛。不过，即使没有续用完全同一的商号，但如两商号近似，再考虑到其他营业转让的状况，被认定为维持了同一营业的，也应肯定受让人的清偿责任。① 对于以上主张，有学者提出两点质疑：第一，这样理解有可能导致否定不续用商号的转让为营业转让的结论；第二，这样的主张在说明以续用商号为要件上仍不够充分，既然立场是企业财产担保论，就应该尽量缩小续用商号与非续用商号的差异为妥。②

（3）结合外观信赖保护论与企业财产担保论以及收益论等的论点。

有的判例在主张债务承担外观信赖保护论的基础上，认为营业财产应被看作营业上的债务的担保，故为保护债权人的利益，应承认受让人的清偿责任。③ 有的判例则在此基础上，再辅以营业主体交替认识困难论而肯定受让人的清偿责任。④ 而有的判例则将营业主体交替认识困难论以及债务承担外观信赖保护论的实质根据归为对营业一体性的信赖，并在此基础上认为，因受让人可利用转让人的营业取得收益，故使其承担责任是合理的。⑤ 该判例与前述案例相比，其最大的特点在于吸收了收益论的观点，此种对法制度旨趣的理解，不仅考虑到其必要性，还考虑到了受让人承担债务的合理性和容许性，值得倾听。而且，原商号具有吸引原顾客的作用，利用其顾客吸引力可取得收益，所以，让受让人承担责任具有一定的可行性。⑥ 可是，有学者指出，这种观点依旧解释不了继续使用商号与发生对债务承担的信赖之间的必然联系。⑦

而在持该说的学者中，也大致存在着以下四种不同的见解：

第一种见解认为，在续用商号的情形下，营业上的债权人经常会不

---

① 近藤光男「営業譲渡に関する一考察」神戸法学年報第 3 号（1987）83～87 頁。
② 服部育生「商法 26 条 1 項による営業譲受人の責任」名古屋学院大学論集（社会科学篇）第 36 巻第 3 号 100 頁。
③ 福岡高判平成 11 年 10 月 1 日判例タイムズ1019 号 158 頁、大阪高判平成 13 年 12 月 7 日金融・商事判例 1195 号 36 頁。
④ 東京地判平成 12 年 12 月 21 日金融法務事情 1621 号 61 頁。
⑤ 東京地判平成 13 年 12 月 20 日金融・商事判例 1158 号 38 頁。
⑥ 新里慶一「営業譲渡における譲受人の弁済責任」中京法学 39 巻 3・4 号（2005 年）244 頁。
⑦ 宇田一明『営業譲渡法の研究』（中央経済社　1993 年）96～97 頁。

知道营业主的更替而认为作为受让人的现营业主为自己的债务人，或者即使知道营业转让的事实，也会认为受让人承担了债务，无论处于哪种情形，债权人大多会相信可向受让人请求清偿债务，而且，营业财产也一般被认为构成了营业上债务的担保，因此，为保护债权人，法律对受让人课以清偿责任。① 对于该见解，有学者指出，该说虽然同时主张了外观信赖保护论与企业财产担保论，可对于这两者都没能进行充分的说明。

第二种见解认为，对于续用商号的营业转让，现商法第 17 条第 1 款所规定的外观是指同一营业活动的继续，因而，该条所应保护的信赖为因该外观而引起的对于"营业主体非替代性"的信赖，也就是说，在进行续用商号的营业转让的情形下，存在着没有进行营业转让的外观，转让人的债权人因此而失去避免营业转让所带来的损害的机会；于是，因被转让的营业财产具有债权担保的功能，故应将该条理解为是使受让人承担连带责任的政策性规定。② 显然，该见解与第一种见解的不同之处在于，该见解认为只存在没有认识到进行了营业转让的外观，而不存在相信进行了债务承担的外观。对此，有学者指出，也有可能存在营业转让的当事人之间虽达成了承担债务的合意，但没有进行债务的转移或债务转移的效力尚未产生的情形，故只将作为保护对象的信赖限定于对营业主体非替代性的信赖似有不妥。③

第三种见解首先指出，在现代交易社会中，债权人通常是着眼于企业财产的担保价值与企业的收益力而缔结债权合同的，因此，当这样的担保物转移时，通常认为无论是否续用商号，债务也一并转移，而且，这样的理论构成也与营业概念的把握（包含积极与消极的两方面财产）一致。在此基础上，该见解认为，首先，如在营业转让合同中没有对债务的归属进行特别约定，推定原则上转让人与受让人处于不真正的连带债务关系，进行了重叠性的（并存式的）债务承担。而如转让当事人之间特别约定不进行债务转移，商法区分受让人续用商号与不续用商号而

① 大隈健一郎「商法総則」（有斐閣 1978 年）319 頁、坂口光男『商法総則・商行為法』（文真堂 2000 年）133 頁。此外，与之类似的见解，参见永井和之「最高裁昭和 47 年 3 月 2 日判決判例研究」法学新報 117 頁。
② 池野千白「企業外観法理と商法 26 条」中京法学 37 巻 3・4 合併号（2003 年）327 頁。
③ 南保勝美「営業譲受人の弁済責任の根拠について」法律論叢第 82 巻第 4・5 合併号（2010・3）354 頁。

不同对待。也就是说，在续用商号的情形下，虽然转让当事人之间签订了不转移债务的特约，但续用商号的行为一般被认为是受让人在对外积极地表示完全维持了企业的同一性，由于应以企业为根本标准决定债务人，故现商法第 17 条第 1 款规定了与受让人进行重叠式的债务承担同一的效果。不过，由于使受让人在此种情形下承担清偿责任过于严苛，故该条第 2 款同时又规定，如受让人以登记或通知债权人积极地表示不承担债务，受让人可免责，这样处理维持了当事人之间的利益平衡。而既以特约表示不承担债务且不续用商号的，如受让人已发出承担转让人营业上债务的公告，应保护信赖该公告的债权人，故商法第 28 条被解为承认两当事人进行了重叠式债务承担的效果。于是，除此之外的情形，即在当事人间约定不承担债务且既不续用商号又没发出承担债务公告的情形下，受让人就不承担清偿既存的企业债务的责任，而由转让人继续作为债务人存续。受让人如使用新商号，就意味着对外表示无承担债务的意思，故应承认这样的处理。不过，从债权人的角度来看，因营业已转移至受让人，与前述情形相比对其保护不利。但也正是在这种情形下，因转让人仅保留债务而将具有担保价值的营业财产转移至受让人，故债权人可行使民法第 424 条的欺诈行为撤销权，即使转让人因转让营业获得了相当的对价，但因其换取的是容易消费的金钱，也可认定该转让行为具有欺诈性。[1] 相较于上述结合外观信赖保护论与企业财产担保论的论点，该见解的一大特点之处在于其吸收了收益论的观点。对于继续使用商号与发生对债务承担的信赖之间缺乏必然联系这样的批判[2]，该见解作出了一定程度上的合理解释，即债权人在签订债权合同之际，通常会着眼于企业的担保价值与企业的收益力。然而，也有学者批判性地认为，该说一方面重视企业财产的担保价值，结果却是以续用商号的有无为标准区分责任，这样的理论构成不无疑问；如果认为受让人使用新商号就表示为无承担债务的意思，这与重视企业财产是矛盾的。[3] 此外，必须注意的是，该见解与上述见解还存在着一点较大的不同，即即使在不续用商号的情形下，受让人也有很大可能承担债务清偿责任。对此，有学者

---

① 志村治美『現物出資の研究』（有斐閣 1975 年）242～243 頁。

② 宇田一明『営業譲渡法の研究』（中央経済社 1993 年）97 頁。

③ 山下真弘「営業譲渡の債権者に対する効果—債務引受広告の意義を中心として—」島大法学 27 号（1987 年）69 頁。

认为，这样的构成无论在形式上，还是实质上，都比较勉强。① 而且，如果坚持这样的处理，就不能合理地解释现商法第 17 条第 3 款的存在，即在续用商号等情形下，转让人的清偿责任在营业转让 2 年后消灭，这反倒比没有续用商号等情形下对债权人的保护还轻。② 有学者试图对此进行解释，他认为，在不转让商号的情形下，虽然也推定当事人间进行了重叠式的债务承担，但如债权人一旦选择了受让人为清偿人，则视为免责式的债务承担，这点对于债权人不利，故如作这样理解就可很好地解释与续用商号情形下的不平衡。③

第四种见解以扩张的企业财产担保论为基础，结合了外观信赖理论上的利益调整观点。该见解首先认为，一般观点认为，在营业转让中取得对价的转让公司的总资产未发生增减，不会影响债权人的利益。但是，对于债权人而言，在评估作为债权保障的营业财产价值之际，通常会将有机整体发挥功能的公司财产将来所产生的收益考虑进去，可如果以未评估将来收益的对价转让营业财产，将会损害债权人的这种合理期待，况且，金钱也更容易消耗，故营业转让情形下作为债权保障的公司财产发生了实质性的变动。不过，如将此理由作为唯一的根据，则无法说明为何受让人的清偿责任仅限于商号续用情形下以及可通过公示的手段而免责。而且，如第三人的法定责任为法律对于私领域自治的介入的话，必须存在允许这么做的根据，即如不介入则会损害债权人的权利，并具备使第三人不得不承受不利的相当理由，且为交易安全考虑，必须有着明确的标准。于是，在考虑保护债权人利益的同时，也有必要考虑受让公司的静态安全（严格说是不被强迫清偿他人的债务的利益），因此，该条可理解为，在企业财产担保论的基础上，加上志在调和动态安全与静态安全的外观法理手法，以维护债权人与受让人之间的利益平衡。④

尽管如此，有学者仍指出，该类见解虽将外观信赖保护论与企业财

---

① 江頭憲治郎 「いわゆる個人企業の法人成りにさいし、会社が営業の現物出資を受けて設立されたことを前提とし、かつ出資者の商号を続用する場合にあたるとして商法 26 条と類推適用した事例」 法協 90 巻 12 号 1611 頁以下、山下真弘 「営業譲渡の債権者に対する効果—債務引受広告の意義を中心として—」 島大法学 27 号 (1987 年) 69 頁。

② 今井宏 「営業譲受人の責任」 大阪府大経済研究 18 号 58 頁以下、江頭憲治郎 「いわゆる個人企業の法人成りにさいし、会社が営業の現物出資を受けて設立されたことを前提とし、かつ出資者の商号を続用する場合にあたるとして商法 26 条と類推適用した事例」 法協 90 巻 12 号 1612 頁。

③ 山城将美 「営業譲受人の責任に関する一考察」 沖縄法学 11 号 (1983.01) 141 頁。

④ 仲宗根京子 「営業譲渡における譲渡会社債権者の保護について」 沖縄大学法経学部紀要第 13 号 31～32 頁。

产担保论以及收益论结合在一起，却未能很好地阐释其理由。①

（4）部分营业转让适用论。

该论首先认为，应导入法国、意大利关于企业的概念，即不应将企业看作公司或商个人，而应将企业看作由经济性的细胞与社会性的细胞构成的事业体，经济性的细胞即为事业体中的营业，而社会性的细胞即为员工的团体，故作为事业体的企业包含着很多对立的利害关系，为调整这些利害冲突，需要对普通法的原则进行修正，承认营业受让人继受营业上的权利义务乃至劳动关系；因此，即使进行了营业的转让，但由于企业依旧是同一的企业，故营业受让人当然应成为附着于该企业的债权债务及劳动关系的主体，这在某种程度上相当于承认作为事业体的企业的主体性与财产独立性。在此基础上，该论进一步认为，应借鉴德国民法典第419条的规定，在转让的营业为转让人财产的全部或大部分的情形下，适用同一企业的法理，使受让人对营业上债权人承担强行法的履行义务；而在转让的营业只占转让人财产一小部分的情形下，才适用现商法第17条、第18条。② 只有这样，才能使欲构建在转让营业全部的情形下受让人需对债权人承担责任的理论的学说与判例的努力结出果实，且该构建理论与现商法第17条、第18条不相冲突。③

该论实质上也是企业财产担保论与外观信赖保护论的结合体，但其特点在于：第一，该论区分营业全部的转让与营业部分的转让；第二，该论通过借鉴法国、意大利的学说，颠覆了当前关于企业概念的通说。

（5）意思推定论。

意思推定论只存在于学说中，判例中并未出现。该论认为，以上外观信赖保护论、企业财产担保论等各种学说都存在着一定程度的问题与疑问，难以全面赞成；假设着眼于企业财产，在理论上应不区分是否继续使用商号，可依然存在着当事人合理的意思解释问题；如区分继续使用商号与不继续使用商号两种情形，以营业受让人通常意思的不同为标

---

① 新里慶一「営業譲渡における譲受人の弁済責任」中京法学39巻3・4号（2005年）242頁。
② 古田龍夫「商法第26条及び第28条について（二）」福岡大学法学論叢21号（3・4）（1977年3月）327頁以下。
③ 古田龍夫・土肥一史「商法第26条及び第28条について（一）」福岡大学法学論叢21号（1・2）（1976年11月）141頁。

准，可构成合理的法理；继续使用原商号的营业受让人的意思，通常可推定为承担转让人的债务，而不继续使用原商号、以新商号受让营业的受让人的意思，可推定为受让人原则上不承担债务，而另外开展新的营业，这种推定，既符合日本的商习惯，也符合现商法第 17 条（在续用商号情形下受让人可以登记或通知的方式免责）、第 18 条（在不续用商号情形下受让人因做出了承担债务的公告而担责）所规定的内容，并可维持理论上的一贯性。① 而且，在续用商号的实际事例中，大部分为个体商人设立公司继续营业或破产公司另设公司继承营业的情形。② 该见解的特点在于，并非以营业上债权人的立场，而是着眼于债务人的立场来对现商法第 17 条第 1 款的旨趣进行说明。③ 对此，反对学说展开了如下批判：第一，在对债权人的关系上，营业转让中债务的转让须征得债权人的同意，如以继续使用商号为要件推定和拟制债务承担的意思，则否定了该前提，而且，如果认为受让人有承担债务的意思，不能解释为什么反而会产生出转让人的连带责任这个问题。④ 第二，如果以受让人的意思为基础对该条的责任进行解释，欠缺对债权人的保护。⑤ 第三，受让人通常的意思事实上是否如此，非常值得怀疑，反倒是转让人处于危机状况下的营业转让，即使是继续使用商号的情形，受让人通常也没有承担营业上债务的意思。⑥ 第四，该见解虽能对现商法第 17 条第 1 款以及第 18 条进行一致的说明，却无法妥当地说明第 17 条第 4 款的规定。⑦

（6）欺诈性营业转让防止论。

该见解为近年来涌现出的较为独特的论点。该论认为，因预计适用现商法第 17 条第 1 款的情形为债务人的清偿能力陷入危机的情形，故该条的目标应理解为防止转让人与受让人进行金蝉脱壳式的营业转让、不进行关系三方协议而实施欺诈性的重建，促使此种情形下债权人、债务

---

① 山下真弘「営業譲渡の債権者に対する効果—債務引受広告の意義を中心として—」島大法学 27 号（1987 年）70 頁。

② 山下真弘『会社営業譲渡の法理』（信山社　1997 年）247 頁。

③ 虽说该见解被日本学者单纯地归为意思推定论，但笔者认为，日本学者在阐述该见解时，似乎是以企业财产担保论作为前提。

④ 池野千白「企業外観法理と商法 26 条」中京法学 37 巻 3・4 合併号（2003 年）62 頁。

⑤ 近藤光男「営業譲渡に関する一考察」神戸法学年報第 3 号（1987 年）81 頁注 34。

⑥ 落合誠一「商号続用営業譲受人の責任」法学教室 285 号（2004 年）29～30 頁。

⑦ 伊藤教司「商法 26 条の適用範囲に関する一考察」杏林社会科学研究第 19 巻第 4 号 2004 年 3 月 43 頁。

人、受让人三者之间进行建设性的协议；也就是说，规定现商法第 17 条
的旨趣在于，因续用商号的受让人只要不采取该条第 2 款规定的措施，
就当然应该依该条第 1 款而继受转让人营业上的债务，故这样的处理就
可诱导当事人采取该条第 2 款所规定的措施。[①] 对此，有学者表示赞许，
认为该见解的分析符合实际情况（该条主要适用于逃避债务的情形），触
动了问题的核心。[②] 不过，有学者指出，因该条也会适用于非破产处理的
营业转让中、转让后的转让人的清偿能力出现问题的情形，故有必要对
于该条的立法意旨是否为包含此种情形的诱导当事人采取该条第 2 款所
规定的措施进行进一步的探讨。[③] 也有学者提出了这样的质疑，即该说所
主张的三方建设性协议似乎应为由债权人同意的重建，而采取现商法第
17 条第 2 款规定措施的结果却为受让人不承担债务，可受让人不承担债
务且债权人同意的协议究竟又为何协议呢？基于司法实践中该条主要适
用于欺诈性的营业转让情形，也有学者对该见解持赞同的态度。其理由
在于，因现商法第 15 条第 1 款规定只有在转让人转让营业的同时或废止
营业的情形下，才可转让商号，故营业转让后营业转让人的营业活动或
财产的确出现了大的变化，因此，在转让商号的情形下，有必要让债权
人认识到这种事情的发生；现商法第 17 条第 1 款的目的就在于促进对营
业转让事实的公示，从而使债权人认识到进行了营业转让。之所以可这
样理解，是因为在使用该条第 1 款的事例中，有很多是转让当事人主张
没有进行营业转让、当然也就更没有进行明示营业转让事实的依该条第 2
款的登记。[④] 对此，笔者认为，如进行了该条第 2 款的登记，就意味着受
让人免责，这种公示对债权人的保护并无意义。该学者继续主张，如果
营业转让具有欺诈债权人的因素，即使采取了该条第 2 款规定的措施，
也应承认可根据民法第 424 条申请撤销该营业转让。[⑤] 可是，既然即使采
取了措施，也难免除责任，转让当事人就更不会主动予以公示了。

　　（7）合名公司新股东加入论。

　　该见解较为独特，仅为个别学者所主张。其内容为：商号虽为营业

---

① 落合誠一 「商号統用営業譲受人の責任」法学教室 285 号（2004 年）31 頁。

② 小菅成一 「事業譲渡における事業主体を表示する名称の統用」税務事例 40 巻 4 号
（2008 年 4 月）65 頁。

③ 江頭憲治郎編『会社法コンメンタール1』213 頁（北村雅史執筆）（商事法務　2008
年）。

④⑤ 今泉邦子 「商法 26 条 1 項によって営業譲受人の責任が認められた事例」法学研究
第 78 巻 4 号 2005 年 4 月 117 頁。

主的名称，但与营业密切相连；在受让人续用转让人商号的情形下，受
让人在对外方面视为参加了转让人的营业活动，故其应该与无限公司成
立后加入的股东对其加入前的债务也承担责任（旧商法第 82 条、现公司
法第 605 条）一样，对加入之前营业上的债务承担责任。而且，与无限
公司的退股股东退股后对退股前产生的债务承担一定期间的责任（旧商
法第 93 条、现公司法第 612 条）一样，转让人转让后对转让前所产生的
营业上的债务也只承担一定期间的债务（现商法第 17 条第 3 款）。不过，
该学者自身对其观点也无太大的自信。① 对于该见解，有学者提出了以下
批判：旧商法第 82 条规定无限公司的新入股股东在对外关系上也承担加
入前的公司债务，被认为是无限公司在对外关系上为法人的当然归结，
该责任的根据不在于是否加入营业活动；不仅如此，如此处理在实质上
也不合理，因为商号与营业主的营业密切相连，与续用商号的受让人在
营业转让之际承担营业债务并无必然的联系；而且，续用商号的受让人
不仅在受让之前没有参加转让人的营业活动，且在受让之后也只是作为
自己的营业而进行活动，不可能参加转让人的营业活动。② 也有学者表示
该见解有值得肯定之处，因为：第一，普通德国商法典制定后至德国商
法典制定前的一段时期，有观点主张通过扩张解释关于新入股股东对入
股前的公司债务承担责任的规定（普通商法典第 113 条），使其适用于营
业受让人的责任，考虑到这点，该见解值得参考；第二，该见解通过指
出两种情形下退股股东与转让人承担责任在时间上的类似性，拟作出一
致的说明，这点值得关注。当然，该学者同时也指出了该见解所存在的
缺陷，即续用商号的营业受让能视为营业的参加或加入这种说法本身存
在问题，有必要进行进一步的探讨。③

　　（8）以必要性与容许性为理由的观点。

　　该见解也为近年来所涌现出的新论点，其特点在于从必要性与容许
性两个方面对现商法第 17 条第 1 款进行说明。该见解首先对该条的必要
性进行了如下的阐明。在制定现商法第 17 条第 1 款（即旧商法第 26 条第
1 款）之前，仅依靠民法的一般原则以及欺诈行为撤销权的规定难以实现

① 小橋一郎「商号を続用する営業譲受人の責任—商法 26 条の法理—」『上柳先生還暦
記念　商事法の解釈と展望』（有斐閣　1984 年）17 頁。
② 落合誠一「商号続用営業譲受人の責任」法学教室 285 号（2004 年）30 頁。
③ 南保勝美「営業譲受人の弁済責任の根拠について」法律論叢第 82 巻第 4・5 合併号
（2010・3）356 頁。

对营业转让中债权人的保护，而依据该条规定，仅以续用商号为条件就可实现债权的回收，故作为欺诈行为撤销权的替代，该条赋予了债权人回收债权的手段，是迅速解决商事交易这个商法理念的具体化。也可以说，因欺诈行为撤销权的功能为责任财产的保全，故该条也具有责任财产保全的意味。如果像这样考虑，企业财产担保论的主张有值得肯定的一面。而且，在续用商号的情形下，营业上的债权人会认为原来的债务人继续存在，从而不会采取如知道营业转让的事实就会采取的诸如责任财产的保全以及请求承担债务的债权保全措施，因此，该条可理解为保护对营业继续性、债务的清偿可能性以及确实性的信赖的规定。在容许性方面，该见解认为：第一，债权人与转让人之间进行交易，以至取得债权的信赖对象——作为收益源泉的营业财产、责任财产被转移至受让人；第二，商号从社会性、经济性方面可理解为营业的表征，具有顾客吸引力，故续用商号具有提高吸引顾客的可能性。[1]

有学者对该见解给予了一定的肯定，认为该见解具有特点，即该见解将之前所主张的理由——营业上债权人保护的要求与私法体系关联起来，阐述现商法第17条第1款的必要性，并将使受让人承担清偿责任的根据归为容许性。不过，该学者同时也提出了这样的疑问：如果在营业债权人本可采取债权保全措施的情形下，即在必要性方面应承认受让人的责任，那么，是否还需要满足容许性方面的条件呢?[2] 笔者认为，该见解只不过是在以一种新的方式重复之前的外观信赖保护论与企业财产担保论而已，并无实质性的新意。

2. 商法第17条第1款的适用

关于商法第17条第1款的适用，主要存在着以下三个要件，即转让人与受让人之间进行了营业转让、受让人续用商号以及该债务为因转让人的营业而产生的债务。[3]

---

① 新里慶一 「営業譲渡における譲受人の弁済責任」 中京法学 39 巻 3・4 号（2005 年）271~273 頁。

② 南保勝美 「営業譲受人の弁済責任の根拠について」 法律論叢第 82 巻第 4・5 合併号（2010・3）357 頁。

③ 此外，关于是否要求营业转让为有效（未通过股东大会的特别决议的情形）的问题，学说与判例均认为不应以其作为受让人承担责任的要件（大隈健一郎 「商法総則」（有斐閣　1978 年）325 頁、東京地判昭和 55 年 4 月 14 日判例タイムズ419 号 151 頁、大阪地判昭和 47 年 1 月 31 日判例タイムズ277 号 338 頁、大阪地判昭和 40 年 1 月 25 日下民集 16 巻 1 号 84 頁）。在大阪地判昭和 40 年 1 月 25 日判决中，法院认为，商法第 17 条第 1 款的营业受让人的清偿责任，应解为是以债权人的外观信赖为基调的、商法上特别承认的外观法理的表现，由此，即使在该营业转让因瑕疵而视为无效的情形下，在与商法第 17 条的关系上，也不能以其无效作为抗辩从而否定清偿责任。

（1）进行了营业转让。

1）构成营业转让的情形。商法第 17 条第 1 款的适用条件之一为当事人之间存在着营业转让的行为，债权人必须对此予以举证证明。可在大多数情形下，尤其是涉及该条适用的情形下，当事人之间并不签订以营业转让命名的合同，第三人也不易知晓当事人之间的交易内情，故在有关适用该条的事例中，法院大多根据当事人之间的一些具体情况而推定营业转让的存在。可是，究竟何种行为或合同可构成营业转让呢？

通说认为，营业转让是以转让为一定的营业目的而组织化的、作为有机的整体而发挥功能的财产为目的的债权合同，这种观点也得到了 1965 年最高法院大法庭判决的采纳。可是，在有关该条适用的判例中，法官在具体判断是否构成营业转让时甚少采用通说上的有机整体性标准，而大多是通过详细地比较分析两者之间的营业目的、营业场所、管理人员、电话等设备、建筑物、从业人员、客户、供应商以及商号等是否同一，而推定是否构成营业转让。① 而这与适用旧商法第 245 条的情形有所不同。之所以会出现此种差异，其原因也许为，因判例一般认为商法第 17 条的意旨在于保护债权人的外观信赖，故法官在此类争议中倾向于分析当事人之间是否构成了债权人所信赖的外观；而且，这些事例大多为转让人为逃避债务而设立第二公司的情形，继承原来的营业活动显而易见，无须特别进行证明。② 不过，值得一提的是，在否定营业转让的某判

---

① 这些判例具体有：東京地判昭和 34 年 8 月 5 日下民集 10 卷 8 号 1634 頁、東京地判昭和 34 年 9 月 16 日下民集 10 卷 9 号 1944 頁、福岡高判昭和 35 年 6 月 15 日高裁民集 13 卷 4 号 403 頁、大阪地判昭和 40 年 1 月 25 日下民集 16 卷 1 号 84 頁、神戸地判昭和 41 年 8 月 27 日判例時報 472 号 62 頁、横浜地判昭和 42 年 3 月 31 日判夕 208 号 196 頁、大阪地判昭和 43 年 8 月 3 日判夕 226 号 181 頁、東京地判昭和 45 年 6 月 30 日判例時報 610 号 83 頁、大阪地判昭和 47 年 1 月 31 日判例タイムズ 277 号 338 頁、東京地判昭和 52 年 1 月 21 日判時 853 号 94 頁、水戸地判昭和 53 年 3 月 14 日判例時報 904 号 96 頁、神戸地判昭和 54 年 8 月 10 日判例時報 964 号 116 頁、東京地判昭和 55 年 4 月 14 日判例時報 977 号 107 頁、東京地判昭和 60 年 5 月 30 日判時 1156 号 146 頁、仙台高判平成元年 10 月 30 日金融・商事判例 839 号 12 頁、大阪地判平成 6 年 3 月 31 日判例時報 1517 号 109 頁、東京地判平成 15 年 6 月 25 日金融法務事情 1692 号 55 頁、東京地判平成 21 年 7 月 15 日判例タイムズ 1319 号 225 頁。其中，仅有東京地判昭和 55 年 4 月 14 日判例時報 977 号 107 頁及大阪地判平成 6 年 3 月 31 日判例時報 1517 号 109 頁等使用了有机整体性的标准。

② 升田純 「現代型取引をめぐる裁判例（3）」判例時報 1644 号 12 頁を参照。

例中，法院却以原营业财产未发挥功能为由进行了否定。[①]

2) 以营业进行实物出资的情形。理论上一般认为，实物出资是以金钱之外的财产进行出资的团体法上的行为，而营业转让则为交易法上的行为，故两者在法律性质上不同。[②] 可关于以营业进行实物出资的情形是否类推适用商法第 17 条的规定，判例与学说都作了肯定的回答。最高法院 1982 年 3 月 2 日判决认为，A 个人将其以 "B 组" 为商号的营业进行重组，将该营业以实物出资的方式设立以 "股份有限公司 B 组" 为商号的公司，该情形为继续使用商号，这种情形下，债权人通常会信赖出资人仍为债务人或受让公司继受了该债务，在这点上，以营业进行实物出资与营业转让并无不同，故在以营业进行实物出资的情形下应类推适用该条。[③] 有学者认为以营业进行实物出资与营业转让在法律构成、对价上存在着若干差异，但两者在法律性质上均为有偿、双务合同，且营业的内容、转移程序上不存在差异，因此，应类推适用商法第 17 条及第 18 条。不过，以营业进行实物出资的情形还有一点特殊之处，即在欺诈行为撤销权以及法人格否认的法理等之外，还存在着扣押债务人股份这个救济手段。可是，扣押股份存在着手续繁杂、缺乏实效等障碍，因此，仍应直接肯定受让人的连带责任为宜。[④] 有学者指出，上述最高院判决持通说的立场，将该条理解为保护债权人对于商号续用的信赖的规定，可即使是持企业财产担保论、意思表示论以及营业活动参加论等其他立场，在结论上也不会存在差异。[⑤]

3) 营业租赁的情形。营业的租赁，是指出租人将其营业的全部或部分在一定期间内租赁给承租人经营、承租人以自己的名义与核算对出租人的

[①] 该案的争执焦点在于被告新设立某书店是否构成对原书店的营业受让，对此，法院在判断营业场所是否同一、财产是否受让等情况的基础上认为，因书店的客户为流动客源，原商号、商誉并不产生实质性的影响，且在对供应商的关系上，原商号并不具有好的信用，故新书店的设立不构成对原书店的营业受让（東京高判昭和 45 年 3 月 4 日判例タイムズ252 号 272 頁）。而且，在该案的原审判决中，法官虽然也认定两者之间在管理人员、营业场所、商号、从业人员、供应商等方面存在同一性，但认为这仍不足以构成营业的转让（東京地判昭和 43 年 5 月 30 日金融商事判例 116 号 17 頁）。

[②] 伊藤敦司「商法 26 条の適用範囲に関する一考察」杏林社会科学研究第 19 巻第 4 号（2004 年 3 月）47 頁。

[③] 最判昭和 47 年 3 月 2 日民集 26 巻 2 号 183 頁。

[④] 志村治美『現物出資の研究』（有斐閣　1975 年）235 頁。

[⑤] 伊藤敦司「商法 26 条の適用範囲に関する一考察」杏林社会科学研究第 19 巻第 4 号（2004 年 3 月）48 頁。

营业进行使用、收益，并向出租人支付租金的合同。关于租赁营业等情形下的商法第 17 条的类推适用，判例①及多数学说②均予以了肯定。对此，有学者指出，显然，不能将适用于企业财产全部转移至受让人的营业转让的规定适用于情况不同的营业租赁。例如，在继续使用商号的情形下无条件地使租借人承担责任过于严苛。在这里，应不区分是否继续使用商号而类推适用第 18 条，即仅在租借人公告或通知将受让租赁人债务的内容的情形下，使租借人承担责任，租赁人的债权人可向租借人请求清偿债务。③ 有学者进一步指出，如果仅以外观主义或仅以营业的责任财产性以及担保性来考虑商法第 17 条第 1 款的旨趣，将商法第 17 条第 1 款类推适用于营业租赁的情形似有单薄之感，而如果从利用营业财产及商号的角度来理解商法第 17 条第 1 款的旨趣，则易于得出肯定类推适用该条的结论。④ 而有判例则表现出仅在营业租赁与营业转让极其类似的情形下才适用该条的倾向。⑤

　　4）营业的经营委任情形。营业的经营委任情形是指将企业委任给他人经营的情形。在此情形下，作为委任人的营业所有人依然为营业人，营业仍以委任人的名义进行，故此情形一般不会对债权人产生特别的危险。鉴于此，学说上一般否认此种情形下商法第 17 条第 1 款的类推适用。⑥ 判例也持同样的立场。⑦ 不过，如果名义上虽为经营委任合同，但其实质内容与营业转让或营业租赁无异，则判例倾向于将其认定为营业

---

① 東京地判平成 13 年 3 月 30 日判决金融商事判例 1129 号 49 頁、東京地判平成 13 年 4 月 11 日金融・商事判例 1129 号 19 頁、東京高判平成 13 年 10 月 1 日金融・商事判例 1129 号 13 頁、東京地裁平成 13 年 8 月 28 日判决判例時報 1785 号 81 頁、東京高裁平成 14 年 9 月 26 日判例時報 1807 号 149 頁。

② 鴻常夫『商法総則』（弘文堂　1999 年第 5 版）153 頁、大隈健一郎「商法総則」（有斐閣　1978 年）325 頁、田邊光政『商法総則・商行為法』（岩波書店　1965 年）158 頁、岸田雅雄『企業取引法入門—商法総則・商行為』（日本経済新聞社　1996 年）136 頁等。

③ 服部栄三『商法総則［第 3 版］』（青林書院　1983 年）430 頁。

④ 新里慶一「営業譲渡における譲受人の弁済責任」中京法学 39 巻 3・4 号（2005 年）280 頁。伊藤敦司也持类似的观点（伊藤敦司「商法 26 条の適用範囲に関する一考察」杏林社会科学研究第 19 巻第 4 号（2004 年 3 月）48 頁）。

⑤ 東京高判平成 13 年 10 月 1 日金融・商事判例 1129 号 13 頁。该判例的判决书是这样叙述的：尤其是本案件，可以说在实质上与营业转让极其类似，因此，至少在本案件中，即使不是营业转让，而是营业租赁，也应该适用商法第 17 条第 1 款。

⑥ 大隈健一郎「商法総則」（有斐閣　1978 年）332 頁、伊藤敦司「商法 26 条の適用範囲に関する一考察」杏林社会科学研究第 19 巻第 4 号（2004 年 3 月）64 頁注 3。

⑦ 東京高判平成 14 年 2 月 12 日金融・商事判例 1148 号 39 頁、東京高判平成 14 年 8 月 30 日金融・商事判例 1158 号 21 頁。

的转让或营业的租赁,从而肯定商法第 17 条第 1 款的适用或类推适用。[1]
因此,在这里,问题的关键在于如何认定经营委任合同在实质上是否构
成营业转让或营业租赁。对此,判例的做法是,在先分析经营委任合同
的实质的基础上,再具体分析债权人的实际外观信赖,最后作出判断;
如果该合同仅为经营管理合同,且被债权人所知,则不适用商法第 17 条
第 1 款。[2]

　　5) 公司分立的情形。在学说上,对于公司分立情形下商法第 17 条第
1 款的类推适用,存在着赞否两立的对立态度。否定见解所依据的理由为:
第一,公司分立制度中已存在着保护债权人的程序及事前事后的公示规
定。[3] 第二,在公司法下,公司分立的概念变更为使受让公司继承关于事业
而享有的权利义务的行为,其与营业转让的性质不同。[4] 第三,公司分立制
度中没有免责登记的规定,故不应与营业转让同等对待。[5] 对此,支撑赞成
观点的理由有:第一,在公司分立情形下,对留存于分立公司的债权人并
未设定保护的程序(公司法第 789 条第 1 款第 2 项、第 810 条第 1 款第 2
项)。[6] 而且,在公司法下,资不抵债的公司也可进行分立,这使得对于留
存于分立公司的债权人的保护更加弱化。[7] 第二,根据立法担当者的解说,

---

[1]　如在某高尔夫球场的经营委任事例中,原公司为拯救陷入困境的高尔夫球场经营,另设
　　立新公司,与该公司之间签订了经营委任合同,并向其转让了除高尔夫球场的土地、建
　　筑物之外的动产,且与其签订了高尔夫球场的土地及建筑物的租赁合同。对此,东京地
　　判及高判均将该经营委任合同与动产转让合同以及土地及建筑物的租赁合同作为整体进
　　行评价,认定为营业租赁合同,从而最终肯定了商法第 17 条第 1 款的类推适用。東京
　　高判平成 13 年 10 月 1 日金融·商事判例 1129 号 13 頁。
[2]　如在某新旧两公司签订经营委任合同的事例中,由于新公司为高尔夫俱乐部会员代表所
　　构成的会员权问题对策委员会所设立,会员认购了 51% 的出资,且经营委托费达 85%,
　　对此,东京高级法院认为这不会对债权人造成营业主体混同或债务继受的误信,从而否
　　定了商法第 17 条第 1 款的适用(東京高判平成 14 年 2 月 12 日金融·商事判例 1148 号
　　39 頁)。而在另一高尔夫球场的经营委任事例中,东京高级法院在分析原公司与新公司
　　之间的合同实质的基础上,以新公司未续用原公司的商号,且内外部均可认识到新公司
　　是接受原公司的委托、以原公司的核算与责任进行经营为由,否定了商法第 17 条第 1
　　款的适用(東京高判平成 14 年 8 月 30 日金融·商事判例 1158 号 21 頁)。
[3]　江頭憲治郎編『会社法コンメンタール1』(商事法務　2008 年) 218 頁 (北村雅史執筆)。
[4]　弥永真生 「会社分割と分割会社の債務に対する承継会社の責任」 ジュリスト 1360 号 85
　　頁 (2008 年)。
[5]　弥永真生 「会社分割と分割会社の債務に対する承継会社の責任」 ジュリスト 1360 号
　　108 頁 (2008 年)。
[6]　新津和典 「会社分割の場合に商号続用事業譲受会社責任規定の類推適用が肯定された
　　事例」 法と政治 60 巻 2 号 (2009 年 7 月) 100 頁。
[7]　川島いづみ 「判批」 月刊商事法研究 64 号 14 頁 (2008 年)。

公司法将分立的对象从具有有机整体性的营业变更为关于事业而享有的权利义务，是因为存在着维护法律安定性的必要，即公司分立的有效与否不应被有机整体性这样一个不明确的要件所左右。[①] 可是，这样的理解有可能导致对实物出资规定的回避（公司分立不需检查人的调查）[②]，且从根本上颠覆了公司分立制度[③]；况且，即使可理解为不以营业性为要件，也不必然导致否定类推适用的结果[④]。第三，公司分立制度中虽然没有免责登记的规定，但也可通过分立公司及新设公司通知各债权人而免除债务清偿责任。[⑤]

　　可是，对此问题，相对于学说上的分歧，判例则基本上持积极肯定的态度。最高法院在其 2008 年 6 月 10 日的判决中认为，在依法律行为营业的全部或部分被其他权利义务主体继承这点上，使高尔夫球场的事业（与营业同义）由其他公司或新设公司继承的公司分立与营业转让无异，故在分立公司继续使用原俱乐部名称的情形下，应类推适用商法第 17 条第 1 款，使分立公司对俱乐部会员承担返还预存金的义务。[⑥] 而在此之前的地方法院判决也均肯定了该条对于公司分立的类推适用。[⑦] 其中，对于上述否定见解所依存的第一论据，上述最高院判决以通常不能期待高尔夫俱乐部的会员会去阅览置备于本店的分立合同为由予以了否定。而上述某地方法院判决则分别对以上支撑否定见解的三论据——作了反驳。该判决认为，虽然公司分立制度中规定了一定的债权人保护手续，但并不直接意味着就可排除一切这之外的债权人保护；公司的分立仍为使新设公司继承营业的部分或全部的行为，其实质与营业转让无异；通过分立公司及新设公司通知各债权人，新设公司也可免除债务清偿责任。[⑧] 对于判例上的这种态度，有学者分析认为存在着两点背景理由：其一，这些事例均为欺诈性（逃避债务）的公司分立；其二，原告均为接近于信

[①] 相澤哲＝細川充 「組織再編行為（上）」商事法務 1752 号 9 頁。

[②] 前田庸『会社法入門』（第 11 版補訂版）（有斐閣　2008 年）715 頁。

[③] 龍田節『会社法大要』（有斐閣　2007 年）475 頁。

[④] 新津和典 「会社分割の場合に商号続用事業讓受会社責任規定の類推適用が肯定された事例」法と政治 60 巻 2 号（2009 年 7 月）102 頁。

[⑤] 山下真弘 「会社分割法制の創設と営業讓渡」立命館法学 271・272 号下巻 1644 頁参照。

[⑥] 最判平成 20 年 6 月 10 日判例タイムズ 1275 号 82 頁。

[⑦] 名古屋高判平成 18 年 7 月 26 日（http：//www.courts.go.jp/hanrei/pdf/20061011145806.pdf）、東京地裁平成 19 年 9 月 12 日判例時報 1996 号 132 頁。

[⑧] 名古屋高判平成 18 年 7 月 26 日（http：//www.courts.go.jp/hanrei/pdf/20061011145806.pdf）。

息缺乏的一般消费者的高球俱乐部会员，而如果为知悉内情的债权人（如银行），则可能会出现不一样的结果。①

（2）续用商号的有无。

1）商号的续用。判断是否存在着商号的续用，只要存在着事实上的续用即可。商号的转让、许诺使用当然没有问题，而即使是这些合意无效、被撤销甚至是擅自使用的情形，也不妨碍构成商号的续用。② 此问题的关键在于两商号是否为同一，完全同一的情形下当然不存在问题③，可问题在于两商号间存在某种程度的差异的情形下究竟应如何判定。

A. 商个人的商号上加上公司类型的情形。该情形的具体事例有：a."名和洋品店"与"株式会社名和洋品店"事件④；b."绿风阁"与"株式会社绿风阁"事件⑤；c."ステッキオカダ"与"有限会社ステッキオカダ"事件⑥；d."大阪屋"与"株式会社大阪屋"事件⑦；e."铁玉组"与"株式会社铁玉组"事件⑧。这些判例均肯定了商号的续用，其理由为，如果只是在转让人的商号上加上公司的种类，并没有失去商号的同一性。

学说上对此种情形下存在着商号的续用也基本持赞同态度。⑨ 不过，有见解认为，此种情形大都为商家为减轻税务负担、扩大企业规模而成

① 小菅成一「会社分割に対する会社法 22 条 1 項の類推適用について」嘉悦大学研究論集第 52 巻第 1 号（2009 年 10 月）29 頁。
② 森宏司「営業譲渡における商号続用者責任の要件（上）」銀行法務 21 巻 638 号（2004 年 10 月）19 頁。
③ 具体的判例如下：富士アンテナ株式会社東京地判昭和 34 年 9 月 16 日下民集 10 巻 9 号 1944 頁、中村運輸株式会社横浜地判昭和 42 年 3 月 31 日判夕 208 号 196 頁、日本試験検査株式会社東京地判昭和 52 年 1 月 21 日判時 853 号 94 頁、丸政園・丸政商店東京地判昭和 60 年 5 月 30 日判時 1156 号 146 頁、通運産業株式会社東京地判昭和 31 年 10 月 31 日下民集 7 巻 10 号 309 頁、株式会社ブーケ東京地判昭和 49 年 12 月 9 日金商 448 号 17 頁。由于公司只能有一个商号，所以公司在进行部分营业转让时，无法转让商号（商法第 15 条），故此方面的案例绝大多数为继续使用类似商号或店名的情形。
④ 東京地判昭和 34 年 8 月 5 日下民集 10 巻 8 号 1634 頁。
⑤ 大阪地判昭和 41 年 4 月 14 日判例タイムズ 191 号 194 頁。
⑥ 神戸地判昭和 41 年 8 月 27 日判例時報 472 号 62 頁。这些商号中的文字为日文中表彰外来语的片假名，很难翻译成中文，且翻译成中文难以描述或反映出两商号相似的程度及情形，故笔者在此仍使用日文的商号。
⑦ 東京地判昭和 45 年 6 月 30 日判例時報 610 号 83 頁。
⑧ 最判昭和 47 年 3 月 2 日民集 26 巻 2 号 183 頁。
⑨ 山城将美「営業譲受人の責任に関する一考察」沖縄法学 11 号（1983.01）134 頁。

立法人的事例，其实质是由同一人继续原来的营业。在这种情形下，作为债权人，其很自然地就会相信存在着商号的续用。① 也有见解认为，如果非为转让主体与受让主体为同一主体的情形，则存在着否定商号续用的可能性。② 而上述判例 d. 中的判旨也间接地表达了这种观点，其内容如下：株式会社这样文字的有无多少应视为问题，可是，即使存在着这种程度的差异，在认定为营业转让的情形下，根据现商法第 17 条第 1 款的立法意旨，也应认为属于营业受让人续用商号的情形。有学者对此存在着异议，认为，该判旨中"认定为营业转让的情形"指的是在新旧营业呈现出实质同一外观的情形，可是，将这种实质同一性带进商号同一性的判断标准是不妥的。③

　　B. 变更表彰公司类型文字的情形。如果受让人使用只改变原商号中公司类型的商号，因通常被视为只是组织的变更，判例一般都对此种情形下商号的续用作出了肯定的结论。具体判例有："有限会社米安商店"与"合资会社新米安商店"事件④、"三洋タクシー合资会社"与"三洋タクシー株式会社"事件⑤、"鹿岛运输合资会社"与"鹿岛运输株式会社"事件⑥、"有限会社笠间电化中心"与"株式会社笠间电化中心"事件⑦等。"鹿岛运输合资会社"与"鹿岛运输株式会社"事件的判旨认为，"株式会社"与"合资会社"的名称上的差异，是由于公司组织的不同而引起的不得已的差异，故不能以此来否定续用商号的事实。学说上一般也支持这样的处理。⑧ 不过，也有个别事件（"株式会社肉的宝屋"与"合作社肉的宝屋连锁店"事件⑨）否定了商号的续用，其中，"合作社"的法律性质成为否定商号续用的重要因素。

　　此外，对于只改变了公司类型的记载位置的情形，判例均肯定了商号的续用，如"株式会社内外タイムス"与"内外タイムズ株式会社"

---

① 服部栄三『商法総則［第 3 版］』（1983 年、青林書院）418 頁、岡田正信「営業譲渡と商号の統用」判例タイムズ74 頁。
② 山下真弘「営業譲渡の債権者に対する効果」224 頁。
③ 山城将美「営業譲受人の責任に関する一考察」沖縄法学 11 号（1983.01）134 頁。
④ 福岡高判昭和 35 年 6 月 15 日高裁民集 13 巻 4 号 403 頁。
⑤ 大阪地判昭和 46 年 3 月 5 日判例タイムズ265 号 256 頁。
⑥ 東京地判昭和 47 年 8 月 30 日判例タイムズ285 号 183 頁。
⑦ 東京高判昭和 56 年 6 月 18 日金融・商事判例 635 号 18 頁。
⑧ 岡田正信「営業譲渡と商号の統用」判例タイムズ74 頁。
⑨ 東京地判昭和 60 年 11 月 26 日金融・商事判例 756 号 25 頁。

事件①、"株式会社 K 高尔夫俱乐部"与"K 高尔夫俱乐部株式会社"事件②。学说上也支持这样的结论，有见解认为，从是否产生营业主体的非替代性的误解这样的观点出发，在实际的交易中，商号上公司类型表示的位置并不被看重，即使当事公司意识到这样的差异，对于交易相对方而言也并不重要，故商号上公司类型表示的位置不应影响续用商号的认定。③

C. 使用其他文字被改变、删除或添加的类似商号的情形。此种情形下如何判断是否存在着商号的续用比较微妙，产生的争议最多。肯定的判例具体有："株式会社日进堂"与"有限会社カメラの日进堂"事件④、"有限会社米安商店"与"合资会社新米安商店"事件（高裁判决）⑤、"株式会社日本电气产业社"与"株式会社日本电气产业"事件⑥、"第一化成株式会社"与"第一化成工业株式会社"事件⑦、"マルト食品兴业株式会社"与"マルショウ食品兴业株式会社"事件⑧、"建装工房かわきた"与"かわきた建装株式会社"事件⑨、"丸大自动车运送店"与"丸大运送株式会社"事件⑩、"有限会社笠间电化中心"与"株式会社笠间家庭电化中心"事件⑪、"株式会社キャロン"与"株式会社キャロン制鞋"事件⑫、"株式会社内外タイムス"与"内外タイムズ株式会社"事件（前引判例）、"万善株式会社"与"マンゼン株式会社"事件⑬、"株式会社藤和"与"株式会社藤和改装"事件⑭、"イオキ商事株式会社"与"イオキ株式会社"事件⑮等。以上判例采用的判断标准一般为，

---

① 東京地判昭和 55 年 4 月 14 日判例タイムズ419 号 151 頁。
② 東京高判平成 13 年 10 月 1 日金融・商事判例 1129 号 13 頁。
③ 池野千白「企業外観法理と商法 26 条」中京法学 37 巻 3・4 合併号（2003 年）68～69 頁。
④ 東京地判昭和 28 年 9 月 8 日金融法務事情 32 号 7 頁。
⑤ 福岡高判昭和 35 年 6 月 15 日高裁民集 13 巻 4 号 403 頁。
⑥ 大阪地判昭和 40 年 1 月 25 日下民集 16 巻 1 号 84 頁。
⑦ 東京地判昭和 42 年 7 月 12 日判例時報 496 号 66 頁。
⑧ 札幌地判昭和 45 年 12 月 25 日判例時報 631 号 92 頁。
⑨ 大阪地判昭和 47 年 1 月 31 日判例タイムズ277 号 338 頁。
⑩ 水戸地判昭和 53 年 3 月 14 日判例時報 904 号 96 頁。
⑪ 東京高判昭和 56 年 6 月 18 日金融商事 635 号 18 頁。
⑫ 神戸地判昭和 54 年 8 月 10 日判例時報 964 号 116 頁。
⑬ 大阪地判昭和 57 年 9 月 24 日金融商事 665 号 49 頁。
⑭ 東京地判平成 15 年 6 月 25 日金融法務事情 1692 号 55 頁。
⑮ 東京地判平成 21 年 7 月 15 日判例タイムズ1319 号 225 頁。

两商号的主要部分是否具有同一性，以及从社会的一般观念看是否被视为商号的续用。学说上对该标准本身并不存在太大的争议，但根据对商法第 17 条第 1 款的立法意旨的理解不同，在具体的标准设定上存在着若干差异。持外观信赖保护论的见解主张，判定商号续用的存在必须达到债权人不可能认识到营业转让事实的程度。① 持企业财产担保论的见解主张，商号的同一性应达到受让人没有表示不承担债务的意思的程度。② 欺诈性营业转让防止论的见解主张，商号的同一性达到足以使他人产生误认的程度即可。③ 而在具体对主要部分同一性的判断上，有见解主张应以旧商法第 20 条、第 21 条中的类似商号为基准进行判断。④

值得注意的是，在以上判例中，有的判例仅从形式上判断两商号的同一性，如"有限会社米安商店"与"合资会社新米安商店"事件、"丸大自动车运送店"与"丸大运送株式会社"事件、"株式会社内外タイムス"与"内外タイムズ株式会社"事件、"株式会社藤和"与"株式会社藤和改装"事件 以及"イオキ商事株式会社"与"イオキ株式会社"事件等，而有的判例不仅在形式上比较两商号的主要部分，还从实质上比较转让人与受让人的外观，如从营业目的、营业场所、招牌、受领书、电话号码、人员构成等外观上的形态进行比较（"マルト食品兴业株式会社"与"マルショウ食品兴业株式会社"事件、"建装工房かわきた"与"かわきた建装株式会社"事件），以及从对客户的通知、债务承担的有无、营业转让的动机等内在事由进行斟酌（"第一化成株式会社"与"第一化成工业株式会社"事件）。对此，有学者从企业财产担保论的观点出发，对这些判例的做法表示赞成，并认为这样的解释对于企业破产之际设立新公司情形下债权人的保护是妥当且必要的。⑤ 也有学者从以设立新公司逃避债务情形下保护债权人的必要以及企业收益力的角度出发，认为应对商号的续用作扩大的解释。⑥ 也有学者基于外观信赖保护论的观点，认为现商法第 17 条第 1 款只是保护不知道营业转让事实的规定，故

---

① 鈴木千佳子 「営業譲渡と商号の続用」別冊ジュリスト55頁（1994）。

② 服部栄三『商法総則［第 3 版］』（1983 年　青林書院）419 頁。

③ 今泉邦子 「商法 26 条 1 項によって営業譲受人の責任が認められた事例」法学研究第 78 巻 4 号 2005 年 4 月 120 頁。

④ 岡田正信 「営業譲渡と商号の続用」判例タイムズ75 頁。

⑤ 近藤光男 「営業譲渡に関する一考察」神戸法学年報第 3 号（1987）87～88 頁。

⑥ 伊藤敦司 「商法 26 条の適用範囲に関する一考察」杏林社会科学研究第 19 巻第 4 号（2004 年 3 月）58 頁。

判断是否续用不应严格解释，而是要考虑其他实质性的事项。① 对此，有学者认为，在认定是否存在营业转让时，应斟酌人员构成的关联性、营业目的、对客户的通知、承担的有无等转让人与受让人之间的具体情况，可在判断续用商号的有无上，不应被当事人之间的具体情况所左右。② 而有的学者虽然同样也持企业财产担保论的观点，却反对这样的处理，认为这样判断缺乏法律根据，并使得其适用界限不明确，应期待对其进行客观、划一的适用。不过，该学者却主张，在受让人与转让人在营业目的、营业场所以及人员构成等方面同一，外观上不能区别的情形下，即使不存在商号的续用，也应肯定受让人的责任。③

也有少数判例作出了否定的结论，如"いせ屋家具"与"有限会社四日市いせ屋家具"事件④、"有限会社米安商店"与"合资会社新米安商店"事件（最高裁判决）⑤。对于前一事件，有学者表示了某种程度的不同意见，认为，两商号中的主要部分"いせ屋家具"同一，而且，营业目的、营业场所、货物提供商、客户、电话等同一且管理人员为转让人的妻子，故似乎应考虑这样的实际情况而判定存在商号的续用。⑥ 而在后一事件的判决中，最高法院认为，公司在事业失败的情形下，为图谋再建设立第二公司，在新公司受让原公司营业时，通常会在原商号上加上"新"的字句。这种情形下"新"的字句，在交易的社会一般观念中，并非继承的字句，而应解释为表示新公司不继承原公司债务的字句。在本案件中，上诉公司商号"合资会社新米安商店"与转让人商号"有限会社米安商店"之间公司类型不同且加上了"新"的字句，故应解为不属于商法第 17 条的续用。对于此案件中最高法院将"新"字解为不承担债务的表示的主张，多数学者提出了质疑，认为这样的主张缺乏明确的理由、"新"字并不一定导致不承担债务的意思表示、造成只要使用"新"字就很容易地甩掉债务的后果等。⑦ 有学者根据对商法第 17 条第 1

---

① 山本和子「商法 26 条について」名古屋文理大学紀要第 3 号（2003）37、43 頁。
② 佐藤庸「判批」ジュリスト 455 号 120 頁（1970）。
③ 山城将美「営業譲受人の責任に関する一考察」沖縄法学 11 号（1983.01）136〜137 頁。
④ 大阪地判昭和 43 年 8 月 3 日判例タイムズ 226 号 181 頁。
⑤ 最判昭和 38 年 3 月 1 日民集 17 巻 2 号 280 頁。此案的原审作出了肯定的判决（福岡高判昭和 35 年 6 月 15 日高裁民集 13 巻 4 号 403 頁）。
⑥ 本島浩「商法 26 条 1 項に関する判例の研究」沖大法学 7 号（1989 年 3 月）17 頁。
⑦ 山下真弘「営業譲渡の債権者に対する効果」225 頁、池野千白「企業外観法理と商法 26 条」中京法学 37 巻 3・4 合併号（2003 年）70 頁、本島浩「商法 26 条 1 項に関する判例の研究」沖大法学 7 号（1989 年 3 月）18 頁、境一郎「最高裁昭和 38 年 3 月 1 日判決批評」民商法雑誌 49 巻 5 号 92 頁。

款意旨的不同理解对此进行了不同的分析，认为，如采用外观信赖保护
论，应承认最高法院的判断具有合理性；如采用企业财产担保论，不应
以"新"字判定无商号的续用；如着眼于商号的收益力，则应判断"新"
字是否可影响信用及顾客诱引力的继续享用。①

D. 无续用商号的情形。即使在无续用商号的情形下，也有个别判例
对受让人的责任作出肯定的判断。在该判例中，法院认为，由于转让公
司的同族受让了作为企业体的转让公司本身（两公司股东的构成大致同
一），对照续用商号情形下的责任规定，被告以法人格不同为由否定债务
的承继违反了诚信原则。②

2）店名的续用。

A. 普通店名的续用。此种情形可区分为将与转让人商号同一的店名
作为店名使用的情形和将与转让人商号不同一的店名作为店名使用的情
形。对于前一情形，判例一般认为构成了商号的续用。具体案例有"株
式会社下田观光饭店海山荘"与"下田观光饭店海山荘"事件③、"有限
会社丸政园"与"丸政园"或"丸政商店"事件④、"有限会社德泉阁饭
店"与"德泉阁饭店"事件⑤、"株式会社九段ゼミナール"与"九段ゼ
ミナール"事件⑥。这些判例所依据的理由一般为，转让人曾使用与自己
的商号同一的表彰营业自身的名称（即店名），而受让人将该商号作为店
名继续使用的情形，与受让人续用转让人商号的情形无异，债权人也不
易知道营业主的更替。虽然表述略有不同，但这些判例的共同点在于，
转让人的商号与店名之间存在着类似性以及转让人的店名与受让人的店
名存在着同一性，这似乎应成为构成商号续用的要件。⑦ 不过，在最近发
生的将与转让人商号不同一的店名作为店名使用的事件中，法院得出了
不同的结论。在"故乡村株式会社"与"カラオケハウスモンビラージ

---

① 伊藤敦司「商法26条の適用範囲に関する一考察」杏林社会科学研究第19巻第4号
（2004年3月）52頁。
② 大阪高判平成12年7月28日金融商事判例1113号35頁。不过，该判决虽然得出此结
论，但并未以商法第17条为直接依据，而仍以法人格否认的法理肯定了受让人的责任。
③ 東京地裁昭和60年5月30日判決判例時報946号110頁。
④ 東京高裁昭和60年5月30日判決判例時報1156号146頁。
⑤ 東京高裁平成1年11月29日判決民事判決時報40巻9〜12号124頁。
⑥ 東京地裁平成12年9月29日判決金融商事判例1131号57頁。
⑦ 丸山秀平「判例評釈」金融商事判例593号51頁、山本和子「商法26条について」
名古屋文理大学紀要第3号（2003）40頁。

ュ"事件①中，受让人使用了转让人"故乡村株式会社"的店名"カラオ
ケハウスモンビラージュ"，对此，长野地方法院认为，在营业转让前后
营业的外形几乎没有变化，店名在商事交易中对于特定当事人方面起到
重要作用的情形下续用商号的，应类推适用商法第 17 条。而在"ヌギー
トレーディング株式会社"与"ザ.クロゼット"事件②中，受让人将ヌ
ギートレーディング股份有限公司的店名"ザ.クロゼット"作为商号以
及店名使用，对此，东京地方法院认为，此种情形不符合转让人的店名
必须以商号的重要构成部分为内容的要件，在店名与转让人的商号完全
分离的情形下，不能仅以店名的续用类推适用商法第 17 条第 1 款。对于
该结论，有学者提出了批判，他认为，在多角经营为主流的现代社会，
有必要对各企业进行个别管理与运营，活用与商号不同的表示事业主体
的名称或标识对于经营效率的提高是不可或缺的，因此，无视这种企业
经营活动的现状而否定商法第 17 条第 1 款的类推适用是不妥的。③ 不过，
有一点值得注意的是，该案中的债权人为银行，而下述高尔夫俱乐部名
称续用案件中的债权人为与消费者接近的预存金返还请求权人，这一点
虽然法院并未明说，但可考虑为对两者进行不同处理的因素之一。④

　　B. 高尔夫俱乐部名称的续用。这种情形下作为原告的债权人通常
并非一般债务的债权人，而是对转让人享有预存金返还请求权的原高尔
夫俱乐部的会员。对于这种情形下商法第 17 条的类推适用，在早期的
地方法院判决中，存在着赞否两种态度。⑤ 在"汤の乡カントリー倶乐

---

①　長野地裁平成 14 年 12 月 27 日判例タイムズ1158 号 188 頁。

②　東京地裁平成 18 年 3 月 24 日判決判例時報 1940 号 158 頁。

③　小菅成一「事業譲渡における事業主体を表示する名称の続用」税務事例 40 巻 4 号
　　（2008 年 4 月）66 頁。

④　小菅成一「会社分割に対する会社法 22 条 1 項の類推適用」嘉悦大学研究論集第 52
　　巻第 1 号通号 95 号（平成 21 年 10 月）24 頁。

⑤　肯定此种情形下商法第 17 条第 1 款的类推适用为多数，具体有如下判例：大阪地判平
　　成 6 年 3 月 31 日判例時報 1517 号 109 頁、東京地裁平成 13 年 8 月 28 日判決判例時報
　　1785 号 81 頁、東京地判平成 13 年 12 月 20 日金融商事判例 1158 号 31 頁、東京地判平
　　成 12 年 9 月 29 日金融商事判例 1131 号 57 頁、神戸地判平成 13 年 7 月 18 日金融商事
　　判例 1195 号 35 頁、大阪高判平成 14 年 6 月 13 日判例タイムズ1143 号 283 頁、東京高
　　裁平成 14 年 9 月 26 日判例時報 1807 号 149 頁、東京地裁平成 16 年 1 月 15 日判決金融
　　法務事情 1729 号 76 頁等。否定的判例有：東京地判平成 13 年 3 月 30 日金融法務事情
　　1129 号 49 頁、東京高裁平成 14 年 8 月 30 日金融商事判例 1158 号 21 頁。对于续用高
　　尔夫俱乐部名称的情形，判例似乎并不将俱乐部名称与商号是否同一作为类推适用的要
　　件，只是将其作为一个因素进行考虑，如"道成寺カントリー"事件判决（大阪高判平
　　成 14 年 6 月 13 日）。

部"事件①中，法院认为，高尔夫俱乐部的名称虽然不为商号，但在高尔夫球场的经营上，相较其经营主体，使用更多的是俱乐部的名称，高尔夫俱乐部的会员通常会认为其对使用该高尔夫俱乐部名称的人享有权利，故关于高尔夫球场的营业，应理解为以高尔夫俱乐部的名称表示营业的主体。在这种情形下，应类推适用商法第 17 条，对续用名称的营业受让人课以清偿的义务。而在"ウィルソン高尔夫俱乐部"事件②中，法院以转让人与受让人的商号之间无类似性为由否定了商法第 17 条第 1 款的类推适用，认为，因商法第 17 条规定于商法第 4 章中的商号部分，在进行类推适用时，也应考虑商号的同一性，讨论是否可视为商号的续用。在本案件中，营业转让人与受让人的商号之间并无共通点与类似点；而在高尔夫球场的经营中，高尔夫俱乐部的名称固然具有表示营业主体的功能，但不能以此得出该经营公司的商号不具有表示营业主体的功能的结论；本案件中的会员资格保证金证书以及法人正会员证与俱乐部名称一起显示了经营公司的商号，以及在通知营业转让的文件中显示了受让人的商号，这些情况说明，即使高尔夫俱乐部名称被续用，债权人也可认识到营业主体的变更，故不能类推适用商法第 17 条第 1 款。与以上判例的分歧相应，学说上也存在着对立的见解。持肯定态度的观点主张，在高尔夫球场的经营中，一般使用的是高尔夫俱乐部的名称，这样的名称实质上具有接近商号的性质，故在续用表示事业主体名称的情形下，应类推适用商法第 17 条第 1 款。③ 而持否定态度的观点认为，从之前肯定续用店名情形下商法第 17 条类推适用的事例来看，受让人所续用的店名应为转让人的商号，而且，商法第 17 条是使受让人与转让人一起对债权人承担特殊责任的规定，故应严格解释本条所规定的商号。④

　　最高法院在其 2004 年的判决⑤中，肯定了商法第 17 条第 1 款对于营业转让中高尔夫俱乐部名称续用的类推适用。在该判决中，最高法院认为，在设有预存金会员制高尔夫俱乐部的高尔夫球场营业中，该高尔

---

① 大阪地判平成 6 年 3 月 31 日判例時報 1517 号 109 頁。

② 東京地判平成 13 年 3 月 30 日判決金融商事判例 1129 号 49 頁。

③ 高橋美加「ゴルフ場の営業讓渡と預託金返還債務の承継」ジュリスト 1263 号 185 頁、山下真弘「ゴルフクラブの名称を統用したゴルフ場の営業讓受人の債務承継が認容された事例」商事法務 1497 号 42 頁。

④ 小野寺千世「営業の主体を表示する名称を統用する営業讓受人の責任」ジュリスト 1119 号 144 頁（1997 年）。

⑤ 最判平成 16 年 2 月 20 日判決金融商事判例 1195 号 30 頁。

夫俱乐部名称作为表示经营高尔夫球场营业主体的名称的情形并不少见。受让人继续使用转让人使用的高尔夫俱乐部名称时，只要不存在受让人不迟延地拒绝该高尔夫俱乐部会员优先使用高尔夫球场设施等特别情况，债权人就会相信仍由同一的营业主体继续营业，或者即使知道存在着营业主体的变更也会相信受让人继受了转让人的债务。该判决的意义在于，以最高法院的立场对高尔夫俱乐部名称续用情形下商法第 17 条的类推适用做出了肯定的结论。这之后，最高法院在其 2008 年判决①中，对于公司分立情形下俱乐部名称的续用，也同样沿袭了 2004 年的判决。

不过，对于以上判决所作出的结论，有三点问题值得思考。第一，以上最高法院的结论是否可扩充至一般店名或其他表示营业主体的名称的问题。在上述"ヌギートレーディング株式会社"与"ザ.クロゼット"事件中，原告引用了 2004 年的判决，可东京地方法院认为，该事件为高尔夫球场运营的特殊事件，其俱乐部名称具有表示营业主体的功能，这与本案件的情况不同。那么，法院对于什么情形下店名具有表示营业主体的功能的判断值得今后继续关注。此外，对于除店名之外的商标、服务标识以及球队俱乐部名称等其他标识的续用，是否也应类推适用商法第 17 条也是一个问题。有观点认为，对于这些情形，应根据一般交易观念进行判断，并考虑各个具体案件的事件情况以及各行业中该名称表示所具有的功能等因素。② 第二，高尔夫俱乐部会员权的法律性质对于案件结论的影响。设施优先利用权与预存金返还请求权构成了高尔夫俱乐部会员权中的两个核心权利，且设施优先利用权为本源性的权利，如果受让人不继受设施优先利用权，即使续用了俱乐部的名称，在外观上也呈现出受让人进行了不承担债务的意思表示。③ 因此，最高法院在商法第 17 条第 1 款规定的免责条件（登记或通知）之外，另增加了"拒绝该高尔夫俱乐部会员优先使用高尔夫球场设施"的特殊免责条件。可见，这

---

① 最高裁平成 20 年 6 月 10 日判决金融商事判例 1302 号 46 页。
② 瀧浪武「事業譲渡時における会社法 22 条に基づく商号統用責任とその類推適用」银行法务 21 卷 712 号 47 页（2010 年 2 月）。
③ 宇田一明「ゴルフ場事業譲渡に伴うクラブ名統用会社の責任管見」札幌学院法学 22 卷 2 号 143 页、永田均「営業讓受人によるゴルフクラブの名称統用と預託金返還義務の有無」琉大法学 74 号 147 页（2005）。当然，对于这两种权利的不可分性，学说上也存在着分歧（小菅成一「会社分割に対する会社法 22 条 1 項の類推適用」嘉悦大学研究論集第 52 卷第 1 号通号 95 号（平成 21 年 10 月）22 页）。

种特殊的免责条件只适用于类似高尔夫俱乐部会员请求返还预存金的案例①，其射程很难及于其他案例。此外，高尔夫俱乐部会员不同于一般的债权人，而有些类似于消费者，这也是法院积极类推适用商法第 17 条的因素之一。第三，最高法院关于特殊情况下的免责主张是否意味着受让人承担责任必须以债权人的恶意为要件。从法院在法定的免责条件之外另规定了特殊的免责条件这一点来看，似乎倾向于善意限定论。不过，从登记及通知为"拟制的恶意"的观点出发，特别情况也构成了恶意类型化的一种，故单凭这一点仍不能说明最高法院持善意限定论。②

（3）因转让人的营业而产生的债务。

学说上一致认为，该债务的范围不仅限于因交易产生的债务，也包括侵权行为、不当得利等产生的债务。③ 多数判例也承认该债务包括因侵权行为而产生的债务。④ 而且，也不论受让人是否知晓该债务的存在。⑤ 不过，受让人对于营业转让后转让人所负担的债务不承担责任。⑥ 关于其理由，东京高等法院在其一判决中认为，营业受让人通常不知道且不可能知道营业转让后什么时候、以什么原因对何人承担何种债务，故使这样的受让人承担营业转让后的债务不合理。⑦

3. 商法第 17 条第 2 款的法理与适用

根据商法第 17 条第 2 款的规定，在受让营业后受让人不迟延地进行了不承担清偿转让人债务的登记、或在受让营业后不迟延地由受让人及转让人向债权人通知该情况的情形下，债权人无权向受让人请求清偿债务，即在此种情形下，转让人就转让的营业所发生的债务继续承担清偿责任，而受让人因此而免责。对于该条款的旨趣，有学者认为，如果当

---

① 其他如马术俱乐部、赛艇俱乐部等可作为类似情形处理。宇田一明「ゴルフ場事業譲渡に伴うクラブ名統用会社の責任管見」札幌学院法学 22 巻 2 号 149 頁。
② 森宏司「営業譲渡における商号統用者責任の要件（下）」銀行法務 21 巻 639 号（2004 年 11 月）27 頁。
③ 大隅健一郎『商法総則（新版）』318 頁（有斐閣 1978 年）、鴻常夫『商法総則（全訂第 4 版）』143 頁（弘文堂）、服部栄三『商法総則（第 2 版）』417 頁（青林書院新社 1975 年）。
④ 最判昭和 29 年 10 月 7 日判例時報 36 号 901 頁、大阪地判昭和 41 年 4 月 14 日判例タイムズ191 号 194 頁、東京地判昭和 47 年 8 月 30 日判例タイムズ285 号 183 頁。
⑤ 大隅健一郎『商法総則（新版）』329 頁（有斐閣 1978 年）。
⑥ 東京高判昭和 56 年 6 月 18 日判例タイムズ453 号 154 頁、東京地判昭和 60 年 11 月 26 日金融商事判例 756 号 25 頁。
⑦ 東京高判昭和 56 年 6 月 18 日判例タイムズ453 号 154 頁。

事人之间约定不承担债务，却让受让人承担清偿责任，对其比较残酷，所以受让人可采取积极的措施，以登记或通知债权人不承担债务而获得免责，因此，可以说该条款是为谋求当事人之间的利益平衡而设。[①] 也有学者将债权人的利益看作动态安全，受让人不被强迫清偿他人的债务的利益看作受让人的静态安全，有必要以外观法理的手法调和这两种安全的冲突，因公示而免责就为其具体制度的体现。而之所以此种情形下受让人可免责，是因为在登记了不承继债务或通知了债权人的情形下，甚少有使债权人误信营业主体的同一性而对其造成不测损害之虞。[②]

至于为何以登记或通知的形式来获得免责，有学者认为，理解这一点，必须与商法第 15 条联动起来进行考虑。商法第 15 条规定，商号的转让不经登记，不得对抗第三人。而商法第 17 条第 2 款正是以关于商号转让的登记制度为前提，以登记这样一个"固定外观"为基准来拟制债权人的恶意；可是，商号登记制度并非强制性的登记制度，必须规定登记之外的免责条件，因此，又规定转让当事人如个别通知债权人的，受让人也可获得免责。[③]

问题在于，在转让人与受让人为串通逃避债务而进行了登记或通知的情形下，如何保护债权人的利益？这时，债权人可行使欺诈行为撤销权，但关于欺诈行为撤销的要件、法律性质、行使的效果本身在法律解释上存在争议，且举证非常困难，故使用欺诈行为撤销权并不容易达到保护债权人利益的目的。[④] 而在某些判例中，当事人虽已进行了免责的登记，可法院认为其违反了诚实信用的原则，肯定了其关于第 17 条第 1 款的责任。[⑤] 鉴于此，有学者建议不妨运用诚实信用原则来肯定在此情形下

[①] 志村治美『現物出資の研究』（有斐閣 1975 年）242 頁。

[②] 仲宗根京子「営業譲渡における譲渡会社債権者の保護について」沖縄大学法経学部紀要第 13 号 31～32 頁。

[③] 池野千白「企業外観法理と商法 26 条」中京法学 37 巻 3・4 合併号（2003 年）66 頁。

[④] 山下真弘「商号続用のある営業譲受人の責任—債権者保護の視点から—」立命館法学 256 号（1997 年）241 頁。

[⑤] 東京地判平成 12 年 12 月 21 日金融法務事情 1621 号 54 頁、津地判平成 18 年 8 月 17 日（http：//www.courts.go.jp/hanrei/pdf/20070507184822.pdf）。在前一判例中，法院认为，被告在对外的关系上俨然以转让公司的身份自居，且实质上也受托了转让公司的业务、履行了一部分债务，并好像要履行剩余债务那样行动，故转让公司的债权人有理由相信被告与转让人为同一人，即使知道不为同一主体，也相信被告继受了转让人的债务。因此，被告以进行了登记为由拒绝清偿转让人的债务违反了诚实信用原则。该案值得注意的一点背景是，受让公司与转让公司的所有者为同一人，该所有者另设立新公司受让濒临破产的转让公司的营业有故意逃避债务之嫌，这似乎让人觉得此结论仅适用于该类情形。不过，在后一判例中，受让公司与转让公司之间却并无资本上的联系。

受让人的清偿责任。[①]

有学者指出，法院之所以否定了此种情形下登记的效力，是因为在公示力这点上，登记虽为比较脆弱的手段，却可产生对所有债权人免责的效果，其手段与效果之间存在着显著的隔阂；而在通知的情形下，仅对受到通知的特定债权人免责，这样的效果则比较稳当。因此，当登记与第三人实际上的外观信赖发生冲突时，应优先保护第三人的外观信赖。[②]

4. 小结

依上述考察可知，目前日本的判例与学说对于商法第 17 条所依据的法理究竟为何尚无定论，每种学说都存在某种程度的缺陷，难以完全地自圆其说。判例与通说都持外观信赖保护论，可是，它们对于该说中保护的是何种外观信赖仍旧有着不同的见解。多数判例认为，应为债权人不容易认识到营业主体的交替，或即使知道营业主体发生了变更但仍信赖受让人承担了债务的外观信赖。可是，该外观信赖保护论存在着两大缺陷：其一，继续使用商号不一定导致对受让人承担债务的信赖；其二，既然为外观信赖，就理应以受让人的善意为该条的适用条件，可很多判例却并不在意受让人是否为善意。

对于第一个缺陷，有些判例实际上是以企业财产担保论作为有力的论据进行说明的。而在不以受让人的善意为适用条件的判例中，大多存在着转让人与受让人实质为同一人、恶意逃避债务的情形。这些事例本应该适用欺诈行为撤销权或法人格否认的法理，但这两者各自有着适用上的难点[③]，故法官为了对债权人实施救济而适用更为简便的商法第17 条。

---

① 新里慶一 「営業譲渡における譲受人の弁済責任」 中京法学 39 巻 3・4 号（2005 年）276 頁、仲宗根京子 「営業譲渡における譲渡会社債権者の保護について」 沖縄大学法経学部紀要第 13 号 32 頁、伊藤敦司 「商法 26 条の適用範囲に関する一考察」 杏林社会科学研究第 19 巻第 4 号（2004 年 3 月）46 頁。

② 新山雄三 「営業譲渡人の商号を続用しているが、商法 26 条 2 項所定の免責登記をした譲受人の、譲渡人の営業上の債権者に対する責任が認容された事例」 取締役の法務 105 号（2002 年 12 月 25 日）91 頁。

③ 适用法人格否认法理的难点在于，除了要证明公司与其背后的股东实质为同一人、法人格的利用存在着违法或不当目的等主观上滥用的意图外，还有着诉讼法上的困难，即如果债权人已经对债务人取得了债务名义，就不得以该债务名义直接申请强制执行公司的财产，而必须重新向公司起诉以取得债务名义，这在程序、时间及费用上必须花费成本。志村治美 『現物出資の研究』（有斐閣　1975 年）233～234 頁を参照。

虽然商法第 17 条以商号的续用为适用条件，可实际发生的案例绝大多数为类似商号的续用。在认定前后营业保持同一性的情形下，法官倾向于肯定该条在续用类似商号甚至类似店名情形下的适用，这从另一个侧面反映了法官在坚持外观信赖保护论的同时，在某种程度上吸收了企业财产担保论的见解。

（五）商法第 18 条的法理与适用

根据商法第 18 条第 1 款的规定，在受让人不继续使用转让人的商号，仍发出承担因转让人的营业所发生债务的公告时，转让人的债权人也可向受让公司请求清偿。也就是说，在这种情形下，受让人与转让人承担连带责任。对于制定该条的旨趣，通说认为其只不过是为保护债权人的利益而对禁反言法理的明确化。[①] 对此，有观点在否定商法第 17 条的旨趣为外观理论的基础上，认为将该条仅仅理解为禁反言法理不够，而应将公告看作转让人、受让人与债权人三方之间的债务承担合同的替代方式，即该条赋予公告具有并存式债务承担的效力。[②] 此外，持该观点的学者还批判以上通说并不能解释为什么受让人会进行对自己不利的债务承担的意思表示，无法说明该规定的意义。[③] 对此，有学者提出如下解释：营业转让中的对象营业包含具有财产价值的事实上的利益，作为履约行为，转让人必须向受让人传授营业上的秘诀、推荐和介绍原来的客户和交易方；如果受让人表明继续承担原来的债务，会更有利于原有关系的维持。[④]

在具体的法律适用中，关于该条的争议点主要在于：诸如"营业的受让"等所谓的表明接受整体业务的信函是否应被认为进行了该类公告。显然，从字面上理解，关于债务承担的公告，只是营业受让的公告是不够的，应将其限定于受让人明文表示要承担债务的情形。可是，判例的态度却并非如此，甚至出现了在结论上互相冲突的最高法院判例。在其

---

① 鴻常夫 「商法総則」（弘文堂　第五版　1999 年）150 頁。当然，除此之外，关于商法第 17 条的企业财产担保论及意思表示论同样也可用于解释商法第 18 条。

② 長谷川雄一 「営業の意義」『演習　商法（総則·商行為）改定版』（青林書院新社 1976 年）138 頁。不过，尽管根据对商法第 17 条理解的不同，学者们对商法第 18 条的理解也存在着不同程度的差异，但都一致认为该条的理论基础之一为禁反言法理。

③ 長谷川雄一 「営業の意義」『演習　商法（総則·商行為）改定版』（青林書院新社 1976 年）139 頁。

④ 宇田一明『営業譲渡法の研究』（中央経済社　1993 年）98 頁。

中的一个判例中，受让人进行了受让营业的报刊公告，对此，最高法院认为，"本公司从甲公司受让营业，以乙公司的名义重新开始"这样一个公告，从社会的一般观念来看，应将其理解为受让了营业上的债务。① 可是，在另一个判例中，受让人逐个发送了接受营业的信函。对此，法院认为，只是继承业务的文字，不能被解释为受让债务的旨趣。② 而下级法院的判例中既有跟随前者的判例③，也存在着跟随后者的判例④，似乎持后者立场的判例居多。对于这种分歧，究其原因，可能有二：第一，在最高法院的前一判例中，也许是从结论上看的确应使受让人承担债务，故法院才作出这样的判决，这才是法院的真意；第二，也许与后一事例中并非进行了报刊公告，而只是发送了信函有关。⑤ 关于第二点，某下级法院的判决似乎印证了这一推论，该判决认为，在信函的发送范围非常狭窄、只限定于极少数人的情形下，不应解为公告。⑥

在学说上，对于最高院前一判决的结论，虽然也存在着赞成的学说，但多数说持反对意见。多数说所依据的理由主要有：第一，虽然商法第18 条所依据的是禁反言法理，但仅以一方的意思表示就承认承担债务公告的拘束力仍是例外，因此，应慎重适用商法第 18 条。也就是说，原则上应将只是营业受让的公告理解为只是关于进行了营业转让的事实的通知。如果不是这样，受让人岂不是不能发出受让营业的信函？而且，即使对本条的意旨不持以上通说上的立场，也同样可得出这样的结论。⑦ 第二，这样的理解符合商法第 18 条的文义⑧，且从对该条立法理由的说明可知，立法者并无包含只是进行营业受让公告的意图。⑨ 第三，既然该条

---

① 最判昭和 29 年 10 月 7 日民集 8 卷 10 号 1795 頁。
② 最判昭和 36 年 10 月 13 日民集 15 卷 9 号 2320 頁。
③ 東京地判昭和 31 年 10 月 24 日下民集 7 卷 10 号 2985 頁、東京高判昭和 35 年 7 月 4 日判例タイムズ108 号 47 頁等。
④ 東京地判昭和 34 年 4 月 27 日下民集 10 卷 4 号 836 頁、東京高判昭和 34 年 2 月 28 日下民集 10 卷 2 号 430 頁、名古屋地判昭和 51 年 11 月 19 日判例時報 852 号 108 頁、東京高判平成 10 年 11 月 26 日金融法務事情 47 号 46 頁等。
⑤ 山下真弘『会社営業譲渡の法理』（信山社　1997 年）248 頁。
⑥ 名古屋地判昭和 51 年 11 月 19 日判例時報 852 号 108 頁。
⑦ 山下真弘『会社営業譲渡の法理』（信山社　1997 年）234 頁。
⑧ 山下真弘『会社営業譲渡の法理』（信山社　1997 年）249 頁。
⑨ "实际上，在营业转让的通知、公告中，受让人往往会进行承担原来债务的清偿责任的意思表示，在这种情形下，当然应使其按照其所表示的内容承担责任"，松本烝治「商法改正要綱解説」法協 49 卷 9 号 1630 頁。今井宏「営業譲受人の責任」大阪府大経済研究 18 号 67 頁注 3 参照。

是为保护债权人的信赖而使进行了债务继受公告的受让人担责，那么，就必须进行能使债权人产生信赖的文字表示。① 第四，作为日本法的母法——德国法上的通说及判例也持同样的观点。② 至于具体需要什么样的表示才构成债务承担的内容并没有限定，而只需被认为在客观上表示了承担债务即可。③ 而关于进行公告的形式要件，学说上一般认为，法律上并未规定公告的方式，即使是报刊公告之外的方式（如信函），只要符合立法的旨趣就足以构成已进行了公告。④ 不过，这就需要确立一个构成公告的客观标准。对此，有学者认为，具体可从个别文件寄送的范围及人数进行判断，只是对特定的人进行不够，而需向大多数债权人寄送。如果偶尔存在着未接受通知的债权人，可援用发送给其他债权人的通知。⑤

三、其他各国与地区的制度概况

（一）德国法

1. 德国民商法规定的构造

德国商法典第 25 条规定，以原商号而不论是否附加表示继承关系的文字继续一个从生存的人手中取得营业的人，对于原营业主在经营营业中设定的一切债务承担责任⑥（第 1 款前段）；原营业主或其继承人同意继续使用原商号的，在原营业的经营中设定的债权对于债务人而言，视为已移转至受让人（第 1 款后段）；只在商业登记簿上进行了登记且公告或者已由受让人或转让人通知第三人的情形，在与上述规定相异的合意下才有效（第 2 款）；如未继续使用原商号，只有在存在特别的义务负担

---

① 今井宏 「営業譲受人の責任」 大阪府大経済研究 18 号 64 頁。不过，该学者认为对仅为营业受让意思的公告也有作肯定解释的余地。
② 山下真弘『会社営業譲渡の法理』（信山社　1997 年）217 頁、今井宏 「営業譲受人の責任」65 頁。
③ 山下真弘『会社営業譲渡の法理』（信山社　1997 年）234 頁。
④ 鴻常夫 「商法総則」（弘文堂　第五版　1999 年）143 頁を参照。
⑤ 山下真弘『会社営業譲渡の法理』（信山社　1997 年）234 頁。
⑥ 这一责任包括"一切原所有人在营业经营中设定的债务"，因此不限定于合同债务，同时也包括不当得利和侵权之债。这一债务应是"营业经营中"所设定，依据商法第 344 条，可以推定为只要是该商人从事的法律行为即可。参见［德］C. W. 卡纳里斯：《德国商法》，杨继译，178 页。

原因时①，尤其是营业受让人以商习惯的方法公示承担债务时，营业受让人才承担之前的债务（第3款）。

　　商法典第26条第1款规定，营业受让人依继续使用商号或第25条第3款规定的公告而应承担债务时，如果根据一般的规定，在此之前时效未成立，债权人对前营业主的请求权满5年消灭。

　　此外，商法典第28条还规定，某人作为承担无限责任的合伙人或承担有限责任的合伙人加入某个体商人的营业的，即使合伙不继续使用原商号，对于原营业主在营业经营中所发生的全部债务，合伙仍然负责任（第1款前段）。而该条第1款后段以及第2款则规定了与第25条中对应部分相同的内容。②

　　由此可见，日本商法上的规定与德国商法上的规定大致相同，但也存在着若干差异。其第17条第1款相当于德国商法第25条第1款前段，第17条第2款相当于德国商法第25条第1款后段，第18条第1款则相当于德国商法第25条第3款，第18条第2款则相当于德国商法第26条第1款。而类似德国商法第25条第2款、第28条的规定则不存在于日本商法中。

　　此外，德国法与日本法大的区别还在于德国民法第419条的存在。根据该条规定，如以契约承受他人财产，在不妨害原债务人责任继续存在的情况下，从订立契约之时起，转让人的债权人可对受让人主张当时已产生的请求权，但受让人的责任以承受的现存财产以及由契约所生的请求权为限；受让人与转让人之间不得以合意排除、限制受让人的责任。③ 而日本

---

① 该特别的义务负担原因为：（1）民法第414条、第415条规定的债务承担；（2）民法第319条规定的"为第三人的合同"；（3）民法第419条规定的"依合同对全部财产的受让"。宇田一明『営業譲渡法の研究』（中央経済社　1993年）83頁注2を参照。

② 该条的真正适用情形为个体商人将其营业以实物出资的方式加入合伙企业的情形，且其适用范围不仅限于合伙企业，也包括合名公司与合资公司。服部育生「ドイツ商法25条における営業取得者の責任」『現代企業・金融法の課題：平出慶道先生・高窪利一先生古稀記念論文集（下）』（信山社　2001年）728頁を参照。

③ 关于民法第419条与商法第25条的关系，德国学说上如是解释：民法第419条的责任独立于商法第25条成立，在转让的营业为转让人的全部财产（或实质全部）时适用，而在所转让营业仅为财产的一部分时则不适用（不过，也有见解认为应扩大该条的适用范围）；而且，依据该条，受让人应在一定限度内无条件地对债务人承担营业上的债务，该责任不得以特约排除。参见 Vgl. Bandasch, a. a. O.，§25 Anm. 1，9；Schlegelberger, a. a. O.，§25 Anm. 22；Baumbach～Duden, a. a. O.，§25 Anm. 1A Heymann～Kütter, a. a. O.，S. 126；Würdinger, a. a. O.，§25 Anm. 4，25，26；Palandt, BGB, 35. Aufl.，1976，§419 Anm. 2，S. 417，转引自山下真弘『会社営業譲渡の法理』（信山社　1997年）217～219頁。

民法则无类似规定。① 不过，这点区别目前已不存在，因该条在 1999 年德国《支付不能法》生效后被废止。②

2. 德国商法第 25 条第 1 款前段的规定

(1) 第 25 条第 1 款前段的立法理由。

关于营业受让人是否应该承担前营业主营业上的债务，当初早已有过争论，不过，1861 年的德国商法并未设置相关规定。而当时的帝国法院在判例中确定了如下原则：1) 如营业受让人向债权人表示承担旧债务，其应承担债务；2) 如营业受让人公告将随营业一起继承资产负债或通知债权人，也视为进行了承担旧债务的表示；3) 随营业一起继承资产负债的人，如使用原商号继续进行原营业，须对债权人承担责任。尽管关于第三点存在赞否两种观点，但 1879 年德国商法却坚持在其第 25 条第 1 款前段中将其成文化。③

事实上，立法者关于商法第 25 条第 1 款前段的立法理由也并不明确。④ 在作为其立法理由经常被引用的立法备忘录（Denkschrift）中是这样叙述的："营业转让并非就像通常所认为的那样必定以向受让人转让债务及债权为前提。在继续使用原商号的情形下，情况则不同。在交易过程中，人们常常不把商号与其所有者联系起来，而将其看作由商业财产所有者在商业经营中设定的权利及义务的承担者。该见解在法律上当然是不正确的。尽管如此，此种处理符合将商号的所有者视为义务人或权利人的交易观念，被认为是正当的。因为，无论是否附加文字，营业受让人只要使用了原商号，就表示其具有尽可能地加入原营业主的交易关系的意图。帝国法院已在若干的关系中，将商号的继续使用视为决定性

① 日本曾有学者质疑日本在未引入德国民法第 419 条的前提下引入商法第 25 条规定的正当性，认为其为立法上的重大失误（古田龍夫・土肥一史 「商法第 26 条及び第 28 条について（一）」福岡大學法學論叢 21 卷 2 号 123～124 頁），但该观点并未得到普遍的支持（山下真弘『会社営業譲渡の法理』（信山社 1997 年）218 頁）。

② 该条体现的是资产负债一致性（Zusammengehörigkeit von Aktiva und Passiva）原则，但立法者对这种理论已经伴着旧民法第 419 条的废除明确地表示了否定。［德］C. W. 卡纳里斯：《德国商法》，杨继译，164、166 页。

③ 土肥一史 「営業譲受人の債務責任—ドイツ商法典 25 条成立過程」福岡大學法學論叢 22 卷 3・4 号 3 頁以下、小橋一郎 「商号を続用する営業譲受人の責任—商法 26 条の法理—」『上柳先生還暦記念 商事法の解釈と展望』（有斐閣 1984 年）3～4 頁。

④ ［德］C. W. 卡纳里斯：《德国商法》，杨继译，168 页。

的因素。"① 对此解释，有观点进行了如下批判：该解释将两种不同的思想以"因为"（Denn）这样一个接续词进行连接是不妥的，即第一思想为将商号看作类似独立权利主体的交易上的理解，而第二思想却以受让人的意思表示为内容，这两者的考虑方法不同，在论理上无联系，故从该解释很难知道立法者的立场。② 也有观点对此予以了肯定，认为此解释将本条责任的性质依然考虑为意思表示是正确的，即在第一思想中，立法者只是指出了无论从通常营业转让合同的内容来看，还是从交易上的一般观念来看，受让营业且续用商号的人承担以前的债务这一社会典型事实，而在第二思想中则对第一思想中叙述的社会典型事实中的商人的通常情形进行了说明。③

（2）第 25 条第 1 款前段的法理。

由于商法第 25 条第 1 款前段的立法理由并不明确，故关于该条款的法理存在着多种学说，这些学说可大致分为表示说（Erklärungstheorie）、权利外观说（Rechtsscheintheorie）、责任基金说（Haftungsfondstheorie）以及这些学说的混合说（如表示说加责任基金说、权利外观说加表示说等）。

1）表示说。表示说认为，继续使用商号为营业受让人意欲承担原营业主营业上债务的表示，即营业受让人只要没有以商法第 25 条第 2 款的形式明示不承担债务的，继续使用商号就被认为是承担债务的表示，是营业受让人的法律行为的表示。上述立法备忘录中"无论是否附加文字，营业受让人只要使用了原商号，就表示其具有尽可能地加入原

---

① 小橋一郎 「商号を続用する営業譲受人の責任—商法 26 条の法理—」 『上柳先生還暦記念 商事法の解釈と展望』 （有斐閣 1984 年）4 頁、土肥一史 「営業譲受人の債務責任—ドイツ商法典 25 条成立過程」 福岡大學法學論叢 22 巻 3・4 号 21 頁。

② Pisko, Das käufmannische Unternehmen als Rechtsobjekt, im Ehrenberg, Handbuch des gesamten Handelsrechts, Bd. ②/2, 1918, S. 255, Schricker, Probleme der Schuldenhaftung bei Übernahme eines Handelsgeschäftes, ZGR. 1972, SS. 128 ff. , Canaris, Die Vertrauenschaftung im deutschen Privatrecht, 1971, S. 183. 转引自土肥一史 「営業譲受人の債務責任—ドイツ商法典 25 条成立過程」 福岡大學法學論叢 22 巻 3・4 号 21 頁。

③ Säcker, Die handelsrechtliche Haftung für Altschulden bei Übertragung und Vererbung von Handelsgeschäften, ZGR. 1972, S. 266. Säcker 还指出，在公司法的公证人实务及判例中，营业受让人续用商号且同时继受以前债务的情形占到 80% 以上。转引自土肥一史 「営業譲受人の債務責任—ドイツ商法典 25 条成立過程」 福岡大學法學論叢 22 巻 3・4 号 21～23 頁。

营业主的交易关系的意图"的表述表明立法者当时站在表示说的立场。① 对于表示说，批判意见认为，将继续使用商号认为是意思表示只不过是意思的拟制而已；如将其看作意思表示，就必须得承认意思表示的撤销。②

Säcker 对表示说作了进一步的发展，他认为，推论性的行为与语言一样都可作为意思表示，为得出推论性的意思表示，虽然必须从论理上进行阐明，但从经验中找出理由也是必要的，营业受让人继续使用原商号，从典型的社会现象、交易现象来看，应将其看作对债权人进行了推论性的债务承担的要约；而大多数营业受让协议中，营业转让人与受让人之间达成了继续使用商号与履行承担的合意，因此，商法第 25 条第 1 款是将典型的社会态度通过强行性的解释规定固定化。③ 对此，Canaris 指出，营业受让人无论如何也不会有兴趣与动机去对转让人的债权人在对外关系中的旧债务承担概括的责任，并使其被执行的可能性大大提高。而且，完全不能理解为何会认为应该在继续使用商号的情形中就会有一个与之相对应的如此意思表示。④

而另一学者 Heckelmann 一方面在回避表示说为意思表示拟制的批判，另一方面却仍以当事人的意思为据寻求责任负担的根据。他认为，德国商法第 25 条第 1 款前段的意义在于，为便于企业转让的实行，以前营业主与营业受让人在内部关系上达成的履行承担合意，或以与应推定

---

① Säcker, Die handelsrechtliche Haftung für Altschulden bei Übertagung und Vererbung von Handelsgeschäften～Zur legislativen Ratio §§ 25－28 HGB～, ZGR 1973, 267. 转引自小橋一郎 「商号を続用する営業譲受人の責任—商法 26 条の法理—」『上柳先生還暦記念　商事法の解釈と展望』（有斐閣　1984 年）6 頁。なお、遠藤喜佳 「ドイツにおける企業法・会社法（4）—商法の続用と責任」 比較法雑誌 32 巻 2 号 78 頁、服部育生 「ドイツ商法 25 条における営業取得者の責任」『現代企業・金融法の課題：平出慶道先生・高窪利一先生古稀記念論文集（下）』（信山社　2001 年）711 頁を参照。

② Säcker, Die handelsrechtliche Haftung für Altschulden bei Übertagung und Vererbung von Handelsgeschäften～Zur legislativen Ratio §§ 25—28 HGB～, ZGR 1973, 267. 转引自小橋一郎 「商号を続用する営業譲受人の責任—商法 26 条の法理—」『上柳先生還暦記念　商事法の解釈と展望』（有斐閣　1984 年）6 頁。

③ Säcker, Die handelsrechtliche Haftung für Altschulden bei Übertagung und Vererbung von Handelsgeschäften～Zur legislativen Ratio §§ 25—28 HGB～, ZGR 1973, 274. 转引自小橋一郎 「商号を続用する営業譲受人の責任—商法 26 条の法理—」『上柳先生還暦記念　商事法の解釈と展望』（有斐閣　1984 年）7 頁。

④ ［德］C. W. 卡纳里斯：《德国商法》，杨继译，161 页。

出的当事人意思相应的履行承担为基础，导出债务加入的外部效果。① 对此，Canaris 认为，这一观点对很多"健康的"情形有重大说服力，因为买方和卖方之间的履行承担通常是以合同形式，而且这样使得商号保留的方式变得简单；但这一结构却并不适合所有"健康的"情形，因为至少到期的债权原则上还是应该由出让人清偿；此外，这一对商法第 25 条第 1 款前段的理解仅仅针对企业②买卖的情形，而不适用其他一些重要情形，如租赁和信托，因为在这些情形下绝不可能推断出受让人将与企业有关的出让人的债务一并承受的动机，尤其是这里没有考虑由受让人支付的对待给付的相应结算。而且，这一解释尝试完全不能适用于那些"非正常的"情形。如果受让人没有继受履行债务或者其对此根本不知悉，这样一个对外责任和他的推定意愿以及利益完全矛盾，因为他没有任何理性的理由去采用一种有时有极大风险的针对出让人的追索请求权（可能已经不能清偿债务的）。认为法律有意让他担负起这样的不利，还需要充分的论证。③

德国早期的判例也采用表示说④，但由于表示说存在着以上的缺陷，权利外观说逐渐成为判例的主流。即便如此，后来也还存在着采用表示说的判例，如联邦法院在其 1981 年 9 月 16 日判决中作出如下判断：在营业受让人以转让人的商号继续营业的情形下，受让人存在着面向公众对前营业主的债务承担责任的意思表示；至于商号的续用，不必要求一字一句严密地吻合，而只要两商号的主要部分同一即可。⑤

2）权利外观说。权利外观说认为，商法第 25 条第 1 款的责任为信赖

① Heckelmann, Die Grundlage der Haftung aus Firmen-Fortführung nach §25 Abs. 1. S. 1 HGB, Festschrift für Bartholmeyczik, 1973. S. 129, 137. 转引自服部育生「ドイツ商法 25 条における営業取得者の責任」『現代企業・金融法の課題：平出慶道先生・高窪利一先生古稀記念論文集（下）』（信山社　2001 年）712 頁。
② 在德国，在营业转让、租赁、继承的语境中，企业（unternehmen）与营业为同义语（详见第二章之二中的论述）。故下文中的企业均可理解为营业。
③ 参见［德］C. W. 卡纳里斯：《德国商法》，杨继译，162 页。
④ RG, Recht 1931 Nr. 832（转引自遠藤喜佳「ドイツにおける企業法・会社法（4）—商法の続用と責任」比較法雑誌 32 巻 2 号 78 頁）；RGZ 149, 25, 28; BGHZ 18, 248, 250; 38, 47（转引自服部育生「ドイツ商法 25 条における営業取得者の責任」『現代企業・金融法の課題：平出慶道先生・高窪利一先生古稀記念論文集（下）』（信山社　2001 年）711 頁）。
⑤ BGH NJW 1982, 577. 转引自服部育生「ドイツ商法 25 条における営業取得者の責任」『現代企業・金融法の課題：平出慶道先生・高窪利一先生古稀記念論文集（下）』（信山社　2001 年）711 頁。

责任，其保护的是对于以续用商号为基础的外观的信赖。① 如前所述，判例后来逐渐地采纳了权利外观说。在 1955 年 10 月 13 日联邦法院判决（BGHZ 18，248）中，法官如是阐述："如同帝国法院（RGZ 149，25，28）所言，§25 HGB 所规定的责任的法律根据在于继续使用原商号而从事营业，即其为向公众表示意欲承担原来的营业债务、并与债务责任的基础即营业财产的取得相结合的表示。从中产生了权利外观的效力，这已在法律上表现于 §25 HGB 中。……在公众中产生的权利外观即使与准备承担债务的表示为同一效力，其责任的事实根据，只不过是权利外观而已……"自该判决之后，权利外观说渐渐成为了通说。②

权利外观说也面临着反对的见解，其中，Canaris 对其批判最为激烈，他认为该说存在着以下三点缺陷：第一，权利外观责任应是在信赖某权利外观之后而进行某种处置时确认的责任，可商法第 25 条第 1 款前段的营业受让人的责任，并不以前营业债权人信赖某外观而进行某处置为要件，故将该责任归为权利外观责任并不合适；第二，商法第 25 条第 1 款前段不以第三人的善意为要件，这与权利外观理论的基本思想相矛盾；第三，该外观究竟为何外观不明。首先考虑的是以法律行为而进行的并存式债务承担的外观，可是，权利外观责任的产生以通常情形下意味着该内容为前提，而继续使用商号在通常情形下却并非并存的债务承担的表示，故这样的外观是不被承认的。因此，可以考虑的只是关于债务的法定转移的权利外观。法律考虑的是商人对于商号承担责任的信赖，故应承认继续使用作出了相应的权利外观。可是，如果贯彻这一思想，由于变成了只是商号承担责任，故营业受让人只应以受让的营业财产承担责任，而不应以其私有财产负责。而且，在现行法上，商号不可能成为权利义务的主体，故如保护商人认为由商号承担责任的信赖，商法第 25 条第 1 款前段保护的就是一个对错误的法律见解的信赖。③ Karsten Schmidt 也指出，从无论债权人知或不知，商法第 25 条第 1 款的营业受

---

① Vgl，Schlegelberger，HGB Bd. 1，5. Aufl.，§25 Anm，1；Nicket，NJW 1981，102. 转引自遠藤喜佳 「ドイツにおける企業法・会社法（4）—商法の続用と責任」 比較法雜誌 32 卷 2 号 78 頁。

② 小橋一郎 「商号を続用する営業譲受人の責任—商法 26 条の法理—」『上柳先生還暦記念　商事法の解釈と展望』（有斐閣　1984 年）8 頁を参照。

③ Canaris，Die Vertrauenshaftung im deutschen Privatrecht（1971）S. 184. 转引自小橋一郎 「商号を続用する営業譲受人の責任—商法 26 条の法理—」『上柳先生還暦記念　商事法の解釈と展望』（有斐閣　1984 年）9 頁。

让人的责任都被肯定这一点来看，该规范缺乏信赖保护的要件。[①]

　　Börner 的见解虽然也归属于权利外观说，但其立论却比较独特。他认为，商法第 25 条第 1 款后段的规定（如果原营业主同意继续使用原商号，在原营业的经营中设定的债权对于债务人而言，视为已移转至受让人）是基于这样一个基本思想，即在继续使用原商号的情形下，因营业受让人在原商号下出现，如营业受让人没有继承营业债权，营业上的债务人则有风险，故债务人可信赖债权人作出的权利外观。可是，营业上的债权通常并不单独存在，而是合同（大多数为双务合同）的构成部分。因此，债务人仅依商法第 25 条第 1 款后段而实现救济并不充分，有必要对其进行补充，即营业受让人并不仅仅是继承债权，而应该整体继承原营业主的合同上的地位。只有这样，才能够阻止债务人因没有意识到与表示者或表示受领者不同的人进入原商号而蒙受的法律上的不利。商法第 25 条第 1 款规定的就是这个内容，即其后段规定债权向营业受让人移转，其前段规定原营业上的债务及于营业受让人，该条款规定的是合同上地位的移转。而该条款之所以没有这样表述，是因为在德国商法起草的当时并没有将其理解为统一的法律制度。Börner 还认为，商法第 25 条第 1 款前段是作为权利外观规定的后段的附随。[②] 对于 Börner 的见解，Karsten Schmidt 认为其存在两点缺陷：第一，商法第 25 条第 1 款前段为中心规定，该说却将其视为只是信赖保护的规定，且将其视为作为附随规定的后段的附随效果；第二，营业受让人的责任并不只限于合同上的债务。[③]

　　作为对以上该条不为外观信赖规定的批评的回应，法兰克福高级法院 1979 年 11 月 20 日判决主张该条为基于特别种类的权利外观理论的规定。该判决认为，即使不为信赖权利外观而被诱发作出某行为的人，也

---

① K. Schmidt, ZHR 145 (1981), S. 10. 转引自遠藤喜佳 「ドイツにおける企業法・会社法 (4) —商法の続用と責任」 比較法雑誌 32 巻 2 号 79 頁。

② Börner, § 25 Abs. 1 HGB: Vertragsübertragung kraft Gesetzes, in: Festschrift für Möhring (1975) S. 41, 45, 48. 转引自服部育生 「ドイツ商法 25 条における営業取得者の責任」 『現代企業・金融法の課題：平出慶道先生・高窪利一先生古稀記念論文集 (下)』 (信山社　2001 年) 716 頁、小橋一郎 「商号を続用する営業譲受人の責任 —商法 26 条の法理—」 『上柳先生還暦記念　商事法の解釈と展望』 (有斐閣　1984 年) 10 頁。

③ Karsten Schmidt, Handelsrecht, 5. Aufl. , 1999, S. 218. 转引自服部育生 「ドイツ商法 25 条における営業取得者の責任」 『現代企業・金融法の課題：平出慶道先生・高窪利一先生古稀記念論文集 (下)』 (信山社　2001 年) 717 頁。

是保护的对象。如作出了使债权人基于信赖对于营业债务的商号的责任而不立即采取强制执行措施的权利外观，就已足够。其前提是如果债权人知道发生了营业主的交替，就会立法采取强制执行的措施。[①]

3）责任基金说。责任基金说从民法第 419 条规定的财产受让责任中寻求商法第 25 条第 1 款的责任的理论根据。该说认为，财产受让人与前债务人的责任继续无关而承担前债务，这与继续使用商号的营业受让人对原营业上债务进行并存的承担类似。[②] 可是，反对见解指出，这两者在两个方面存在着大的区别：第一，财产受让人的责任限定于所受让的财产，而继续使用商号的营业受让人的责任却不限定于所取得的营业财产。[③] 第二，财产受让人的责任不可通过当事人之间的合意排除或限制，而继续使用商号的营业受让人的责任却可通过当事人之间的合意排除。[④]

尽管存在着以上批评，责任基金说仍维持着基于财产受让原则的理解。Schricker 在承认财产受让人的责任与续用商号的营业受让人的责任之间具有共通的原理的基础上，辅以权利外观论对德国商法第 25 条的法理进行了说明。他认为，德国民法第 419 条与德国商法第 25 条在功能与形态上虽存在着差异，但两者均与典型的财产受让情形有关，通过引入以财产受让为责任基础的民法第 419 条的思想，商法第 25 条将权利外观责任的扩张控制于一个适当的限度；商法第 25 条的责任要件为营业财产的取得与作为表示责任负担的外部标志——商号的续用，故该条责任的统一的法理依据为财产受让原理与交易保护原理的结合。[⑤]

而 Karsten Schmidt 则对责任基金说提出了新的见解，他从责任关系

---

① OLG Frankfurt NJW 1980, 1397. 转引自服部育生 「ドイツ商法 25 条における営業取得者の責任」『現代企業・金融法の課題：平出慶道先生・高窪利一先生古稀記念論文集（下）』（信山社　2001 年）714 頁。

② RGZ 135, 104, 108；Schricker, ZGR 1972, 150 ff.；vgl. K. Schmidt, ZHR 145 (Fn. 2) S. 10f. 转引自遠藤喜佳 「ドイツにおける企業法・会社法（4）—商法の続用と責任」 比較法雑誌 32 巻 2 号 79 頁。

③ 参见 ［德］C. W. 卡纳里斯：《德国商法》，杨继译，164 页。

④ Würdinger in Großkomm. HGB Bd. 1, Anm. 1 zu § 25. 转引自小橋一郎 「商号を続用する営業譲受人の責任—商法 26 条の法理—」『上柳先生還暦記念　商事法の解釈と展望』（有斐閣　1984 年）13 頁。

⑤ Schricker, Probleme der Schuldenhaftung bei Übernahme eines Handelsgeschäfts, ZGR 1972, 142, 150. 转引自服部育生 「ドイツ商法 25 条における営業取得者の責任」『現代企業・金融法の課題：平出慶道先生・高窪利一先生古稀記念論文集（下）』（信山社　2001 年）716 頁、小橋一郎 「商号を続用する営業譲受人の責任—商法 26 条の法理—」『上柳先生還暦記念　商事法の解釈と展望』（有斐閣　1984 年）11 頁。

及法律关系的连续性（Kontinuität der Haftungs-und Rechtsverhältnisse）
的观念出发来说明商法第 25 条第 1 款前段。他认为，在德国私法中如承
认企业为法主体，则无论该企业向谁移转，属于企业的所有的权利、义
务以及法律关系应总是属于该企业，可是，企业却并非这个意义上的法
主体。而责任关系及法律关系的连续性正是可除去现行法这个缺陷的法
原则，现行法应该努力将属于企业的法律关系归属于企业的所有者，而
商法第 25 条第 1 款前段正属于这种情形。于是，债务应移转至新营业主，
因为每当更替了营业主，产生债务的法律关系都会归属于新的企业所有者。
而要产生以上的效果，必须保持企业的同一性（Unternehmensidentität）。
可决定责任关系及法律关系的连续性的为企业的同一性，并非商号的继
续使用。不过，如果存在着商号的继续使用，就难以否定企业的同一
性。[①] 由于这种情形下受让人成为了企业的新经营者，故主要的债务从转
让人转移至受让人。而之所以作为前营业主的转让人仍与受让人一同承
担一定期限的责任，是因为不能违反债权人的意思而剥夺其向转让人请
求清偿的权利。前营业主的立场类似于合名公司中退社的无限责任社员
的责任。[②] 而且，商号的续用只是企业连续性的证据，如受让企业与原企
业的同一性被确定，也可不以其为责任的要件。[③] 对于 Karsten Schmidt
的理论，反对见解提出如下几点批判：第一，企业和别的主体一样都为
财产主体，故不能立即就说明为什么在此要实现这种"神秘的主张，以
据此所有债务都神奇地向自己靠拢"，而立法者已经伴随着旧民法第 419
条的废除对这种理论明确地表达了否定；第二，该主张与商法第 25 条第
2 款以及第 28 条第 2 款的任意性不一致，因为企业法上的延续性不应该
属于私法自治范畴的游戏，而应是法律明确规定的制度；第三，延续性
理论仅仅适用于与被转让的企业有关的责任，而对于受让人其他财产适
用则不正当，因为仅有企业受延续性状态的约束，而且就其权利能力的
问题而言，也仅仅以该企业自己的财产负责任；第四，其主张仅仅建立

---

① Karsten Schmidt, Handelsrecht (1980) S. 176. 转引自小橋一郎 「商号を続用する営
　業譲受人の責任—商法 26 条の法理—」『上柳先生還暦記念　商事法の解釈と展望』
　（有斐閣　1984 年）13 頁。

② Karsten Schmidt, Handelsrecht, 5. Aufl., 1999, S. 220. 转引自服部育生 「ドイツ商
　法 25 条における営業取得者の責任」『現代企業・金融法の課題：平出慶道先生・高
　窪利一先生古稀記念論文集（下）』（信山社　2001 年）716 頁。

③ Karsten Schmidt, Handelsrecht, 5. Aufl., 1999, S. 224. 转引自遠藤喜佳 「ドイツに
　おける企業法・会社法（4）—商法の続用と責任」比較法雑誌 32 巻 2 号 83 頁。

在企业继续运作的基础上，而与商号的继续使用没有关系，可后者才是商法第 25 条第 1 款前段的适用基础。①

Karsten Schmidt 发表连续性理论之后，也渐渐地出现了吸收该思想的判例，这些判例认为商法第 25 条第 1 款前段的根据在于企业的连续性与同一性。②

4）混合说。也许是由于以单一理论来说明德国商法第 25 条第 1 款前段的法理比较困难，有些判例并用多个理论，如有的判例以表示说为基础、辅以责任基金说进行说明，有的判例则以权利外观说为主、辅以表示说进行补充。③

学说中也出现了表示说与权利外观说的融合。Gerlach 主张，债务继受通常以原债务人与债务继受人之间存在履行继受的合意为前提，而德国商法第 25 条第 1 款前段所规定的营业受让人的责任就是基于原债务人与债务继受人之间的合意、符合典型的交易期待的规定。④

（3）从根本上否定商法第 25 条第 1 款前段的见解。

持这种观点的代表学者为 Canaris。他认为，商法第 25 条第 1 款前段的立法目的难以查明，且其正当性存在着很大问题，因为它经常给原债权人带来他根本不相配的意外之喜⑤，而对缺乏法律专业指导的企业受让人将布置责任陷阱，还会给迄今为止尚健康的企业带来重整的障碍甚至毁灭，因此，从应然法角度考察，应废止该规定；如果人们担心这将带

---

① 参见 ［德］C. W. 卡纳里斯：《德国商法》，杨继译，164～165 页。

② Vgl. BGH NJW 1982, 1647；WM 1984, 474— NJW 1984, 1186；BGH NJW 1992, 911；OLG München BB 1996, 1682.1683；OLG Düsseödorf NJW-RR 1995, 1184.1185. 转引自遠藤喜佳 「ドイツにおける企業法・会社法（4）—商法の統用と責任」 比較法雜誌32卷2号80頁及服部育生 「ドイツ商法25条における営業取得者の責任」 『現代企業・金融法の課題：平出慶道先生・高窪利一先生古稀記念論文集（下）』（信山社　2001 年）717 頁。

③ 前者判例有 RGZ 149, 25, 28；BGHZ 36, 265, 271；38, 44, 47、后者判例有 BGHZ 29, 1, 3. 转引自服部育生 「ドイツ商法25条における営業取得者の責任」 『現代企業・金融法の課題：平出慶道先生・高窪利一先生古稀記念論文集（下）』（信山社 2001 年）717 頁。

④ Gerlach, Die Haftungsordnung der §§25, 28, 130 HGB, 1976, S. 36, 40. 转引自服部育生 「ドイツ商法25条における営業取得者の責任」 『現代企業・金融法の課題：平出慶道先生・高窪利一先生古稀記念論文集（下）』（信山社　2001 年）717 頁。

⑤ 根据联邦最高法院判决的分析，在适用商法第 25 条的大多数案例中都有明显的标志显示转让人出现了支付问题，而且一般是早在转让前就有的。参见 ［德］C. W. 卡纳里斯：《德国商法》，杨继译，158 页。

来债权人无法承受的不利，正确的化解方式应为对支付不能法中撤销条款的适当扩展。①

（4）商法第 25 条第 1 款前段的适用。

对于商法第 25 条第 1 款前段适用的主体范围，Canaris 认为，商法第 25 条第 1 款仅在出让人与受让人都是商人或者依商法第 5 条被视作商人时才适用，自由职业者以及未在商事登记簿上登记的小营业经营者也不适用该条。其理由为：第一，商法第 17 条第 1 款规定仅有商人可以拥有商号，而该条款的适用必须存在着商号的续用；第二，非商人不需要考虑承担商法第 25 条第 1 款前段的危险责任，也不会有一点点动机，即没有任何法律可能性依照商法第 25 条第 2 款利用商事登记免除对于原债务人的责任。而 Karsten Schmidt 的见解则与上述主张相反。②

适用商法第 25 条第 1 款前段还必须是受让商事营业，但原则上不要求受让完整的商事营业，如受让主营业所即已足够。③ 只要具有组织上的独立性，受让分支机构也可适用。④ 判例认为适用该条款不必要求营业受让的基础合同为有效。⑤ 学说上大多支持这一结论，但也存在着有力的反对说。Canaris 主张，该观点并没有说服力，因为：第一，如果物的移转行为无效，并且物的移转为必需（诸如买卖等），则仅仅从文字上即可判断，此处欠缺商法第 25 条第 1 款前段适用的前提条件——某人受让了商事营业；第二，如果企业的受让基于针对受让人的故意欺诈或违反公序良俗等瑕疵，则利益状况和通说所述完全不符，因为此种情形下受让人的应受保护性远远大于有效的情形下；第三，在合同无效的情形下，通常不再具备受让人放弃以商法第 25 条第 2 款免除责任的可能性的理由。⑥

① 根据联邦最高法院判决的分析，在适用商法第 25 条的大多数案例中都有明显的标志显示转让人出现了支付问题，而且一般是早在转让前就有的。参见［德］C. W. 卡纳里斯：《德国商法》，杨继译，224 页。
② 参见［德］C. W. 卡纳里斯：《德国商法》，杨继译，169~170 页。
③ 参见上书，170 页。
④ BGH 1972, 1860; BGH DB 1979, 1124. 转引自服部育生「ドイツ商法 25 条における営業取得者の責任」『現代企業・金融法の課題：平出慶道先生・高窪利一先生古稀記念論文集（下）』（信山社　2001 年）720 頁。
⑤ RGZ 149, 25, 28; BGHZ 18, 248, 251; OLG Düsseldorf NJW 1963, 545. 转引自服部育生「ドイツ商法 25 条における営業取得者の責任」『現代企業・金融法の課題：平出慶道先生・高窪利一先生古稀記念論文集（下）』（信山社　2001 年）720 頁。
⑥ 参见［德］C. W. 卡纳里斯：《德国商法》，杨继译，172 页。不过，对于 Canaris 所举出的第一点理由，笔者认为不成立。因为如果债权人不知道发生了营业的转让，又如何能去从"文字上"判断没有发生"物的移转"。至于第三点理由，则无法帮助理解合同有效与合同无效两种情形下受让人行为的差异。

至于营业的租赁情形，通说与判例认为，商法第 25 条第 1 款前段也适用于营业的承租人。①

通说认为，适用第 25 条第 1 款前段还必须继续使用原商号，因为这是该条明文规定的，故不能放弃该要件。② 而 Karsten Schmidt 则基于其企业连续理论，认为商号的续用只具有使企业的同一性明确化的标识的作用。③ 判断商号续用的有无，应以是否从交易社会的一般观念来看不产生怀疑为标准进行判断，故新旧两商号在文字上并不需要完全一致，只要旧商号的主要部分未变即可。④ 而且，基于该条的明确规定，即使在新商号中加入了表达继承关系的文字，营业受让人也得承担责任。⑤ 公司在个人商号（Elektro S）上加上表示公司类型名称（Elektro S GmbH）而使用的情形，以及变更表示公司类型（KR GmbH→KR KG）而使用的情形，也都构成商号的续用。⑥ 至于商号之外的营业表示（如店名等）的续用，多数判例则基于商号为商主体即法律关系与责任关系的识别标识、营业表示则为营业的识别标识为由，否定了此种情形下第 25 条第 1 款前段的适用。⑦

---

① BGH NJW 1982, 1647；1984, 1186；Koller/Roth/Morck，§25 Rdnr. 4. Brox. Handelsrecht mit Gesellschaftsrecht, 4. Aufl.，1988, S. 87. 转引自服部育生 「ドイツ商法 25 条における営業取得者の責任」『現代企業・金融法の課題：平出慶道先生・高窪利一先生古稀記念論文集（下）』（信山社　2001 年）720 頁。

② 参见［德］C. W. 卡纳里斯:《德国商法》，杨继译，174 页。

③ Karsten Schmidt, Handelsrecht, 5. Aufl.，1999, S. 223. 转引自服部育生 「ドイツ商法 25 条における営業取得者の責任」『現代企業・金融法の課題：平出慶道先生・高窪利一先生古稀記念論文集（下）』（信山社　2001 年）721 頁。

④ BGHZ 44, 120；BGH NJW 1979, 2245；1982, 578. 转引自服部育生 「ドイツ商法 25 条における営業取得者の責任」『現代企業・金融法の課題：平出慶道先生・高窪利一先生古稀記念論文集（下）』（信山社　2001 年）721 頁。

⑤ 参见［德］C. W. 卡纳里斯:《德国商法》，杨继译，174 页。

⑥ 前一情形的判例为 BGH NJW 1986, 581，后一情形的判例为 BGH NJW 1992. 911。转引自服部育生 「ドイツ商法 25 条における営業取得者の責任」『現代企業・金融法の課題：平出慶道先生・高窪利一先生古稀記念論文集（下）』（信山社　2001 年）721 頁。

⑦ 否定的判例有 BGH 1964. 4. 29 Ⅷ ZR 2/63；DB 1964/1297；OLG Hamm 1996. 11. 5 7U35/96；NJW-RR 1997/733；OLG Düsseldorf 1998. 1. 22 10U30/97；NJW-RR 1988/965；OLG Brandenburg 1998. 5. 27 7U132/97；MDR 1998/1299 等。肯定的判例有 OLG Düsseldorf 1990. 7. 12 6U264/89；GmbHR 1991/315＝EWiR §25HGB 1/91. 转引自遠藤喜佳 「独判例にみる商号続用要件の解釈と展開」 東洋法学 48 巻 2 号 135 頁以下。不过，值得注意的是，在该肯定判例中，转让人的店名与商号的核心部分相同，区别仅在于表示公司类型的文字的有无，故若无此条件，是否得出同样结论值得怀疑。

（二）美国法

美国法上并无大陆法上的"营业"及"营业转让"的概念，故美国法上的问题在于，当一个公司向另一公司转让其资产时（资产转让），受让公司是否应承担转让公司的债务。

1. 后继者责任制度（successor liability）

在传统的美国合同法及公司法上，一般来说，在公司间进行资产转让的情形下，受让公司并不需承担转让公司的债务。但判例法承认在以下四种例外情形下，受让公司仍需承担转让公司的债务。[①]

（1）受让人明示或者默示承担转让人债务的情形。

此种情形下对受让人责任的肯定依据的是合同法的规定及原理。当受让人在资产转让合同中明示承担一切债务时，当然没有疑问，可难点在于，在转让合同中没有明确规定的情形下，如何推断受让人存在着承担债务的默示。而事实上当事人之间却很少存在着这样的合意。[②]

（2）构成欺诈性（fraudulent）转让的情形。

在转让人以逃避债务为目的，或者无偿或低价转让资产，以至其资产减少，无力清偿债务的情形下，法院可能将受让人视为转让人的同谋，对其课以承担债务的责任。前者依据的是衡平法原理，而后者的主要依据则为《统一欺诈性转让法》（Uniform Fraudulent Transfer Act）及其原理。[③]

（3）构成事实合并（de facto merger）的情形。

当某项资产转让交易在实质上构成了合并时，有些判例适用公司法上的事实合并原理，将该项交易视为合并，从而适用合并中债权债务的概括继承规定，使受让公司承担转让公司的债务。事实合并原理最初用来保护资产收购中收购公司异议股东的权利（表决权及股份收购请求权），后来被扩展至为债权人提供保护。[④]

对于怎样的资产转让构成事实合并，从而使受让公司承担责任，判

---

① Ronald J. Gilson ＆ Bernard S. Black, The Law and Finance of Corporate Acquisitions 1507 (2d ed 1995), Jerry J. Phillips, 58 NYU L. Rev. 909, 908 (1983).

② Phillips, supra note 2, at 908.

③ Phillip I. Blumberg. The Continuity of The Enterprise Doctrine: Corporate Successorship in United States Law. 10 Florida Journal of International Law 365 (1996). p 371.

④ 参见［美］史蒂文·L·伊曼纽尔：《公司法》，443 页，北京，中信出版社，2003。

例规定了如下四个条件：1) 存在着转让公司事业的延续，包括管理层、员工、地点、资产和运营方面的延续；2) 存在着转让公司股东的延续，即受让公司以其股票为对价受让资产，且该股票分配给转让公司的股东，从而使转让公司的原股东成为受让人的股东；3) 转让公司在法律和实际情况允许的情形下立即停止正常经营和解散；4) 受让公司承担了为使转让公司的事业能正常经营所必需的转让公司的业务与债务。[1] 其中，转让公司股东的延续最为关键，即必须满足受让公司以其股份而非现金作为受让资产的对价的条件。[2]

(4) 构成纯粹延续 (mere continuation) 的情形。

当受让公司以转让公司的资产继续其原事业，并保留了转让公司的股东、董事、高级管理人员，即受让公司纯粹只是转让公司的继续时，衡平法对受让公司课以承担转让公司债务的责任。[3] 依据判例法，适用该原理的条件必须具备如下三个条件。1) 存在着相同的股东或实际控制人；2) 在管理、设备、员工、产品以及商业名称等方面延续原事业；3) 转让公司解散。[4]

尽管有些判例与学者并不区分事实合并原理与纯粹延续原理[5]，但这两者的适用情形应是不同的。事实合并原理适用于转让人把资产转让于业已存在的公司的情形，纯粹延续原理则适用于转让人特意另设一个公司以受让资产的情形。[6]

2. 后继者责任制度的两种新型规则

由于前述四种原理各自存在着适用上的难点，利用传统的后继者责任制度不足以对债权人、尤其是产品责任债权人及未来债权人的利益进行充分的保护，故后来的判例又发展出了新的后继者责任制度，即事业

---

[1] Keller v. Clark Equip. Co. , 715 F. 2d 1280, 1291 (8th Cir. 1983), Philadelphia Elee. Co v. Hercules 762 F. 2d 303 (3d Cir 1985).

[2] Gevurtz Corporation Law. West Group 2000. pp 667 - 668, 转引自彭冰：《美国法上的继受人责任》，载《环球法律评论》，2008 (2)，67 页。

[3] Phillip I. Blumberg. The Continuity of The Enterprise Doctrine：Corporate Successorship in United States Law. *Florida Journal of International Law* (1996). pp. 371 - 374.

[4] 只有在无法得到救济的情形下，后继者责任才会被肯定，故如转让人仍存在，则不适用该原理。Phillip I. Blumberg. The Continuity of The Enterprise Doctrine：Corporate Successorship in United States Law. *Florida Journal of International Law* (1996). p. 372.

[5] Cargo Partner AG v. Albatrans, Inc. , 352 F. 3d 41, 45 n. 3. (2d Cir. 2003), Marie T. Reilly, Making Sense of Successor Liability, *Hofstra law Review* (2003).

[6] Nat'lGypsum Co. v. Cont'l Brands Corp. , 895 F. Supp. 328, 336 (D. Mass. 1995).

延续（continuity of enterprise）与生产线规则（the product line rule）。

（1）事业延续。

事业延续原理与纯粹延续原理以及事实合并原理的适用条件存在着一定程度的类似，其区别主要在于适用事业延续原理并不要求受让公司与转让公司之间所有者的继续性。该原理由密歇根州最高院在 Turner v. Bituminous Cas. Co. 案①中明确确立。该判例认为构成事业延续需满足如下四个条件。1）受让公司在管理、人事、地点、财产、业务运营甚至商号方面延续转让人；2）转让公司在法律和事实允许的情况下尽可能快地停止了运营，清算并解散；3）受让公司承担了为使转让人的事业能正常经营所必需的转让人的部分债务；4）受让公司对外表明其有效地延续了转让公司。其中，对于第四个条件，法院强调，如果一个公司对外宣称自己是另一个公司的延续，就构成存在事业延续的重要证据；受让公司从而利用了转让公司的商誉。多数判例认为，事业延续原理的理论基础在于，受让公司在享有转让公司所积累的商誉的同时，理应承担转让公司的债务。而享有转让公司所积累的商誉的重要途径是，受让公司通过继续使用转让公司的商号或通过广告等方式向公众表明其有效地延续了转让公司。②

（2）生产线规则。

与后继者责任制度中的其他原理不同，生产线规则的适用要件为受让公司受让转让公司的生产线并继续生产同样的产品，而非转让公司原事业的整体延续。而且，该规则的适用只限于产品责任诉讼。③

该规则由加利福尼亚州最高法院在 Ray v. Alad Corp.（Cal. 1977）④案中创设。在该案中，受让公司受让了构成转让公司实质上全部资产的包括厂房、设备、原材料、存货、商号、商标以及客户名单等，并继续聘用工厂原来的所有员工生产同样的产品，还向潜在客户宣称两公司为同一企业。加州最高法院在此案中认定受让公司对潜在产品侵权受害人的原告承担责任所依据的理由为：1）因原生产厂商解散，原告无法从原

---

① Turner v. Bituminous Cas. Co.，244N. W. 2d 873（Mich. 1976）.
② 参见杨忠孝、宋巨伟：《美国资产收购中的后继者责任规则研究》，见王保树主编：《公司重组：理论与实践》，125 页，北京，社会科学文献出版社，2012。
③ Phillip I. Blumberg. The Continuity of The Enterprise Doctrine: Corporate Successorship in United States Law. *Florida Journal of International Law*（1996）. p 374.
④ 560 P. 2d 3（Cal. 1977）.

来的生产厂商那里获得赔偿；2）受让公司可评估以前产品的风险并有能力分散风险；3）受让公司继续享有卖方商誉利益的情形下要求其承担责任也是公平的。

（三）法国法

法国商法典中并无关于营业（fonds de commerce）转让的规定，而 1909 年 3 月 17 日营业的买卖及营业质法（Loi du 17 mars，relative à la vente et au nantissement des fonds de commerce，以下简称"1909 年 3 月 17 日法律"）则对其进行了若干规定。

1. 债务在当事人之间的转移

与德国法、日本法将营业与企业两概念混同使用不同，法国法区别营业与企业两概念，认为企业（entreprise）的概念比营业（fonds de commerce）概念更为广泛，前者包括用于商业经营的所有财产、动产与不动产、有形财产与无形财产，甚至是债权与债务，而后者仅涉及资产的有形构件与无形构件，但不包括不动产，且不包括转让人的债务，也不包括转让人所订立的合同，除非劳动法有强制规定。[①] 由此可推导出在营业转让当事人之间，如当事人之间没有明确约定，债务不转移至受让人。[②]

2. 受让人对于营业上债务的承担

既然营业资产不包括转让人的债务，在对债权人的关系上，受让人当然也不应承担营业上的债务。可是，商业营业资产往往是商人唯一的重要财产，如果暗中进行转让，转让人有可能试图隐匿转让价款，损害债权人的权益，故为了保护资产出售人的债权人，法国法对受让人规定了公告义务，即受让人必须对转让资产事项进行法定公告，以通知转让人的无担保债权人。公告必须进行两次，第一次公告应当在买卖行为之后 15 日内进行；第二次要由受让人提出请求并由法院书记员在《法定公告正式简报》上进行。如果没有履行上述公告手续，所进行的价款支付

[①] 有的学者甚至主张商事营业资产包括债权与债务。参见张民安：《商法总则制度研究》，323、327 页。

[②] 笔者认为，造成法国法与德国法、日本法在这点上的差异可能是因为法国法对转让商业营业资产的形式规定了严格的条件，且具有强制性，故不能推定在合同中无明文规定内容的存在。参见［法］伊夫·居荣：《法国商法》，第 1 卷，罗杰珍、赵海峰译，758、768 页；古田龍夫「商法第 26 条及び第 28 条について（一）」福岡大學法學論叢 21 巻 3・4 号 323 頁。

对资产转让人的债权人不产生对抗效力（1909 年 3 月 17 日法律第 3 条）。① 也就是说，即使在受让人已经将营业资产的价款支付给转让人的情形下，出让人仍要对转让人的债权人承担债务责任，该第三人有权要求受让人支付价款。不过，在受让人将价款支付给第三人之后，受让人有权对转让人提起诉讼，要求转让人对自己承担责任。②

可是，即使受让人进行了公告，但如果价款不合理，也有可能会给债权人带来损失，故法国法又规定了债权人对支付价款的异议提出权。异议提出权应当在《法定公告正式简报》上进行公告之日 10 天内行使（1909 年 3 月 17 日法律第 3 条第 4 款）。③ 一旦受让人收到异议，即应中止付款，不得将款项支付给转让人；如果受让人收到异议后仍将价款支付给转让人，受让人应对债权人承担支付价款的责任。④ 法国法还规定，如果资产转让人的债权人认为资产的卖出价与其真实的价值不符，所得价款不能清偿拖欠他们的全部债务，他们还可以行使公开竞价拍卖请求权。⑤

由此可见，在对待营业债务的承担问题上，相较以商号以及营业资产整体性概念为基础的德国法、日本法，法国法则另辟蹊径，制定了以公示制度为核心的债权人保护体系。法国法之所以建立营业资产转让的公示制度，以下两点背景不容忽视。第一，在法国 1909 年 3 月 17 日法律颁布之前，营业资产的购买人就有着公示营业资产转让行为的习惯，以避免债权人撤销权的行使给交易安全带来不利影响。而立法机关规定营业资产转让的公示制度，受到了该商事惯例的影响。第二，德国法、日本法均将不动产视为营业资产的一部分，故如实行公示制度，对营业资产的转让则需通过两个独立的登记制度完成，违反了财产仅仅通过一次登记完成转移的法律原则，而由于法国法将营业资产视为动产，其范围不包括不动产，故法国法可实行公示制度。⑥

此外，值得注意的是，在制定 1909 年 3 月 17 日法律之后，法国立法机构又制定了不少使营业受让人对债权人承担清偿债务的强制性规定，也出现了不少与此同一意旨的判例。如 1949 年 3 月 11 日法律（1909 年 3

---

① 参见［法］伊夫·居荣：《法国商法》，第 1 卷，罗杰珍、赵海峰译，761、762 页。
② 参见张民安：《商法总则制度研究》，355 页。
③ 参见［法］伊夫·居荣：《法国商法》，第 1 卷，罗杰珍、赵海峰译，767 页。
④ 参见张民安：《商法总则制度研究》，356 页。
⑤ 参见［法］伊夫·居荣：《法国商法》，第 1 卷，罗杰珍、赵海峰译，767、768 页；张民安：《商法总则制度研究》，359 页。
⑥ 参见张民安：《商法总则制度研究》，330、353、354 页。

月 17 日法律的修订版）第 7 条规定，以营业向公司出资的，公司应与主要债务人对在规定的期间申报且被证明的债务连带承担清偿责任；法国直接税法第 23 条规定，在营业转让的情形下，对于在转让年度利润的课税，受让人应与转让人承担连带责任；又如，1928 年法国劳动法第 23 条第 7 款规定，因营业的继承、转让、合并、组织变更等企业主的法律地位发生变化的，在变更时存在的劳动合同仍存续于新企业主与员工之间；而判例则对该规定进行了扩张解释，认为，对于员工因在原营业主下为其利益劳动而享有的休假权，新营业主也必须赋予。① 之所以出现这样的立法与判例，法国学说上的一般见解认为是受到了新的企业法律概念的影响。法国有学者认为，企业（entreprise）在法律上应视为事业体（établissement），该事业体包括经济的细胞——营业与社会的细胞——员工的团体。因此，这一关于企业的概念区别于以资本或资本的把持者为基础的公司或商个人概念，而后者被称为企业主（entrepriser）。在这样的事业体中，存在着董事、股东、劳动者、债权人、消费者以及国家等多种利益主体，和谐地满足这些互相对立的多种利益需求可带来企业的利益，故应对普通法的原则进行修正。因此，应在某种程度上承认作为事业体的企业的权利义务主体性与财产独立性，也就是说，营业上的债权债务与劳资关系附着于企业，即使发生了营业转让，因企业依然为同一企业（同一企业的法理），营业的受让人当然也应成为附着于该营业的债权债务与劳资关系的主体。② 还有学者基于这样的理论，甚至认为营业资产转让的公示制度实际上是保护受让人的手段，其理由为，立法者在此的表达明显体现出受让人如仅以受让的行为必须承担转让人的所有债务的精神，暗示（1909 年 3 月 17 日法律）第 3 条的公示对于受让人而言只是免除债务的手段。③

3. 关于与营业资产转让合同相近合同的处理

由于上述 1909 年 3 月 17 日法律规定的程序具有强制性，故当事人有可能为了避免适用这些规定而采用其他的合同形式。可是，因这种对债

---

① 古田龍夫・土肥一史「商法第 26 条及び第 28 条について（一）」福岡大學法學論叢 21 卷 2 号 126 頁を参照。
② 古田龍夫「商法第 26 条及び第 28 条について（二）」福岡大學法學論叢 21 卷 3・4 号 328～333 頁を参照。
③ Grunzweig, Le fonds de commerce et son passif proper. 1938. no. 129. 转引自福井守「営業譲渡における企業概念の適用」法学論集 32 卷 40 頁。

权人的保护具有公告秩序性质，不能因当事人的规避行为而剥夺对资产转让人的债权人的保护，因此，1909 年 3 月 17 日法律第 7 条规定，以商业营业资产作为对公司的出资应当适用与资产转让相近似的规则。而对于其他与营业资产转让合同相近似的合同，则应当考虑各方当事人是否试图规避 1909 年 3 月 17 日法律的规定以及一些客观情形而进行判定。经常发生问题的有以下几种情形：

（1）在转让营业资产中的独立组成部分的情形下，原则上这种部分转让受普通法的调整，并不一定要履行上述手续。但是，在将资产的某一单独的部分转让给同一个取得人，以至于在整体上构成一个不可分割的整体，或单独转让某一部分也同样会引起顾客群体的转移等情形下，应适用上述法律规定。

（2）在"租赁经营"的同时附有"买卖营业资产的双务许诺"的情形下，如当事人的意图为规避法律或这种活动有可能损害债权人的利益，应将其视为资产转让合同。

（3）在将某一个公司的股份或股票全部转让给同一个人的情形下，如当事人有转让组成公司总财产的各项财产的意图，则应适用上述规则，如只是为了维持公司的运作而进行转让，则不适用。①

（四）韩国法

韩国法几乎原封不动地移植了日本法的规定，其商法典第 42 条第 1 款规定：营业受让人继续使用转让人的商号时，关于因转让人的营业所发生的债务，受让人也承担清偿责任；该条第 2 款又规定：受让营业后受让人毫不迟延地进行了不承担转让人债务的登记时，不适用前款之规定。转让人与受让人毫不迟延地将其意旨通知给第三人的，对被通知的第三人亦同。商法典第 43 条规定：在前第 1 款规定的情形下，对因转让人的营业所发生债权，在清偿者为善意且无重大过失时，向受让人的清偿有效。商法典第 44 条规定：在受让人不继续使用转让人的商号时、已刊登承担转让人的营业债务之广告时，受让人也应承担清偿责任。商法典第 45 条规定：受让人依第 42 条第 1 款的规定（继续使用商号时的受让人的责任）或者前条的规定承担清偿责任时，转让人对第三人的债务，自转让营业或者广告之后起两年，即行消灭。②

---

① 参见［法］伊夫·居荣：《法国商法》，第 1 卷，罗杰珍、赵海峰译，769、770 页。
② 参见《韩国商法》，吴日焕译，11 页。

（五）意大利法与中国澳门法①

在营业债务的承担问题上，意大利法与中国澳门法的规定极其类似，如出一辙。与德国、日本、韩国附条件的承担责任原则不同，意大利法与中国澳门法的基本原则为：受让人继受原转让人的债务，但转让人的责任并不消失。根据意大利民法典第 2560 条的规定，未经债权人的同意，受让人不得解除企业在转让前的营业上的债务；受让人在商业企业转让中，在法定账簿中载明了债务的，企业受让人也应当承担上述责任。中国澳门法也规定了类似条款；不过，与意大利法略有不同的是，中国澳门法明确规定了取得人清偿债务后对于转让人的求偿权，以及该债务承担之规定亦适用于企业之用益与租赁（澳门商法典第 113 条）。与德国法、日本法上受让人在一定条件下承担责任的制度相比，意大利法与中国澳门法无条件地对营业受让人课以清偿责任是其一大特色，但须注意的一点是，德国法、日本法的营业债务并不以在会计账簿中记载的债务为限，而意大利法与中国澳门法则将受让人承担责任的范围限定于会计账簿记载范围内的债务。

对于合同上权利义务的继受，根据意大利民法典第 2558 条、澳门商法典第 110 条之规定，如没有相反约定，受让企业的人应当继受为经营企业而缔结的不具有人身性的契约。但如有正当理由，合同对方当事人可于转让开始时起 3 个月内解除合同，但转让人仍承担倘有之责任。对于劳动合同，根据意大利民法典第 2112 条、澳门商法典第 111 条之规定，受让人继受劳动合同关系，但受让人仍须与转让人共同对转让时劳务提供者享有的全部债权承担连带责任。

而之所以意大利民法将企业的受让人视为企业上债权债务及劳动关系的主体，是因为意大利法也与上述的法国学说理论一样，将企业视为事业体，而非企业主。②

---

① 参见《意大利民法典》，费安玲、丁玫、张宓译；中国政法大学中国澳门研究中心/澳门政府法律翻译办公室编：《澳门商法典》。

② 如意大利学者 Franceschelli 认为，在股份制企业中，也应区别 enterprise 与 enterpriser（企业主），例如，股份公司的设立、股东大会或董事会的组织及活动为 enterpriser（企业主）的组织与活动；而 enterprise 的组织与活动，则为构成阶级社会的员工的团体组织以及生产经营活动（Franceschelli「la notion juridique déntreprise en Italie」revue trimestrielle de droit commercial 1972，P. 579）。转引自古田龍夫「商法第 26 条及び第 28 条について（二）」福岡大學法學論叢 21 巻 3・4 号 321、334 頁。

(六) 中国台湾地区的有关规定

如营业让与契约①包括让与公司的负债在内，除构成概括让与外，性质上为债务承担，即使营业让与契约明定由受让公司承担让与公司的债务，依"民法"规定，尚应经债权人承认，否则对债权人不生效力（"民法"第301条）。可是，由于"企业并购法"第27条第1项特别规定让与或受让营业或财产者，其债权让与的通知得以公告方式代替，承担债务时，免经债权人承认，不适用"民法"第297条及第301条的规定，故营业让与标的如包括让与公司的负债，并不必取得债权人承认，仍可对债权人发生效力。② 对此，有学者提出质疑，其阐述理由如下："盖所谓债务承担之承认，性质上为让与公司债权人之意思表示，仅以公告周知之观念通知，理论上并未能取代让与公司债权人未承认之意思表示，否则仅以公告即得'山河变色'，发生债务人易主之结果，显然对于公司债权人过于不公平。因此，'企业并购法'第27条第1项以简化营业让与之程序为由，规定公司为概括承受、概括让与、营业让与或营业受让时，免经债权人之承认，不适用'民法'第297条及第301条规定，明显违反'宪法'第15条有关财产权保障之规定。又从民事关系而言，让与公司如以营业让与进行脱产，则该营业或财产之买卖，应属通谋虚伪意思表示而无效（'民法'第87条第1项），公司债权人仍得依法主张。"③

虽然台湾"立法"并未明文规定营业转让中经公告后的债务承担性质如何，但从该学者的见解可知，其应为免责的债务承担，即无须债权人的承认，转让人就可免责，而受让人取而代之成为债权人的债务人。

四、我国现行制度的缺陷与问题

(一) 民商法上的一般规定与学说

由于营业转让是商法总则中的制度之一，而我国尚未制定商法典，故我国立法自然未对其中的债务承担问题作出明确的、一般性的规定，

---

① 在中国台湾地区的有关规定中，营业转让被称为"营业让与"。
② 参见王志诚：《企业组织重组法制》，193页。
③ 见上书，198页。

对其的判断只能依据一般的民商法规定与学说解释进行推断。我国《合同法》第84条规定，债务人将合同的义务全部或者部分转移给第三人的，应当经债权人同意。而我国民法上的通说认为，债务承担从性质上可以界分为免责的承担与并存的承担。可是，对于《合同法》第84条是否承认并存的债务承担，学说上则存在着分歧。一种为肯定说，该说认为，该条规定部分债务的移转实际上是指并存的债务承担。① 一种为反对说，该说认为，《合同法》第84条明确规定，债务人不管是将合同义务的全部还是部分转移给第三人，均需债权人同意，故该条仅是对全部免责债务承担和部分免责债务承担的规定，而并非对并存的债务承担的规定。② 至于债权人同意的方式，学说认为，明示或者默示均可，以非要式为原则；债权人向第三人请求履行或者受领第三人的履行，亦表明同意；当然，也可以明示或默示表示拒绝。③ 根据该规定的内容，并结合以上我国学说对其的理解，下文区分当事人之间约定内容的不同，分别对不同情形下营业转让中的债务承担进行探讨。

第一，当事人之间对债务的承担没有约定的情形。在这种情形下，由于当事人之间未就债务的转移达成协议，而且，由于营业转让非公司的合并与分立行为不属于债权债务的概括性转让，因此，受让人理应无承担债务的义务。

第二，当事人之间约定转移债务的情形。在这种情形下，并存的债务承担对转让人几乎毫无益处，且我国学说对于《合同法》第84条是否承认并存的债务承担尚无定论，故当事人之间的约定内容只可理解为免责的债务承担。债权人可以明示或默示，以及请求或接受履行等方式表示同意，或以明示或默示拒绝，债权人表示同意的，受让人承担清偿责任，而转让人免责；债权人表示拒绝的，则转让人继续独自承担清偿责任。

第三，当事人之间约定不转移债务的情形。在这种情形下，由于当事人之间特别约定不转移债务，受让人当然不承担清偿责任。

---

① 参见王利明：《民商法研究》（第6辑），533页，北京，法律出版社，2004；崔建远：《概念·特征·构成要件·价值判断——分析民法问题的大体思路》，见崔建远主编：《民法9人行》，64、65页，香港，金桥文化出版（香港）有限公司，2004；邢建东：《合同法（总则）——学说与判例注释》，301页，北京，法律出版社，2005。

② 参见杨明刚：《论免责的债务承担》，见崔建远主编：《民法9人行》，20页，注1；龚兵：《免责的债务承担》，载《法学杂志》，2006（2），131页。

③ 参见崔建远主编：《合同法》，第3版，185页，北京，法律出版社，2003。

　　由此可见，根据我国民商法的现行规定及学说解释，仅在第二种情形下，即当事人之间约定转移债务的情形下，债权人才可向受让人请求清偿债务，而且，债权人一旦向受让人请求，则不得向原债务人请求清偿。可是，在营业转让中，由于具有担保意义的营业财产予以转移，而转让人又易于消耗掉作为营业转让对价的现金，这样的规则显然极不利于保护债权人的利益。

（二）债权人所能利用的救济措施及限制

　　如前所述，如转让当事人之间无转移债务的特别约定，债权人只能向转让人请求履行。在这种情形下，如债务人不能清偿债务，根据我国现行法律规定，债权人还可利用合同法上的撤销权、破产法上的撤销权、法人格否认以及公司分立中各公司的连带责任等规定与法理来实现救济。

　　1. 合同法上的撤销权

　　《合同法》第74条规定："因债务人放弃其到期债权或者无偿转让财产，对债权人造成损害的，债权人可以请求人民法院撤销债务人的行为。债务人以明显不合理的低价转让财产，对债权人造成损害，并且受让人知道该情形的，债权人也可以请求人民法院撤销债务人的行为。撤销权的行使范围以债权人的债权为限。"可是，债权人适用该条规定对营业转让行使撤销权相当困难，因为：第一，在营业转让中，转让人无偿转让营业的情形十分少见；第二，由于营业财产为各种有形、无形财产及事实关系的有机结合，被转让营业的合理市场价值很难确定，在实践中，为了证明其营业转让的合法性，转让企业通常会聘请财务顾问或者资产评估机构等中介机构出具相关报告，证明营业转让价格的合理性，而债权人要在法庭上证明转让价格为明显不合理的低价非常困难[①]；第三，众所周知，债权人要想证明受让人对此明知也相当困难。

　　2. 破产法上的撤销权

　　根据《破产法》第31条的规定，法院受理破产申请前一年内，债务人无偿或以明显不合理低价转让其财产的，管理人有权请求法院予以撤销。在这种情形下，管理人无须证明财产受让人对明显不合理的价格明知，且根据《破产法》第34条的规定，管理人可直接追回债务人的财

[①]　参见彭冰：《"债随物走原则"的重构与发展——企业重大资产出售中的债权人保护》，载《法律科学》，2008（6），149页。

产，因此，相较于上述合同法上的撤销权，破产法上的撤销权在这两点上比较有利。可是，行使破产法上的撤销权必须至少满足以下条件：第一，必须债务人被申请破产；第二，行权人必须为管理人；第三，转让财产的行为必须发生在破产申请前一年内。而且，与上述合同法上的撤销权一样，证明营业财产的转让价格为明显不合理的低价十分困难。

此外，《破产法》第 32 条还规定了针对优惠性清偿的撤销权。该条规定，法院受理破产申请前六个月内，债务人有本法第二条第一款规定的情形，仍对个别债权人进行清偿的，管理人有权请求法院予以撤销。有学者主张，对于资产与债务一并转移的营业转让，可适用该条规定实现对债权人的救济。可是，该条适用的对象为对个别债权人进行清偿的行为，是否适用于债务转移存在着不确定性，而且，该条显然不适用于未约定转移债务的营业转让。另外，与第 31 条的问题一样，该条也存在着债务人必须被申请破产、行为期限、行权主体的限定等问题。

而且，上述两条都存在着一个共同的问题，即由于即使管理人运用上述规定追回了财产，该财产也必须纳入破产财产，按照破产分配顺序进行分配，债权人只能有限度地实现债权的回收。

3. 法人格否认的法理

债权人还可考虑利用法人格的否认法理来实现救济。我国《公司法》第 20 条规定，公司股东应当遵守法律、行政法规和公司章程，依法行使股东权利，不得滥用公司法人独立地位和股东有限责任损害公司债权人的利益；不过，《公司法》在此并未进一步明确该法理的具体适用情形。对于该条是否可适用于债务人通过将资产转移至其他公司以逃避债务的情形，即法人格否认法理反向适用的可否，因该条规定的责任主体为股东，故仅从文义解释很难作出肯定的回答，而学说上对此也存在着较大的争议。即使可适用，依据该法理的性质，其适用也仅限于债务人将资产转移至其新成立公司或其所控制的公司的情形。此外，根据国外的学说理论与司法实践，该法理的适用还要求受让人与转让人具有实质的同一性，且债权人还必须证明债务人存在着滥用的意图。①

4. 公司分立中各公司的连带责任

《公司法》第 177 条规定，公司分立前的债务由分立后的公司承担连带责任，除非公司在分立前与债权人就债务清偿达成书面协议。因该条

---

① 志村治美『現物出資の研究』（有斐閣　1975 年）234 頁。

对于责任承担规定得非常明确，且债权人无须承担债务人或受让人存在恶意等举证责任，故如果能适用该条，则对债权人非常有利。但是，因该条适用的前提条件为公司分立，故债权人必须举出足够的证据与充分的理由来说明债务人的行为为公司分立。可是，因存在着连带责任的规定以及利用分立制度益处的不明朗，债务人一般不可能明文标榜自己的行为为分立，显然，如果没有法官的特别支持，债权人几乎无力证明债务人的行为为公司分立。而且，在债务人将其资产转移至另一既存公司的情形下，还涉及合并分立的认定问题，可我国《公司法》并未明确可进行合并分立。况且，如果当事人并无意图进行分立而法官却强行认定其进行了分立，似有破坏法律的明确性之嫌。最高院曾有一判例通过认定债务人与受让人的行为构成了合并分立从而肯定受让人的责任，可该判例的说理太过牵强，似乎只是主审法官的一厢情愿，而此后并无判例遵循这一做法就说明了这一点。① 因此，债务人适用该条追究受让人责任也非常难以获得成功。

（三）司法解释与适用

也正是因为我国现行法律规定及法理的无力，为了解决企业借改制之机逃避债务、保护债权人的合法权益，最高人民法院在 2003 年颁布了《最高人民法院关于审理与企业改制相关的民事纠纷案件若干问题的规定》（以下简称改制司法解释）。改制司法解释虽然没有明文使用营业转让的概念，但其规定的企业公司制改造、国有小型企业出售等情形实际上等同于营业转让。其中，涉及本书问题的条文主要有：

（1）企业公司制改造。

第 6 条　企业以其部分财产和相应债务与他人组建新公司，对所转移的债务债权人认可的，由新组建的公司承担民事责任；对所转移的债务未通知债权人或者虽通知债权人，而债权人不予认可的，由原企业承担民事责任。原企业无力偿还债务，债权人就此向新设公司主张债权的，新设公司在所接收的财产范围内与原企业承担连带民事责任。

第 7 条　企业以其优质财产与他人组建新公司，而将债务留在原企业，债权人以新设公司和原企业作为共同被告提起诉讼主张债权的，新设公司应当在所接收的财产范围内与原企业共同承担连带责任。

---

① 详见第二章之一对于该案的介绍。

（2）国有小型企业出售。

第 24 条　企业售出后，买受人将所购企业资产纳入本企业或者将所购企业变更为所属分支机构的，所购企业的债务，由买受人承担。但买卖双方另有约定，并经债权人认可的除外。

第 25 条　企业售出后，买受人将所购企业资产作价入股与他人重新组建新公司，所购企业法人予以注销的，对所购企业出售前的债务，买受人应当以其所有财产，包括在新组建公司中的股权承担民事责任。

第 26 条　企业售出后，买受人将所购企业重新注册为新的企业法人，所购企业法人被注销的，所购企业出售前的债务，应当由新注册的企业法人承担。但买卖双方另有约定，并经债权人认可的除外。

以上条文虽具体规定了几种情形下的债务承担问题，但令人费解的地方很多。以下逐一对其进行分析。

第 24 条规定的行为可理解为普通的营业转让，且为营业的全部转让①，故本书的分析首先从该条入手。从该规定"企业售出后"的文义来看，该规定仅适用于转让全部营业且原企业解散的情形。根据该规定，在这种情形下，由受让人承担营业上的债务，而转让人与受让人另有约定不承担债务，并经债权人认可的除外。显然，这样规定的理论根据为"债随企业财产变动原则"，即营业资产是营业债务的担保物。不过，该规定的适用对象为营业的全部转让，其是否适用于营业的部分转让尚不得而知。

第 25 条规定的行为实际上可分解为两个阶段的法律行为，第一个阶段是受让人购入企业资产，第二个阶段是受让人将购入后的资产用于出资组建新公司。第一个阶段实际上是受让人对营业资产的受让，根据第 24 条的规定，在这种情形下，受让人当然应承担企业出售前的债务；而在第二个阶段中，买受人作为本来的债务人，即使其将企业资产转移，也应承担原债务，这样的规定理所当然，可是，既然新组建公司受让了

---

① 企业一词最早起源于德国，经由日本翻译传至中国。在德国，在营业转让、租赁、继承的语境中，企业（unternehmen）事实上与营业为同义语（详见第二章之二中的论述）。司法解释中使用了"国有小型企业出售"，可是，所谓"企业出售"所出售的对象究竟为何物却令人费解，即如其指的是企业本身，岂不是出售自己？这在法理上是行不通的、逻辑上是矛盾的。而如其指的是企业所拥有的资产，则与现有的企业概念不符。从对企业一词的发源地——德国的考察得知，企业可理解为营业，如果是这样，问题就可迎刃而解了，即企业出售的是营业，而不是企业或法人本身。持同样见解的有张颖杰、万良杰：《国企出售与债务承担问题探讨》，载《商业时代》，2007（3），74 页。

原企业的资产，按照第 24 条规定及"债随企业财产变动原则"，新组建公司理应也承担或者单独承担原债务，可在该规定中，看不出制定者有让新公司承担债务的意图，这岂不是前后矛盾？不过，第 24 条规定的情形为营业的全部转让，而第 25 条规定的第二阶段则可理解为营业的部分转让，从这个角度看，这样规定似乎仍具一定的合理性。

第 26 条规定的行为应解释为受让人首先受让营业，再设立新公司，并将其受让的营业又转让至新公司。根据第 24 条及"债随企业财产变动原则"，受让人应首先承担营业上的债务；因受让人随后转让的只是其营业的一部分（相对于受让人而言），故根据第 25 条的规定，受让人仍应继续承担原债务。可本条却规定由新注册的企业法人承担，这两条之间岂不是自相矛盾？第 25 条规定情形与本条规定情形的唯一不同之处在于第 25 条是受让人以企业资产与他人组建新公司，而第 26 条是买受人以企业资产单独设立新公司，可是，这是否足以构成区别对待的理由呢？

而且，以上三条还存在着一个共同的缺陷，即如国有小企业将其全部营业出售给受让人后，其将不承担债务，立法如此设计岂不是反过来为国有小企业逃避债务提供了合法的依据？① 而且，以上三条适用的对象均为国有小型企业的出售，其是否适用于非国有小型企业的出售并不明朗。可在对待债权人的问题上，区别对待这两者并无合理的理由。笔者认为，之所以本解释限于国有小型企业的出售，只是因为在企业改制中，国有小型企业的出售较为多见，其讨债问题较为突出而已，并不代表国有小型企业的出售与非国有小型企业的出售之间有着本质的区别。

第 6 条规定的行为实质上可理解为转让人以其部分营业作为实物出资与他人共同设立新公司的行为。其前半段只不过是对现行《民法通则》及《合同法》规定的重复。而其后半段规定，在原企业无力偿还债务的情形下，由新设公司在其所接受的财产范围内承担连带民事责任。该条的问题在于：（1）从该条规定的内容可知，在转让部分营业的情形下，与他人共同设立的新设公司需对营业上的债务承担连带责任。可是，这又与第 25 条规定的内容自相矛盾。不过，这两条适用的条件不同，即适

---

① 参见余竹旗：《论营业转让中的债权人保护》，载《安徽大学学报》（哲学社会科学版），2009（2），85 页。

用该条规定的前提是原企业无力偿还债务，而第 25 条规定的则是买受人具有清偿能力的情形。（2）同样是以"债随企业财产变动原则"为其理论基础，该条规定的是受让人在其接受的财产范围内承担责任，而上述第 24 条、第 25 条规定的却是以受让人所有的财产承担责任，可在这两类情形下承担责任的财产范围为什么不一致，在理论上却无法阐明。

第 7 条规定的行为实质上也是转让人以其部分营业作为实物出资与他人共同设立新公司的行为，不过，其适用限定为以优质资产出资的情形。同样，该条以"债随企业财产变动原则"为理论根据，规定了在此情形下受让人的连带清偿责任。可是，在正常情况下，即使转让人以优质资产出资，其理应获得相应的对价（股权），债权人也可通过执行出资企业在新设公司的股权的方式解决，不必适用本条规定；而且，受让人也支付了相应的对价，使其承担责任对其不公。

上述两条规定的都是企业以其部分资产出资进行改制的行为，可是，如果将其适用范围适用于企业的一般转投资行为，企业将因有可能被承担债务而无法进行正常的投资，这显然不妥，可如何区分企业以部分资产出资进行改制与企业正常的转投资行为却是一个绕不开的难题。[①] 而且，第 6 条、第 7 条是否适用于企业产权改制完成后的投资行为也不明朗。[②] 如果将其理解为"债随企业财产变动原则"的体现，在处理债务的问题上，区别对待企业产权改制与非企业产权改制的投资行为并无合理理由，而且，关于何为企业改制其概念本身不够清晰。[③]

---

① 在审判实践中，法院屡屡遇到这种难题。最高院在其一判决［徐瑞柏：《区分企业合法投资行为与转移财产逃废债务的界限——中国工商银行鸡西市分行与鸡西市煤炭公司、黑龙江天源煤炭股份有限公司借款合同纠纷上诉案》，见奚晓明主编：《民商事审判指导》（2004 年·第 1 辑），北京，人民法院出版社，2004］以出资所占本企业比例为标准，认为债权人用于设立新公司的出资仅占其"全部有效资产的 2.51%，属于企业的正常投资行为"，不属于"企业以其优质财产与他人组建新公司，而将债务留在原企业"的情形。最高院在其另一判决［王宪森：《企业改制司法解释第六、七条的适用及改制企业转让股权是否影响新设公司承担责任——中国建设银行山东省分行与山东禹城中农润田化工有限公司、山东兴禹化工集团公司等借款合同纠纷上诉案》，见奚晓明主编：《民商事审判指导》（2004 年·第 2 辑），北京，人民法院出版社，2005］则主张不能从数量或者比例上来区分企业改制和转投资行为时，只能从性质上来进行区分，认为改制经过当地政府部门批准，作为界定其适用司法解释的根据。
② 在国家开发银行诉沈阳高压开关有限责任公司等一案［最高人民法院判决（2008）民二终字第 23 号］中曾涉及该问题，但主审法官并未就此进行正面回答。
③ 参见彭冰：《"债随物走原则"的重构与发展——企业重大资产出售中的债权人保护》，载《法律科学》，2008（6）。

　　对此，有学者依据后来最高院某权威法官关于适用以上两条的说明①，认为第 6 条实质为企业破产前针对个别债权人优惠性清偿的救济措施规定，且在司法实践中容易引起适用上的混乱与困惑，故没有必要继续存在，应以《破产法》第 32 条的规定取而代之。第 7 条则可保留，但其适用范围应限定为债务人企业假借改制之名，行转移优质资产、恶意逃废企业债务之实的违法行为。②

　　综上所述，改制司法解释存在着概念不清、逻辑不严密、前后不一致、适用范围不明、条文内容自相矛盾等诸多问题，尽管如此，仍可从其规定内容中总结出最高院的一般原则与指导思想。即改制司法解释总体上以"债随企业财产变动原则"为理论根据，确定了营业受让人对于营业债务的清偿责任，除非转让当事人之间对债务的除外有特别约定，并经债权人认可。可是，最高院在具体的制度设计中，却显得并不是那么坚决，其似乎仅肯定了在转让人转让全部营业情形下的受让人的清偿责任（如改制司法解释第 24 条），而对于营业的部分转让，则将受让人清偿责任的情形限定为债务人无力清偿债务、恶意逃债等情形（如改制司法解释第 6 条、第 7 条）。这说明最高院在制定该解释时并未彻底地贯彻其所确立的"债随企业财产变动原则"，造成这一矛盾的原因之一可能在于，如果将"债随企业财产变动原则"适用于合法的出资行为，难免会干扰正常的经济活动，故有必要对其适用情形加以限定。③ 其次，"债随企业财产变动原则"本身在理论上缺乏正当性。该原则并非民法学上的经典理论，而是由我国经济实务界基于其自身需要提出，由法院予以确认的一种产物，其理论基础被阐释为企业法人财产原则，即企业法人的财产是企业法人对外承担债务的一般担保。可是，该原则遭到了学者们的尖锐批评，有学者指出，这其实是对企业法人对外承担债务一般担保的误解，因为所谓企业财产的一般担保，只是对企业独立财产原则的一种表述而已，并非真正具有担保的性质，而"债随企业财产变动原则"

---

① 参加奚晓明：《充分发挥民商事审判职能作用为构建社会主义和谐社会提供司法保障——在全国民商事审判工作会议上的讲话》，见奚晓明主编：《民商事审判指导》（2007年·第 1 辑），北京，人民法院出版社，2007。

② 参见彭冰：《"债随物走原则"的重构与发展——企业重大资产出售中的债权人保护》，载《法律科学》，2008（6）。

③ 参见奚晓明：《充分发挥民商事审判职能作用为构建社会主义和谐社会提供司法保障——在全国民商事审判工作会议上的讲话》，见奚晓明主编：《民商事审判指导》（2007年·第 1 辑）。

要求受让财产的企业在其接受财产范围内对转让企业的债务承担连带责任，则实际上创设了一种超级担保权益——既具有扩展债务人范围的人保性质，又具有追及变动财产的物保优先性。①

如前所述，由于改制司法解释的上述条文存在着概念不清、前后矛盾、适用范围不明等诸多问题，法院在审判中对于具体应适用哪个条文相当混乱。② 鉴于此，在工商银行山东分行诉信诚公司等借款合同纠纷案一案中，最高人民法院主审法官则干脆抛开了具体条文的适用，而直接笼统适用"债随企业财产变动原则"，肯定了受让公司的连带责任，从而避开了适用具体条文的困惑。而该判决文书被登载于《最高人民法院公报》，表明该处理方法得到了最高人民法院的认同。

在该案中，山东工行于 1996 年至 1998 年累计向化肥厂贷款 3 850 万元，化肥厂、职工持股会和其他几家投资方于 1999 年共同发起设立信诚公司，其中，化肥厂投入信诚公司实物资产 7 772 万元，并同时转入负债 4 812 万元，以净资产 2 960 万元作为其对信诚公司的出资，占信诚公司所受出资的 74%；在信诚公司成立后，化肥厂又将其所有的资产 96 531 146.46 元转让给信诚公司，同时将等额债务转让给信诚公司；上述两批债务转让均不包括山东工行的债务。山东工行向山东省院提起诉讼，主张信诚公司应对其债务承担连带责任。一审法院认为上述行为应适用改制司法解释第 6 条的规定，支持了原告的该项主张。可是，在二审判决中，最高院主审法官并未具体指出上述行为究竟应适用改制司法解释中的哪条规定，而是笼统地适用"债随企业财产变动原则"，其如是主张："改制企业转移债务，未经转移债务债权人同意，不发生债务转移的法律后果，债务仍由改制企业承担。改制企业如将部分财产转移给新设公司的，按照法人财产原则，由新设公司在所接收财产范围内与改制企业承担连带民事责任。未转移债的债权人仍有权按照合同相对性原则和法人财产原则，要求改制企业和接收改制企业财产的新公司承担相应的偿还责任。"

由此可见，在审判实践中，由于改制司法解释条文在适用上的困惑，其事实上已成为摆设，而"债随企业财产变动原则"则作为法官审案的

---

① 参见彭冰：《"债随物走原则"的重构与发展——企业重大资产出售中的债权人保护》，载《法律科学》，2008（6），150 页；王军：《评"企业债务随企业财产变动原则"——法释〔2003〕1 号司法解释的一个理论误区》，载《法学》，2007（12），139 页。

② 有关法院在适用该司法解释时的窘境，参见彭冰：《"债随物走原则"的重构与发展——企业重大资产出售中的债权人保护》，载《法律科学》，2008（6），150～153 页。

一项普通原则得到了确立。可是，按照对该原则的合理解释，受让人只要受让了企业的财产，就应承担原债务，而不必区分以改制为名的企业财产出资行为与其他出资行为。如果是这样，企业岂不是无法进行正常的投资与财产转让？因此，如何把握对非改制的正常投资行为的适用将会是法官适用这一原则的最大难题。

（四）基于外观保护法理而对债权人予以保护的审判探索

有趣的是，我国虽无以续用商号为标准对受让人课以责任的规定，但近来也出现了法官基于与德日类似的外观信赖保护法理而肯定受让人责任的判例，该现象耐人寻味。

新世纪大酒店系个人独资企业，2004 年 5 月 20 日，朱关俊作为甲方与作为乙方的杨某某签订了企业购并合同。该合同约定甲方将新世纪大酒店的净资产所有权和承包经营权以 70 万元价格出售给乙方。合同还约定，该酒店之前的一切债权债务由甲方负责，此后的债权债务均由乙方负责。2004 年 7 月 1 日，新世纪大酒店的投资人由朱关俊依法变更为杨某某，名称仍然沿用，新世纪大酒店继续照常营业。在朱关俊经营新世纪大酒店期间，原告许某某便与该酒店建立了蔬菜供应关系。而在杨某某经营该酒店期间，仍然保持了与原告的供应关系。由于新世纪大酒店拖欠原告的蔬菜款，原告向法院请求判令被告杨某某清偿所欠蔬菜款。而被告则主张其中部分款项系原投资人朱关俊所欠，应由朱关俊承担。

一审法院认为，新世纪大酒店投资主体变更后，原告继续与酒店发生蔬菜买卖关系，这种关系较投资人与原告之间的关系来说更为密切。原告信赖的交易方是新世纪大酒店而不是企业背后的投资人。并且，被告主张新世纪大酒店于 2004 年 7 月 1 日经过工商部门的变更登记，公章已经销毁，但是原投资人朱关俊此后仍然持有并使用新世纪大酒店的公章。被告没有尽到在企业转让时将原企业公章销毁的义务，原告有理由相信自己的交易对象还是原新世纪大酒店，这一点也可以作为原告向被告主张债权的理由。因此，新世纪大酒店转让前欠原告的蔬菜款由被告杨某某承担，被告在承担债务后可根据其与原投资人朱关俊间的约定另行主张权利。①

---

① 参见《宿迁市宿城区人民法院（2006）宿城民二初字第 66 号》。资料来源：朱培文：《个人独资企业转让后的债务承担问题》，见东方法眼 http://www.dffy.com/sifashi-jian/sw/200711/20071127190448.htm。

二审法院支持了一审法院的结论，认为，被上诉人许某某作为一名向新世纪大酒店供应蔬菜的个体经营户，不能要求其完全知悉独资企业的投资人与企业之间的关系，其信赖的是买受方"新世纪大酒店"。在新世纪大酒店的投资人发生变更后，上诉人也没有向被上诉人明示其投资人的变更，而继续与被上诉人保持蔬菜买卖合同关系，且原投资人朱关俊仍然持有新世纪大酒店的公章。因此，被上诉人主张的因蔬菜买卖合同关系而产生的债务呈连续状态。上诉人与朱关俊之间的债权债务转移不能对抗善意第三人许某某，故该债务应由上诉人杨某某承担清偿责任。[1]

尽管无法律上的明文规定，该案的一审、二审仍均以债权人对原商号"新世纪大酒店"的外观信赖为由肯定了受让人的责任，这与德日的有关规定及其所体现的法理不谋而合，体现了我国法官也存在着以外观信赖保护法理保护债权人的意向。不过，该案的特殊之处在于被转让对象为非法人的个人独资企业，一审法官在判决书中也强调应对这类企业的债权人给予倾向性保护，故该判决所阐述的法理是否也可适用于一般法人企业尚存疑问。但是，从该案的一审及二审来看，其说理似乎与企业的形态无关，外观保护的法理同样也可用于其他的法人企业；而且，该一审法官虽然强调应倾斜性地保护个人独资企业的债权人，但并未给出令人信服的理由，恰恰相反，因个人独资企业的投资人承担的是无限责任，其债权人所受的保护本就优于一般法人企业的债权人。

（五）小结

依据我国现行民商法的一般规定与学理解释，在营业转让当事人之间约定转移债务的，债权人可向受让人请求清偿债务；在转让当事人之间约定不转移债务或对转移债务没有约定的，债权人无权向受让人请求清偿债务。在后两种情形下，债权人可利用合同法上的撤销权、破产法上的撤销权、法人格的否认以及公司分立中各公司的连带责任规定等实现救济，可这些规定及法理均存在着适用上的障碍与限制，且依赖于法官的自由裁量。因此，依据现行的立法规定及学说理论显然无法充分地

---

[1] 参见《宿迁市中级人民法院（2006）宿中民二终字第 169 号》。资料来源：朱培文：《个人独资企业转让后的债务承担问题》，见东方法眼 http://www.dffy.com/sifashijian/sw/200711/20071127190448.htm。

保护债权人的权益。也正因为如此,我国司法审判界根据经济实务界的客观要求,创建了"债随企业财产变动原则",即只要企业法人财产发生了转移,债务也跟着转移,除非取得债权人的同意,无疑,该原则在保护债权人的权益上发挥了很大的功效。可是,该原则在三个方面存在着难以克服的缺陷:其一,该原则不尊重转让当事人之间的约定,而一律使其承担连带责任,如果是这样,受让人在受让企业财产时将被剥夺选择债务的权利,从而导致转让企业财产以及以企业财产出资行为的萎缩;其二,该原则的适用不区分正常出资的情形与改制出资的情形,这将会导致企业转投资行为的萎缩;其三,该原则错误地理解了企业财产对于债务的一般担保的性质,在理论上缺乏正当性,难以自圆其说。虽然在后来个别地方法院的判例中,法官也依据类似于德日的外观保护法理对债权人予以保护,但这仅是个别地方法院法官的态度,远不足以依此来保护债权人的利益。总之,一方面,我国现行的立法规定不利于债权人利益的保护,而另一方面,司法实践却又对其矫枉过正,从一个极端走向了另一个极端。

五、日本法及其他各国法的启示与借鉴

(一) 各国不同处理模式的比较与启示

概观各国对于营业债务承担问题的处理模式,大致可分为以下四大类型。第一类是以德国法、日本法为代表的,以外观保护法理为中心,并辅以企业财产担保理论的德日模式;第二类是以营业转让的登记公示制度为中心的法国模式;第三类是建立在新的企业法律概念基础上的,一律使受让人承担清偿责任的意大利模式;第四类为建立在事实合并及纯粹延续理论上的后继者责任制度的美国模式。

为了保护营业转让中债权人的合法利益,法国法要求营业受让人必须在营业受让前进行公示,并赋予债权人异议权与竞价权,这或许可有效地甚至无遗漏地保护债权人,但程序复杂烦琐,难以操作,有可能过当地牺牲公司并购重组的效率。世界各主要国家均未采取这样的制度模式即可佐证这一点。而且,该制度的建立是与法国存在着这样的商事惯例的背景分不开的。不过,值得注意的是,法国在新的企业法律概念的影响下，又立法制定了不少使营业受让人对债权人承担清偿债务的强制性规定，也出现了不少与此同一意旨的判例。

而德日模式、意大利模式及美国模式从表面上看似乎存在着较大差异，但实质上却存在着很大程度上的共同之处与交集。

德日模式主要以是否续用原商号为标准来处理受让人对债权人的清偿责任，且无论是否为营业的全部转让与部分转让，可由于德日法均规定商号的转让必须伴随着营业的废止或全部转让，故除使用类似的商号外，在转让部分营业的情形下不可能续用原商号，日本实际适用该规定的事例几乎为营业的全部转让即可证明这一点。而且，这些案例还表明这样一个事实：即使使用类似的商号，也几乎为营业的全部转让。而意大利法上的企业转让实为企业的全部财产的转让，故从法律规定的实际适用范围来看，德日模式与意大利模式在这点上事实上几乎是一致的。当然，在德日模式下，如果只是营业的全部转让，而不符合续用商号条件的，营业受让人不需承担清偿营业上债务的责任，故意大利模式的适用范围更广。但在意大利模式下，受让人承担责任的财产范围则仅限于所受让的财产。而这一差异是两种模式各自依赖不同的法理所造成的必然结果，前者以外观信赖保护为中心，后者的法理基础则为可将企业视为权利义务的独立主体。此外，因德日模式的主要法理依据为外观信赖保护，故存在着是否应以债权人的善意为要件的争议，不过，日本及德国很多判例及学说在吸收企业财产担保论的基础上，主张即使债权人为恶意，受让人也不应免责，故从这点来看，两种模式的差异也在缩小。

而且，日本适用该规定的事例多为转让人与受让人实质上为同一人的情形，即转让人为逃避债务将财产转移至其新设公司继续营业的情形。而这与美国法上纯粹延续理论所适用的情形高度一致。美国法上的事实合并理论主要适用于转让人将资产转让于既存公司的情形，而日本法在这种情形下则一般并不课以受让公司的清偿责任，故在这点上美国法的实际适用范围相对更广。不过，在日本法上，即使存在转让人将营业转让于既存公司的情形，如受让公司继续使用原营业的店名，也有可能使受让公司承担责任。此外，德日模式的主要法理依据为外观信赖保护，故商号的续用为受让人承担责任的必要条件，而美国模式则依据的是事实合并及纯粹延续理论，故商号的续用仅作为判断是否构成事实合并及纯粹延续的条件之一。① 可是，因日本法也在某种程度上吸收了企业财产担保论，故在实际适用中并不那么严格解释商号的续用，如在客观上前后企业维持了一定程度的同一性，续用类似商号以及续用店名的情形下有时也使受让公司承担清偿责任。再加之很多日本判例并不在意债权人是否为善意，故从结果上看，德日规则与美国规则在法律适用范围上的差别实际并不大。

意大利模式与美国模式也比较类似，其共同之处均在于将受让人需承担责任的情形限定为营业的全部转让且不以债权人的善意为条件。而不同之处在于意大利模式仅为营业的全部转让即可，承担责任的财产范围则限定为所受让的财产，而美国模式则在此条件的基础上要求前后企业的股东需保持延续，而承担责任的财产范围及于受让人的所有财产。

由此可见，包括比较特殊的法国法在内，如为营业的全部转让且营业转让前后企业实质为同一的，各国法均倾向于直接使受让人承担清偿责任，这是各国法在适用范围上的共同交集。虽然这种情形下也有可能适用法人格否认的法理，但因该法理的适用存在着适用条件及举证上的困难，故各国法均对该责任予以直接规定。不过，因各自所依据的法理各有不同，故在上述适用范围之外，各国法的适用范围及条件也相应地存在着差异。

此外，尤其值得注意的一点是，上述各国法在适用使受让人承担清偿责任的规则时，实际上均以是否发生了营业转让为前提条件，如不构成营业转让，则自然就不能适用这样的规则。

(二) 各国法的借鉴与对我国制度构建的探讨

鉴于法国的立法规定及商事惯例与我国的实际情况相去甚远，且存在上述的问题，故要求受让人在营业转让前进行公示的法国模式应不在考虑之列。而借鉴以上日本、德国、美国以及意大利的立法及司法经验，综合考虑转让当事人之间的意思、转让的实际情况、债权人的外观信赖、营业财产的担保性以及各主体之间的利益平衡等各种因素，笔者对于营业转让中营业受让人承担债务清偿责任的制度提出以下设计构想。

首先，可根据转让当事人之间的意思将营业转让分为三种情形进行探讨，即转让当事人之间特别约定转移债务的情形、对债务未作特别约

---

① 如 Ray v. Alad Corp. (Cal. 1977) 560 P. 2d 3 (Cal. 1977)。

定的情形以及特别约定不转移债务的情形。

在第一种情形下，既然转让当事人约定转移债务，那么受让人所支付的对价一定扣除了债务额，由受让人对债权人承担清偿债务的责任是公平合理的，且根据民法的一般原理，可视为重叠式（或并存式）的债务承担。因债权人可以明示或默示以及请求或接受履行等方式表示同意，或以明示或默示拒绝，且可对承担责任的主体进行选择，故债权人的利益并不受损。不过，在这种情形下，虽然推定当事人之间进行了重叠式（或并存式）的债务承担，但一旦债权人选择受让人为清偿人，则视为免责式的债务承担。

在第三种情形下，既然转让当事人约定不转移债务，那么正常情况下转让人所获得的对价一定没有扣除债务额，由转让人继续对债权人承担清偿债务的责任也是公平合理的，且这样处理符合民法的一般原理。对于这一点，持企业财产担保论及收益论的学者也许会主张，因受让人取得了企业财产与收益力，故即使在这种情形下也应该承担清偿债务的责任。但是，受让人在为受让营业所支付的对价中，理应包括了与收益力相对应的价格。①

在第二种情形下，因转让当事人对债务是否转移未作明确约定，故只能从转让的对价等客观情况判断是否存在着承担债务的意思，可这通常并不容易判断。而依据营业转让性质论、企业财产担保论，以及法国法与意大利法上的企业法律概念，可推定这种情形下转让当事人之间存在着转移债务的意思表示，即进行了重叠式（或并存式）的债务承担。从法政策的角度来看，这样规定可促使转让当事人尽量考虑债务的处理问题。不过，如仅为营业的部分转让，使受让人承担债务的清偿责任并不合理，也无正当的法理依据，而法国法及意大利法上的企业也为营业的全部②，故应考虑将视为转移了债务的范围限定为全部营业转让的情形。因这样处理的理论依据之一为企业财产担保论，故不妨将承担债务的财产范围限定为所受让的财产范围之内。③ 这虽然对受让人仍有些不公，但受让人可通过特别约定不转移债务以回避其所带来的不利。当然，

---

① 实践中对于处于成长期或成熟期并具有稳定持久收益的企业多采用收益法，即可说明这一点。

② 如意大利民法典第 2555 条规定，企业是企业主企业的经营而组织的全部财产的总和。

③ 以全部营业或部分营业为区分区别对待受让人的责任，也与前述最高院的改制司法解释中的处理在某种程度上一致。参见改制司法解释第 6、7、24、25、26 条。

为防止转让当事人仅保留部分财产而规避规则适用的行为，此处的全部营业转让应解为包括实质性全部营业转让或主要部分的营业转让。

如果作以上规定或解释，那么，在特别约定不转移债务或仅为部分营业转让的情形下，受让人将不承担清偿营业上的债务的责任。可是，在这两种情形下，如果转让当事人之间存在着欺诈债权人的故意，也会给债权人造成损害。而且，即使不存在欺诈债权人的故意，因转让人将其具有一般担保意义的营业财产转换为易消耗或转移的现金对价，也会使债权人陷入不利的境地。因此，在这两种情形下，有必要考虑保护债权人的利益。不过，如要使受让人承担在法律上原本不应承担的债务，必须存在着特殊的事由或充分的法理依据。

关于这个问题的解决，可首先借鉴美国法上的经验，确立如下规则：在转让人将其全部营业转让给新设立公司或既存公司且存在着股东延续的情形下，即使转让当事人特别约定不转移债务，受让人也应承担清偿营业上债务的责任。这是因为，在前一种情形下，转让人与受让人实为同一人，而在后一种情形下，虽然有可能存在着与受让公司中其他股东的利益平衡问题，但因转让人的原股东仍在延续，与债权人相比，其他股东的利益受损程度相对较轻。

而在不符合上述条件的全部营业转让或部分营业转让的情形下，则可借鉴德国、日本的立法规定，以是否续用原商号或发出承担债务公告为标准，对受让人课以清偿营业上债务的连带责任。这样的处理也与我国某些地方的司法实践一致。其依据在于外观信赖的保护与禁反言的法理。如果转让前后商号、从业员工、经营场所、店名、客户、电话等未发生改变，即维持了原营业的同一性，债权人则有可能无法察觉已发生了营业转让，或者即使知道进行了营业转让，但仍可能相信债务已发生了转移，从而失去了积极实施债权保全措施的时机。故为保护债权人的这种信赖，应使受让人承担清偿责任。至于债权人为何相信债务发生了转移，则可从企业财产担保论中找到理论依据。在现代交易社会中，债权人通常是着眼于企业财产的担保价值与企业的收益力而缔结债权合同的，因此，当这样的担保物转移时，通常认为无论是否续用商号，债务也一并转移。而在产生同一性外观的因素中，因商号为最重要也是最显眼的标识，且具有顾客吸引力，加之为使规则更加明确以维护交易安全，故在立法上仍可考虑以是否续用商号作为唯一的判断标准。不过，因事实上商号并非判断营业同一性的唯一因素，故在法律适用中，可对续用商号作从宽解释。如可根据具体情况将以商号作为店名使用、续用店名等情形视为商号的续用，或准用关于商号续用的以上规定。

由于这样的制度设计对受让人而言有些残酷，故为平衡受让人的利益，还可考虑引入德国、日本的立法规定，规定受让人即使续用原商号，如及时对不承担债务的意旨进行了登记或通知债权人，也可不承担清偿债务的责任。由于这样处理的法理依据在于外观信赖的保护，且此种情形下转让当事人一般不具有欺诈的意图①，故该规定的适用应以债权人的善意为条件，即：如债权人知道进行了营业转让，且知道债务并未发生转移的，受让人将免责。而且，借鉴日本判例的经验，为与进行登记或通知的情形保持平衡，应将债权人的恶意限定为从营业转让时起至进行登记或公告而获得免责之时止的时间内，即在登记或通知陷于迟延的时点之后，即使债权人为恶意，营业受让人也不得免责。

最后应该注意的是，以上制度适用的前提条件必须是构成营业转让，如果不能构成营业转让，则不应适用以上规则。

通过以上结合转让当事人的意思、企业财产担保论以及外观信赖保护法理等多种因素的制度设计，可妥善地解决我国法上的困局，从而构筑一个相对理想的债务承担制度体系。因为：第一，引入企业财产担保论可为我国司法实践中创设的"债随企业财产变动原则"提供正当的理论依据。第二，因营业转让为上述制度适用的前提条件，故可合理地区分改制性的企业财产出资行为与企业正常转投资行为的适用规则。前者实质上可看作以营业作为实物出资的行为，后者则可认为是单纯以财产出资的行为。对于前者，适用"债随企业财产变动原则"；对于后者，则不适用该原则，这样就不至于使该原则被不合理地扩大适用。② 第三，尊重当事人之间的意思，允许当事人通过特别约定排除债务，以及区分全部营业转让与部分营业转让，可避免"债随企业财产变动原则"对债权人的过度保护，平衡受让人的利益。第四，引入美国法上的事实合并及纯粹延续理论可有效地防止营业转让中的欺诈行为。第五，对于事实合并及纯粹延续理论所无法涵盖的其他范围，可依据外观信赖保护及企业

---

① 从实际事例来看，如当事人具有欺诈意图，一般会采取将营业转移至其新设公司的做法。

② 事实上，我国司法审判界也曾有意区分资产与财产的概念，认为"企业财产是不包含企业债务的。企业资产包含企业债务"（参见李国光主编：《最高人民法院关于企业改制司法解释条文精释及案例解析》，38页），而该处的资产概念非常接近于营业的概念。

财产担保的法理，确立以是否续用商号为标准的受让人承担责任制度，以进一步加强对债权人的保护。第六，通过规定受让人可以及时登记或通知不承担债务的意旨以及债权人的恶意免责，可保持受让人与债权人之间的利益平衡。

第五章　营业转让中的股东保护制度

一、问题的提出

公司进行重大营业转让后的结果不是解散，就是变更经营目的，这对于股东的影响极大。因此，重大的营业转让与公司的合并、分立一样，应被视为公司组织的基本变更事项。为保护股东的利益，很多国家与地区的公司法都要求公司进行重大营业转让时需履行股东大会的特别决议程序，同时，为确保少数股东的利益，还赋予了反对股东股份回购请求权。在现实经济生活中，我国存在着大量的事实上的营业转让的事例。[①]对于这些营业转让，理应使其履行股东大会的决议程序与赋予其反对股东股份回购请求权，可我国《公司法》至今尚未使用营业转让的概念，当然也就未专门针对营业转让行为进行规制，这无疑是我国《公司法》上的一大缺憾。[②]

不过，虽然我国《公司法》没有专门针对营业转让进行规制，但这并不意味着完全没有可适用于营业转让的规定。我国《公司法》第122条规定，上市公司出售重大资产超过公司资产总额 30% 的，应履行股东大会的特别决议程序。根据该条，对于上市公司所进行的营业转让，如其符合该条件，无疑应履行上述股东的保护程序。但该条存在如下主要

[①] 如联想收购 IBM 全球个人电脑业务（具体分析参见孙英：《营业转让法律制度研究》，见王保树主编：《商事法论集—2008 年第 1 卷（总第 14 卷）》，121～123 页。东方航空股份有限公司收购云南航空和西北航空、中信证券收购华夏证券等就属于典型的营业转让案例。具体事例介绍参见史建三主编：《中国并购法报告（2006 年卷）》，329～336、345～353 页）等。

[②] 叶林教授也主张营业转让应履行股东大会的决议程序。参见叶林：《营业资产法律制度研究》，载《甘肃政法学院学报》，2007 (1)，11 页。

缺陷：其一，该条一律规定超过总资产30%的转让需履行股东大会的决议程序，过于僵硬，有可能过当地牺牲公司的经营效率。其二，该条仅以数量比例为标准，有可能漏掉一些重大的营业转让。如在有的营业转让中，虽然其转让的财产总额未达到资产总额的30%，但该营业转让中有可能包含着许多资产负债表中所无法反映的具有财产价值的事实利益（如客户关系、经销渠道、经营秘密等）的转让，这些对于公司可能更为重要。其三，该条在实际适用中还存在规则的模糊性与不确定性等诸多问题，如一年的期间应怎么计算、资产总额应以何时的资产负债表为标准等，这样既不利于股东保护，也不利于交易安全（即对交易相关方利益的考虑）。而且，该条仅适用于上市公司这样一个数量有限的群体，而对于数量更多的非上市公司，则没有明文规定，而是将其交由公司章程任意规定（《公司法》第105条）。可是，重大的营业转让对公司及股东利益的影响是根本性的，使其履行股东大会决议程序的规定无疑应为强行性规定，故我国《公司法》将其交由股东自治不妥。由此可见，我国《公司法》一方面对上市公司的资产出售规定了貌似严格的程序条件（但却很不完善），另一方面却又对非上市公司的资产出售未作规定，这反映了我国《公司法》在这方面的缺憾与立法技术的粗糙。

此外，我国《公司法》第75条还规定，公司转让主要财产的，对股东会该项决议投反对票的股东可以请求公司按照合理的价格收购其股权。可是，该规定也存在着两点问题。第一，《公司法》并未对何为"主要财产"规定一个明确的比例，如果没有一个客观的判断标准，本条的适用将会比较困难。第二，公司转让主要财产并非股东大会的法定决议事项，何来股东会的决议？既然无股东会的决议，反对股东就无权行使股份回购请求权。因此，如果公司章程中没有规定公司转让主要财产为股东大会的决议事项，那么，该条岂不是形同虚设。

而且，从以上两条分别使用"资产"与"财产"两个概念来看，我国立法者是有意识区分资产与财产的，可是，立法者却又未能进一步阐明何为资产、何为财产，它们各自究竟在法律上代表怎样的含义，区分它们的意义何在。

由此可见，我国现行《公司法》未能妥善地处理好在营业转让中所涉及的股东保护、经营效率以及交易安全等问题，而且，还存在概念不清、立法技术粗糙、规则之间互相冲突等问题。

证监会制定的《上市公司重大资产重组管理办法》规定上市公司进

行重大资产重组的，需履行股东大会的决议程序。该办法中规定的"重大资产重组"包括营业转让，因此，上市公司如进行营业转让的，可适用该办法的规定。而且，该办法对何为"重大资产重组"规定了较为细致客观的标准，对上述缺陷进行了一定程度的改善。可是，该办法依然不能完全解决上述问题，且该办法只是部门规章，立法层次不高，且适用范围仅限于上市公司，不具有普遍意义。

关于公司的资产或财产转让中的股东保护问题，世界各国大致存在着两种处理模式。一种是以日本法为代表的大陆法模式，一种是以美国法为代表的英美法模式。日本法使用营业这个概念，并明确区分营业与财产，要求公司进行重大营业转让必须经股东大会的决议，而重大的财产转让则仅需通过董事会的决议即可。美国法则不使用营业转让的概念，而是区分"在通常的营业过程内"的财产转让与"在通常的营业过程外"的财产转让。如公司"在通常的营业过程内"进行财产转让的，即使是全部财产，也仅需通过董事会的决议即可；而"在通常的营业过程外"进行全部财产转让的，则应通过股东大会的决议。日本及美国的实践证明，无论是日本模式，还是美国模式，都可较为妥善地解决资产转让与股东保护之间的关系问题。而且，围绕具体问题的解决，日本及美国都各自有着成熟的立法规定、数量众多的判例积累以及丰富的学说理论。因此，考察与研究日本法、美国法以及其他各国法或许会对我国的立法与司法大有裨益。

因此，本书以下将首先详细考察日本法，并对美国法以及其他各国法予以简单介绍，然后具体分析我国现行法所存在的问题，最后，在分析比较日本法、美国法及其他各国法的基础上，针对我国法的问题，寻找解决问题的方法与模式，并提出具体的立法建议以及在解释上分析法律适用中的具体问题。

二、日本法上营业转让中的股东保护制度

（一）立法的沿革及概况

关于公司进行营业转让需履行股东大会特别决议程序的规定，最早是由 1938 年修订商法所创设的（旧商法第 245 条）。而在此之前，当时的

学说与判例甚至还对公司能否进行营业转让持否定态度，认为其超出了公司经营目的的范围。① 最初的规定中并没有"重要"这个限定语，也就是说，即使是对营业的非重要部分进行转让，也必须履行股东大会的特别决议程序。这是因为日本当时奉行的还是股东大会万能主义。后来由于受到美国法的影响，1950 年的商法修订以促进公司的经营效率为目的，大幅削减了股东大会的权限，确立了董事会作为公司经营决策机关的基本原则。具体而言，在旧商法第 245 条中加上了"重要"一词，这意味着营业的全部或重要部分的转让需取得股东大会特别决议的承认，而非重要部分的转让则只需通过董事会的决议即可。而当时之所以仍将重要的营业转让归为股东大会的特别决议事项，是因为从经济功能的角度来看，营业的全部转让实质上相当于公司间的合并，也是关于公司构造的基本变更；为了防止通过除掉一部分营业以规避法律的行为，营业的重要部分的转让同样也被纳入规制的范围之内。② 同时，在旧商法第 260 条中，"重要财产的处分及受让"等重要事项被规定为董事会的决议事项。这是因为财产的转让不管有多么重要，其仍属于公司的经营事项，仅需董事会的决议通过即可。由此可知，日本商法明确区分营业转让与财产转让，对其适用不同的程序规定，即重要的营业转让必须履行股东大会的特别决议程序，而重要的财产转让则只需通过董事会的决议即可。之后，直至 2005 年商法大修订，这些规定一直没有被修改。

　　在 2005 年的商法大修订中，日本将公司法从旧商法典中独立出来，对其单独立法。为了统一用语，并与用于个体商人的"营业"概念相区别，公司法使用了"事业转让"这个概念，而对于个体商人，在 2005 年修订后的商法中仍旧使用"营业转让"。不过，这只是用语的变化而已，事业转让与营业转让实质上并无不同。③

---

① 山下真弘『会社営業譲渡の法理』（信山社　1997 年）94～95 頁を参照。

② 石井照久 「営業の譲渡と株主総会の決議」『田中誠二先生古稀記念＝現代商法学の諸問題』（吉永栄助編　昭和 42 年　千倉書房）6～7 頁を参照。

③ 改变用语有两个理由：其一，因为公司法是很多其他法制度的基础，需要统一用语；其二，个体商人在经营数个营业时可使用数个商号，而公司只能拥有一个商号，它们之间存在着公司即使经营数个营业也只能作为一个营业对待的差异，故为区别于个人的营业，对公司使用事业这个概念（相澤哲＝郡谷大輔 「定款の変更、事業の譲渡等、解散・清算」 商事法務 1747 号 5 頁を参照）。为了与我国的用语相统一，笔者在下文中仍使用"营业转让"。有关 2005 年公司法大修订的介绍，详见拙作：《解读日本 2005 年公司法的大修订》，载《太平洋学报》，2007（1），23～36 页。

同时，为进一步提高公司的经营效率，提升日本企业的国际竞争力，2005 年制定的公司法还效仿美国法，创设了简易营业转让制度与略式营业转让制度。① 该法第 467 条第 1 款第 2 项规定，如转让资产额不满总资产额 1/5 的，不需履行股东大会的特别决议程序，这就是所谓的简易营业转让制度。不过，当该公司章程规定低于此比例时，为章程规定的比例。而且，公司法对以特别支配公司为受让方的营业转让作了特别规定。其第 468 条第 1 款规定，当受让营业的公司为转让公司的特别支配公司时，该转让公司内不需要履行股东大会的特别决议程序，该制度被称为略式营业转让制度。

（二）需履行股东大会决议程序的营业转让的概念

1. 判例及学说的概观

根据旧商法第 245 条第 1 款第 1 项（公司法第 467 条第 1 款第 1 项、第 2 项）的规定，对营业的全部或重要部分进行转让的，必须履行股东大会的特别决议程序。② 通说及判例认为，股东大会的决议是营业转让的效力要件，未经股东大会决议的营业转让绝对无效。③ 由此可见，营业转让概念的宽窄对于公司的经营、股东以及交易的相对方影响重大，因此，如何理解公司法上的营业转让概念是一个关系到各方利益的重要问题。

1965 年最高裁大法庭判决认为，旧商法第 245 条第 1 款第 1 项规定的需履行特别决议程序的营业转让，与旧商法第 24 条规定的营业转让为同一意义，即其为：（1）转让作为有机的整体而发挥功能的组织性财产；（2）受让人受让转让人所经营的营业活动；（3）转让人在该转让的限度

---

① 相沢哲・細川充 「新会社法の解説（15）—組織再編行為（下）」商事法務 1753 号 43 頁を参照。

② 使营业转让必须履行股东大会的决议程序对于股东保护的具体意义在于，股东可在获得必要信息及说明的基础上对该营业转让的对价及方法进行合理的判断，以决定是否赞成、卖出以及行使股份回购请求权。此外，在关联交易如将营业转让于控股股东的情形下，赋予股东股份回购请求权的意义尤为重要。神作裕之 「株式会社の営業譲渡等に係る規律の構造と展望」『商事法への提言：落合誠一先生還暦記念』（商事法務 2004 年）143～145 頁を参照。

③ 石井照久 「営業の譲渡と株主総会の決議」『田中誠二先生古稀記念＝現代商法学の諸問題』（吉永栄助編、昭和 42 年、千倉書房）1 頁、竹内昭夫 「商法 245 条 1 項 1 号の『営業ノ全部又は重要ナル一部の譲渡』の意義」法協 84 巻 1 号（昭和 42 年）139 頁、最高裁昭和 61 年 9 月 11 日判決（判例時報 1215 号 125 頁）。

内负有旧商法第 25 条所规定的竞业禁止义务的法律行为。[1] 该判决之后
的判例均遵循了这个基准。[2]

　　学说上的多数说也基本上与上述判例持同样的立场，认为构成需取
得股东大会决议承认的营业转让需全部满足上述三个要件。[3] 少数说则认
为，所谓营业全部的转让，指的是客观意义上的营业即公司全部营业财
产的转让，营业活动的继承不构成这种情形下营业转让的要件；即使只
是转让重要财产，如其对公司的存续有重大影响，也应构成旧商法第 245
条所规定的营业转让。[4] 而有力说即折中说在认为营业具有有机的整体性
上与多数说是一致的，但主张不应以营业活动的继承和竞业禁止义务的
承担为构成营业转让的要件。[5] 近年来，有力说尤其是不以竞业禁止义务
的承担为要件的学说已渐渐获得多数学者的支持。[6]

　　由此可见，判例及学说关于这个问题的分歧主要集中在以下两个方
面：第一，重要财产的转让是否也构成营业转让，换句话说，即营业的
有机整体性是否为必要条件；第二，营业活动的继承和竞业禁止义务的
承担是否为构成营业转让的要件。

---

[1]　最高裁大法廷判決昭和 40・9・22 民集 19 巻 6 号 1600 頁。

[2]　最高裁大法廷判決昭和 41・2・23 民集 20 巻 2 号 302 頁、最判昭和 46・4・9 判例時報
　　635 号 149 頁、東京高判昭和 44・5・12 金法 557 号 28 頁、名古屋地判昭和 46・11・3
　　判夕 274 号 281 頁、東京地判昭和 47・8・28 判時 693 号 93 頁、東京高判昭和 50・9・
　　22 高民集 28 巻 4 号 287 頁、最判昭和 61・9・11 判時 1215 号 125 頁、東京地判昭和
　　62・7・31 判時 1264 号 123 頁。

[3]　鈴木竹雄 「営業譲渡と総会の決議」 『商法演習①』 （有斐閣　1960 年） 134 頁以下、
　　石井照久 「営業の譲渡と株主総会の決議」 『商法論集』 90 頁 （勁草書房　1974 年）、
　　前田庸 『会社法入門』 756 頁 （有斐閣　第二版補訂版　2008 年）、田中誠二 『再全訂
　　会社法詳論（上）』 438 頁 （昭和 57 年　勁草書房）、上柳克朗 「営業譲渡」 『新商法
　　演習②・会社法 （鈴木=大隅=上柳=鴻=竹内編）』 80 頁。

[4]　最高裁大法廷判決昭和 40・9・22 の少数意見、松田二郎 『私の少数意見』 （昭和 46 年
　　有斐閣） 85 頁以下、松田二郎=鈴木忠一 『条解株式会社法（上）』 225 頁 （昭和 26 年
　　弘文堂）。

[5]　宇田一明 『営業譲渡法の研究』 （中央経済社　1993 年） 76 頁、藤田友敬 「営業譲渡
　　の意義」 『商法（総則商行為）』 判例百選第 5 版 18 事件 （2008 年）、山下真弘 『会社
　　営業譲渡の法理』 （信山社　1997 年） 130 頁を参照。

[6]　在以上学说之外，还存在着若干主张适用其他不同判断标准的见解。有学者从美国法得
　　到启示，主张判断是否构成第 245 条的"营业"应以是否能继续原来的营业为标准。不
　　过，该学者自认为其见解接近于折中说。田村淳之輔 「営業譲渡と株主総会決議」
　　『八十年代商事法の諸相：鴻常夫先生還暦記念』 （有斐閣　1985 年） 542 頁。有学者虽
　　然大致赞成折中说的见解，但主张将营业转让分解为以下要素来分析：（1）受让的主
　　体；（2）对象；（3）条件；（4）目的；（5）效果；（6）状况。龍田節 「営業譲渡と株
　　主総会決議（一）」 法学論叢 104 巻 6 号 6 頁。

2. 重要财产的转让是否也构成营业转让

考察旧商法第 245 条第 1 款第 1 项中的"营业"的概念，必须探讨该条款规定的立法目的。而该规定的立法目的在于股东的保护，即因为营业转让导致公司不能继续维持营业或至少大幅地缩小营业规模，故要求履行股东大会特别决议的程序。[①] 这也可以说，在符合对公司的命运有重大影响这个基本条件的前提下，营业转让的概念具有一定的伸缩幅度。[②]

多数说与折中说均认为，第 245 条所称的营业，是指作为有机的整体而发挥功能的组织性财产，如果只是单一财产的集合体，不管其有多么重要，也不适用本条。那么，为什么必须以组织性（有机整体性）为要件呢？其理由主要基于如下几点：

第一，符合本条的立法目的与宗旨。如果只是个别的财产或个别财产集合的转让，转让公司事实上还有可能继续原来的营业；而如果是组织性财产的转让，则事实上不可能继续原来的营业，这对股东的影响非常重大。[③]

第二，如果扩张理解该条营业转让的概念，不仅会破坏法解释（对营业概念的解释）的统一性，而且，如何判断某项财产（如机械设备等）的重要性在客观上也难以明确，其结果是，该转让是否有效变成由受让人或第三人并不一定知悉的内部情况所左右，这将有可能损害他们的利益、破坏交易的安全。[④] 此外，商法规定新股及公司债的发行需经董事会的决议，而如未经董事会的决议，判例及通说均认为该次发行不为无效，故少数说也是不符合这样的见解的。[⑤]

第三，可合理地推定当事人进行转让或受让的意图。因为，如果只是个别财产的转让，转让人通常具有继续进行现有经营的意图，而受让人也不可能仅以该财产受让营业活动，也不会具有进行营业的意图，因

---

① 鈴木竹雄「株式会社法と取引の安全」『会社と訴訟（下）』（有斐閣　1968 年）1219頁、田村淳之輔「営業譲渡と株主総会決議」『八十年代商事法の諸相：鴻常夫先生還暦記念』（有斐閣　1985 年）542 頁、山下真弘『会社営業譲渡の法理』（信山社1997 年）114 頁、北沢正啓『会社法〔第 5 版〕』694 頁（青林書院　1998 年）。

②③　山下真弘『会社営業譲渡の法理』（信山社　1997 年）114 頁。

④ 最高裁大法廷判決昭和 40・9・22 民集 19 巻 6 号 1600 頁以下、石井照久「営業の譲渡と株主総会の決議」『田中誠二先生古稀記念＝現代商法学の諸問題』（吉永栄助編昭和 42 年　千倉書房）1 頁以下、鈴木竹雄「株式会社法と取引の安全」『会社と訴訟（下）』（有斐閣　1968 年）1220 頁等を参照。

⑤ 鈴木竹雄「株式会社法と取引の安全」『会社と訴訟（下）』（有斐閣　1968 年）1225～1227頁を参照。

此，在这种情形下，就不存在本条所要求的股东保护。如果是对组织性财产进行转让，转让人通常不具有继续经营的意图，即使其具有继续经营的意图，事实上也不太可能；而受让人以比单个财产高的对价取得组织性的财产，一般也可推测其具有继承该营业活动的意图，故在此种情形下，就需要对股东进行特别的保护。而且，与个别财产不同，如进行组织性财产的转让，就很难再恢复至能进行营业的状态，因此，本条应以组织性财产的转让为对象。①

第四，少数说不符合商法所规定的权限分配秩序及其所体现的利益考量。自1950年商法修订以来，公司内部的权限分配关系已从股东大会中心主义转向董事会中心主义，即涉及公司组织或构造的基本事项（如合并、分立）与对股东利害关系有直接影响的事项（利润分配）属于股东大会的决议事项，而重要的日常经营事项则属于董事会的权限事项。旧商法第260条明文规定，重要财产的转让应由董事会决定。重要财产的转让，在某些情形下（如某钢铁制造厂将其熔铁炉全部处理），有可能会导致公司不得不变更章程的结果，如果是这样，似乎有将其纳入股东大会决议事项范围之内的必要。但收益的最大化与股东大会权限的扩大在某个范围内是呈反比的，股东大会选任具备经营才能并能忠实执行职务的董事才是良策。② 之所以对全部营业的转让课以与合并类似的规则，是因为全部营业的转让在经济实质上为两个企业合并的行为；同时，为了防止将营业的一部分除外的规避法律的行为，对重要部分的营业也课以特别决议的要求，故营业的重要部分的转让应解为相当于全部转让的重要营业组织体的转让，而不包括单个工厂或机械等营业用财产的转让。③ 而资金募集同样也是对公司产生重大影响的行为，可其也为董事会的决议事项；在很多情形下，转让重要工厂或机械的目的在于筹集资金以进行设备的更新，如要求其通过股东大会的特别决议，有可能不当地制约董事会的合理经营活动。④

第五，保护股东必要性的差异。营业转让涉及事实上的价值即商誉

---

① 山下真弘『会社営業譲渡の法理』（信山社　1997年）119頁注69を参照。
② 宇田一明『営業譲渡法の研究』（中央経済社　1993年）121～122頁を参照。
③ 石井照久「営業の譲渡と株主総会の決議」『田中誠二先生古稀記念＝現代商法学の諸問題』（吉永栄助編　昭和42年　千倉書房）6～7頁。
④ 石井照久「営業の譲渡と株主総会の決議」『田中誠二先生古稀記念＝現代商法学の諸問題』（吉永栄助編　昭和42年　千倉書房）14頁注2。

的评估，而对它的评估可能因受让方及方法的不同而结果大不相同，从而影响转让的对价，故营业转让的可否与对价应由股东们来进行判断。①

少数说则认为，如果是重要工厂的重要机械的转让，也构成营业的重要部分的转让，应使其履行股东大会特别决议的程序。其立论的主要依据如下：

第一，旧商法第 245 条第 1 款第 1 项的立法宗旨在于股东的保护，故判例所称"营业"的范围太窄。如某公司对其重要工厂的重要机械（某钢铁制造厂将其熔铁炉全部处理，而并非以进行设备更新为目的）进行转让，而不使其通过股东大会的特别决议，就会导致在股东不知情的情况下对章程中所规定的经营目的进行实质性的变更，这不利于股东的保护。②

第二，本来，公司的目的并非是对公司的营业本身进行转让，其转让只是例外的事例，因此，对于营业转让行为，不应该像对平常的商事交易那样强调交易安全，而是必须高度重视对转让公司自身的保护，即相较于"动的安全"，更应该重视"静的安全"。况且，即使是强调交易安全，也可适用民法第 117 条，向未履行决议程序而进行营业转让的董事追究其对交易方的责任，故交易方的利益也能得到保护。③

如上所述，少数说由于一味地强调保护股东的利益，而过度地损害交易安全、阻碍经营，与现行法律所确定的权限分配秩序不符，且与法

---

① 神作裕之 「株式会社の営業譲渡等に係る規律の構造と展望」『商事法への提言：落合誠一先生還暦記念』（商事法務　2004 年）144 頁。该学者认为这是要求为营业而不是财产的实质根据。

② 对于这一点，持折中说的学者如是反驳：如何理解第 245 条第 1 款第 1 项中的"营业"概念，应以转让后公司是否能继续进行原来的营业为判断标准，而个别财产的转让并不必然导致不能继续营业，故这样的行为不构成该条的"营业"转让。田村淳之輔 「営業譲渡と株主総会決議」『八十年代商事法の諸相：鴻常夫先生還暦記念』（有斐閣 1985 年）542 頁。

③ 松田二郎『私の少数意見』（昭和 46 年　有斐閣）96 頁、喜多川篤典 「営業譲渡と総会の決議—米国法との比較法の検討を加味しつつ—」法学教室（5）156 頁（1962 年）を参照。日本民法第 117 条规定，作为他人的代理人签订合同的人，如不能证明自己的代理权且得不到本人追认的，依据相对方的选择，对相对方负有履行或损害赔偿的责任。对于此观点，有学者如是批判：对于某项交易，由董事个人担责与由公司直接负责，在性质上存在着较大的差异。龍田節 「営業譲渡と株主総会決議（一）」法学論叢 104 巻 6 号 8 頁注 12。此外，对于该意见中提到的"静的安全"问题，有学者认为，以特别决议的通过作为营业转让的有效要件，因以企业的内部意思的有无区别合同的有效与无效，本身就是一个例外，故该规定可充分地维持"静的安全"。不过，需注意的是，这种见解需以绝对无效说为前提。

律的文义相距甚远，故很少得到学者的支持，近年来已几乎销声匿迹。

而多数说与折中说重视作为有机整体而发挥功能的组织性财产应为正确的方向，但判断何为组织性财产并不容易，其本身是一个模糊、抽象的概念。营业的内容不同，对其判断标准也各异。例如，在重视有形财产的制造业公司中，机械设备、土地、建筑物等集合可构成组织性财产；而在不重视有形财产的通讯社中，即使是桌子、椅子、办公用品等全部财产的集合，也不构成组织性的财产。① 因此，有学者认为，事实关系（客户关系、经销渠道等）的转让是否为构成营业转让的要素，应根据具体情况具体分析，在有些情形下（如前者），可不要求事实关系的转让。② 而有的学者则认为，没有事实关系的转让，营业概念就不成立。③

至于公司全部财产的转让是否也应履行股东大会特别决议的程序，法律未作特别规定。依上述判例及多数说，其应属于董事会决议的事项，而依少数说，则当然应通过股东大会的特别决议。不过，持折中说的学者则倾向于应通过股东大会的特别决议，其理由是全部营业财产的转让当然导致公司无法继续营业，交易的对方当事人也容易知悉。④ 有学者则主张，可借鉴美国法关于全部财产转让的规定，即区分日常经营过程内与日常经营过程外两种情形，对于前者，仅需董事会的决议即可，而对于后者，则应使其履行股东大会的特别决议程序。⑤

3. 营业活动的继承和竞业禁止义务的承担是否为构成营业转让的要件

判例及多数说认为，构成旧商法第 245 条第 1 款第 1 项的营业转让，不仅需满足要件 1（有机整体性），还必须满足要件 2（营业活动的继承）及要件 3（竞业禁止义务的承担）。其依据的理由主要有：

第一，从交易安全的角度出发，有必要对旧商法第 245 条的营业概念与旧商法第 25 条的营业概念作统一的理解，以明确构成营业转让的判断标准。

第二，转让公司承担竞业禁止义务的结果不是变更章程就是解散公

---

① 山下真弘『会社営業譲渡の法理』（信山社　1997 年）119 頁注 71 を参照。
② 山下真弘『会社営業譲渡の法理』（信山社　1997 年）164 頁を参照。
③ 宇田一明『営業譲渡法の研究』（中央経済社　1993 年）147 頁。
④ 鈴木竹雄「株式会社法と取引の安全」『会社と訴訟（下）』（有斐閣　1968 年）1220 頁。
⑤ 山下真弘『会社営業譲渡の法理』（信山社　1997 年）57～58 頁を参照。

司，而不承担该义务就不用变更章程，故在法律上区别对待两者有充分
的理由。①

　　第三，在某些情形下，即使转让人不承担竞业禁止义务，但事实上
也会产生无法继续营业的结果，可是，如果对这种存在着事实上的影响
的情形也要求股东大会的决议，具体哪些情形该适用该条将变得越来越
不明朗，故商法在充分知道如进行实质性考虑将有可能产生不当的情形
的基础上，从形式上画出了一道界限。也就是说，在法律技术上必须采
用这样的方法，这样做虽然与实质性的考虑不合，但也只能说是不得已
而为之。②

　　折中说则主张，构成营业转让只需满足有机整体性即可，而不需营
业活动的继承与竞业禁止义务的承担，其理由主要有如下几点：

　　第一，第245条与第25条的立法宗旨不同，前者在于保护股东，受
让公司是否继承营业与股东利益无关；后者则在于转让当事人之间的利
益调整，受让公司继承营业活动以及转让公司承担竞业禁止义务应为前
提。故不应对两者中的营业转让概念作相同的理解。③

　　第二，即使转让人不承担竞业禁止义务，也有可能在事实上产生与
承担该义务一样的后果，如转让人转让其全部财产的情形。而且，当事
人之间可依合意排除该义务的产生，故其不应作为决定性的标准。④

　　第三，竞业禁止义务的产生与否是转让当事人之间的事情，而履行
股东大会的特别决议程序的必要与否则是公司内部的事情，两者没有关
系。如果以是否承担竞业禁止义务为要件，转让公司的董事就可以任意
操作而规避股东保护的特别程序。⑤

　　第四，如果以继承营业活动的有无来决定是否需通过股东大会的特
别决议，同样会导致董事规避法律的行为。⑥ 而且，这样也造成了两种情

---

①　石井照久「営業の譲渡と株主総会の決議」『田中誠二先生古稀記念＝現代商法学の
　　諸問題』（吉永栄助編　昭和42年　千倉書房）1～3頁を参照。
②　鈴木竹雄「営業譲渡と総会の決議」『商法演習①』（有斐閣　1960年）137頁。
③　竹内昭夫『判例商法①』161頁（弘文堂　1976年）158頁を参照。
④　山下真弘『会社営業譲渡の法理』（信山社　1997年）104～105頁を参照。
⑤　宇田一明『営業譲渡法の研究』（中央経済社　1993年）77頁。
⑥　如X公司将构成其营业的所有财产或重要财产转让给A，A没有进行营业活动的意思，
　　却立即将财产转让给Y，Y则继承X的从业人员，开始进行与X同样的营业，这事实
　　上相当于以A为媒介完成了由X向Y的营业转让。如采用通说，这样的交易就不需履
　　行股东大会的决议程序。于是，X的董事就有可能利用这点来规避法律的规定。山下真
　　弘『会社営業譲渡の法理』（信山社　1997年）138頁を参照。

形所需的程序规则不平衡的问题。[①]

第五，判例及多数说所提到的交易安全问题，可通过举证责任的合理分配以及区分受让人的善意或恶意来解决。[②]

第六，1965 年最高裁大法庭判决的多数意见之所以采用竞业禁止标准，其依据的理由为转让是否无效不能被转让的相对方或第三人所不知的转让公司的内部事情所左右，否则将有害于交易的安全。可是，难以理解为何相对方乃至第三人知晓竞业禁止义务的存在。[③]

第七，美国法规定需履行股东大会特别决议程序的资产转让需有两个条件，一是全部资产的转让，二是在日常经营活动之外，但其并不以营业活动的继承与竞业禁止义务的承担为必要条件，因此，从比较法的视角来看，日本法也不应要求这两个条件。[④]

由此可见，判例及多数说在形式上比较僵硬，而折中说所举的理由似乎更为充分和具有说服力。近年来，折中说有渐渐成为通说的势头。

尽管判例及学说存在着如上分歧，但可认为它们至少存在着这样一个共同点，即判断是否需要通过股东大会的决议，应在进行营业转让的时点进行判断，而不应在营业转让后通过观察受让公司的行动进行判断。也即无论将来要件 2、要件 3 如何，只要在该转让的时点，可从客观上判断该转让伴随着要件 2 和要件 3，且该转让构成了要件 1 所要求的组织性财产的转让，就可认为其足以构成营业转让。如果作这样理解，判例及多数说与折中说之间的差别其实就很小。[⑤]

4. 什么是"组织化的、有机的整体财产"的转让

下文将通过具体的事例对何为"组织化的、有机的整体财产"进行

---

① 竹内昭夫『判例商法①』161 頁（弘文堂　1976 年）159 頁を参照。

② 参见下文（四）中的论述。可是，有学者对此提出质疑，认为，虽然折中说这样根据每个受让人主观状态的不同而提供的保障并不缺乏具体的妥当性，而判例多数说却缺乏具体的妥当性，但考虑到围绕是否构成第 245 条的营业转让产生纠纷的长期化，折中说又是否能够真正地维护交易的安全呢? 森本滋『会社法（第 2 版）』（有信堂高文社　1995 年）367 頁。

③ 龍田節「営業譲渡と株主総会決議（一）」法学論叢 104 巻 6 号 3 頁。

④ 竹内昭夫『判例商法①』161 頁（弘文堂　1976 年）162 頁を参照。

⑤ 山下真弘「会社法における事業譲渡と株主保護—判例・学説の再評価—」阪大法学第 58 巻第 3・4 号 572～573 頁。

分析。[①]

（1）被承认为营业转让的事例。

1）电影院的转让。[②] 经营电影院的公司将其电影院、复印机等一切设备转让，受让人继续经营电影院的情形。该转让被判定为营业转让。

2）研磨材料制造销售事业的转让。[③] 以制造销售研磨材料为目的的公司向同目的的公司转让机械、车辆、保证金、商品、商号、客户等一切的转让被判定为营业转让。

3）化学用气门制造事业的转让。[④] 制造化学用气门的公司与经营同一事业的受让公司之间进行了如下交易：A. 转让公司转让其一切财产，包括建筑物、租地权、机械工具、实用新型权、对客户的债权等；B. 转让公司的一部分债务除外，转让公司清偿后的剩余债务由受让公司清偿；C. 受让公司受让了转让公司的客户；D. 受让公司受让了转让公司的从业人员；E. 双方达成了受让公司使用受让的机械工具，生产作为转让公司原事业的气门，继续对其进行加工的事业的合意，并实际实施了该合意；F. 受让公司将受让的半成品制成成品，并销售给客户；G. 转让公司与受让公司的代表一同去拜访客户，并联名发出了礼节性的信函；H. 本次转让在管理层会议上经常被称为合并或吸收合并。法院综合判断以上事项，认为该转让为"组织化的、有机的整体财产"的转让。

4）小型柴油机制造事业的转让。[⑤] 以制造销售香烟制造机械及小型柴油机为业的公司考虑将其制造销售小型柴油机的长冈工厂转让，该公司与准备接受转让的新设立公司的发起人代表之间对如下内容达成了协议：A. 公司将其所属于长冈工厂的一切营业转让（不过，土地、建筑物以及机械设备为租借）；B. 新公司受让发起人的一切权利义务。新公司设立后，销售并消费了从转让公司受让的制品、原材料等，回收了应收账款，使用原从业人员、供应商、客户、商标及从转让公司租借的土

---

① 本书的分析参考了丰泉贯太郎「『営業譲渡』、『営業の重要なる一部』の判断基準について」『営業譲渡・譲受ハンドブック』（商事法務研究会編　平成11年新訂第二版）18～22頁。与日本对所转让财产进行综合判断不同，在法国，法院判断是否构成营业转让的主要基准为顾客群的转让。参见沈达明：《法国商法引论》，52～53页；[法]伊夫·居荣：《法国商法》，第1卷，罗杰珍、赵海峰译，768～769页。

② 横浜地判昭和34·9·10金融法務225号5頁。

③ 大阪地判昭和44·3·18判時562号71頁。

④ 東京地判昭和47·8·28判時693号93頁。

⑤ 最判昭和61·9·11判時1215号125頁。

地、建筑物、机械制造销售了小型柴油机。最高法院判定该转让为营业
转让。

（2）不被承认为营业转让的事例。

不被承认为营业转让的具体事例有：1）以让与担保的形式受让所有
的库存商品的情形①；2）受让交易上债权的同时，接受商品供应商债务
的情形②；3）出租车公司将其所有的 19 辆出租车中的 9 辆附带营运权一
起转让的情形③；4）以木材等的加工、销售为目的的公司将其唯一的事
业设备——木材工厂、建筑物、机械设备以及租地权、水面占有使用权
用于清偿，因此，该公司规模不得不大幅缩小，法院虽然承认该转让对
公司的命运有大的影响，但以该转让不包含债权债务以及库存产品为由
否定其为营业转让④；5）仅继承日本国内的客户关系的情形⑤；6）通过
拍卖取得公司全部财产的情形，法院认为其不适用旧商法第 245 条第 1 款
（履行股东大会特别决议的规定）⑥。

5. 关于认定标准的分析

从以上事例可以看出，判例所持的观点基本上与学说上的见解一致，
即只有转让的是组织化的有机整体财产，才被认定为商法上的营业转让。
从另一角度说，判断是否构成营业转让，应该从客观上判断转让公司所
经营的"营业"是否能被受让人继承，而且，判断是否继承"营业"应
从总体上综合把握，而不是机械地套用定义，即判断构成营业的基本财
产是否移转至受让人。该标准换句话说，构成营业转让的要件为转让前
后的"营业"是否保持了同一性，即只要能保持同一性，不要求构成营
业的所有财产都必须转让。⑦ 不过，构成营业的基本财产的范围因营业的
种类不同而有可能不同。如上述（1）中的 2），3），4）等事例，其营业
财产的范围包含事实关系，而像电影院（（1）中的 1）事例）等营业的构
成则不必考虑事实关系是否被继承。

可是，上述（2）中 4）事例的判断则令人费解，法院并没有阐明不
包含债权债务以及库存产品的转让不构成营业转让的理由与根据。因此，

---

① 大阪地判昭和 30·12·6 判时 67 号 16 頁。
② 福冈高判昭和 36·12·2 判时 293 号 24 頁。
③ 東京地判昭和 37·11·20 判夕 140 号 161 頁。
④ 大阪地判昭和 38·6·4 判时 347 号 54 頁。
⑤ 大阪高判昭和 38·7·30 判时 350 号 21 頁。
⑥ 東京高判昭和 47·3·15 判时 663 号 83 頁。
⑦ 山下真弘『会社営業讓渡の法理』（信山社　1997 年）320 頁を参照。

认定是否构成"组织化的、有机的整体财产"事实上是一个微妙的问题。[①]

(三) 营业的重要部分的概念

之所以对重要部分营业的转让也要求股东大会的特别决议，其立法目的当然也在于股东保护。具体而言，有以下两点实质性的依据：第一，让股东来判断营业转让的对价与方法是否妥当，为使股东能作出合理的意思决定公示必要的信息、提供说明的机会，并赋予反对股东以股份回购请求权；第二，股东大会的特别决议（在转让公司资不抵债或集团内其他公司的营业转让的情形除外）可起到间接地保护债权人利益的功能。[②]

之前的旧商法第 245 条第 1 款第 1 项中，规定的是"营业的部分"，后在 1950 年商法修订时，在"部分"前追加了"重要"一词，这是因为当时的修法意图之一在于缩小股东大会的权限，扩大董事会的权限，而将需通过股东大会特别决议的营业的部分转让限定于营业的重要部分的转让。[③]

那么，何为营业的部分呢？营业的部分包含同一营业中的一部分和数个营业中的一个这两种意思。例如，在全国进行汽车的制造、销售的公司，将其某一地区的营业予以转让的情形为前者，转让制造、销售业中的任一方为后者。[④] 不过，判例与绝大多数学说均认为，营业的部分也必须构成"营业"，即应为有机的、组织性的财产，如为重要工厂的重要机械，无论其规模多大，也不构成营业的部分。

但是，判断何为"重要"是个难题。从第 245 条的立法宗旨来看，只有那些影响公司存续基础的转让才能构成"重要"，这一点学说上没有争议。可在具体到如何判断何为"重要"的原则上，学说上存在着分歧。多数说采取的尺度较宽，认为达不到营业所程度的工厂及事业所也构成

---

① 豊泉貫太郎 「『営業譲渡』、『営業の重要なる一部』の判断基準について」『営業譲渡・譲受ハンドブック』（商事法務研究会編　平成 11 年新訂第二版）22 頁を参照。

② 神作裕之 「株式会社の営業譲渡等に係る規律の構造と展望」落合誠一先生還暦記念『商事法の提言』（商事法務　2004 年）143～153 頁。

③ 大隅健一郎・大森忠夫『逐条改正会社法解説』（有斐閣　1951 年）219 頁。

④ 山下真弘 「会社法における事業譲渡と株主保護―判例・学説の再評価―」阪大法学第 58 巻第 3・4 号 574 頁を参照。

営業轉讓制度研究——以日本法為中心展開

重要的部分。① 判例也大致持同样的态度。而少数说②却主张应将"重要部分"解为接近于全部转让的情形。其理由有三：第一，立法当初加上"重要"一词的意旨在于防止将极少一部分营业除外以规避股东大会决议的行为；第二，这样理解与美国法、德国法的方向一致；第三，与重要财产的处置、支店及其他重要组织的设置等归为董事会的决议事项相比，要求不构成相当于营业全部转让的部分转让履行股东大会的决议程序的依据不充分。

由于"重要"这个词本身的模糊性，多数说与判例也都没有给出一个具体的、明确的标准。诚然，以比例（如转让资产所占总资产的比例等）作为判断标准容易把握，但仅以比例为标准，既有可能会漏掉某些实质上很重要的转让，同时又有可能使原本不重要的转让课以履行股东大会特别决议程序的义务。③ 因此，大多数学说主张应从量和质两方面进行综合的判断，有学者在归纳各学说观点的基础上，认为存在着三种判断方法，即：（1）以转让对象的价值占公司总资产价值的比例为标准的判断方法（量的侧面）；（2）判断转让对公司命运的影响有多大的方法，即判断公司是否因转让无法维持营业，或者是否不得不大幅度地减小营业规模（质的侧面）；（3）从质和量两方面进行综合的判断，但最终只能以采用第二种方法为宜。而且，也不应漏掉有计划地在几年内多次转让、每次只转让小部分的转让，因此，不应只考虑该次转让的营业，还有必要考虑过去及将来的因素。④ 而判例似乎也不只是单纯以比例为标准进行判断。⑤

关于具体的比例标准，从判例的情况来看，在认定为重要部分的判例中，均为大比例的转让，其中，最低比例的事例为转让制造公司的三

---

① 大隅健一郎・大森忠夫『逐条改正会社法解説』（有斐閣　1951 年）219 頁。
② 石井照久 「営業の譲渡と株主総会の決議」『田中誠二先生古稀記念＝現代商法学の諸問題』（吉永栄助編　昭和 42 年　千倉書房）14 頁、田村淳之輔 「営業譲渡と株主総会決議」『八十年代商事法の諸相：鴻常夫先生還暦記念』（有斐閣　1985 年）542 頁、伊藤靖史 「会社の結合・分割手法と株主総会決議（2 完）」民商法雑誌 123 巻 6 号（2001 年）876 頁。
③ 山下真弘『会社営業譲渡の法理』（信山社　1997 年）166 頁。
④ 落合誠一『新版注釈会社法（株式会社の機関（1））』（上柳＝鴻＝竹内編（代）（昭和 61 年　有斐閣）269 頁、山下真弘 「会社営業譲渡をめぐる具体的な争点の検討」『服部栄三先生古稀記念＝商法学における論争と省察』（加藤勝郎・柿崎栄治・新山雄三編）（平成 2 年・商事法務研究会）882 頁を参照。
⑤ 山下真弘 「会社法における事業譲渡と株主保護―判例・学説の再評価―」阪大法学第 58 巻第 3・4 号 575 頁を参照。

个工厂中的一个工厂①，据此，可推测判例采用的是 30％左右的标准。②
学说上，有主张 10％的，也有主张 30％的③，从社会的一般观念来看，
30％较为妥当④，至于具体应从哪些方面进行质与量的综合判断，学者们
一般都主张可从转让对象的发展潜力、收益、从业人员的比例、销售额
的比例等方面综合考虑。

对此，有学者认为上述标准仍显抽象，并不能很好地解决问题，提
倡建立更加具体的、复数的、类型化的标准。⑤ 但是，也有学者对此持保
留态度，认为立法中之所以使用"重要"这个语义不甚明确的表达，是
因为股东大会与董事会的权限关系应根据经济的、社会的背景以及政策
的判断等因素经常变动，且作为转让对象的营业也是多种多样，因此，
几乎不可能制定一个确切的标准。⑥

立法论上，鉴于难以把握何为"重要"的标准，甚至有学者主张删
除"重要部分"⑦。如果采取该主张，虽然可以解决语义模糊的问题，但

---

① 最高裁判决昭和 61·9·11 判时 1215 号 125 頁。其他有占总营业 90％的转让事例（東
京地判昭和 33 年 6 月 10 日下民集 9 巻 6 号 1038 頁）、转让两个工厂中的占总营业额
80％的一个工厂的事例（東京高判昭和 53 年 5 月 24 日判夕 368 号 248 頁）、拥有直营店
铺 7 家和加盟店铺 4 家的制造销售公司转让直营店铺 3 家营业的事例（浦和地判昭和 56
年 8 月 13 日判夕 454 号 155 頁）、转让两部门中收益占全体的一半但为赤字部门的一部
门的事例（東京地判昭和 62 年 7 月 31 日判時 1264 号 123 頁）。
② 豊泉貫太郎 「『営業譲渡』、『営業の重要な一部』の判断基準等について―判決例を中
心として―」『営業譲渡・譲受ハンドブック』（商事法務研究会編 新訂第 2 版
1999 年）27 頁、山下真弘 「会社法における事業譲渡と株主保護―判例・学説の再評
価―」阪大法学第 58 巻第 3・4 号 575 頁を参照。
③ 河本教授提出 10％的标准，田代律师则提出 30％的标准。東洋信託銀行証券代行部編
「会社の営業譲渡・譲受の実務―『営業の重要なる一部』の判断と実務手続―」別
冊商事法務 43 号（1979）66 頁。江藤教授也主张应将营业额、经常利益、资产、员工
人数等作为要素进行综合判断，如不超过营业全体的 10％，则没有解为重要的余地。
江頭憲治郎『株式会社・有限会社法（第 4 版）』（有斐閣 2005 年）784 頁注 3。
④ 山下教授认为 10％稍低。山下真弘 「会社営業譲渡をめぐる具体的な争点の検討」『服
部栄三先生古稀記念＝商法学における論争と省察』（加藤勝郎・柿崎栄治・新山雄三
編）（平成 2 年・商事法務研究会）883 頁を参照。
⑤ 该学者提议从受让的主体、对象、条件、目的、效果、状况等对需履行股东大会决议程
序的营业转让进行判断，但似乎并未对何为"重要部分"提出具体的判断标准。龍田節
「営業譲渡と株主総会決議（1）」法学論叢 104 巻 6 号（昭和 54 年）1 頁以下、龍田
節 「営業譲渡と株主総会決議（2・完）」法学論叢 105 巻 3 号（昭和 54 年）1 頁以下
を参照。
⑥ 宇田一明『営業譲渡法の研究』（中央経済社 1993 年）151 頁を参照。
⑦ 伊藤靖史 「会社の結合・分割手法と株主総会決議（2 完）」民商法雑誌 123 巻 6 号
（2001 年）876 頁を参照。

另一方面，又确有必要根据具体事例，对全部转让的意思进行有弹性的解释。① 即实质性的全部转让也应纳入考虑的范畴。而且，从美国法、德国法的情况来看，即使去掉"重要部分"，法官在具体的判断中还是一样为难，因为很难判断什么是实质性的全部转让。② 而事实上，"实质性的全部"与"重要部分"其实是非常接近的。

不过，由于 2005 年公司法的出台，以上少数说的观点被明文否定。该法第 467 条第 1 款第 2 项规定，营业重要部分的转让须经股东大会决议的承认，但该转让资产的账簿价格不超过该公司总资产额的 1/5 除外（章程已规定低于此比例的情形的，以此比例为准）。该规定表明，即使在实质上构成了营业的重要部分，如果转让的资产额不超过总资产额的 20%，也不需通过股东大会的决议③；而如果转让的资产额超过总资产额的 20%，则存在被视为重要部分的可能。因此，少数说主张重要部分的转让仅限于相当于全部转让的转让这种观点已站不住脚。④

（四）与受让人利益的调整

如前所述，通说和判例均认为，转让公司转让营业的全部或营业的重要部分如未经股东大会的特别决议，该营业转让为绝对的无效。也即是说，股东大会的特别决议是营业转让的效力要件。不过，在纯理论上，有效说也具有一定的合理性。因为是公司的机关违反程序，所以就应该由选任该机关的公司承担责任，不能过于强调保护股东而损害交易对方的利益。⑤ 诚然，绝对无效说的缺点在于危害交易的安全。但旧商法第 245 条第 1 款第 1 项的立法宗旨在于保护股东；相对于受让公司，营业转让的结果对于转让公司来说更为重大；且营业转让虽为交易行为，但其实质上与合并等组织法上的行为类似，其对于交易安全的要求不如日常

---

① 山下真弘 「会社法における事業譲渡と株主保護—判例・学説の再評価—」 阪大法学 第 58 巻第 3・4 号 574 頁。

② 美国法与德国法虽然都没有对"资产的重要部分的转让"进行规制，但它们都认为实质性的全部资产转让也应履行股东大会的特别决议程序，问题在于如何确定何为实质性的全部资产的判断标准。山下真弘『会社営業譲渡の法理』（信山社　1997 年）153～156 頁を参照。

③ 江頭憲治郎『株式会社法』（有斐閣　2006 年）847～848 頁注 3、龍田節『会社法大要』（有斐閣　2007 年）519 頁。

④ 伊藤靖史 「会社法 467 条 1 項 2 号に関する一考察」 同志社法学 59 巻 6 号 192 頁。

⑤ 山下真弘『会社営業譲渡の法理』（信山社　1997 年）51～52 頁を参照。

交易那么高，因此，从转让当事人之间利益合理调整的角度综合地看，绝对无效说还是最为妥当的。[①] 况且，在受让营业的公司很多都对转让公司进行实地调查的今天，受让方判断转让对象是否符合要件已变得不那么困难。[②]

对此，有学者主张，既然将其视为绝对的无效，那么，为保证交易的安全与受让人的利益，从受让人的角度来看，作为营业转让的对象的"营业"，就必须是一个客观的、可预测的存在。[③] 但是，如前所述，营业的概念本身比较抽象、模糊，很难确立一个客观、明确、具体的判断标准，因此，通过明确营业转让的概念来协调股东保护与交易安全之间的关系难以实现。[④]

鉴于仅从实体法的角度难以解决转让当事人之间的利益协调问题，学者们提出了诉讼法上的解决方式。铃木教授主张，公司只能向恶意或有重大过失的受让人主张未通过股东大会特别决议的营业转让无效，而不能对抗善意的受让人，且转让公司负有举证证明恶意的责任。[⑤] 该主张被称为相对无效说。而之所以一般过失的情形不得主张无效，是因为如果肯定可主张，交易的相对方就必须积极地、尽量地去挖掘没有体现在表面的内幕，从而大大损害了交易的顺畅。[⑥] 相对无效说的难点在于，转让人必须证明受让人具有恶意，但难以确定应证明怎样的事实才能构成恶意。[⑦] 服部教授提出，原则上，营业用财产的全部转让应推定为组织性的、功能性的财产转让，即推定其构成营业转让，而主张其不构成营业转让的一方（受让人）应负有举证责任；而如果是重要财产的转让，从保护受让人的角度出发，应由转让人承担证明其为营业重要部分的转让的责任。[⑧] 同样，该方法也存在着如何举证的难题。

尽管如此，相对无效说似乎正在取代绝对无效说成为通说，因为如

---

① 山下真弘『会社営業譲渡の法理』（信山社　1997年）126頁を参照。
② 江頭憲治郎『株式会社法』（有斐閣　2008年）862頁。
③ 宇田一明『営業譲渡法の研究』（中央経済社　1993年）119頁を参照。
④ 山下真弘『会社営業譲渡の法理』（信山社　1997年）51頁を参照。
⑤ 鈴木竹雄=竹内昭夫『会社法』249頁（有斐閣　第3版　1994年）を参照。
⑥ 鈴木竹雄「株式会社法と取引の安全」『会社と訴訟（下）』（有斐閣　1968年）1228頁。
⑦ 上柳克郎「営業譲渡」『会社法演習②』（1983年）78頁を参照。
⑧ 服部栄三「商法245条1項1号にいう『営業ノ全部又は重要ナル一部の譲渡』の意義」民商法雑誌54巻4号573頁以下を参照。

果转让公司在任何情形下都可以主张无效，这对于善意的营业受让人来说不公平。诚然，的确应该重视转让公司的利益，但也不能忽视信赖该机关的受让人的利益。选任未经股东大会决议而转让营业的董事恰恰正是公司的股东，故对于股东的保护必须考虑交易安全的因素。例如，慎重的受让人即使积极地确认是否通过了股东大会的决议（如已确认了股东大会的议事录），但如该决议被撤销而导致决议无效时，认为该转让无效也显然不妥。而且，在转让公司存在着恶意，如转让时故意不经股东大会的决议，等到后来经营情势好转之后，以返还原来的营业为目的而主张转让无效的情形下，转让公司的股东是否还值得保护值得怀疑。加之以尽可能明确营业转让的概念来协调与交易安全之间的关系也是有限度的，因此，相对无效说的处理方式是妥当的。[1] 不过，判例却很少处理过这类问题，在由受让方提出无效主张的某判例中，最高法院对这个问题未作正面回答，但其一方面认为欠缺股东大会决议的营业转让无效，另一方面又以违反诚实信用原则为由否定了由受让人提出的确认营业转让无效的主张[2]，这说明法院也间接地承认了绝对无效说的不妥之处。[3]而在最近的由转让方提出无效主张的某判例中，东京地方法院也并未明确采取任何立场，而以转让公司本应该根据和解协议承担的、通过特别决议的责任，以及转让公司拥有的、充分的、通过特别决议的时间与机会为由否定了转让公司提出的无效主张。[4]

　　受让人为善意存在着两种情形，一种是信赖通过了股东大会决议的善意，另一种是不知道该营业转让为需通过股东大会决议的转让的善意。营业转让的概念越不明确，后者的善意越易产生。[5] 因此，有学者甚至主

---

[1]　山下真弘『会社営業譲渡の法理』（信山社　1997 年）35、51、199 頁を参照。

[2]　由于该受让人在营业转让 20 年后才提出股东大会决议的无效，有企图以此为借口拒绝履行剩余债务之嫌，故法院认为此举违反了诚实信用原则。最高裁判決昭和 61・9・11 判例時報 1215 号。

[3]　山下真弘『会社営業譲渡の法理』（信山社　1997 年）203 頁。

[4]　東京地判平成 18 年 8 月 28 日判例時報 1969 号 84 頁。对该判决，有学者提出了如下批判：法院在此虽然没有明示限制转让公司无效主张的根据，但可认为其根据的是诚信原则的违反。可是，既然是重视股东的保护而采用绝对无效说，诚信原则优于公司法第467 条第 1 款第 1 项适用的情形应仅限于极为个别的情形，即主张无效方必须具有相当于昭和 61 年判决的"背信性"，而本判决对于这一点的认定是不充分的。森まどか「内部手続および事業権の対価について明示の条項を欠く事業譲渡の効力」商事法務 1871 号 74 頁。

[5]　山下真弘『会社営業譲渡の法理』（信山社　1997 年）201 頁。

张，在重要部分的转让的情形下，其是否构成营业的重要部分的转让对于外部人并不明朗，故应采取相对无效的处理方法，而在全部营业转让的情形下，则采用绝对无效的处理方法。[①] 有学者认为善意应为无过失的善意[②]，但多数学者认为，如要求为无过失，对受让人而言似乎太严，故不应要求为无过失，即使存在一般过失，也应认定其为善意。不过，对一般过失、重过失的具体判断标准并不容易予以明确。[③] 一般而言，受让人如采取了诸如向转让人要求查阅议事录等积极确认股东大会决议有无的措施，处于信赖转让公司说明的状况的，可认定为受让人为善意、无重过失。[④]

综上所述，绝对无效说由于过于强调保护股东而忽视了受让人的利益，在某些情形下，又的确存在着保护受让人的合理性，故该说已渐渐沦为少数说。以绝对无效说为前提，学者们试图通过明确营业转让的概念以平衡股东与受让人之间的利益冲突，但营业概念本身的模糊性决定该方法不易施行，故还是应采用相对无效说为宜。

（五）特殊情形下的营业转让与股东大会的决议

1. 简易营业转让制度与简易营业受让制度

2005 年公司法新创设了简易营业转让制度。所谓简易营业转让制度是指，如转让资产额不满总资产额的 20%，转让公司不需履行股东大会的特别决议程序。不过，当该公司章程中规定低于此比例时，以章程规定的比例为准（第 467 条第 1 款第 2 项）。创设该制度的理由除了为使这样情形下的营业转让更加便捷之外，还在于使其与经济功能同样的分立制度保持平衡。[⑤] 如前文（三）中所述，该规定的出台对于何为营业的重要部分起到一定程度的指引作用。

而简易营业受让制度（小规模受让的特例）则是指，在受让营业的全部的情形中，如受让对价的总额不满受让公司净资产额的 20%，受

---

① 神作裕之 「株式会社の営業譲渡等に係る規律の構造と展望」 落合誠一先生還暦記念 『商事法の提言』（商事法務 2004 年）153 頁を参照。
② 田代有嗣 「会社の営業譲渡・譲受規制 (14)」 商事法務 849 号（1979）19 頁。
③ 山下真弘『会社営業譲渡の法理』（信山社 1997 年）201 頁。
④ 山下真弘 「会社法における事業譲渡と株主保護」 阪大法学第 58 巻第 3・4 号（2008 年）566 頁。
⑤ 神作裕之 「株式会社の営業譲渡等に係る規律の構造と展望」 落合誠一先生還暦記念 『商事法の提言』（商事法務 2004 年）134～135、148～149 頁を参照。

让公司可省略股东大会的决议程序。即在 B 公司受让 A 公司营业的全部的情形下，如作为 A 公司营业全部的对价所交付的财产的账簿价额的合计额占 B 公司净资产额的比例不满 1/5（章程规定低于此比例的情形，为该规定之比例，且净资产额不满 500 万元的情形为不满 100 万元）的，B 公司可省略股东大会决议（第 468 条第 2 款、公司法实施规则第 137 条）。这样规定的理由在于，像这样小规模的受让对受让公司的影响小，没有必要特地召开股东大会。而在判断是否适用简易营业转让制度时，公司法用的同样也是 20％的标准，规定为"总资产额"的 1/5（第 467 条第 1 款第 2 项）。简易营业转让制度与简易营业受让制度在比例标准为 20％这点上是共通的，但应留意简易营业受让的要件的基数为"净资产额"。两者要件的前提之所以不同，是因为对于前者中的重要部分考虑的是转让营业的规模，而小规模受让的后者则考虑的是支付对价的问题。①

2. 略式营业转让制度与略式营业受让制度

2005 年公司法导入了略式营业转让制度与略式营业受让制度。对于处于特别支配关系的公司间的营业转让等（包括全部及重要营业的转让，其他公司全部营业的受让，以及全部营业的租赁、全部营业的经营的委任、与他人的营业上的损益全部共通的合同及其他准于此的合同的缔结、变更或解除），公司法允许被支配公司不需履行股东大会特别决议的程序。被支配公司可省略股东大会的决议，是因为该公司即使召开股东大会，也避免不了通过议案的结局，而省去决议的程序则可使交易更加迅捷。关于特别支配关系的标准，公司法规定为支配公司拥有被支配公司股东表决权总数的 90％（如被支配公司的章程中规定了超过该比例的比例的情形，为该超过比例）（公司法第 468 条第 1 款）。不过，值得注意的是，即使省略了股东大会的决议，异议股东仍享有股份回购请求权（公司法第 469 条第 2 款第 2 项）。

3. 母子公司与营业转让

如上文 2 中所述，关于母子公司间的营业转让，公司法中存在着作为被支配公司的子公司可省略股东大会决议的制度，那么，母公司又是否需要履行股东大会的决议呢？

---

① 参见 ［日］山下真弘：《日本公司法上的营业转让与股东保护》，刘小勇译，载《太平洋学报》，2009（7），56 页。

（1）母公司向子公司转让营业的情形。

如 100％完全母子公司之间进行营业转让，因两者在经济上可看作一体，从整体上看营业没有发生根本的变更，对公司的命运没有重大的影响，故有见解认为不需通过股东大会的决议。[①] 但是，在母公司向其100％支配的子公司转让营业的情形下，如母公司不需通过股东大会的决议，那么，向子公司转让的营业就被母公司的代表董事所支配。于是，股东就会在不知情的状态下丧失在没有向子公司转让营业的情形下母公司股东所应享有的权利，即产生"股东权缩减"的问题。[②] 同样的问题还存在于向第三者转让营业后，该第三者向转让公司增发新股或转让旧股使其成为子公司的情形。[③] 此外，如果理解为不需股东大会的决议，还存在着当事公司规避法律的危险。如某公司可事先设立全资子公司，不经决议向其转让营业，然后再将该子公司的股份转让给第三人，这样就可不经股东大会决议向第三人转让营业。因此，有见解认为，从实质上看，母公司转让子公司的股份也相当于营业转让，应要求其通过股东大会的决议。这是因为转让自己经营的营业的行为与使子公司经营与本公司同一营业的情形下转让子公司的股份，在实质效果上一样。[④] 不过，对此观点，经济界人士强烈主张其违反了交易的迅捷性，应慎重对待母公司的参与。[⑤] 另有见解主张，本来，母公司持有的子公司股份的转让只是公司财产的转让，但可根据持股比例的不同来判断是否可类推适用营业转让的规制。如子公司的营业对于母公司来说为重要的营业，对子公司的股份一次全部转让的行为，也可视为实质上的母公司营业的重要部分的转让。[⑥]

（2）母公司受让子公司营业的情形。

在母公司从 100％支配的子公司处受让营业的全部的情形下，有见解

[①] 田代有嗣『親子会社の法律と実務』（商事法務研究会　1983 年）245 頁。
[②] 落合誠一『新版注釈会社法（株式会社の機関（1））』（上柳＝鴻＝竹内編（代）（昭和 61 年　有斐閣）272 頁、神作裕之「株式会社の営業譲渡等に係る規律の構造と展望」落合誠一先生還暦記念『商事法の提言』（商事法務　2004 年）147 頁を参照。
[③] 神作裕之「株式会社の営業譲渡等に係る規律の構造と展望」落合誠一先生還暦記念『商事法の提言』（商事法務　2004 年）147 頁。
[④] 関俊彦『会社法概論』（商事法務　全訂版　2007 年）457 頁。
[⑤] 北村雅史「企業結合の形成過程」商事法務 1841 号（2008 年）10 頁を参照。
[⑥] 参见［日］山下真弘：《日本公司法上的营业转让与股东保护》，刘小勇译，载《太平洋学报》，2009（7），62 页。

认为可不通过母公司股东大会的决议。可是，反对见解认为还是应通过股东大会的决议为宜。因为：第一，从形式上看，关于母子公司的营业转让，公司法并没有规定旧商法第 245 条第 1 项的适用除外。① 第二，对于母公司股东的利害关系来说，子公司另外存在的情形与子公司成为母公司营业的一个部门的情形，两者存在着重大的区别，因为即使是 100%支配的子公司，在法律上也是其他法人格，子公司的营业的亏损可不计于母公司，但如受让子公司的营业全部，情况就不一样了，其对母公司股东的影响比较大。而且，如需通过决议，反对股东可以行使股份回购请求权，反之，则不能。②

4. 营业的实物出资

营业当然可以作为实物出资的目的物。③ 关于营业的实物出资是否可类推适用关于营业转让规定的问题，最高裁 1972 年 3 月 2 日判决认为，营业的转让与营业的实物出资在法律性质上不同，但作为其目的的营业的意义解释为同一，两者均为依法律行为进行的营业的转让，故应适用旧商法第 26 条（公司法第 22 条）。④ 关于这一点，学说上也持相同的见解。⑤ 依据该判决的意旨，第 467 条以及第 468 条也应同样适用于营业的实物出资。⑥

5. 资不抵债情形下的营业转让

所谓资不抵债，指的是净资产为负数的情形。但究竟怎样的财务状况构成资不抵债，有赖于财务会计制度及财务会计学对其的认识，在法律上其实是很难给出定义的。根据程度的不同，大致上可将其分为两大类，一类是账面上的资不抵债，即账面上资产小于负债，但如将商誉、客户关系等在会计制度上不能计入资产的事实利益作为资产计入的话，资产大于负债；另一类是严重的资不抵债，即即使将事实利益等作为资

---

① 山下真弘『会社営業譲渡の法理』（信山社　1997 年）33 頁を参照。
② 藤井光二「100％子会社の営業全部の譲受と株主総会決議の要否」商事法務 861 号（1980 年）46 頁を参照。
③ 大隅健一郎「営業の譲渡及び出資」『会社法の諸問題』（有信堂　増補版　1962 年）71 頁を参照。
④ 民集 26 巻 2 号 183 頁以下、山下真弘「現物出資と商法 17 条（会社法 22 条）の適用」商法（総則・商行為）判例百選 22 事件（第 5 版　2008 年）を参照。
⑤ 志村治美『現物出資の研究』（有斐閣　1975 年）238 頁。
⑥ 山下真弘「ケース・スタディ商法総則・商行為法」法学教室 178 号（1995 年）19 頁を参照。

产计入，资产价值还是小于负债的情形。

　　有学者认为，在资不抵债的情形下，营业转让可不履行股东大会决议的程序。其理由是，在此状态下几乎不存在应被保护的股东利益，即使使之行使股份回购请求权，也无意义。① 尽管如此，有学者认为这种情形下仍需股东大会的决议，因为，虽然这种情形下似乎缺乏保护股东的利益，但也不能说完全不存在，如应该让股东选择营业的受让人等。② 也有学者主张，对于账面上的资不抵债，因为公司实质上仍具有价值，不能断定股东的股权价值为零，因此，如公司进行营业转让等并购重组，还是应该交由股东进行最终的决断。③不过，对于后者，即在严重资不抵债的情形下，认为不需履行股东大会决议程序的见解比较有说服力，因为在这种情形下，股东的股权价值为零，异议股东行使股份回购请求权没有意义，股东的意思决定权已经处于潜在债权人的支配之下。④ 还有的学者主张区分全部转让与部分转让的情形以区别对待，对于前者，认为应经股东大会的决议，因为这种情形很有可能导致解散或事实上的章程变更；对于后者，则认为可不经股东大会的决议，因为在这种情形下，股东的自益权的价值无限接近于零，如使股东对营业转让进行意思决定，有作出伤害债权人的具有高风险的投机决定的可能。⑤

　　不过，2005 年公司法对于股份回购请求权的回购价格规定的调整将有可能对以上讨论产生微妙的影响。旧商法第 245 条之 2 第 1 款规定回购价格为"如果没有决议所应具有的公正价格"，而公司法则将其改为没有前面修饰语的"公正价格"。该"公正价格"被理解为可包含因进行营业转让而产生的增加的企业价值部分（即所谓的相乘价值），也就是说，这部分增加价值也应该让反对的少数股东分享。⑥ 如果作这样的解释，即使

---

① 龍田節 「営業譲渡と株主総会決議（2 完）」京都大学法学論叢 105 巻 3 号（1979 年）12 頁を参照。
② 山下真弘『会社営業譲渡の法理』（信山社　1997 年）27 頁、神崎克郎 「総論」『営業譲渡・譲受ハンドブック』（商事法務研究会　1989 年）12～13 頁。
③ 山下真弘 「会社法における事業譲渡と株主保護―判例・学説の再評価―」阪大法学第 58 巻第 3・4 号 576 頁、宇田一明『営業譲渡法の研究』（中央経済社　1993 年）218 頁を参照。
④ 宇田一明『営業譲渡法の研究』（中央経済社　1993 年）218 頁を参照。
⑤ 神作裕之 「株式会社の営業譲渡等に係る規律の構造と展望」落合誠一先生還暦記念『商事法の提言』（商事法務　2004 年）151～152 頁。
⑥ 山下真弘 「会社法における事業譲渡と株主保護―判例・学説の再評価―」阪大法学第 58 巻第 3・4 号 576～577 頁。

是严重的资不抵债情形，也存在着有必要通过股东大会决议的余地。

可是，判例在处理这样的问题时，并未采用学者们提倡的实质判断方法，其所依据的判断标准依然是有无"营业"的转让，即判断该转让是否为作为有机的整体而发挥功能的财产的转让，在该转让中受让人是否继承转让人的营业活动、转让人是否负竞业禁止义务。[1] 对此，有学者认为，在此类事件中，由于以股东有无被保护的利益作为判断标准较为明确，故应在判断股东有无实际利益的基础上，再来判断转让的对象是否为作为有机的整体而发挥功能的财产体。[2]

6. 停业状态下的营业转让

当公司经营状态恶化时，有可能会采取停止营业活动的措施。与资不抵债的情形一样，关于停业状态下的营业转让是否需要通过股东大会决议这个问题，判例仍以转让的对象是否具有"营业性"为标准来进行判断。[3] 但学说上的见解认为，因这种状态下的转让一般都比较紧急，有可能不评估具有财产价值的事实上的利益而仅处理单个的财产物件，故认定是否构成营业转让非常微妙，因此，应以是否存在可保护的股东利益为中心进行实质性的判定为宜。[4]

有学者主张应区分停业与废业，即如果从客观上看处于完全没有重开营业的废业状态，可不需股东大会的决议，而即使是在停业时，只要从客观上看还有重开营业的可能，企业也就是活着的，就不能简单地认为没有保护股东的必要。在实务中，如何确定判定标准是个难题，可大致以停业期间的长短进行判断。但不能仅以此为标准，因为即使是长期的停业，根据业种的不同，也有可能出现因社会需求恢复，客观上具有重开营业可能的情形；而在因严重的资不抵债难以得到金融机关协助的情形下，就算不是长期停业，也会陷于废业的状态。对于这个问题，可结合是否为有机的整体而发挥功能的财产体、资不抵债标准以及围绕企

---

① 東京高判第 1 民事部昭和 50·9·22 高民集 28 巻 4 号 287 頁、東京高判第 9 民事部昭和 53·5·24 判例タイムズ368 号 251 頁。

② 宇田一明『営業譲渡法の研究』（中央経済社　1993 年）224 頁、山下真弘「会社法における事業譲渡と株主保護—判例·学説の再評価—」阪大法学第 58 巻第 3·4 号 191 頁を参照。

③ 最高裁大法廷判決昭和 41·2·23 民集 20 巻 2 号 302 頁、最高裁大法廷判決昭和 40·9·22 民集 19 巻 6 号 1600 頁。

④ 山下真弘『会社営業譲渡の法理』（信山社　1997 年）28 頁、宇田一明『営業譲渡法の研究』（中央経済社　1993 年）216 頁を参照。

业的状况等进行综合的判断。①

　　而有的学者主张应以停业后召开第一次股东大会之日为基准日，依其前后来判定有无召开股东大会的必要。因为在该日，股东可决定自己的命运，而不出席的股东则应对蒙受的不利自负其责。而在停业期间不长、又没有召开股东大会可能性的情形下，可根据资本的规模、股东人数、股票发行的有无、管理层股东与一般股东的比率等来考察股东有无被保护的利益。例如，公司闭锁度高的情形可不需股东大会的特别决议，这是因为闭锁性公司中的股东知悉进行营业转让的可能性较高。②

　　7. 清算中的营业转让

　　通说认为，正在进行解散清算的营业转让也应履行股东大会的决议程序。其依据的理由主要有：（1）公司的解散决议虽然有废止营业的意思表示，但是，即使是解散决议，也不是马上就由有机的财产变质为单纯的个别财产，解散决议通过后，也有可能存在着营业转让，只要是有机的财产，关于其处分的最终判断就应该交由股东；（2）根据旧商法第406条的规定，解散之后的公司还有可能存续；（3）法律明文规定特别清算的情形下营业转让不需通过股东大会的决议，但对普通清算则没有规定（旧商法第445条第4款）；（4）要求履行股东大会决议程序的德国股份公司法第361条，也适用于清算中的公司处分其全部财产的情形。③

　　对此，少数说则主张该情形下不应履行股东大会的决议程序，其理由主要有：（1）解散决议意味着股东作出了完结一切营业的意思决定，其在这个时点上已对公司的组织及构造下了一定的结论；（2）作为变价的方法之一，清算中公司的营业转让仅依清算人决议就可为之，且公司解散后，异议股东不得再行使股份回购请求权；（3）如要求履行决议程序，则会对清算事务的实施造成影响。④ 少数说虽然理由不如通说充分，

---

①　山下真弘『会社営業譲渡の法理』（信山社　1997年）28頁、山下真弘「会社法における事業譲渡と株主保護—判例・学説の再評価—」阪大法学第58巻第3・4号577頁を参照。

②　宇田一明『営業譲渡法の研究』（中央経済社　1993年）213、216～217頁を参照。

③　山下真弘『会社営業譲渡の法理』（信山社　1997年）189～190頁、北沢正啓『会社法』（青林書院　昭和54年）637頁などを参照。

④　龍田節「営業譲渡と株主総会決議（2完）」京都大学法学論叢105巻3号（1979年）9頁、田代有嗣「会社の営業譲渡・譲受規制」商事法務851号29頁、宇田一明『営業譲渡法の研究』（中央経済社　1993年）225～226頁。

但仍值得倾听。[①]

　　至于处于破产清算状态下的营业转让，学说上则一致认为不应使其履行股东大会的决议，因为破产的情形应适用破产法，由破产管理人对财产进行管理，且破产后的财产通常都会丧失有机性。[②]

　　8. 被命令进行营业转让的情形

　　反垄断法规定，公司进行营业受让后，在实质上限制一定交易领域的竞争的或自然形成垄断状态的，为恢复竞争，公正交易委员会可发出转让营业的部分的命令（日本反垄断法第 8 条之 4 第 1 款）。问题在于，如转让命令的对象对转让公司来说构成了营业的重要部分，还是否需履行股东大会特别决议的程序？关于这一点，法律没有明文规定，学说上存在着决议必要说与决议不要说的对立。[③] 决议必要说强调股东利益的保护，认为这种情形下仍应履行决议程序。其依据的主要理由有：（1）反垄断法中并不存在不需通过决议的特别规定；（2）转让命令虽对公司具有法律约束力，但对个别股东没有约束力，他们可在股东大会上自由行使表决权；（3）关于营业转让的价格等仍应由股东大会进行决议；（4）立法时之所以没有设置不需通过决议的特别规定，与股东利益无关，而是因为当时的政府及工商界担心因此而削弱本国企业的竞争力。而决议不要说则强调公共利益的实现，认为这种情形不需通过股东大会的决议。其依据的理由主要有：（1）企业不能违反以保护公共利益为目的的行政处分，在公共利益面前，股东的利益当然应受到限制；（2）如以大会决议为必要，命令将因大会的否决而失效，而且，会出现个人企业只得接受命令而股东却可以违背命令的失衡现象。

　　这实质上是股东利益和公共利益之间的协调问题。为解决这个问题，近年来，有学者认为决议必要说与决议不要说都比较极端，提出了折中说，主张既应尊重竞争法的原理，同时又应保护股东的利益。其具体的处理方法为：营业转让命令的约束力，仅在必须进行营业转让这点上具有效力；股东虽然无权对是否进行营业转让进行决议，但仍有权判断转

---

① 宇田一明『営業譲渡法の研究』（中央経済社　1993 年）225～226 頁、山下真弘『会社営業譲渡の法理』（信山社　1997 年）189 頁を参照。

② 山下真弘『会社営業譲渡の法理』（信山社　1997 年）190 頁、神作裕之「株式会社の営業譲渡等に係る規律の構造と展望」落合誠一先生還暦記念『商事法の提言』（商事法務　2004 年）151～152 頁を参照。

③ 宇田一明『営業譲渡法の研究』（中央経済社　1993 年）234 頁を参照。

让的具体条件，故有必要召开股东大会；如果因具体的条件达不成合意而使得决议无法通过，只能是反复地进行决议，直至股东达成合意为止。①

（六）营业转让与反对股东的股份回购请求权

在进行营业转让等情形下，虽然遵循的是资本多数决的原则，但为了确保反对的少数股东回收投入资本的途径，公司法赋予了他们股份回购请求权（appraisal remedy），即反对股东可对实施营业转让等的公司，请求以公正价格收购自己持有的股份（公司法第469条第1款）。特别是在少数股东难以转让其股份的闭锁性公司中，股份回购请求权具有重要的意义。股份回购请求权与其他的救济手段相比，具有如下优点：（1）无论多数派的决议内容是否妥当、是否合法，反对股东都可获得救济；（2）因造成公司财产的流出，能够使多数派慎重对待等。不过，为防止滥用，也应对该权利的行使有所限制。② 而且，需注意的一点是，在股东可行使股份回购请求权的情形下，就不得再以营业转让条件的不公正为由主张决议的无效，除非存在着特别利害关系人行使表决权的情形。③

1. 可行使股份回购请求权的反对股东的范围

反对股东在两种情形下，可对进行营业转让等的公司行使股份回购请求权。第一种为需要为进行营业转让等的股东大会（含类别股东大会）决议的情形，但在这种情形下，该股东为必须在股东大会之前向该公司通知反对该营业转让等④，且在该股东大会上反对该营业转让的股东⑤，或该股东为在股东大会上不得行使表决权的股东。第二种为该营业转让

---

① 山下真弘『会社営業譲渡の法理』（信山社　1997年）265～267頁を参照。
② 江頭憲治郎『株式会社法』（有斐閣　2006年）743頁注1を参照。
③ 神作裕之「株式会社の営業譲渡等に係る規律の構造と展望」落合誠一先生還暦記念『商事法の提言』（商事法務　2004年）145頁を参照。
④ 反対の意思表示、必須以书面的形式在股东大会之前到达，该举证责任原则上由股东负担。山下真弘『営業譲渡・譲受の理論と実際』（信山社　1999年）28頁を参照。之所以要求股东对公司进行通知，是因为这样可使公司认识到有多少程度的股份回购请求，以使其在议案的提出前再度思考。江頭憲治郎『株式会社法』（有斐閣　2006年）744頁を参照。
⑤ 之所以要求该股东必须在股东大会上反对该营业转让等行为，其理由在于防止有些股东虽然投的是赞成票，但日后看到因该行为股票下跌，又要行使股份回购请求权的权利滥用行为。江頭憲治郎『株式会社法』（有斐閣　2006年）744頁を参照。

等不需通过股东大会决议的情形，在这种情形下，为所有的反对股东
（公司法第 469 条第 2 款）。

不过，在通过营业的全部转让决议的同时，也通过了解散决议的情
形下，反对股东不得行使股份回购请求权（公司法第 469 条第 1 款）。这
样规定的理由在于反对股东对于投入资本的回收可通过剩余财产的分配
得以实现。①

2. 公司的通知等义务

拟进行营业转让等的，在生效日 20 日前，必须向股东通知实施营业
转让等的意旨。在受让其他公司的营业的全部的情形下，如在受让的资
产中包含该受让公司的股份的，还得通知关于该股份的事项（公司法第
469 条第 3 款）。并且，在股东大会上，董事还必须就该股份的事项进行
说明（公司法第 467 条第 2 款）。②

公司也可以公告代替上述通知，但仅限于两种情形：第一种为实施
营业转让等的股份公司为公开公司的情形，第二种为公司就该营业转让
等行为已获得股东大会决议承认的情形（公司法第 469 条第 4 款）。③

3. 股份回购请求权的行使

反对股东行使股份回购请求权的，必须自生效日 20 日前之日起至生
效日的前日之内，明确其股份收购请求的相关股份数（类别股份发行公
司，为股份的类别及每类别的数）（公司法第 469 条第 5 款）。提起股份收
购请求的股东，只有在得到公司的承诺时，才能撤回其股份回购请求
（公司法第 469 条第 6 款）。④ 而在关于回购价格未达成协议，且未向法院
提出决定价格的申报的情形下，自生效日起满 60 天的，股东可随时撤回
股份回购请求（公司法第 470 条第 2 款、第 3 款）。⑤ 公司中止营业转让
等行为时，股份回购请求失效（公司法第 469 条第 7 款）。

---

① 不过，有见解认为，剩余财产的分配并不一定可弥补营业转让所带来的损失。江头宪治
郎『株式会社法』（有斐閣 2006 年）851 頁注（10）を参照。

② 要求董事对此进行说明，其理由在于，这种情形有可能造成规避自己股份取得规制的行
为。近藤光男『株式会社法』（中央经济社 2007 年第 4 版）377 頁を参照。

③ 关于该通知或公告的时间与股东大会决议的时间先后没有规定，孰先孰后均行。相澤
哲·細川充 「組織再編行為（下）」商事法務 1753 号 45 頁を参照。

④ 如对于有市场价格的股份，暂时先行使回购请求，其后根据股价的动向，如能以有利的
价格卖出，便可撤回请求。这样规定是为了防止这样滥用权利的行为。相澤哲·細川充
「組織再編行為（下）」商事法務 1753 号 45 頁を参照。

⑤ 因这时再无价格决定的方法。江頭憲治郎『株式会社法』（有斐閣 2006 年）747 頁注
（7）を参照。

4. 回购价格的决定及支付

在有股份回购请求的情形下，公司必须以公正的价格回购该股份。如前文（五）之 5 中所述，在 2005 年公司法制定之前，旧商法规定该公正价格为"如果没有决议所应具有的公正价格"①。而 2005 年公司法则去掉了"如果没有决议所应具有的"的修饰语，该公正价格被解为反映因该营业转让等行为所产生的相乘效果的公正价格。② 不过，因相乘效果的产生只是一种假设，决定这样的价格事实上比较困难。

关于回购的价格，首先应由公司与股东间依协议决定。如达成协议的，该公司必须自生效日起 60 天内支付。对价格的决定，如果自生效日起 30 天内未达成协议的，股东或公司可在该期间届满日后 30 天内，向法院提出决定价格的申报。在法院决定价格的情形下，公司必须支付年息 6％的利息，该利息的起算日为营业转让等的生效日起满 60 天之日（公司法第 470 条第 4 款）。涉及股份回购请求的股份的回购，在该股份的价款支付之时生效（公司法第 470 条第 5 款）。

三、其他各国与地区的制度概况

（一）美国法上的全部资产转让与股东的保护

与日本法不同，美国法上并不存在明确的营业及营业转让概念，公司法采用的是与营业转让类似的全部资产转让的概念，以其为对象进行规制。因全部资产转让在很多时候都伴随着商号、营业权等事实关系的转让，其实质上与营业转让的内容、功能极为接近。与营业的全部转让一样，公司全部资产的转让对公司乃至股东的影响很大，故在美国法上也存在着是否需要通过股东大会的决议、是否应赋予反对股东股份回购请求权等问题。

---

① 这是为了救济在因该营业受让等行为而引起股价下降的情形下的反对股东。
② 日本学者对此规定理由的解释为，如果公正价格只理解为前者，其只能保证反对股东不比营业转让前的状态更差，但如该营业转让等行为能给公司带来相乘效果，适用前者就使得多数派股东独享相乘效果所产生的利益，而反对股东则无法享受。江頭憲治郎『株式会社法』（有斐閣　2006 年）747 頁注（8）を参照。

1. 公司全部资产转让的意义与概念

最初，公司全部资产的转让一般是作为公司正式解散之前的清算方法予以利用的，而后来，公司全部资产的转让经常被用于某公司拟成为其他更大规模的公司的一部分而继续其业务的情形，即作为公司重组的手段之一被利用。① 在这种情形下，如果以受让公司的股份作为对价支付给转让公司的股东，公司全部资产的转让在结果上就无异于合并，这也就构成了所谓的事实合并（de facto merger），但因其程序较法定的合并简单，故这种方式经常被利用。②

另一方面，公司全部资产的转让还可用于公司分立。如公司存在着经营状况不佳的营业部门，需要将其剥离出去，可先成立一家新公司，然后将该经营状况不佳的营业部门的全部资产转让给这家新公司，并受让该新公司的股份，以之作为对价，这样就可将其作为子公司而继续支配。③

由于公司全部资产的转让与合并在经济功能上的类似性，在美国法上，公司全部资产的转让被当作公司重组手段之一，与合并同等对待。不过，尽管这两者在经济功能上类似，在法律上也受到类似的规制，但仍在法律性质上存在着若干区别，这主要表现为如下几点：（1）虽然两者都可产生公司全部财产转移的结果，但在合并的情形下，该转移是作为法律效力产生，但在全部资产转让的情形下，却是作为转让合同的效果而产生；（2）在合并的情形下，两当事公司都需通过股东大会的决议，而在全部资产转让的情形下，只要求转让公司通过股东大会的决议；（3）虽然全部资产的转让也可以受让公司发行的股份为对价，但如拟将该股份分配给转让公司股东，因该分配并不构成转让合同的内容，不存在强制股东接受受让公司股份的方法，而在合并的情形下，该分配已规定于合并合同中，具有资格的反对股东之外的股东全部受其约束；（4）在合并的情形下，合并公司解散，而在转让的情形下，转让公司不解散；（5）在合并的情形下，全体当事公司必须为州内公司（a domestic

① Ballantine, On Corporations (rev. ed. 1946), p. 663；遠藤美光 「財政破綻にある株式会社の営業讓渡（一）」上智法学論集 23 巻 1 号（1979 年）125 頁。
② B. E. Fox, E. M. Fox, Corporate Acquisitions and Mergers, Vol. 2, 1973, p. 25 - 28；遠藤美光 「財政破綻にある株式会社の営業讓渡（一）」上智法学論集 23 巻 1 号（1979 年）125 頁。
③ 山下真弘 『会社営業讓渡の法理』（信山社　1997 年）57 頁。

corporation），而在转让的情形下，对方公司既可以是州内公司，也可以是州外公司（a foreign corporation）。①

正因为存在着以上差别，故与公司合并相比，公司全部资产的转让具有如下优点：（1）只有转让公司才需履行股东大会的决议程序，且有的州规定只需普通决议即可；（2）受让公司股东不享有反对股东股份回购请求权，有的州甚至不承认转让公司股东的反对股东股份回购请求权；（3）通常制定法上没有对与州外公司的合并进行规定②，而且，与合并一样，在税法上，公司全部资产的转让也享受免税的优惠③。因此，公司全部资产的转让作为达成公司重组的方法被广泛利用。

公司全部资产的转让通常被认为包括商誉、营业权（franchise）等无形价值的转让。特拉华州等州的公司法就明文规定了应包括这些无形价值（including its goodwill and its corporate franchises）。④ 不过，各州的公司法呈现出一种删除这些无形价值的发展态势⑤，而美国模范公司法中的规定也为"with or without the goodwill"⑥，这意味着，依据美国模范公司法及部分州的公司法，商誉或营业权等无形价值的转让不构成公司全部资产转让的条件。而且，在美国法上，法律并没有明文规定转让人负有竞业禁止的义务，其是否负有该义务依据当事人的合同。可见，美国公司法上的公司全部资产的转让比日本通说及判例中的营业转让的概念要宽泛。⑦

2. 普通法上的原则

（1）在公司持续繁荣的情形下（prosperous and going concern）。

在没有制定法的早期，联邦最高法院以及大多数州的法院确立了如

---

① Hills，Consolidation of Corporations by Sale of Assets and Distribution of Shares，19 Calif. L. Rev.（1931），pp，349，351—352；三枝一雄「アメリカ会社法における会社全財産の譲渡」法律論叢 41 卷 4・5・6 号（1968 年）445 頁。
② Hills，op. cit.，p. 349，350.
③ Ballantine，op. cit.，p. 663. 另见第七章之二中的论述。
④ Del. Gene. Corp. Law，§ 271（a）；Flo. Stat. Ann. § 608，19.
⑤ 如纽约州、康涅狄格州、加利福尼亚州等。田村淳之輔「営業譲渡と株主総会決議」『八十年代商事法の諸相：鴻常夫先生還暦記念』（有斐閣　1985 年）525～526 頁を参照。
⑥ M. B. C. A. § 12.02（a）.
⑦ 三枝一雄「アメリカ会社法における会社全財産の譲渡」法律論叢 41 卷 4・5・6 号（1968 年）445 頁、山下真弘「米国会社法における資産譲渡と総会決議—再改正される模範会社法からの示唆—」立命館法学 2000 年 1 号（269 号）4 頁を参照。

下原则：如果章程中没有明确的规定，只有全体一致行动的股东才具有承认转让公司全部财产的权限。① 也就是说，根据普通法的原则，在章程没有明文规定的情形下，公司全部财产的转让需要股东大会上全体股东一致同意的决议承认，如果缺少这样的决议，董事乃至多数股东均不能转让公司的全部财产，即使只有一个股东提出异议，也可阻止公司全部财产转让的实施。②

关于普通法上该原则的根据，在 Kean. v. Johnson（1853）案件③中，法院认为其根据是基于如下担忧：如果依多数股东的决议可转让公司的全部财产，那么，少数股东就完全受制于多数股东，听任一个或数个有钱股东的摆布；在联邦最高法院 Geddes v. Anaconda Copper Minning Co.（1921）案件④中，法官认为，多数股东的决议不能转让处于持续取得收益中的公司的全部财产，是因为该权限的行使破坏了股东间关于公司必须实施所定目的的默示的合意；在 Fontaine v. Brown County Motors Co.（1947）案件⑤中，法官如是阐述：因为公司全部财产的转让实质上构成了公司事业的废止，违反了股东间关于公司的财产应该用于达成公司目的的默示的同意，故应限制关于公司全部财产转让的权限。而学说则认为，该普通法上的原则是基于如下理由：股东间实际上存在着这样一个默示的契约，即公司应该在章程中所确定的期间内为实现公司的事业目的而运营，除发生事实上的灾难的情形外，如没有全体股东一致的同意，公司不得进行事业的任意解散、转让或中止。⑥

可是，普通法上的该原则遭到了学者们的如下批评：该原则与其他可以单纯多数股东的决议取消特定的章程的原则相矛盾；如果转让对公

---

① Geddes v. Anaconda Copper Minning Co. , 254 U. S. 590；41 Sup. Ct. 209（1921）；Forrester v. Boston & Montana Consol. Copper & Silver Min. Co. , 21 Mont, 544；55 P. 229（1898）；Kean. v. Johnson, 9 N. J. Eq. 401（1853）；Butter v. New Keystone Copper. Co. , 93 A. 380（1915）；Allen v. Francis sugar, Co. , 92 N. J. Eq. 431；112A. 887（1921）；Voigt v. Remick, 260 Mich. 198；244 N. W. 446（1932）；Fontaine v. Brown County Motors Co. , 251 Wis 433；29 N. W. 2d, 744；174 ALR, 694（1947）.

② Ballantine, op. cit. , p. 666；J. C. Walker, Power of Directors to Transfer All Assest-Disseners' Rights to Appraisal and Payment, 47 Mich. L. Rev. 411（1949）.

③ 9 N. J. Eq. 401.

④ 254 U. S. 590, 41 Sup. Ct. 209（1921）.

⑤ 251 Wis 433；29 N. W. 2d, 744；174 ALR, 694.

⑥ Ballantine, op. cit. , pp. 666 - 667；6 Fletcher, Private Corporation,（Perm. ed, 1950），§ 2947 p. 691；west brook, comments, Sale of all or Substantially all of the assets of a corporate assets, 45 Mich. L. Rev. p. 344.

司有利，其显然应为指挥事业的多数股东的权限；实施该原则的结果是，即使仅存在一个反对股东，其也可以法外价格要求公司回购其少数股份，从而造成对多数股东活动的障碍。①

（2）公司处于濒临破产状态的情形（concerns in failing circumstances）。

前述需股东大会上全体股东同意的决议的原则仅适用于公司处于持续繁荣的情形，而在公司陷入财政上困难的情形下，判例对原先的原则进行了若干缓和，确立了即使少数股东反对，多数股东也可承认公司全部财产的转让的原则。② 对此，学说上认为该原则的依据为，在公司失去了实现其目的的希望时，不能说公司全部财产的处理与公司的目的相矛盾，对于不能清偿债务的公司而言，反对股东的阻拦显然是非常棘手的问题。③ 至于具体什么情形构成濒临破产状态的情形，判例并没有形成一个明确的概念，有的判例只是抽象地阐述为濒临破产，有的判例则明确指出为支付不能，有的判例则在濒临破产的基础上加上了无收益、事业无法继续等限定语。④

有学者甚至认为，判例承认了这样一个原则，即在公司财政困难的情形下，董事可不必等待股东大会的承认，就可有效地对公司全部财产实施转让。也就是说，法院认为，在休业公司中，如企业大体上会以失败告终变得明朗的，不管少数股东反对与否，都没有继续进行营业的义务；在这样的状况下，所有的利害关系人都可要求以最小限度的损失为清算而进行财产的处理及清偿负债。⑤

可是，作为支持以上见解而被引用的判例并没有明确确定董事可决

① 6 Fletcher, op. cit., § 2947; Warren, Voluntary Transfers of Corporate Undertaking, 30 Harv. L. Rev. p. 335; Ballantine, op. cit., p. 667.
② Geddes v. Anaconda Copper Minning Co., 254 U. S. 590, 41 Sup. Ct. 209 (1921); George v. Wallace, (C. C. A. 8 th, 1904) 135 F. 286; Butler v. New Keystone Copper Co., 10 Del Ch. 371; 93A, 380; Cardif v. Johnson, 126 Wash 454; 218 P. 269; 222 P. 902 (1923); Exchange Bank of Novinger v. Turner, 14 S. W. 2d. 425, 430 (1929); Graeser v. Phcenix Finance Co. 254, N. W. 859 (1934).
③ Westbrook, comments, Sale of all or Substantially all of the assets of a corporate assets, 45 Mich. L. Rev. pp. 341, 344.
④ 遠藤美光「財政破綻にある株式会社の営業讓渡（一）」上智法学論集23巻1号（1979年）133～134頁。
⑤ Ballantine, op. cit., p. 667.

定转让的原则，且大都有着各自特殊的情形①，以上对判例的理解只不过是该学者的主观判断而已。因此，对普通法上的原则比较妥当的理解应为，当公司处于濒临破产的状态时，公司全部财产的转让不需全体股东的承认，而只需通过多数股东的决议即可。②

对于这样一个观点，Warren 教授提出了如下疑问：既然承认在公司处于濒临破产状态时多数股东为避免进一步的损失可对公司全部财产进行转让，那么，为什么不能承认多数股东为进一步取得利益可对公司全部财产进行转让呢？为进一步对该疑问进行说明，该教授举例如下：X公司在支付日能偿还债务之前，发展顺利，持有充足的流动资产，并取得了较多的纯利润；当 Y 提出购买 X 的公司财产时，董事及多数股东对该购买申请作出了同意的决议；这时，如少数股东对此提出诉讼，法院难道就应该禁止该财产的转让吗？对此，该教授主张，即使在普通法上，董事以及多数股东如认为该转让是一个贤明且妥当的决定，那么，无论在什么时候，都可以转让公司的全部财产、将对价支付给债权人，并将其收益分配给股东；财产处于困难状态并非是实施这样转让的唯一正当的理由。③ 而在判例中，虽然只是少数，也出现了强力支持该见解的判例。如在 Bowditch v. Jackson Co.（1912）案件④中，法官如是阐述：如

---

① 如在 Oskaloosa Savings Bank v. Makaska County State Bank. 219 N. W. 530（1928）案件中，实施转让的董事为多数派股东，这对判决的结果有着重大的影响；在 State v. Western Irrigating Canal Co. 40 Kan. 96；19 P. 349（1888）案件中，法院只是认定，即使州反对，公司也享有转让公司全部财产的权限；在 Rothwell v. Robinson，47 N. W. 255（1890）案件中，董事以及多数派股东已经没有重新进行营业的意图，两者的意见一致；在 Howard v. Republic Bank Trust Co.，76 S. W. 2d. 187（1934）案件中，法院只是阐明在存在着濒临破产状态，以及无法进行营业或存在着使债权人陷入悲惨状况的紧急事态的情形下，董事会的行为不受少数股东的攻击；在 Homan v. Fir Products Co. 123 Wash. 260，212 P. 240（1923）案件中，法院虽然认定不能清偿债务的公司董事所进行的财产转让非为无效，但该董事为多数股东；在 Treadwell v. Salisbury Manufacturing Co.，73 Mass. 393（1856）案件中，法院只是阐明多数股东在一定的状况下可实施公司全部财产的转让。なお、三枝一雄「アメリカ会社法における会社全財産の譲渡」法律論叢 41 巻 4・5・6 号（1968 年）451 頁、遠藤美光「財政破綻にある株式会社の営業譲渡（一）」上智法学論集 23 巻 1 号（1979 年）135 頁を参照。

② 三枝一雄「アメリカ会社法における会社全財産の譲渡」法律論叢 41 巻 4・5・6 号（1968 年）451 頁を参照。

③ Warren, op. cit, pp. 341, 335 - 358.

④ 76 N. H. 351；82A. 1014；作出同样内容的判决的还有 Paterson v. Shattuck Arizona Copper Co.，186 Minn. 611；244 N. W. 281（1932）；Beidenkopf v. Des Moines Life Insurance Co.，160 Iowa 629；142 N. W. 434（1913）；Cohen v. Bigstone Cap Iron Co.，111 Va. 468；69 S. E. 359（1910）；Treadwell v. Salisbury, 73 Mass. 393；7 Gray 393（1856）。

果多数股东可为避免更大的损失而转让公司的全部财产，那么，又为什么不能为获取更大的利益进行转让呢？如果认为该公司是不伴有任何公权利及义务的纯粹的事业公司，那么这两种情形在原理上并没有实质性的区别；无论是哪种情形，都是因为对股东有利才会行使，至于利益是否相当则是相对的；多数股东在前者的情形下享有转让的权限，可如果在后者的情形下却不享有该权限，这并不合理。可是，有学者对此表达了如下不同的看法：比较公司在危急时为避免损失不得已采取的行为与公司在繁荣时为获取进一步的利益而采取的行为，其对于利益相关者的影响、意义完全不同，单纯将两者视为同一比较危险；即使在美国，该见解也只是少数。① 不过，以上见解后来却成为促进制定成文法的原动力及重要力量。②

3. 成文法上的规定及适用上的问题

（1）成文法上的规定概况。

现在，几乎美国所有的州都制定了关于处理公司全部财产或实质性全部财产的成文法。而且，与上述普通法上的原则不同，这些州的成文法规定并不区分公司的财政状态，也不要求公司转让全部财产需股东大会上全体股东一致同意的决议。这也就是说，各州成文法上的规定事实上变更了需全体股东一致同意的普通法上的原则。③ 不过，关于股东大会承认决议的必要比例，各州的规定各不相同，有的州规定为股份总数的1/2 以上④，有的州规定为 2/3 以上⑤，有的州规定为 3/4 以上⑥，有的州甚至规定为 4/5 以上⑦。该成文法规定的立法意图为，至少对于持续繁荣中的公司的全部财产转让，有必要放松普通法上要求股东大会上全体股

---

① 三枝一雄 「アメリカ会社法における会社全財産の譲渡」 法律論叢 41 巻 4・5・6 号 (1968 年) 451 頁を参照、同旨、山下真弘『会社営業譲渡の法理』（信山社 1997 年）63 頁を参照。

② 三枝一雄 「アメリカ会社法における会社全財産の譲渡」 法律論叢 41 巻 4・5・6 号 (1968 年) 451 頁、岸田雅雄 「企業結合における公正の確保—アメリカ法を中心として—（二）」 神戸法学雑誌 26 巻 2 号 260 頁 (1976 年) を参照。

③ 遠藤美光 「財政破綻にある株式会社の営業譲渡 (一)」 上智法学論集 23 巻 1 号 (1979 年) 144 頁を参照。

④ Del. Gene. Corp. Law, §271; Cal. Corp. Code §3901 - 3903; Nev. Rev. Stat. §78; 565.

⑤ Code of Ala. tit 10. §91; Minn. Stat. Ann. §301. 36; Mass. Gen. Laws. Ann., 156. §42. N. Y. Bus, Corp. Law, §909.

⑥ Mo. Rev. Stat. §351;

⑦ Vermon's Rev. Civil Stat. of Texas Bus. Corp. Act. Art. 5 - 10.

东一致同意的承认决议的原则，以避免少数股东妨碍压倒多数股东的意志的不合理局面。① 此外，1999 年修订前的美国模范公司法②以及许多州③的成文法区分两种情形来决定股东大会决议的必要与否，即在公司的事业的通常且正规的过程内（in the usual and regular course of its business）进行转让的，不需股东大会的承认决议，只需董事会的决议即可，而在公司的事业的通常且正规的过程外（other than the usual and regular course of its business）进行转让的，则需股东大会的承认决议。

（2）公司处于不能清偿债务或濒临破产状态的情形。

在成文法时代，关于处于不能清偿债务或濒临破产状态下的公司拟转让其全部财产是否需要通过股东大会的决议，学说上存在着对立的见解。有力说认为，因为有几个州的成文法规定上述股东大会决议的要求不适用于不能清偿债务的公司，故不能清偿债务的公司的董事可转让公司的全部财产。④ 对此，反对说则主张，成文法是将前述的普通法上的原则修改为这样一个单纯统一的原理，即无论公司的财政状态如何，多数股东可转让公司的全部财产或实质性全部财产。⑤ 同样，在判例上也存在着这样的对立。在 Mills v. Tiffany's Inc.（1938）案件⑥中，法院指出，如果破产公司的财产转让是以终结营业为目的进行的，全部财产的转让不需股东大会的承认；其目的在于由其他公司继续该营业的，则必须根据成文法的规定，有必要获得 2/3 以上股东的表决授权。不过，在这里需要注意的是，法院只是指出在以终结营业为目的而进行的情形下才不需股东大会的决议。在 Avard（1955）案件⑦中，法院认为，如果公司经营者判断继续营业没有利益，为避免产生更大的损失，可不经过股东的

---

① Ballantine, op. cit., p. 668；Westbrook, op. cit., comments, pp. 341, 347；6 Fletcher, op. cit., §2949.

② Revised M. B. C. A., §§12.01 - 12.02 (1984).

③ N. Y. Bus. Corp. Law, §909；Mo. Rev. Stat. §351.400；Page's Ohio Rev. Code. Ann. §1701.76；Purdon's Penn. Stat. Ann. tit. 15 §2852 - 311；N. D. Century Code. Ann.；§10 - 20 - 10；Code of Ala, §21 (61)；Vermon's Ann. Rev. Stat. of the state of Taxas, Bus. Corp. Act, Art. 509, 5.10；Smith's, Ill. Stat. Ann. ch. 32, §157.71 - 73. 也有不分情形的州规定，如 Del. Gene. Corp. Law, §271, Cal. Corp. Code, §3901.

④ Ballantine, op. cit., p. 666；6 Fletcher, op. cit., §2949.

⑤ Westbrook, op. cit., comments, pp. 341, 348.

⑥ 123 Conn. 631；198 A. 185 (1938).

⑦ Petition of Avard, 144 N. Y. S. 2d. 204 (1955).

同意转让财产或营业。在 Teller v. W. A. Grisword Co.（1937）案件①中，法院表明了成文法的前述规定不适用于破产公司的观点。可是，另一方面，也存在着持相反观点的判例。如在 Graeser v. Phoenix Finance Co.（1938）案件②中，法院以成文法并不区分是否持续繁荣中的公司为由，认为要求股东大会决议的规定同样适用于破产的公司；在 In re Mac-Donald（1923）案件③中，法院认为，公开公司的董事会在履行成文法所规定的程序之外，没有获得卖掉全部财产而将公司置于营业外（即终止公司之前的营业活动）的授权；在 Michigan Wolverine Student Co-op v. Wm. Goodyear & Co.（1946）案件④中，财政上陷于困境的某公司董事在未取得股东承认的前提下转让了公司的全部财产，于是，原告以该行为必需多数股东承认为由主张撤销该转让行为。对此，法院作出如下判决：规制全部财产转让的成文法规定同样适用于财政上陷入困境的公司，即该转让必需股东的承认，因此，该转让行为应被撤销。

（3）关于事业的通常且正规的过程内及过程外的判断。

关于何为事业的通常且正规的过程内的转让以及过程外的转让，成文法上并没有明确的规定。一般来说，转让是否在通常的过程外可根据与公司的目的事业之间的关系进行判断。⑤ 这时，就存在着此处所指的"事业"为何种事业的问题。其究竟指的是章程中所记载的事业，还是现在正在经营的事业呢？通常，这两者是一致的，但是，也有不一致的时候。有见解认为，在这种情形下，此处的"事业"理应指的是实际正在经营的事业⑥，事实上近年来都在采用后者⑦。而结合上述某些州成文法的规定以及判例，可大致得出一个比较直观的标准，即处于持续繁荣中

---

① 87 F 2d. 603（1937）.

② 218 Iowa. 1112，254N. W. 859.

③ 199 N. Y. S. 873，874（1923）.

④ 314 Mich. 590；22N. W. 2d. 884（1946）.

⑤ In re Meglietta, 39 N. E. 2d. 224, 228（1942）; Gimbel v. Signal Companies, Inc. 316 A. 2d 599（Del. Ch. 1974）. なお、山下真弘『会社営業譲渡の法理』（信山社　1997年）67 頁、三枝一雄「アメリカ会社法における会社全財産の譲渡」法律論叢 41 巻 4・5・6 号（1968 年）465 頁、遠藤美光「財政破綻にある株式会社の営業譲渡（一）」上智法学論集 23 巻 1 号（1979 年）151 頁を参照。

⑥ 三枝一雄「アメリカ会社法における会社全財産の譲渡」法律論叢 41 巻 4・5・6 号（1968 年）465 頁を参照。

⑦ 遠藤美光「財政破綻にある株式会社の営業譲渡（一）」上智法学論集 23 巻 1 号（1979 年）151 頁を参照。

的公司全部财产的转让构成事业的通常过程外的财产转让，而处于不能清偿债务、濒临破产状态下的公司的全部财产的转让构成事业的通常过程内的财产转让。① 可是，成文法上所规定的事业的通常过程这样一个概念，相较于普通法上的不能清偿债务、持续繁荣等概念，在内容上更为广泛，也更有弹性，不可简单地等同。以下结合具体的判例分析何为事业的通常过程。

在为继续进行同一事业而置换生产用财产的情形下，当然构成事业的通常过程内；而在为了进行整体上与原事业不同的事业而转让全部财产的情形下，则不构成事业的通常过程内。② 可在以不动产的转让为目的设立的不动产公司转让其所有的不动产的情形下，对于该不动产公司，即使其转让的是其全部财产，但也是其事业，因此，该行为不适用需通过股东大会承认决议的成文法。③ 某州的成文法甚至明文规定，以转让财产为目的的公司，其转让全部财产时不需股东决议的授权。④ 在某判例中，以清算不动产为目的而设立的公司，其在转让其所有不动产时，并没有被要求必须通过成文法所要求的股东 2/3 以上的承认决议。⑤ 通过上述判例可以得知，以买卖不动产为目的的公司即使卖出其所有的不动产，也为其事业的通常过程中的转让。在其他判例中，某以不动产买卖为目的设立的，但实际上从事的是经营租地权的公司卖出其唯一财产——租地权，对此，法院认为该租地权的卖出为公司事业的通常的过程内，故不必取得股东的同意。⑥ 在另一判例中，法院认为，以买卖矿山设立的公

① 山下真弘『会社営業譲渡の法理』（信山社　1997 年）67 頁、三枝一雄「アメリカ会社法における会社全財産の譲渡」法律論叢 41 巻 4・5・6 号（1968 年）457 頁を参照。不过，山下教授与三枝教授的不同之处在于，前者主张在不能清偿债务、濒临破产状态之外应加上"正处于停业中，且从客观上看处于几乎没有重新开启业务希望的状态"这样一个限制条件。

② H. Marsh, California Practice 17, California Corporation Law and Practice, 1977, p. 449. 转引自遠藤美光「財政破綻にある株式会社の営業譲渡（一）」上智法学論集 23 巻 1 号（1979 年）151 頁。

③ 6 Fletcher, op. cit., §2948；Maben v Golf Coke & Coal Co., 173Ala. 259；55 So. 607. 类似的事例还有 Hendren v. Neeper, 279 Mo. 125；213 S. W. 839；5A. L. R. 927；Painter v. Brainter v. Brainerd-Cedar Realty Co., 29 Ohio App. 123；163 N. E. 57。

④ 山下真弘『会社営業譲渡の法理』（信山社　1997 年）70 頁を参照。

⑤ Continental Bank & Trust Co. of New York v. W. A. R. Realty Corp., 270 App. Div. 577；61 N. Y. S. 2d. 273, aff'd 295 N. Y. 877, 67 N. E. 2d. 517.

⑥ Eisen v Post, 3 N. Y. 2d. 518；146 N. E. 2d. 779；169 N. Y. S. 2d. 15.

司可不顾少数股东的反对，将其所有的全部富矿转让。[1] 上述判例的一个
共同点在于，这些判例中并不包含商誉、营业权等的转让。这也就意味
着，即使是不动产公司，如果转让财产中包含对于其事业经营所必要的
商誉、营业权等，而导致无法继续其事业的，其与其他事业公司一样，
该转让也必须取得股东大会决议的承认。这一点在 Epstein v. Gossen 案
件[2]中已得到阐明，正因为在转让财产中不包括商誉、营业权等财产，故
法院认为该不动产的转让无须通过股东大会的决议。[3]

　　而在不能清偿债务、财政困难的公司为清算而进行财产转让的情形
下，即使转让的是全部财产，也被法院视为事业的通常过程内。[4] 例如，
在 Bassett v. City Bank & Trust Co.（1933）案件[5]中，法院明示，在不
能支付债务或濒临破产状态下以清算事业为目的的公司全部财产的转让
不适用制定法的规定。在 In re Miglietta（1942）案件中，法院认为，以
公司重整为目的，为清算与向股东分配剩余财产而转让公司的重要财产
的情形，该转让为事业的通常过程内的转让，不需股东的同意。又如，
在 Continental Bank & Trust Co. of New York v. W. A. R. Realty Corp.
（1946）案件中，法院认为，公司为清算而将其最后的主要财产——饭店
转让时，不适用成文法上要求取得 2/3 以上股东同意的规定。但是，如
果处于不能清偿债务、财政困难状态下的公司并不是为了清算，而是为
了进行公司的重组或并入其他公司继续经营而进行全部财产转让的，该
转让就必须通过股东大会的决议。[6] 因为这样的转让，其在结果上实质与
合并无异。同样的情形也存在于前述的 Mills v. Tiffany's Inc.（1938）案
件[7]中。学说上对这个问题也存在着对立，主张应履行股东大会决议程序
的见解所依据的理由为，制定法的目的在于所有的情形都适用同一种规
则；而反对见解则主张，为防止在召集及召开股东大会的程序期间失去
转让财产的有利机会，应将裁量权赋予董事。[8]

---

[1]　Maben v. Golf Coke & Coal Co. , 173Ala. 259.

[2]　235 App. Div. 33；256 N. Y. S. 49.

[3]　三枝一雄「アメリカ会社法における会社全財産の譲渡」法律論叢 41 巻 4・5・6 号
　　（1968 年）463 頁を参照。

[4]　9 A. L. R. 2d. 1315, § 4.

[5]　165 A. 557, 561（1933）.

[6]　Ballantine, op. cit. , p. 668；6 Fletcher, op. cit. , § 2949.

[7]　123 Conn. 631；198 A. 185, 189.

[8]　Note, 38 Calif. L. Rev. 913, 919（1950）.

（4）全部财产或实质性全部财产的判定标准。

如上所述，需通过股东大会决议的财产转让必须为公司的全部财产或实质性全部财产的转让。可是，具体什么样的转让构成全部财产的转让呢？在以往的判例中，对构成全部财产转让作出肯定结论的判例有如下情形：某以经营剧场为目的的公司转让其唯一财产——剧场的情形①；某制造研磨阀的公司转让其为制造研磨阀的专利及所有机器设备的情形②；某汽车修理公司以其汽车修理用财产、商誉等全部财产，并附带竞业禁止特约进行转让的情形③。可是，上述情形均为转让全部财产的情形，当仅转让部分事业时，就比较难以判断。在 In Re Timmis（1910）案件④中，以经营石版印刷及普通印刷事业为目的的公司以 2/3 以上的股东表决权决议，将占其公司全部事业 1/13 的、构成独立事业部门的挂历部门（包含商誉等）转让。原告股东主张该转让应履行股东大会的决议程序，并应适用赋予反对股东股份回购请求权的股份公司法的规定，要求公司回购自己持有的股份。对此，法院认为，因转让包含了商誉，公司以后难以从事该同种事业，故在某种意义上，该转让为公司的自杀行为，这对于并非以转让事业部门为目的的公司而言，其非为在公司通常的事业过程中所为的行为。因此，法院承认了该原告的股份回购请求。在后来的 Stiles v. Aluminum Products Co.（1949）案件⑤中，某公司在制造铝制品以及其他制品的同时，也从事制造和销售铝及不锈钢食堂用具。该公司在取得多数股东同意的前提下，将子公司的股份、储蓄银行股份、汽车、未收的具有市场性的有价证券及银行存款之外的包含商誉的全部财产转让，转让财产的价格为全部资产的 65%。为此，反对股东向法院起诉，要求以公正价格回购其持有的股份。对此，法院认为，该转让仅将小部分财产除外，这实际上是回避成为公司实质性全部财产，构成了回避成文法、损害成文法上反对股东权利的行为，故该转让为成文法上规定的实质性全部财产的转让。上述两个案件都肯定了部分财产的转让也构成实质性财产的转让，不过，作为其前提的事实关系却截然不同：在前者案件中，被转让的事业部门仅占全部事业的 1/13；而在后

---

① In Re Drones, 187 App. Div. 425；175 N. Y. S. 628（1919）.
② Ostlind v. Ostlind Valve, 165 P. 2d. 779（1946）.
③ Beck v. Edwards & Lewis, 57A. 2d. 459（1948）.
④ 200 N. Y. 177, 93 N. E. 522（1912）.
⑤ 338 Ill App. 48, 86 N. E. 2d. 887（1949）.

者案件中，被转让的财产几乎为公司的全部财产。而之所以造成这样的差异，其缘由也许在于在前者案件发生的当时，纽约州公司法规定需通过股东大会决议的并不为"全部资产"，而是"资产、权利、特权、营业权或伴随它们的利益或者这些财产的部分转让"①。因此，全部资产的1/13的转让也被要求通过股东大会的决议并不能作为法院的立场。不过，在后来的 Campbell v. Vose（1975）案件②中，法院表明了即使转让财产仅占总财产的1/3，也可构成实质性全部财产的意旨。

当然，也存在与上述判断相反的判例。如在 Shaw v. Hollister Land and Improvement Co.（1913）案件③中，因董事会未经股东大会的决议转让了公司的有形资产，股东主张该转让无效，对此，法院以缺乏证明转让了营业的证据为由，驳回了原告的请求。在 Klopot v. Northrup（1944）案件④中，生产销售妇女用紧身衣的某公司虽然取得了生产残疾人用紧身衣的专利，但其另设立了以生产、销售残疾人用紧身衣为目的的新公司，并拟向其转让专利权以及为生产、销售所必需的一切财产。该公司股东向法院起诉，要求公司停止该转让，并回购其股份。法院认为，该转让财产仅占全部财产的一小部分，对公司的存续无任何影响，只是营业政策上的问题，故该转让不属于赋予反对股东股份回购请求权的事件。

由此可见，关于部分财产的转让是否构成需通过股东大会决议的全部财产转让，判例的结论不一，但仍可从中总结出这样一条规律，即相较于转让财产的量，判例更加重视转让的性质内容以进行实质性的判断。在 Jeppi v. Brockman Holding Co.（1949）案件⑤中，法院就明示了这一点。Brockman Holding 公司是以管理、处置遗产为目的而设立的公司，Jeppi 从该公司受让的土地为留存于该公司的全部财产。可是，该财产的转让既无股东大会的承认，又无董事会的承认。法院认为，判断是否为公司的全部财产或实质性财产不应只判断量，而应进行实质性的判断，因此，该转让无须股东的同意。此外，从判例还可得知，适用前述成文

---

① 纽约州公司法的相关规定在 1961 年开始变为全部或实质性全部的财产。田村淳之辅「営業讓渡と株主総会決議」『八十年代商事法の諸相：鴻常夫先生還暦記念』（有斐閣 1985 年）526～527 頁を参照。

② 515 F. 2d 256（10th Cir. 1975）.

③ 135，P. 965（1913）.

④ 131 Conn. 14，37A. 2d. 847.

⑤ 9 A. L. R. 2d. 1297.

法规定的转让均为公司事业的通常过程外所进行的转让。这也可以说，虽然这里的资产转让并不意味着营业的转让，但至少也与营业有关系。实际上，法官在进行判断时，结合事业的通常过程外这样一个概念，将是否可继续进行营业作为一个非常重要的标准。[1]

在学说上，有力见解主张应着眼于经营资产，认为，如果转让资产为经营资产的实质性全部的，即使不为全部资产的实质性全部，也应适用关于实质性全部资产的规定。[2]

（5）公司将全部财产信托、担保、租赁等情形。

有见解认为，在公司将全部财产进行信托、担保等情形下，因该类行为并不以公司事业的终结，公司的解散、重组为目的，故不需股东大会的承认决议。[3] 某些州的公司法也设有同样的明文规定，如特拉华州公司法就规定，除非公司章程另有规定，否则将该公司的财产及资产进行抵押或担保，无须该公司股东授权或同意。[4] 美国模范公司法也明文规定，不论是否处于通常且正规的事业过程中，将任何或者全部公司资产抵押（mortgage）[5]、质押（pledge）等，除非公司章程另有规定，否则无须股东批准。[6] 判例也持类似的立场。例如，在 Boteler v. Bagy（1936）案件[7]中，法院认为，即使转让的是公司全部财产，但如果是为公司关系者全体利益而进行的信托性转让，公司对该被转让的财产依然享有权利，而且还能在其商号下继续经营事业，那么该转让就不需股东的同意。又如，在 Greene v. Reconstruction Finance Corp. 案件[8]中，法院认为，公司将其全部财产抵押的，不需通过股东大会的承认决议。

在关于公司租赁其全部财产的问题上，判例似乎倾向于认为不需股东大会的承认决议。在 In Re Knaisch（1922）案件[9]中，法院认为，公司虽将其全部财产租赁，但这并不意味着公司被剥夺了在租赁后继续经

---

① 田村淳之辅「営業譲渡と株主総会決議」『八十年代商事法の諸相：鸿常夫先生還暦記念』（有斐閣　1985 年）531～532 頁を参照。
② M. Eisenberg, The structure of the corporation-A legal analysis, p. 259（1976）.
③ Ballantine, op. cit., p. 670.
④ Del. Gene. Corp. Law, §272.
⑤ 在此值得注意的是，美国法上的 mortgage 与大陆法上的抵押及让与担保制度存在着差异。
⑥ M. C. B. A., §12.01.
⑦ 55 P. 2d. 1207. §79.
⑧ 24 F. Supp. 181, aff'd 100 F. 2d. 34（Del. Stat.）noted in 38 Mich. L. Rev. 689.
⑨ 203 App. Div. 725，197 N. Y. S. 116.

营同一事业的权限，因此，该转让不需股东大会的承认决议。不过，各州公司法的规定方式不尽相同，有的州公司法①规定包含有商誉、营业权的公司全部财产的租赁需股东大会的承认决议，有的州公司法②规定事业的通常过程外的全部财产租赁需股东大会的承认决议。③

有见解认为，公司虽将其全部财产进行信托、抵押、质押、租赁，但并未对目的物丧失权利的，仍有可能继续进行同一的事业，因此，应无必要要求通过股东大会的承认决议；但是，如果因其附加条款而使其在实质上产生与转让同样结果的，应对其进行实质性的判断，将其视为转让，使其履行股东大会的决议程序。④

（6）以股份为对价的公司全部财产的转让。

事实上，在转让公司全部财产的情形下，以股份作为对价以代替现金进行交付的事例经常出现。关于多数股东是否可以股份为对价，将公司全部财产予以转让的问题，早期的多数判例认为，原则上，公司全部财产的转让，除了全体股东一致同意之外，应使用现金作为对价。⑤ 其理由在于，公司全部财产的转让是以清偿债务为目的的，是作为公司解散、进行财产分配的一个阶段。不过，如果作为转让对价的股份与现金等价，则不在其限。⑥ 可是，该一般原则并没有意识到公司全部财产的转让还可用于公司的重组。另有学者认为，成文法应承认公司全部财产的转让可用于公司的重组，故应允许以股份作为对价的转让。⑦ 现在，大多数州的公司法以及模范公司法已明文规定允许进行这样的转让，故这个问题已不复存在。⑧

另外一个问题是，在转让财产后，转让公司能否强制少数股东接受

---

① Del. Gene. Corp. Law, § 272.

② N. Y. Bus. Corp. Law, § 909.

③ 有学者认为，包含有商誉、营业权的公司全部财产的租赁实质上等同于事业的通常过程外的全部财产租赁。山下真弘『会社営業譲渡の法理』（信山社　1997 年）75 頁注（70）を参照。

④ 山下真弘『会社営業譲渡の法理』（信山社　1997 年）74 頁、三枝一雄「アメリカ会社法における会社全財産の譲渡」法律論叢 41 巻 4・5・6 号（1968 年）465 頁を参照。

⑤ Geddes v. Anaconda Copper Minning Co., 254 U. S. 590；41 Sup. Ct. 209 (1921)；6 Flecther, op. cit., § 2950.

⑥ Ballantine, op. cit., pp. 670 - 671.

⑦ Hills, op. cit., pp. 341, 355.

⑧ N. Y. Bus. Corp. Law, § 909；Del. Gene. Corp. Law, § 271.

作为对价的受让公司的股份。对此，学说及判例上有见解认为，根据一般原则，多数股东不得强制少数股东接受受让公司的股份以作为其持股的对价，否则股东的投资未经其同意就发生了改变。① 也有判例认为，为了调整转让公司与不同意股东之间的利益冲突，可向不同意的股东支付现金。②

（7）向100％股份持有的子公司的全部财产的转让。

美国模范公司法第12.01条第3款规定，公司向其100％股份持有的子公司转让全部财产不需股东大会的决议，只需董事会决议即可。之所以这样规定，估计是因为美国法重视的是母子公司经济上的一体性，即使向子公司转让全部财产，该财产也仍未脱离公司的控制。可是，如果将全部财产转移至子公司，那么管理该财产的就为该子公司的董事，母公司的股东则不享有该子公司董事的选解任权（选任权和解任权），这样会导致母公司股东大会的形骸化，因此，即使在这种情形下，也理应使其履行股东大会的决议程序。③

4. 股份回购请求权

在较早时期，大多数州的公司法虽然承认在公司合并情形下反对股东享有股份回购请求权，但并不承认在公司转让其全部财产情形下反对股东的股份回购请求权④，这样立法的理由可能在于对合并与转让公司全部财产的法律差异的重视。⑤ 可是，有些学者对此提出质疑，认为，如果认识到公司全部财产转让可作为公司重组的有用的手段，成文法就应将其与合并同等对待⑥；既然多数股东可转让公司的全部财产，从维持平衡的角度出发，也应该这样规定⑦。而且，这个时期也出现了支持上述学说的判例。⑧

---

① Ballantine, op. cit., pp. 671; 6 Flecther, op. cit., §2950; Pace v. Pace Bros Co., 91 Utah. 132; 59 P. ed. 1 (1936).

② Jackson v. Gardiner Co., 217 F. 350 (1914).

③ 山下真弘 「米国会社法における資産譲渡と総会決議—再改正される模範会社法からの示唆—」立命館法学 2000 年 1 号（269 号）12 頁を参照。

④ 如特拉华州公司法至今仍不承认这种情形下的反对股东股份回购请求权。

⑤ 三枝一雄 「アメリカ会社法における会社全財産の譲渡」法律論叢 41 巻 4・5・6 号（1968 年）470～471 頁。

⑥ Hills, op. cit., p. 366.

⑦ Westbrook, op. cit., comments, pp. 626, 635.

⑧ Marks v. Autocar Co., 153 F. Supp. 768 (E. D. Pa. 1954). 不过，值得注意的是，在该案件中，转让公司在转让后进行了解散，构成了事实上的合并。

后来，也许是由于认识到合并与公司全部财产转让在功能上的同一性，已有很多州的公司法承认了这种情形下反对股东的股份回购请求权。① 不过，这些州公司法只赋予了转让公司股东的股份回购请求权，却没有赋予受让公司股东的股份回购请求权。这与转让公司需通过股东大会的决议，而受让公司不需通过股东大会的决议的情况是一致的。

的确，在受让公司相较于转让公司企业规模大的情形下，这些州公司法的规定可给受让公司的规模扩张带来灵活机动性。可是，反过来，如受让公司相较于转让公司规模小，因公司全部财产转让后，转让公司在董事人数、股东人数等方面多于受让公司，在这种情形下，是否应赋予受让公司反对股东股份回购请求权呢？宾夕法尼亚州最高法院就曾面临着这样的判断。在该州 Farris v. Glen Alden Corporation（1958）案件②中，被告公司与 List 公司签订了公司重组协议，其内容为，被告公司以其股份作为对价受让 List 公司的全部财产，并承担其债务，被告公司名称改为 List Alden Corporation，List 公司解散。可是，被告公司完成该受让后，其在外股份的 76.5％由 List 公司的股东持有，董事会 17 名成员中有 15 名由原来 List 公司的董事担任，被告公司事实上变得由 List 公司支配。而且，受让前账面价格每股 38 美元的被告公司原股份在受让后变为账面价格每股 21 美元，而转让前账面价格为每股 7.5 美元的 List 公司原股份在受让后却变为账面价格每股 21 美元。对此，宾夕法尼亚州最高法院认为，综合考虑这些情况，除了当事人的名称、形式外，事实上，与其说被告公司受让了 List 公司，倒不如说 List 公司受让了被告公司，因此，被告公司中的反对股东也应享有股份回购请求权。在该判决之后，该州的公司法作出如下修订：在受让其他公司全部财产的情形下，如受让后受让公司原股东的持股数不足已发行股份总数的半数的，受让公司的反对股东也可行使股份回购请求权。③ 此外，新泽西州公司法也存在着

---

① 这些州公司法有 N. Y. Bus. Corp. Law，§901；Page's Ohio，Rev. Code Ann.，§1701. 85；N. C. Bus. Corp. Act，§§55 - 113；Mont. Rev. Code，§15 - 913；Tenn. Code. Ann.，§48 - 510；Code of Ala. tit. 10，§21（62）（Supp. 1965）；Utah Code Ann.，§16 - 10 - 76 等。美国模范公司法第 13. 02 条第 1 款第 3 项也有这样的规定。

② 393 Pa. 427，143 A. 2d. 25（1958）.

③ 三枝一雄「アメリカ会社法における会社全財産の譲渡」法律論叢 41 巻 4・5・6 号（1968 年）473 頁を参照。

类似的规定。①

5. 模范公司法与州公司法的修订

美国法律协会于 1999 年对模范公司法进行了大幅的修改。本书在以下将参考美国法律协会出版的《关于模范公司法的正式意见》② 及《模范公司法注解》③，对涉及本部分问题的修订内容进行介绍与探讨。

(1) 不需股东承认的财产处置。

根据修订模范公司法第 12.01 条的规定，对于以下的处置，如章程中无特别规定，不需股东的承认。1) 在事业通常且正规的过程中出售、租赁、交换或以其他方式处置公司任何或全部财产；2) 不论是否在事业通常且正规的过程中，将公司任何或全部财产抵押、质押、偿付债务（不论是否有偿还请求权）或以其他方式对其设定负担；3) 把公司任何或全部财产转让给公司持有其全部股份或权益的一个或多个公司或者其他组织体；4) (省略)。

本条在内容上与之前的规定几乎没有改变，仅在表达上有所变化。④根据第 1 款的规定，对于在事业通常且正规的过程中的财产处置，无论其交易规模多大，都不要求股东的承认。例如，某以建筑及销售建筑物为目的而设立的公司出售其唯一的重要财产——建筑物，或某以买卖营业为目的设立的公司出售其营业并以此资金继续购入新的营业等。此外，根据第 3 款的规定，公司将其全部财产转让至其完全子公司或其他组织体的，也不需股东的承认。不过，本规定不得被恶意用作通过多阶段的交易以规避股东的表决的手段。⑤

(2) 需股东承认的财产处置。

根据修订模范公司法第 12.02 条 (a) 的规定，除第 12.01 条规定的财产处置外，如以出售、租赁、交换或者其他方式对财产进行处置，使得公司失去重要的且持续的事业体 (significant continuing business activ-

---

① N. J. Stat. Ann. §14A：10—3 (4) .

② Model business corporation act：official text with official comment and statutory cross-references，revised through June 2005，3rd American Bar Association，2006.

③ Model Business Corporation Act annotated：Model Business Corporation Act with official comment and reporter's annotations，Volume 3，4th American Bar Association，2008.

④ 山下真弘 「米国会社法における資産譲渡と総会決議—再改正される模範会社法からの示唆—」立命館法学 2000 年 1 号（269 号）15 頁を参照。

⑤ Model business corporation act：official text with official comment and statutory cross-references，revised through June 2005，3rd American Bar Association，2006，12—2.

ity）的，该处置需股东的承认。不过，在将公司与其子公司合并计算的基础上，如公司保持的事业体达到最近会计年度末总资产的 25％以上，且达到该会计年度税前收入（income from continuing operations）的 25％或经营收入（revenues from continuing operations）的 25％，则公司被视为维持了重要的且持续的事业体。

与之前的规定相比，本条在表述方式上做出了重大的变更。本条舍弃了之前规定中的"事业通常且正规的过程外"（other than the usual and regular course of its business）以及"全部或实质性全部公司财产"（all and substancially of corporation's assets）的表述，而是将其统一为"失去重要的且持续的事业体"（leave the corporation without significant continuing business activity）。这是因为，虽然"全部或实质性全部"标准被大多数州的公司法采用，但在司法审判实践中，法院在解释这些成文法中所采用的标准时普遍采用的却是类似于本条所示的标准。例如，在 Gimbel v. Signal Cos（1974）案件[1]中，法院指出，"全部或实质性标准并没有按照严格的数学标准应用到每一个事件中，而质的要素却可精确到某种程度……如果财产的出售在数量上对公司的运营是非常重要的且在通常过程之外的，并且实质性地影响公司的存续与目的，那么，该出售就不在董事会的权限内"。又如，在 Thorpe v. Cerbco, Inc.（1996）案件[2]中，问题的焦点集中在公司出售其子公司是否构成了公司实质性全部财产的出售，是否依据特拉华州公司法，需要股东的承认。对此，法院沿袭了 Gimbel v. Signal Cos 案件的结论，认为判断是否需要股东的承认，不应仅仅从出售的规模，还应从该出售对公司的质的影响方面来衡量；因此，应该考察该交易是否为通常的过程外，以及是否对公司的存续及目的有重大的影响。最终，特拉华州衡平法院作出了该转让构成了公司的基本变更的判定。因为公司持有其子公司的股份价值占到该公司总资产的 68％，且为其重要的收入来源，故持有的子公司股份构成公司财产的实质性全部。

在本条中，判断财产处置是否会使公司失去重要的且持续的事业体，应主要判断公司与处置前的公司事业相比是否还可继续维持重要的事业活动。根据在本条（a）项第二段中所附加的安全阀，在将公司与其子公

---

① 316 A. 2d 599（Del. Ch.），aff'd，316 A. 2d 619（Del. 1974）.

② 676 A. 2d 436（Del. 1996）.

司合并计算的基础上，如维持的事业达到最近会计年度末总资产的 25%
和该会计年度税前或经营收入的 25%，该公司就被视为维持了重要且持
续的事业体。这个附加的规定是基于明确的评价标准优于最近判例法所
采用的标准的政策判断。

如果公司是为了将处置的对价再投资于实质上的同一事业而处置财
产的（例如，为了购买或建设新设备而出售公司唯一的设备），就应该对
该处置及再投资一并对待，从而认为该交易并没有使公司失去重要且持
续的事业体。

而且，在判断公司是否失去重要且持续的事业体时，此处的"公司"
还应包括根据普遍接受的会计准则（generally accepted accounting princi-
ple）与母公司合并计算的子公司。例如，如某公司唯一重要的事业是由
其完全子公司或接近完全子公司所有，那么，依据本条，该事业的转让
必须取得母公司股东的承认。在 Schwadel v. Uchitel（1984）案件①中，
法院就确认了这一点。与之相反，如果某公司直接拥有一个重要的事业，
而其他重要的事业被其一个或数个完全子公司或几乎完全子公司拥有，
那么该公司将其直接所有的营业出售时，就不需股东的承认。

如果公司是为了投资而持有全部财产或大部分财产，并且在积极地
运用这些财产，且不存在其他重要的事业，那么根据成文法的旨趣，公
司被认为是以向这些财产进行投资为事业；如果公司出售这些财产却不
进行再投资，该出售则应被认定为使公司失去了重要且持续的事
业体。②

总体来讲，美国模范公司法的这些规定被认为是与缩小需股东大会
决议的资产处置范围的近期潮流相一致。因为，第一，25% 的安全阀规
定无疑大大缩小了之前判例所认定的实质性资产的范围。第二，以是否
可继续维持重要的事业活动为标准，要求股东大会决议的范围也将变窄。
例如，在公司转让其唯一的事业的情形下，如公司以转让事业的收益继
续开展可与原事业比肩的事业，即使至投资仍需一定的时间，但只要存
在着再投资的具体计划，也会被视为继续维持重要的事业活动。于是，
即使构成了仅以转让资产的量与质为标准的之前判例中的实质性全部资

① 455 So. 2d 401（Fla. App. 1984）.
② Model business corporation act: official text with official comment and statutory cross~
references, revised through June 2005, 3rd American Bar Association, 2006, 12 - 4 -
12 -6.

产的转让，也不一定符合失去重要且持续的事业体这个标准。①

（3）州公司法的动向。

虽然大部分州仍在采用"事业通常且正规的过程外"以及"全部或实质性全部公司财产"的表述，可爱达荷州、艾奥瓦州、缅因州、密西西比州、南达科他州、弗吉尼亚州、西弗吉尼亚州却采用了模范公司法第12.02条的表述方式，即使公司"失去重要的且持续的事业体"。其中，缅因州另加上了如全体股东书面一致同意可处置全部财产的规定；弗吉尼亚州将上述安全阀的标准改为20％。此外，路易斯安那州规定公司处于不能清偿债务状态时，董事会有权决定处置全部财产；密歇根州、北达科他州、宾夕法尼亚州也在其条款中加上了类似第12.02条（a）中的"安全阀"式的规定。②

（二）德国法

德国法区别营业转让（Veräußerung des Handelsgeschaäft）与全部资产转让（Übertragung des ganzen Gesellschaftsvermöns），营业转让被视为商法上的问题，而全部资产转让则由股份法明文规定。

1. 营业转让与股东大会的决议

关于营业转让是否需通过股东大会的决议，商法上并没有明文规定。依据学说与判例，德国法区别对待转让商号的情形与不转让商号的情形。前者即转让商号的营业转让不属于董事代表权的范围，而必需股东大会的决议。之所以这类行为被视作董事代表权的范围之外，是因为商号是公司的必要构成要素，在公司商号发生变更的情形下，合名公司需要全体社员的同意，股份公司则需股东大会的决议以变更章程。③ 而关于如何对待后者即不转让商号的营业转让，学说上则存在着某种程度的对立。通说及判例认为，这类行为属于董事代表权的范围内，不需股东大会的决议。其理由在于，这样的营业转让不会导致公司的解散，公司有可能

---

① 伊藤靖史 「会社の結合・分割手法と株主総会決議（一）」民商法雑誌 123 巻（4・5）717～718 頁を参照。

② Model Business Corporation Act annotated: Model Business Corporation Act with official comment and reporter's annotations, Volume 3, 4th American Bar Association, 2008, 12-22.

③ Bandasch, HGB2. Aufl., 1973, §126. Anm. 1; Düringer~Hachenburg, HBG §126. Anm. 3; Baumbach~Duden, HGB 18. Aufl., 1968, §126. Anm. 1. 转引自山下真弘『会社営業譲渡の法理』（信山社 1997 年）87 頁。

是为开始新的营业或取得既存的营业而转让营业，这样的行为不会影响公司的法律构成，因此，代表权不受限制；当营业转让在结果上会导致章程变更、营业终结时，则应限制代表权。[①] 少数说则认为，即使是不转让商号的营业转让，也不属于代表权的范围内。[②] 该少数说的立场可能与美国法重视进行实质性的考察同出一辙。[③]

2. 全部资产转让与股东大会的决议

德国股份法第 179a 条第 1 款规定，股份有限公司在签订负有义务向第三者转让全部资产的合同时，除组织变更法规定的转让外，即使其不属于企业目的的变更，也必须通过第 179a 条规定的股东大会的决议，章程仅可规定比法定比例大的资本多数。而该条第 2 款规定，该股东大会的决议需 3/4 的多数。此处的全部资产指的是归属于公司的资产价值总体，故无论单个的财产物件规模多大、多么重要，也不构成全部资产；而且，全部也应作实质性的解释，如果仅剩下对于全部资产而言价值不大的小部分财产，即使其自身价值不菲，该转让也应被视为全部资产的转让而适用本条的规定；反过来，如果保留下来的财产物件非常重要且为复合的，即使是小规模或以不同的方法，只要对于继续经营原来的营业有用，且是按照转让公司的意思决定的，就不能视作全部资产的转让；如果转让的是经济上独立的重要部分，如拥有特别制造部分的工厂中的某一工厂或数个营业中的某个营业，也不构成全部资产的转让。[④] 也有见解认为，如何认定转让的是否为全部资产，取决于公司留下的资产是否能够实现公司章程规定的经营客体。[⑤] 由此可知，虽然仍存在着一定的模糊性，但德国股份法上的全部资产并非一定如文字所表述的那样必须为全部，而是具有某种程度的灵活度，而且，也并不是与营业毫无关系，

---

① Schlegelberger, HGB. § 126. Anm. 9. 转引自山下真弘『会社営業譲渡の法理』（信山社　1997年）87頁。

② O. v. Gieke, Die Genossenschaftstheorie und die deutsche Rechtsprechung, (1987) S. 583. 转引自山下真弘『会社営業譲渡の法理』（信山社　1997年）88頁。

③ 山下真弘『会社営業譲渡の法理』（信山社　1997年）87頁。

④ Weipert, in Großkomn. AktG (1939) § 255 Anm. 2；Schilling, in Großkomn. 2. Aufl. (1962)，§ 255 Anm. 2；Schilling, in Großkomn. 3. Aufl. (1974)，§ 361 Anm. 4. 转引自田村淳之輔「営業譲渡と株主総会決議」『八十年代商事法の諸相：鴻常夫先生還暦記念』（有斐閣　1985年）533頁。

⑤ 参见［德］托马斯·莱塞尔、吕迪格·法伊尔：《德国资合公司法》，高旭军等译，757页，北京，法律出版社，2004。

是否可继续营业对于判断是否构成全部资产的转让非常关键。[①] 这与前述美国判例法的立场其实是非常相似的。

(三) 中国台湾地区的有关规定

由于台湾地区实行的是民商合一制，不存在形式意义上的"商法"，故其"法"与德日等国法不同，营业让与并非为"商法总则"所规定的制度。不过，其与民商合一的意大利法也不同，在"民法典"中也无对营业让与的规定。尽管如此，台湾法学界并非只将营业让与的概念停留于学术层面上，而是直接在"公司法"、"企业并购法"等"单行法"中使用营业让与这个概念，并对其所带来的利益冲突进行了较为细致的调整。

1. 需履行股东大会特别决议程序的营业让与的概念

依据台湾"公司法"第 185 条第 1 款第 2 项、第 5 款，"企业并购法"第 27 条第 1 款的规定，公司让与全部或主要部分营业或财产的，应先由董事会以特别决议（由有 2/3 以上董事出席的董事会，以出席董事过半数决议）提出议案，再履行股东大会的特别决议程序（由代表已发行股份总数 2/3 以上股东出席股东会，以出席股东表决权过半数同意进行）。这些规定的立法目的在于保障股东的投资意愿。[②] 从以上规定的文义来看，需履行股东大会特别决议程序的行为，除营业让与之外，还包括单纯的财产让与。[③] 可是，对于何为营业、何为财产，法律并未明文规定。依据学者的见解，营业是公司为特定营业目的的具有组织性或有机、整体性的功能性财产，除包括公司营业用财产对象及权利外，还涵盖客户资料、营业秘密、销售机会或其他具有经济价值的经营资源或事实关系。[④] 而财产则包括有形资产及无形资产。[⑤] 显然，该见解与德日学说一脉相承。可有学者甚至认为，具有财产价值的营业权亦属于无形资产，故财产一词可将营业涵盖在内。[⑥] 不过，无论采用何观点，依以上法律规

---

① 田村淳之輔「営業讓渡と株主総会決議」『八十年代商事法の諸相：鴻常夫先生還暦記念』（有斐閣 1985 年）534 頁。

② 参见刘连煜：《公司法原理》，197 页。

③ 不过，台湾"立法"并不总是区分营业与财产。如其"银行法"第 63 条之 3 第 3 款以"让与全部或部分营业及资产负债"作为是否适用营业让与规范的判定标准。参见王志诚：《企业组织重组法制》，150 页。

④ 参见刘连煜：《公司法理论与判决研究（三）》，自版，201 页，台北，2002。

⑤ 参见王志诚：《企业组织重组法制》，153 页。

⑥ 此处的营业权指的是公司专利权一类及其他有机、整体价值的财产权。参见刘连煜：《公司法理论与判决研究（三）》，自版，201 页，注 6；刘连煜：《公司法原理》，198 页。

定，中国台湾地区有关规定中的营业让与规制的适用范围较日本法为宽。在法律适用上，鉴于让与公司的全部或主要部分财产显然较易判定，故实务上在判定是否构成法律所定义的营业让与时，罕见从让与公司全部或主要部分营业出发。①

此外，台湾学者还认为，以上规定中的让与，应不以营业活动的继承及让与人负有竞业禁止义务为必要。②

2. 主要部分营业或财产的判定

关于主要部分营业或财产的判定，在学说上存在着对立。一种是所营事业不能成就标准说，其主张以影响其原定所营事业不能成就为准，至于主要部分的界限，应视各公司营业及经营性质而有不同。③ 另一种为质与量并重的认定标准说，其主张应分别从质与量两方面，评价营业让与对公司是否造成重大影响，依具体个案实质判定。④

而在实务中，则存在着以下四种不同的判定标准：第一为台湾地区"经济部"早期行政解释所采用的 50%标准⑤；第二为台湾地区"经济部"于 1980 年所为的行政解释及"最高法院"判决曾采用的所营事业不能成就标准⑥；第三为"最高法院"判决曾经采用的主要财产目录标准⑦；第四为台湾"地方法院"判决所采用的质与量并重的认定标准⑧。

---

① 参见王志诚：《企业组织重组法制》，154 页。
② 参见刘连煜：《公司法原理》，213 页。不过，该学者并未阐明此观点的详细理由。
③ 参见柯芳枝：《公司法论（上）》，264 页，台北，三民书局，2003。
④ 参见刘连煜：《公司法原理》，210～213 页。
⑤ 根据台湾地区"经济部 1968 年 11 月 1 日经商字第 38623 号函"，如某公司将原有旧织机之半数出售于他人，就该公司所营纺织事业而言，该项出售之织机自属主要部分之财产，即使营业计划并无变更，仍与"公司法"第 185 条第 1 款之规定相当，应经股东会特别决议。参见王志诚：《企业组织重组法制》，162 页。
⑥ "最高法院"1992 年台上字第 269 号判决表明：所谓"让与主要部分之营业或财产"，系指该部分营业或财产之转让，足以影响公司所营事业不能成就者而言。参见刘连煜：《公司法原理》，199 页。
⑦ "最高法院"1998 年台上字第 1998 号民事判决表明："又依'公司法'第二十条规定，公司每届营业年度终了，应将营业报告书、资产负债表、主要财产之财产目录、损益表、股东权益变动表、现金流量表及盈余分配或亏损拨补之议案，提请股东同意或股东会承认。其目的均在保障投资人权益。如公司之主要财产目录经股东会承认，该财产之让与处分，即应依上述程序处理。"参见刘连煜：《公司法原理》，208 页。
⑧ 台湾台北"地方法院"2002 年度重诉字第 2465 号民事判决在指出所营事业不能成就标准及主要财产目录标准的缺陷的基础上，认为应从质与量两方面判断，不仅单以交易标的价值作为衡量依据，且兼顾所争议交易对公司"质"方面的影响（如使公司营业无法继续，或至少令营业大幅缩减）。参见王志诚：《企业组织重组法制》，166 页。

对于以上判定标准，台湾学说上存在着如下评析：50％的标准属于量的标准，而所营事业不能成就标准说及主要财产目录标准则属于质的标准；如采取量的标准，其优点虽为清楚明确，但一味执著于机械式认定，易陷入数据迷失；如采取质的标准，虽有着可通过司法解释体现法律规范的目的，并可随经济社会的变迁而调整的优点，可如采取该标准，由于公司处于所营事业不能成就的情形时，已构成法定解散事由（"公司法"第315条第2款），因此，质的标准显然错将营业让与的认定标准与法定解散事由混为一谈，门槛过于严格。[1] 依据"商业会计法"以及"公司法"的修订，公司已不再编制主要财产的财产目录，故主要财产目录标准说失去了其所存在的基础；而且，主要财产目录系公司会计上的内部文件，交易相对人难以得知，故从交易安全而言，此标准并不妥当；更何况，主要财产目录中的"主要"在会计上较难有明确统一的标准。[2] 如采取质与量并重的认定标准，本质上为双重检验标准，虽兼具量的标准及质的标准的优点，但从法律解释方法论而言，能否操作得当，关键在于有权解释机关能否掌握立法原意，依据产业特性、营业性质及具体个案的情况作出符合个案正义的合理价值判断。[3] 鉴于质的标准或质与量并重的认定标准的不确定性，有学者建议应借鉴美国[4]、日本[5]的处理方法，在数量上明确对股东权益影响较为轻微的营业让与或营业受让的范围，对于符合该数量标准的，免去其履行股东大会特别决议程序的义务，以降低经营者与股东之间发生争议的可能性。[6]

3. 股东会决议瑕疵与营业让与的效力

如未经股东大会的特别决议，公司进行"公司法"第185条第1款第2项所规定的营业让与的，该营业转让效力如何，"公司法"并无明文规定，而司法实务与学说上的见解并非完全一致。司法实务有持效力未定的见解，该见解认为，公司进行"公司法"第185条第1款第2项的营业让与时，非经股东大会的特别决议，对公司不生效力，不过，股东大会

[1]　参见王志诚：《企业组织重组法制》，168～169页。
[2]　参见刘连煜：《公司法原理》，209～210页。
[3]　参见王志诚：《企业组织重组法制》，169页。
[4]　美国模范公司法第12.02条。详见本章三之（一）中的论述。
[5]　详见本章二之（五）中的论述。
[6]　参见王志诚：《企业组织重组法制》，194～196页。

可以事后追认方式，追认未依"公司法"第185条程序处理的瑕疵。① 而台湾地区的权威学者也采用效力未定说的见解。② 相反，司法实务上也有认为公司让与全部或主要部分的营业或财产，如未经"公司法"所定程序及决议方法进行，对公司不生效力。③ 而且，以上见解均未区分受让人的善意与恶意。由此可见，对于未经股东大会特别决议的营业让与的效力，尽管存在着效力未定说与无效说之分，但都可归结为绝对无效说。

而对于因决议程序不合法等原因导致的决议可撤销或决议不成立情形下的营业让与效力问题，台湾地区的权威学者认为，为维护交易安全，应依照公司对于代表权的限制不得对抗善意第三人的法理（"公司法"第58条、第208条第5款），以保护交易相对人。④ 也有学者认为，从法学解释的方法而言，如股东会决议存在着可撤销事由，因在法院尚未判决确定前，该决议仍为有效，对于信赖股东会决议外观而进行交易的善意第三人，应从外观优越原则的法理出发，类推适用"公司法"第58条及第208条第5款等规定，解释为公司不得以其股东会决议经撤销对抗，以保护交易安全。⑤ 该学者还主张，理论上，应综合考量法律规定应经股东会决议的规范目的（保护公司或股东的利益）、交易安全、法律关系的安定性等因素，以解释其法律效力。由此可见，对于决议可撤销或决议不成立情形下的营业让与效力，台湾学说上的通说原则上持相对无效说。

中国台湾地区有关规定中的见解区分未经股东大会特别决议的情形与决议可撤销或决议不成立的情形，对于前者持绝对无效说，对于后者则持相对无效说，这种讨论方式与日本法上不区分此两种情形的讨论方式相比，似乎显得更为精致。笔者认为，造成这种区别的原因在于，日本法区别对待转让营业与转让财产，后者不需通过股东大会的决议，而受让人却并不容易判断该行为是否需通过股东大会决议，即使该转让行为未经股东大会的决议，受让人为善意的可能性较大，故日本法上的见解并不区分以上两种情形；与之相对，由于中国台湾地区有关规定不区别对待转让营业与转让财产，后者也需通过股东大会的决议，因受让人

---

① 参见"最高法院"1980年台上字第3362号民事判决，见王志诚：《企业组织重组法制》，170页。
② 参见刘连煜：《公司法原理》，214页。
③ 参见"最高法院"1988年台上字第1918号民事判决、"最高法院"1991年台上字第434号民事判决，见王志诚：《企业组织重组法制》，172页。
④ 参见柯芳枝：《公司法论（上）》，278页。
⑤ 参见王志诚：《企业组织重组法制》，176页。

应当知悉该转让行为需通过股东大会的决议，故受让人为恶意的可能性较大，因此，中国台湾地区有关规定上的讨论将未通过股东大会决议的营业转让行为视为绝对无效。不过，鉴于前述中国台湾地区有关规定对于何为主要部分的营业转让与财产的判定也颇为困难，故中国台湾地区的有关规定一律将未通过股东大会决议的营业转让行为视为绝对无效的见解的确值得商榷。

4. 特殊情形下的营业让与与股东大会的决议

(1) 清算程序中的营业让与。

股份有限公司在进行普通清算程序时，如清算人让与公司全部或主要部分营业或财产，应履行何种程序，实务界与学界大都倾向于应经股东大会的特别决议。关于其理由，有学者如是分析：公司经解散后，在清算完结前，于清算范围内仍视为存续，故公司如为分配盈余而将公司财产变卖，仍属清算的必要范围内，因此，股份有限公司在清算期中，除特别清算外，股东大会仍为决定其主要事务的意思机关，由清算人在执行清算事务的范围内取代董事的地位，而股东大会及监察人的权限并不受影响；且公司进行清算虽以消灭公司为最终目的，但仍不得将股东权益弃之不顾，因此，就现行清算制度的立法意旨及股东权益保护而言，清算人不得自行决定出售公司全部或主要部分营业或财产。①

此外，该学者还认为，股份有限公司如进行清算出现显著障碍或有公司负债超过资产之嫌而进入特别清算程序，清算人则成为公司主要事务的决定机关，法院及债权人会议则成为监督机关，故清算人无论是将公司全部或主要部分之营业或财产进行让与处分，抑或将公司营业包括资产负债转让于他人，均不必经股东大会的特别决议。②

无疑，依据该学者的上述见解，公司处于资不抵债、停业以及破产等状态下进行营业让与的，当然也不必经股东大会的特别决议。

(2) 向100％子公司的营业让与。

"企业并购法"第28条规定，公司之子公司收购公司全部或主要部分之营业或财产，符合下列规定者，得经公司董事会决议行之，不适用"公司法"第185条第1项至第4项应经让与公司与受让公司股东大会决议之规定及"公司法"第186条至第188条有关反对股东股份回购请求权

---

① 参见王志诚：《企业组织重组法制》，178页。
② 参见上书，179页。

之规定：1）该子公司为公司 100％持有；2）子公司以受让之营业或财产作价发行新股予该公司；3）该公司与子公司已依一般公认会计原则编制合并财务报表。也就是说，母公司向其 100％控股子公司让与营业或财产的，只需公司董事会决议即可，而不需经股东大会的特别决议。显而易见，作此规定的理由在于，在 100％控股子公司与母公司之间，在经济上、实质上均可看作一体，不存在母公司与子公司的利益冲突，故不需通过股东大会的决议。①

不过，与日本学者一样，也有学者对此规定的后果表示担忧。他认为，如母公司的董事会先决议设立 100％控股子公司，再将其营业或财产让与该子公司，其后该子公司将其所受让营业或财产让与第三人，就可规避应经母公司股东大会特别决议的程序，因此，以上规定虽便于母子公司间的重组，却有可能造成严重的规避法律的行为。②

5. 反对股东的股份回购请求权

根据"公司法"第 186 条的规定，对关于让与全部或主要部分营业或财产的决议持异议的股东如在决议前已以书面通知公司反对该项行为，并在股东大会上反对的，可请求公司以当时的公平价格收购其所有股份。但是，如股东大会在通过关于营业让与决议的同时决议解散的，反对股东不得行使股份回购请求权。③ 由此可知，"公司法"对于可行使股份回购请求权的股东规定了较为严格的条件。不过，"企业并购法"则放宽了可行权股东的条件，依据"企业并购法"第 12 条第 1 项第 4 款的规定，只要公司股东于股东大会前以书面向公司表示异议，或于股东大会中以口头表示异议经记录，并放弃表决权的，就可行使股份回购请求权。

根据"公司法"第 187 条、第 188 条的规定，持异议股东必须自决议之日起 20 日内，以记载股份种类及数额的书面提出请求，否则将丧失股份回购请求权。股东与公司之间协议决定股份价格的，公司应自决议之日起 90 日内支付价款，自决议之日起 60 日内未达成协议的，股东必须在此期间经过后 30 日内，向法院申请价格裁定。公司必须以法院裁定的价格，自上述支付期届满日起支付法定利息。

(四) 韩国法

韩国法与日本法的规定几乎一致，甚至在法的解释上也几无不同。不过，两国法在细微的地方仍存在着一定的差别，且前者的学术见解也不乏新意之处。

1. 需履行股东大会决议程序的营业转让的概念

韩国商法典第 374 条第 1 款第 1 项规定，公司转让公司营业的全部或重要的一部分时，应履行股东大会的特别决议。其立法理由为，如果转让营业的全部，难以履行股东们原来的出资动机——营业目的，又由于公司营利性的变化，股东要承担新的风险，因此这是一项要求出资者作出政策性判断的事案，是当初没有预想到的状况变化，与章程变更同样重要。同样，如果转让重要的部分营业，同样需要保护股东，而且为了防止董事会逃避转让全部营业时所受制约的行为，也应要求在这种情形下必须履行股东大会的决议程序。关于此处营业转让的概念，判例认为，其与商法第 41 条规定的营业转让是相同的概念，即营业的转让是指将为公司的营业目的而已被组织化，并作为一个有机体来发挥作用的全部财产整体有偿转移的同时，完成营业活动承继的契约（大法院 1994.5.10 判决）。①

2. "重要的一部分"营业的范围

关于如何解释营业的"重要的一部分"，一般有两种不同的方法：一是判断转让财产在全部公司财产中的数量比例；二是从质的角度判断转让财产在整个公司事业的履行中所起的作用大小。对此，有学者认为，从该制度的宗旨来看，应以对股东们的出资动机产生的影响大小来判断，那么，因转让而变更公司的基本的事业目的时，应视其为"重要的一部分"②。

3. 关于重要财产的转让

关于重要财产的转让是否需通过股东大会的特别决议，学说上存在着不要说与必要说的对立。不要说将商法第 374 条中的"营业转让"理解为与第 41 条中的"营业转让"相同的概念，该说认为，营业转让不仅仅是营业财产的转移，还伴随客户等事实关系及营业活动的承继，且由转让公司承担竞业禁止义务，故即使单纯的营业财产的全部或者重要的

———

① 参见 [韩] 李哲松：《韩国公司法》，吴日焕译，395~396 页。
② 参见上书，396 页。

一部分的转让关系到公司的存立，也无须通过股东大会的特别决议。其理由如下：第一，同一法典的同一术语原则上应以同样的意思来解释；第二，之所以将营业转让列为股东大会的特别决议事项，是因为若转让全部营业，公司只能解散，或即使继续营业也很难继续原来的营业，以至于不得不通过章程变更来变更目的事项及总公司、分公司所在地，故自然应要求通过股东大会的特别决议，但是，对重要财产的转让不会带来这些后果，因此没有必要使其通过股东大会的特别决议；第三，从交易安全的角度出发，也应该是不需股东大会的特别决议，因为财产重要性的有无是属于公司内部的事情，交易的对方或第三人很难知道公司的内部事情，而且，如采用必要说，很难确定重要性的判断标准，且有可能根据公司状况被恶用。必要说则认为应将重要财产的转让包含在商法第 374 条的营业转让之中，要求必须通过股东大会的特别决议。其理由如下：第一，法律术语具有根据法域、法条的目的不同，其概念也可不同的相对性；第二，若采用不要说，则变成代表董事可在股东不知情的情况下，处分影响公司存立基础的全部财产，这违背了股东保护与企业维持的要求；第三，不要说的理由是为了交易安全，可在转让重要财产的情形下，较之动态安全，更应该重视静态安全（对转让公司的保护），而且，即使采用不要说，因仍需判断何为营业的"重要的一部分"，依旧未能解决交易安全的问题。[①]

判例则基本站在不要说的立场，甚至有判例表示，即使是公司的唯一财产，也不要求通过股东大会的特别决议（大法院 1988.4.12 判决）。不过，如果转让的财产是作为公司存续基础的重要的营业性财产，即转让财产可能会导致营业停止或中断的，有部分判例（大法院 1969.11.25，1977.4.26，1988.4.12）认为这种情形要求通过股东大会的特别决议，该类判例的见解被称为折中说。[②]

对此，有学者认为，不要说、必要说以及折中说都存在着各自的弊端，在解释商法第 374 条时，应注意限制以实质性营业转让为目的或者实质性公司合并为目的的财产转让，为此，需援用美国判例法上的事实合并（defacto merger），将"事实上的营业转让"归为本条的营业转让。所谓"事实上的营业转让"，指的是代表董事与受让人之间虽然根据个别

---

① 参见 ［韩］李哲松：《韩国公司法》，吴日焕译，399 页。
② 参见上书，399～400 页。

财产的转让、受让契约进行了财产的转让，但在双方的立场上均带来事实上与营业转让相同的效果的情形。即在此情形下，虽然不存在营业转让契约，转让人也不承担竞业禁止义务，且不存在顾客关系等事实关系的明显交接，但从转让公司角度看事实上导致了营业的终止，而从受让公司角度看，导致同一营业的开始或者扩大而客户方自然转移等超出单纯财产转移的含义。① 此解释兼顾了交易安全与股东的保护，值得倾听。

4. 反对股东的股份回购请求权

根据商法第 374 条第 1 款、第 2 款的规定，对公司转让营业的全部或重要的一部分，或者受让其他公司的全部营业持异议的股东，可向公司行使股份回购请求权。为使股东知道进行决议的事项以决定反对与否，公司在通知或公告关于营业转让等的股东大会时，应当明示股份回购请求权的内容及行使方法。持异议股东应于股东大会前书面通知公司反对该决议的意旨。之所以规定必须提前书面通知，是因为如事先通知，公司可以把握反对股东的现状，以便进行收买准备。② 上述已作书面通知的股东可自股东大会的决议日起 20 日内凭记载股份的种类及数量的书面文件，请求收买自己所持有的股份。

公司应自接受反对股东的请求之日起两个月内回购该股份。股份回购的价格原则上应由股东与公司协商决定。协商不成的，应将会计专家③估算的价格视为收购价格。如果公司对会计专家估算的价格持异议，或者持有收购请求股东所持有股份 30% 以上的股东持异议的④，可以自决定价格之日起 30 天内请求法院决定收购价格。

---

① 参见［韩］李哲松：《韩国公司法》，吴日焕译，400～401 页。

② 韩国法在此并未同时要求持异议股东必须出席股东大会表示反对。对此，有学者认为，由此规定可理解为无表决权股东也可行使股份回购请求权。参见［韩］李哲松：《韩国公司法》，吴日焕译，407 页。

③ 对于谁是适格的会计专家，或应由谁以何种程序选定，韩国法似未进一步明确。有学者认为，如对此规定最大限度地进行合理解释，应理解为选任公认的会计专家；至于选定程序，应由收买请求的股东和公司协议选定。参见［韩］李哲松：《韩国公司法》，吴日焕译，410 页。

④ 在向法院提出请求之前必须经会计专家估算，以及持有收购请求股东所持有的股份中 30% 以上的股东反对才可提出请求，这两点可以说是韩国法的一大特色。可是，有学者对此提出了猛烈的批评，他认为，会计专家估算的价格应具有约束力，是先于请求法院决定的"前审程序"，可这本身却是制约裁判请求权的，所以是违宪的。而且，只有持有收购请求股东所持有的股份中 30% 以上的股东才可请求法院决定价格，则是以私人之间的多数表决来剥夺宪法所保障的裁判请求权，是一种明显的违宪行为。参见［韩］李哲松：《韩国公司法》，吴日焕译，410～411 页。

四、日本法及各国（地区）法对我国制度构建的启示与借鉴

（一）我国现行法存在的问题分析

1. 公司法上的规定

我国公司法并未使用大陆法上的营业转让概念，而使用的是与之类似的资产出售或财产转让等概念。《公司法》第 122 条规定，"上市公司在一年内……出售重大资产……超过公司资产总额 30％的，应当由股东大会作出决议，并经出席会议的股东所持表决权的 2/3 以上通过"。该规定由 2005 年新《公司法》新设，其立法意旨在于保护上市公司股东尤其是中小股东的利益。《公司法》第 75 条规定，公司转让主要财产的，对股东大会该项决议投反对票的股东可以请求公司按照合理的价格收购其股权。该条也为 2005 年新《公司法》新设，其立法意旨在于保护公司中小股东的利益，适用范围为有限责任公司。此外，对于非上市的股份有限公司，《公司法》第 105 条规定，本法和公司章程规定公司转让、受让重大资产或者对外提供担保等事项必须经股东大会作出决议的，董事会应当及时召集股东大会会议，由股东大会就上述事项进行表决。

从以上三条的规定来看，我国立法者其实是有意区分资产与财产这两个概念的。可是，究竟何为资产、何为财产呢？既然立法上有着资产与财产概念使用上的区分，第 75 条中的"财产"自然就应理解为单纯的财产而非营业，而第 105 条与第 122 条中的"资产"应理解为比单纯财产内涵更为丰富的、接近于大陆法系上的营业。可是，从第 122 条中"出售重大资产……超过资产总额 30％"的表述推断，显然，该条的资产指的是财产或财产的集合，而非作为有机的整体而发挥功能的组织性财产——营业，因为有些营业的构成要素（如商誉、客户等事实关系）无法体现于资产负债表上。如果作此理解，这里的资产出售理应等同于财产出售或财产转让。可是，如果这样理解，又如何将其与《公司法》第 75 条中的"财产转让"相区别呢？这个矛盾实际上反映了我国立法者一方面有区分资产与财产之意，另一方面却又陷入苦于找不到更合适的法律概念来进行表达的尴尬境地。

除此之外，以上三条规定还存在着诸多不足，其中，《公司法》第

122 条的主要问题有如下几点：

第一，该条扩大了股东大会的权限范围，却有可能因此而过当地牺牲经营效率。如果忠实地理解《公司法》第 122 条的文义，我们只能将"资产"理解为非营业的"财产"，那么，该条所指的资产出售应该只是财产的出售。不过，因营业转让除了转让各类事实关系外，还必须转让营业性财产，如转让的营业财产超过了公司资产总额的 30%，自然也应适用该条的规定。也就是说，营业的全部或重要部分的转让一般都会适用该条，而不构成营业的重大财产的转让也适用该条，较之日本法，该条实际上扩大了股东大会的权限范围。因此，就上市公司而言，我国《公司法》对于股东的保护实际上超出了日本公司法的程度。可是，该条却有可能因此而过当地牺牲经营效率。如某上市房地产公司在一年内出售总计超过其资产总额 30% 的楼盘的情形极有可能发生，可现实经济生活中恐怕没有哪家房地产公司会在卖楼盘时去召开股东大会，但如果严格执行《公司法》第 122 条的规定，却又必须履行股东大会的特别决议程序，这无疑牺牲了公司的经营效率。

第二，该条虽然确定了明确的量化标准，却有可能因此漏掉一些重要的营业转让。如在有的营业转让中，其转让的财产总额虽未达到资产总额的 30%，但该营业转让中有可能包含着许多资产负债表中所无法体现的事实利益（如客户关系、经销渠道、经营秘密等）的转让，这些对于公司可能更为重要；又如某制造企业拟转让其研发部门，其研发部门的固定资产所占比例可能并不高，却拥有对公司来说至关重要的研发团队与技术。进行这些转让，如不履行股东大会的特别决议程序，将会损害股东利益。

第三，该条规定的对象为一年内的资产出售，其本意无非是为了防止董事会利用分期分批转让以规避法律的行为，但这却有可能给交易安全造成重大影响。因为如果是分期分批转让，而且是转让给不同的受让人，受让人将无法判定本次的交易行为是否需要股东大会的决议。如最终因未通过股东大会的决议导致该转让行为无效，受让人就会蒙受无辜的损失，这对受让人不公平。况且，该条在实际适用时还存在规则的模糊性与不确定性等其他诸多问题，如一年的期间应如何计算、资产总额应以何时的资产负债表为标准等。[1]

---

[1]　参见李金泽：《〈公司法〉第一百二十二条的缺憾评析》，载《杭州师范大学学报》（社会科学版），2006（5），62 页。

《公司法》第 105 条则存在着以下问题：

正是因为在上市公司中控股股东及公司管理层欺诈中小股东的现象表现得尤为突出，给证券市场带来恶劣的影响，立法者为了保护中小投资者的利益，不惜牺牲经营效率，专门针对上市公司制定了上述特别规定。但同时又考虑在一般情形下，应由董事会对重大资产的转让作出决议，故对于非上市股份有限公司则没有明文要求，而是规定可由章程决定是否应履行股东大会的决议程序。但是，重大的营业转让与公司的合并、分立一样，是关系到公司存续与否的根本性事项，理应由股东大会决议，而且其属于股东大会的固有权限，即使是章程也不得剥夺。换句话说，该规定为公司法上的强行性规定，公司章程不得违反。对此，许多国家公司法均立法予以明文规定。笔者相信我国立法者也并非没有考虑到这样的问题，只是由于担心这样规定可能会妨碍公司的正常经营，故将其交由章程自治；但同时又特别强调如章程有规定的，应召开股东大会决议。可是，既然章程有规定，就应该执行，又何必设置多此一举的规定呢？这实际上反映了我国立法者在这个问题上的无奈与两难困境。

而且，即使公司在公司章程中对此有特别规定，也存在问题。除了同样存在上述牺牲经营效率以及定义不清的问题外，还存在着该章程规定的效力问题。由于章程非法律法规，其对抗第三人的效力受到某种程度的限制，也就是说，即使公司的管理层未履行股东大会决议的程序而实施了营业转让，公司也有可能不得对受让人主张该转让无效。① 如果是这样，即使章程中有规定，该公司股东的利益也有可能得不到保障。而对于受让人而言，由于很难确认所转让的对象是否为需履行股东大会决议程序的营业，以及无法预知是否会被认定为无效，为了保险起见，其与转让公司进行每一笔交易，都必须确认对方的章程并阅读股东大会的记录，这样无疑增加了其交易成本。但即使是这样，也不见得万无一失，如果日后转让公司的股东大会决议被法院确认为无效或被撤销，同样有可能蒙受不测之灾。

而《公司法》第 75 条也存在如下两点问题：

第一，何为"主要财产"。《公司法》第 75 条并未如第 122 条直接规

---

① 关于章程的对世效力，我国学说上存在着肯定说与否定说，近年来主张限制章程对外效力的观点开始变得有力。参见赵旭东主编：《公司法学》，175 页，北京，高等教育出版社，2006。

定一个明确的比例，以明确"主要"的含义。对此，我国学界也鲜见学者对其进行讨论。可是，何为主要，何为次要？如果没有一个客观的判断标准，既不利于保护股东的合法权益，又不利于交易安全，且不利于公司的运营效率。①

　　第二，对于非经股东会决议的"主要财产"转让，反对股东是否享有股东回购请求权。公司转让主要财产并非股东大会的法定决议事项，也就是说，原则上，公司转让主要财产仅需董事会的决议即可。而根据该条规定，只有在公司转让主要财产作为股东大会决议事项的前提下，反对股东才有可能行使股份回购请求权，而非为股东大会决议事项的，反对股东不得行使股份回购请求权。立法者的本意似乎是想保护在这种情形下股东的合法权益，可是，公司转让主要财产成为股东大会决议事项只有靠章程规定来实现，而从我国绝大部分有限公司的章程只不过是《公司法》翻版的现状来看，恐怕本规定几乎没有适用的可能性。而且，如上所述，如公司转让主要财产需通过股东大会的特别决议，又可能会影响公司的经营效率，以及破坏所有者与经营者之间权限的合理分配。

　　综上所述，无论是对于上市公司、非上市的股份有限公司，还是对于有限责任公司的营业转让与财产转让，我国现行《公司法》的规定都无法很好地协调股东保护、经营效率以及交易安全之间的关系，要么是保护了股东利益而牺牲了经营效率，要么是重视了经营效率而牺牲了股东利益，且似乎完全没有考虑到交易安全的问题。而且，仅仅使用我国现有的法律概念与立法技术是无法解决好这一矛盾的。

　　2. 证券法上的规定

　　证监会 2008 年颁布、2011 年修订的《上市公司重大资产重组管理办法》（以下简称"办法"）规定，上市公司进行重大资产重组的，需履行股东大会的特别决议程序（办法第 20、23 条）。所谓"重大资产重组"，是指上市公司及其控股或者控制的公司在日常经营活动之外购买、出售资产，达到下列标准之一的资产重组行为：（1）购买、出售的资产总额占上市公司最近一个会计年度经审计的合并财务会计报告期末资产总额的比例达到 50% 以上；（2）购买、出售的资产在最近一个会计年度所产生的营业收入占上市公司同期经审计的合并财务会计报告营业收入的比例达到 50% 以上；（3）购买、出售的资产净额占上市公司最近一个会计

---

① 这有可能给有意滥用权利以搅乱公司运营的股东造成可乘之机。

年度经审计的合并财务会计报告期末净资产额的比例达到 50% 以上，且超过 5 000 万元人民币（办法第 2、11 条）。而且，办法还区分股权资产与非股权资产，对资产总额、收入、净资产额的比例计算进行了如下详细的规定（办法第 13 条）。

（1）购买的资产为股权的，其资产总额以被投资企业的资产总额与该项投资所占股权比例的乘积和成交金额二者中的较高者为准，营业收入以被投资企业的营业收入与该项投资所占股权比例的乘积为准，资产净额以被投资企业的净资产额与该项投资所占股权比例的乘积和成交金额二者中的较高者为准；出售的资产为股权的，其资产总额、营业收入以及资产净额分别以被投资企业的资产总额、营业收入以及净资产额与该项投资所占股权比例的乘积为准。

购买股权导致上市公司取得被投资企业控股权的，其资产总额以被投资企业的资产总额和成交金额二者中的较高者为准，营业收入以被投资企业的营业收入为准，资产净额以被投资企业的净资产额和成交金额二者中的较高者为准；出售股权导致上市公司丧失被投资企业控股权的，其资产总额、营业收入以及资产净额分别以被投资企业的资产总额、营业收入以及净资产额为准。

（2）购买的资产为非股权资产的，其资产总额以该资产的账面值和成交金额二者中的较高者为准，资产净额以相关资产与负债的账面值差额和成交金额二者中的较高者为准；出售的资产为非股权资产的，其资产总额、资产净额分别以该资产的账面值、相关资产与负债账面值的差额为准；该非股权资产不涉及负债的，不适用第 11 条第 1 款第 3 项规定的资产净额标准。

这样的规定有模仿 1999 年修订前美国模范公司法的处理方式之处，如以日常经营活动的内外为区分标准，但也存在着很大的不同与创新，如在资产总额比例与收入比例标准之外，另增加了净资产比例标准；又如，对比例的计算规定了更为严格的条件，即更倾向于保护股东及投资者的权益；再如，对股权资产购买的情形也规定了异乎寻常的严酷计算标准。

较之公司法上的相关规定，该规定比较细致精确，可以说向前进了一大步。可是，该规定在合理性、立法技术等方面仍然存在着诸多问题，以下对这些问题进行逐一的分析。

第一，该规定要求通过股东大会决议的情形范围过于宽泛，将很多不应通过股东大会决议的资产重组范围也包括在内，这样无疑在很大程度上损害了经营效率。

（1）该条规定分别以资产总额、营业收入、资产净额为指标，规定了三种不同的量化标准，可以说在以量为准方面，最大限度地保证了不至遗漏重大的资产重组。诚然，三种量化标准如果单独适用，确实有着各自合理的理由，但如将三者同时结合使用，则显得异常严苛。

（2）该条规定要求购买、出售的范围仅为资产，既不要求必须包括商誉、客户、营业权等无形价值，也不要求结果为失去重要的且持续的事业体。既然这样，那么资产的概念就可理解为既包括作为有机整体的营业，也包括不构成营业的一般性财产，范围非常宽。

（3）依据办法第 13 条的规定，购买的资产为股权的，其资产总额与营业收入均以参股公司的资产总额与营业收入为基数进行计算，可是，这样的计算方法对公司十分严苛，因为：第一，股权所代表的资产价值应以参股公司的净资产额为基准之一进行计算，而非资产总额；第二，股权所体现的收入也理应以参股公司的利润或实际分红为基准进行计算，而非参股公司的营业收入。还有，该条还规定，在购买股权上导致上市公司取得被投资企业控股权的，其资产总额以被投资企业的资产总额和成交金额二者中的较高者为准，营业收入以被投资企业的营业收入为准，资产净额以被投资企业的净资产额和成交金额二者中的较高者为准，同样，这样的计算方法更加严苛，因为该计算方法除了存在上述缺陷之外，还存在着即使仅取得被投资企业 51％ 的股权的情形下也必须以被投资企业的资产总额及营业总收入作为标准进行计算的不合理之处。

（4）该条规定规定在购买资产的情形下，资产净额以该资产的相关资产与负债的账面值差额和成交金额二者中的较高者为准，这看上去比较严密，有利于股东的保护，实际却不然。在理论上，相关资产与负债的账面值差额和成交金额即公司支付的对价应该是相等的。可实际上，这两者有可能存在差异，在账面值差额小于对价时，当然应以实际付出的对价为准；可在账面值差额大于对价，且对价占净资产额的比例小于50％ 时，因这种情形下公司实际支出较小，有利于股东，且不符合规定的比例条件，故这种情形下理应不需股东大会的决议。因此，不存在必须以账面值差额为计算基准的情形，办法应仅以对价为计算基准，排除后一种情形的适用为宜。

综上，与前述的日本、美国、德国、韩国、中国台湾地区的相应制度对比，证监会制定的上述制度堪称史上最为严格的标准。这样做的结果必定以牺牲经营效率为代价，最终并不一定对股东与投资者有利。当然，如果考虑到该办法的立法目的与公司法单纯地保护已有股东利益的目的不同，而是为了保护上市公司和投资者的合法权益，以及维护证券市场秩序和社会公共利益，以监管为职责的证监会制定这样严厉的规则也是可以理解的。可是，为达到以上目的，办法可在信息披露、监管、审批等其他方面要求严格，而不一定要求股东大会的特别决议。在信息披露、申报、审核等方面的事务之外，如再要求上市公司必须履行股东大会特别决议的程序，势必会使公司不堪重负，不符合支持企业利用资本市场开展兼并重组的立法精神。① 因此，在要求通过股东大会特别决议的交易范围上，办法不宜规定过广，而应缩小。另外一个就是交易安全问题，因为办法规定即使只是重要的财产转让及受让也需经股东大会的特别决议，故受让人将难以知晓某项交易是否构成重大资产重组。不过，因为是涉及上市公司的交易，交易对方也必定是一定规模之上的大公司，在交易之前，一定会聘请专业人士进行尽职调查，所以即使要求的范围宽，也理应不存在交易安全的问题。

　　第二，该规定在资产重组的行为上加上了"日常经营活动之外"的限定语，其目的无非是解决上述公司法上股东保护与经营效率之间的矛盾，可仅以"日常经营活动之外"限定也并非万全之策，如有的行为，即使其为日常经营活动之外的资产出售行为，且超过资产总额的50%，也未见得对公司的存续产生重大影响，故也不应使其履行严格的股东保护程序。例如，某公司出售其厂房设备看似不属于正常的经营行为，但其有可能是为了建造新的厂房或购买新的设备以便更好地开展经营，显然，这种情形仅需董事会决定即可。而且，在上市公司经营日渐多元化的当今，什么是"日常经营活动之内"，什么是"日常经营活动之外"，恐怕也不是那么容易判断的。

　　第三，该规定依然存在着只重量而不重质的弊端，既有可能漏掉一些重要的营业转让，也有可能将一些不重要的营业转让也纳入规制的范围。如前所述，在有的情形下，有的公司的研发部门有可能不会满足三个条件中的任何一个，但其在实质上又的确比较重要。而转让这样的部

---

① 参见 2011 年 8 月 1 日中国证券监督管理委员会公布的《关于修改上市公司重大资产重组与配套融资相关规定的决定》。

门理应使其履行股东大会的决议程序。而反过来，有的情形下转让的资产即使超过了50%以上，也未必会对公司的存续产生重大影响，故仅以量化标准进行判断难免有机械与僵化之嫌。

第四，该规定使用的概念较为模糊，如第 11 条（2）中使用的资产概念就令人费解。从第 13 条专门针对股权资产的营业收入进行规定来看，股权资产可作为该款中的资产之一。但能产生营业收入的资产绝不仅仅限于股权资产，还可以是单独的一个营业部门或经营实体（即大陆法上的营业）。可从该款仅仅使用资产一词来看，又不应限于单独的营业部门及股权资产，也包括单个的资产。可很多情形下单个的资产并不能单独地产生收入，只能与别的资产有机地结合在一起才能产生收入，因此，在这种情形下，如何判断某单个资产是否符合条件就比较困难，只能是不考虑这种情形。可既然将这种情形除外，又为什么不更准确地规定这样的资产就为营业或股权资产呢？

最后，退一步讲，即使该办法已能妥善地处理好问题，也远远称不上问题已得到完美地解决，因为，该办法只是部门规章，法律层次不高，且适用范围仅限于上市公司，不具有普遍意义。

（二）英美法与大陆法两种解决模式的比较、评析与我国的选择

如前所述，关于营业转让与股东保护的关系，其核心问题在于该营业转让是否应经股东大会的决议。而处理好这个问题，不应仅顾虑股东保护，还应顾及公司的经营效率以及交易对方的交易安全。换言之，对这个问题的探讨应具体分解为如下要素进行分析。第一，需经股东大会的营业转让的范围界定，是仅限于作为有机整体的营业，还是包括单个的营业财产；第二，重要部分范围的界定，是以量为标准，还是以质为标准，抑或量与质的结合；第三，未经股东大会决议的转让是绝对无效，还是区分受让人善意与恶意的相对无效。而且，这几个要素之间相互联系、相互影响，故不能简单孤立，而是要有机联动地对其进行分析。

可是，我国现行公司法的规定过于简单粗陋，无法很好地协调这三者之间的关系，远不能妥善地解决好这个问题；而证券法规上的规定虽然比较细致详尽，但其要求经股东大会决议的资产转让范围过宽，过于顾及股东的保护，而牺牲了经营效率，且立法层次低，适用范围有限。

通过之前对于各国（地区）法的考察，可以得知，世界上主要国家（地区）对于这个问题的处理，大致可分为两种解决模式。一种是以日本

法为代表的大陆法模式，一种是以美国法为代表的英美法模式。日本法使用营业与营业转让的概念，并明确区分营业与财产，认为营业为有机的、作为整体而发挥功能的组织性财产，不仅包括各种有形及无形的财产，还包括各种具有财产价值的事实关系和营业活动，全部营业的转让及重要部分营业的转让足以影响到公司的存续，对于公司及股东极其重要，故法律要求其必须经股东大会的决议；而重大的财产转让虽然对于公司也很重要，但其毕竟只是单纯的财产转让，与营业转让的重要性仍不可同日而语，而且，如要求这种情形，也必经股东大会的决议，交易对方的利益将因日后转让方的机会主义行为，即以转让未经决议为由主张无效而受损，故只要求经过董事会的决议即可。这样的区分规定既可适当地保护股东的利益，同时又可适当地兼顾经营效率，避免失之偏颇，且兼顾了第三方的利益。而且，日本法对于什么是"重要"的判断，并不仅仅拘泥于单纯地判断数值，而是综合其他各种因素进行实质性的判断，既重质又重量，以质为本，这样可防止漏掉一些本应属于股东大会决议的重大转让，确保对股东利益进行充分的保护。此外，在对第三人的关系上，一是通过区分受让人善意与恶意来确定转让的有效与无效，以妥善地保护第三人的利益；二是通过尽可能地在客观上明确营业转让的概念，以便转让公司内部对是否应履行股东大会的决议程序作出正确的判断，同时又便于受让公司能在充分知情的前提下与转让公司进行交易，从而既保护了股东的利益，又顾及了交易安全。因此，如我国借鉴日本法的模式与立法技术，应可大致妥善地解决我国目前公司法上的问题。

美国法不使用营业的概念，而使用资产（asset）这个概念，通过区分"在事业通常且正规的过程内"的转让与"在事业通常且正规的过程外"的转让来达到股东保护与经营效率之间的平衡。这是因为，"在事业通常且正规的过程内"的转让意味着日常的经营活动，对股东来说不是那么重要，故仅需董事会的决议即可；而"在事业通常且正规的过程外"的转让，则大都会影响到公司营业的存续，故应通过股东大会的决议。这种处理办法也可大致调整股东保护与经营效率之间的平衡，不过，这种区分也有不尽合理的一面，因为，即使是"在事业通常且正规的过程外"的转让，也存在着不影响到公司存续的可能，如使其履行股东大会的特别决议程序，则过当地牺牲了公司的经营效率。美国的判例在判断是否为"全部或实质性全部公司财产"时，较之财产的量，更加重视实质内容，即判断是否实质性地影响公司的存续与目的，这在一定程度上弥补了上述的缺陷。后来，也许是美国的立法者与学者们意识到区分"在事业通常且正规的过程内"与"在事业通常且正规的过程外"的不尽合理以及单纯以量进行判断的不足，美国1999年修订模范公司法，舍弃了之前规定中"在事业通常且正规的过程内"以及"全部或实质性全部公司财产"的表述，而采取判例所用的方法，将判断标准统一为"失去重要的且持续的事业体"，这即意味着失去了营业。由此可见，日本法与美国法在处理这个问题上的实质态度基本是一致的，可谓殊途同归，区别之处在于，前者注重从转让的时点进行客观的判断，后者则注重从转让的结果进行判断。此外，在对待交易安全的问题上，因美国法上要求经股东大会决议的资产转让范围更广，这也许不太有利于第三人利益的保护。① 尽管如此，总体上讲，美国法上的处理方式也可大致妥善地解决我国公司法上存在的问题。

可是，虽然日本、美国两国的处理模式均可使问题得到妥善的解决，但对于与日本同属大陆法系的我国，日本的模式似乎更胜一筹。这是因为，相较于"资产"这个模糊的概念，使用"营业"的概念可清楚地区分作为有机整体而发挥功能的营业与营业用财产，这样不致使需经股东同意的转让范围过大，且有利于转让双方的判断与对结果的预知，从而可更好地协调好股东保护、经营效率与交易安全之间的关系。而美国法虽然以从结果上判断是否"失去重要的且持续的事业体"这一方法对资产概念的缺陷进行弥补，但这对不知转让公司内情的受让公司而言，仍缺少一定的客观性与明确性，从而有影响交易安全之虞。不过，对于不存在交易安全问题的上市公司，日本模式上的营业概念范围可能有些狭窄，对此，可通过法解释或证券法规对公司法的不足进行一定程度的弥补。

鉴于以上的理由，我国应尽量建立脉络清晰的法理论与使用明确的法律术语为宜，故使用明确的营业概念来处理相关问题或许更为妥当。也许有人会认为，日本、韩国之所以在公司法中使用营业转让的概念，是因为其商法典对营业转让进行了一般性的规定，而我国并没有形式上

---

① 关于这个问题，笔者尚未查阅到美国的相关文献，但从同样为范围更广的台湾地区围绕未经股东大会决议的转让有效无效的案件较日本为多这个事实来看，要求经股东大会决议的范围越宽，就越容易产生这类纠纷。关于台湾地区的案件情况，参见王志诚：《企业组织重组法制》，170～173页。

的商法典以及商法总则，不可能对营业转让进行一般性的规定，故我国公司法上不宜引入营业转让的概念，而应直接模仿美国法的处理模式即可（事实上，证券法规已经在这样规定）。可是，中国台湾地区的有关规定也未在"民商基本法"中对营业转让进行一般性的规定，但其在"公司法"以及"企业并购法"中却直接使用营业转让的概念，这说明，即使我国没有商法总则，也不妨直接在《公司法》中对其予以规定。

（三）立法论与解释论上的建议

基于上述理由，笔者认为我国可直接在《公司法》中引入营业转让的概念，并明确规定所有类型的公司如进行营业的全部或重要部分的转让的，应经由股东大会决议，而重要的财产转让则由董事会决议，这样的规定和权限划分与处理就可比较好地协调股东利益、经营效率以及交易安全之间的冲突。不过，通过以上对日本法以及其他各国（地区）法的考察可以得知，这种看似理想的解决方案也并非尽善尽美，在具体的法律适用上仍存在着诸多问题。借鉴日本以及其他各国（地区）的判例及学说理论，本书在以下拟对一些在适用中可能出现的相关问题提出相应的解决方案。

1. 营业转让的概念

明确营业转让的概念，既有利于股东的保护，又有利于交易的安全，还有利于公司管理层的判断。营业转让应为对作为有机的整体而发挥功能的组织性财产的转让。那么，何为"组织性财产"呢？首先，其应该是在某种程度上具有整体性的财产集合，如在制造业公司中，机械设备、土地、厂房、专利、商标等的集合可构成"组织性财产"。至于是否以事实关系的转让为要素，则应根据行业的不同而区别对待，在以贸易为主的公司进行转让的情形下，如没有客户关系、购销渠道等事实关系的转让，即使是全部财产的转让，也不能构成营业转让，而在以制造业为主的公司进行转让的情形下，其全部财产的转让则有可能构成营业转让。

判断某转让是否为需要履行股东大会特别决议程序的营业转让，应在实施转让的时点，从客观上判断其是否足以构成"组织性财产"的转让与受让即可。至于受让人日后是否继承营业活动、转让人是否承担竞业禁止义务，则不应将其作为构成营业转让的要素，因为该规定的意旨在于保护转让公司股东的利益，而受让人如何行动则与股东保护无关。此外，韩国学者提出的以是否构成"事实上的营业转让"为标准进行判断的见解①也值得借鉴。即当某财产转让构成"事实上的营业转让"时，也应当属于营业转让，而履行股东大会的特别决议程序。这是因为，从转让双方的角度来判断是否需要通过股东大会的决议，既可维护交易安全，又可通过将相当于事实上的营业转让的财产转让纳入规制范围以保全公司财产直至保护股东。

2. 营业的重要部分

由于要求履行股东大会特别决议程序的营业转让应当是关系到公司存续与否的重大事项，再加上确实难以建立何为重要部分的判断标准，日本甚至有学者建议删除"重要部分"。但即使是在成文法只对全部资产转让课以特别决议程序义务的美国与德国，其判例也是灵活地把握"全部"的意思的，事实上其"全部"也包含"重要部分"。而由于我国目前判例的作用还十分有限，故更应该明文加上"重要部分"，这样才能更充分地保护股东的利益。至于何为"重要部分"，则不仅应从量的方面判断，还应该从质的方面进行综合的判断，即判断公司是否因转让无法维持营业，或者是否不得不大幅地减少营业规模。至于具体的量化标准，也不妨定为30%（这与我国目前《公司法》对上市公司的规定一致）。

3. 与受让人利益的调整

如立法明文规定重大营业转让需履行股东大会的特别决议程序，那么，未经股东大会决议的营业转让无效，对于这一点，恐怕不存在争议。但到底应当是绝对无效，还是相对无效，仍值得进一步探讨。笔者比较赞成相对无效说，因为营业转让的概念具有天然的模糊性，且重要部分的判断也不易判断，再加上无论受让人多么小心谨慎地确认是否通过股东大会的决议，股东大会都有可能因内容及程序违法而被法院判定无效，故公司只能向恶意或有重大过失的受让人主张营业转让无效，而不能对抗善意的受让人。

4. 反对股东的股份回购请求权

为了确保反对的少数股东回收投入资本的途径，在进行营业转让的情形下，我国《公司法》也应借鉴日本法的规定，赋予反对股东股份回购请求权。即反对股东可对实施营业转让等的公司，请求以公正价格收购自己持有的股份。而且，因非上市的股份有限公司的股份也缺乏自由流通的途径，保护的对象不应局限于有限责任公司的股东，而应扩张至

---

① 有关"事实上的营业转让"标准的内容参见前文三之（四）中的论述。

非上市的股份有限公司。不过，对于只是财产的转让，为取得股东保护与经营效率之间的平衡，则不应赋予反对股东股份回购请求权。

5. 几种特殊情形下的营业转让

转让公司在资不抵债、清算、停业等特殊情形下进行营业转让的，判断其是否应履行股东大会的决议程序，不应只判断其是否构成重大的营业转让，更重要的是应该判断股东是否还有可资保护的利益。如果在严重的资不抵债、破产清算、长时间停业等股东已无经济利益的情形下，就无必要使之履行股东大会的特别决议程序。

至于在有特别支配关系的公司之间（如支配公司持有被支配公司90％以上的表决权），因召开股东大会无实际意义，应可省略被支配公司内的股东大会的特别决议程序。而在公司转让其不满总资产额20％的营业财产时，因其对公司影响不大，故不必使其履行股东大会的特别决议程序。当然，在这种情形下，还应尊重股东自治，即如在公司章程中规定低于此比例的，以章程规定的比例为准。

6. 与反垄断法上命令的关系

我国《反垄断法》第48条规定，经营者违反《反垄断法》规定实施集中的，国务院反垄断执法机构可责令限期转让营业，恢复到集中前的状态。这种情形为，在公共利益优先的原则下，公司必须服从政府的命令进行营业转让。但营业转让涉及转让价格等影响股东利益的各种具体条件的确定，笔者主张这种情形下仍应召开股东大会进行决议，如碰到决议否决转让的情形，则应反复召开直至通过决议。

第六章 营业转让中的劳动者保护制度

一、问题的提出

与公司合并分立中债权债务的概括性继承不同，商法上的通说认为，营业转让中当事人可以自由选择继承权利及义务的范围。[①] 那么，这样的解释是否可同样适用于劳动合同关系呢？如果适用，营业转让的当事人就可以像对待其他的权利义务一样，任意决定是否继承劳动合同关系。如果是这样，劳动者的权益将无法得到保障，因为这有可能会对劳动者产生两种不利的情形，第一种不利的情形为，被排除在继承对象之外的劳动者失去工作；第二种不利的情形为，因受让企业劳动条件更差，劳动关系被继承的劳动者境况反而不如从前。但是，从另一面来看，如果一味地强调雇用的确保，又有可能影响企业进行并购重组的效率与效果。对此问题，我国《劳动法》未作明文规定，《劳动合同法》只规定了用人单位发生合并或者分立情形下的劳动合同的处理问题（《劳动合同法》第34条），而对营业转让中的劳动合同处理问题则无规定。

因此，本章拟以营业转让中劳动合同关系的继承问题为中心，探究如何在营业转让中保护劳动者的利益，以及如何兼顾企业并购重组的效率。不过，劳动者利益的保护并不只是劳动合同关系的继承，还包括与之紧密相关的集体合同的继承，劳动条件的变更，劳动者的知情权、异议权以及解雇的滥用等其他问题，这些也将成为本章考察的对象。

可是，探讨应如何处理营业转让中的劳动合同继承等问题，只考察营业转让是不能窥探问题的全貌的，而有必要结合同为公司重组的合并、

---

① 有关营业转让中一般营业债务的继承，详见第四章中的论述。

分立中的相关问题进行。这是因为，日本的立法与司法经验表明，对于
营业转让中劳动合同继承问题的处理，有必要考虑与合并、分立中的劳
动合同继承规定的平衡与协调。这也就是说，合并、分立中的规定如何，
有可能影响到营业转让中的相关规定。而其他国家却多将这三者作为同
样的问题对待与处理。可见，合并、分立中的劳动合同继承问题与营业
转让中的劳动合同继承问题紧密关联，故本书在考察营业转让中的劳动
合同继承问题的同时，也将在必要的限度内考察合并、分立中的相关
问题。

　　对于营业转让中的劳动者保护问题，日本有着丰富的学说理论与判
例的积累，考察与研究日本法对我国的立法与司法实践或许具有不小的
借鉴意义。因此，本章详细介绍与考察日本的相关立法、判例和学说，
以及简单介绍其他各国（地区）法的概况，并在此基础上，通过借鉴日
本法以及其他各国（地区）法的经验，对我国的立法及司法提出建议与
展望。

二、日本法

（一）营业转让中劳动关系的继承

　　相较于公司合并与分立的概括性继承，对于一般的权利义务，营业
转让为特定继承，即对其转让需要履行个别的转让程序，如要使该转让
的效力及于第三方当事人，原则上应取得第三方当事人的同意。而围绕
营业转让中劳动关系的继承问题，日本学说与判例上主要存在着如下争
议：伴随着营业的转让，劳动关系是否也被概括性地继承；如果是概括
性地继承，转让当事人之间是否又可依特约来排除某些劳动关系的继承；
劳动关系的继承又是否需要劳动者的同意。

　　1. 学说上的见解

　　在营业转让中劳动关系的继承这个问题上，由于商法与劳动法的考
虑角度不一，前者以营业转让当事人之间的利益调整为重点，而后者重
视的则是劳动者的保护，故商法上的学说与劳动法上的学说存在着分歧。

　　（1）商法上的学说。

　　关于这个问题，在商法学说内部也并没有形成统一的见解，存在着

当然继承说、当然继承否定说与折中说等观点。

　　当然继承说的基本思想是，只要转让当事人之间无特别约定，劳动关系应被继承，且无须劳动者的同意，但应承认劳动者的解约权。其主要理由有：1）营业转让与合并在本质上并无差别，都只不过是营业主体的变更，故与合并的情形一样，劳动关系原则上应作为营业的一部分被继承。[①] 2）如继承劳动关系，受让人可马上开展营业活动；在营业转让中，如无特别约定除外的，推定转让债权债务；且因劳动者具有解约权，即使解释为当然继承也并无不妥。[②] 3）营业转让是对公司物与人的整体继承，且同等质量的劳动力的补充也不是一朝一夕就能完成，故劳动关系的继承不需劳动者的同意。[③] 不过，有的学者认为应对转让当事人约定不继承某些特定的劳动关系予以限制，即其须在不损害营业的同一性的范围内。[④]

　　当然继承否定说被视为商法学上的通说，其基本主张是，在进行营业转让时，劳动关系不被当然继承，营业转让当事人可就接受劳动者的事项进行具体协商，如约定接受的，还需劳动者的同意。其依据的主要理由有：1）营业转让与合并不同，合并的法律效果之一是权利义务的概括性继承，而学说与判例均不认为营业转让为概括性继承，且法律明文规定营业转让可特定继承（日本旧商法第 25 条至第 29 条），转让的对象为有机的、整体的组织性财产即可，只要其不失去"营业"性，营业转让可排除一部分财产及债权债务关系。2）劳动关系并不是营业转让的本质性内容，如营业与劳动者整体为不可分，则事实上无法进行营业转让。[⑤]

　　而折中说则主张，原则上劳动关系应被继承，但需取得劳动者的同意，而对劳动关系继承的排除则应予以限制。即如违反了与转让公司之间的劳动合同，则不得约定排除劳动关系的继承，如不存在这样的合同

①　大隅健一郎＝今井宏 「第 409 条注釈」『注釈会社法（8）の②』（有斐閣　1973 年）131 頁以下、藤井昭治 「営業讓渡と労働契約関係の承継」法律時報 37 巻 13 号 102 頁を参照。

②　大阪地判昭和 34・7・22 の評釈として、山口幸五郎・商事法務 228 号 15 頁を参照。

③　西原寛一 「会社の解散と不当労働行為」『労働法大系 4（不当労働行為）』（石井＝有泉編　1963 年）80 頁以下参照。

④　大隅健一郎＝今井宏 「第 409 条注釈」『注釈会社法（8）の②』（有斐閣　1973 年）131 頁以下。

⑤　石井照久 「商法と労働問題」『商法における基本問題』（勁草書房　1960 年）209 頁以下、喜多川篤典 「第 245 条注釈」『注釈会社法（4）』（1970）147 頁、富山康吉 「企業法から見た合併と労働関係」 日本労働法学会誌 29 号 53 頁以下を参照。

内容，则应以合理理由的存在为前提，对可替代的劳动者可排除继承，而无法予以替代的劳动者则应被继承。①

对于上述学说，有学者作出如下评析：当然继承说认为营业转让与合并一样，应为概括性的继承，但从营业转让的法律性质来看，这显然是不妥的；当然继承说还认为劳动者与营业是不可分的，而当然继承否定说则认为劳动者与营业是分离的，但事实上这不能一概而论，劳动者与营业的结合程度根据行业的特点及具体情况的不同而不同，有些情形下劳动者是构成营业的要素之一，有些情形下则不是。折中说采取的是相对解释的立场，但却难以确定何为合理理由、何为可替代的判断标准。因此，其学者认为，从商法学的视角来看，对于劳动关系的继承问题，只能采取相对的立场，不能一律以某一原则来处理，即关系到营业同一性的劳动关系应被继承，而其他的劳动关系则可以特约排除。这在劳动者保护问题上可能会遭到批判，但在商法理论上只能作这样的解释。关于营业转让中劳动合同关系的继承问题，最终还是应以劳动法的立场予以解决。例如，在约定排除特定劳动者的情形下，应判断该排除是否构成了不当劳动行为，如构成，则该劳动者也应与其他劳动者一并被继承。②

（2）劳动法上的学说。

与商法学说一样，关于这个问题，在劳动法学者中也存在着不同的见解，有当然继承说、当然继承否定说与折中说。

绝大多数的劳动法学者从保护劳动者的角度出发，持当然继承说的立场，即劳动合同关系原则上应被继承，且不需劳动者的同意。他们这样主张所依据的主要理由有：1）劳动合同的本质内容为，劳动者在公司中劳动，使用人对其进行有组织的指挥与管理，故劳动者是公司的重要构成要素。2）在物化的近代企业中，劳动合同关系应解释为当然移转至受让人，这样的理解有利于劳动者的保护。③ 3）这样理解是因为企业转让兼具企业的组织法性质与社会公共性。其法律根据在于船员法第43条及对民法第625条的修正解释（修正为不需劳动者的同意）。④ 4）营

---

① 大阪高判昭和38・3・26の評釈として、岡本善八・同志社法学81号91頁以下を参照。
② 山下真弘『会社営業譲渡の法理』（信山社　1997年）320～321頁を参照。
③ 宇田一明『営業譲渡法の研究』（中央経済社　1993年）42頁を参照。
④ 大阪高判昭和38・3・26の評釈として、池田直視・判例時報349号46頁以下を参照。日本船員法第43条規定，船舶所有人変更的情形，其与船員的雇佣合同当然終結，視为在船員与新所有人之间存在着与原合同同一条件的雇佣合同。

业转让是以一个债权合同将作为有机体的营业进行转让的法律行为，如无
特别约定，应推定为对所有的财产及权利义务进行转让，这其中也包括劳
动关系。① 在主张当然继承的学者中，有的学者认为转让当事人之间可以特
约排除劳动关系的继承，这种情形下劳动者可依旧留在转让公司②；有的学
者则认为转让当事人之间不得以特约排除劳动关系的继承，其否定特约效
力的理由在于，与其说劳动者是被使用者个人使用，倒不如说其被公司或
营业本身所使用③。虽然当然继承说主张劳动关系的继承不需劳动者的同
意，但大多数学者主张应赋予劳动者即时解除权，因为他们认为在对劳动
关系有重大影响的情形下，应优先考虑劳动法的问题。④ 也有的学者认为在
劳动者有异议的情形下，受让人应履行解雇的手续。⑤

　　主张当然继承否定说的劳动法学者极少。该说认为，即使承认为当
然继承，也不能排除转让后被解雇的可能性，故当然继承对于劳动者保
护也非万全之策，需特别立法予以保护；而且，在约定继承劳动关系时
应适用民法第 625 条，即须取得劳动者的同意，但不应承认第 628 条的即
时解除权。⑥

　　而折中说虽然在原则上也采用当然继承说的立场，但认为不应千篇
一律地处理劳动者的问题，而是应考虑其与作为转让对象的营业的关系
区别对待，即对于维持营业的同一性为不可或缺的、掌握着特殊技能的
劳动者应该被接受，而可替代的劳动者则可被排除。⑦ 不过，有学者认
为，关于排除的约定应具有合理性。⑧ 由此可见，劳动法上的折中说与上
述商法上的折中说其实是极其类似的。

　　对于上述学说，有学者提出如下质疑：当然继承说以船员法第 43 条
为根据，但该条是根据海上劳动者的特性而设，将其适用于一般劳动者

---

① 宮島尚史「企業再編成に伴う労働法上の問題点」労働法 61 号 4 頁を参照。
② 池田直視・判例時報 349 号 46 頁以下、宮島尚史「企業再編成に伴う労働法上の問題
　点」労働法 61 号 4 頁を参照。
③ 正田彬「会社解散と不当労働行為」労働法 46 号 49 頁を参照。
④ 正田彬「会社解散と不当労働行為」労働法 46 号 49 頁、宮島尚史「企業再編成に伴う
　労働法上の問題点」労働法 61 号 4 頁を参照。
⑤ 有泉亨『労働基準法』（法律学全集 47　1963）126 頁以下を参照。
⑥ 花見忠「企業合同と従業員の地位」経営法学ジャーナル 8 号 61 頁以下を参照。日本
　民法第 628 条規定，雇傭当事人在雇傭期間如有不得已的事由，可立即解除合同。
⑦ 玉置保「営業の自由と不当労働行為」民商法雑誌 33 巻 2 号 31 頁以下を参照。
⑧ 橋詰洋三「会社解散と不当労働行為」『新労働法講座 6 巻（不当労働行為）』（1967）
　175 頁以下を参照。

未见得妥当；赋予劳动者的即时解约权将使劳动者马上处于失业状态，这不利于劳动者的保护，至少应使受让人解除劳动合同为宜。对劳动关系影响大的行为全部适用劳动法的规范有失偏颇；在营业转让之际，将劳动关系的继承视为绝对条件并不一定对劳动者的保护有利。营业转让的形态各种各样，具有多目的性，不宜将其一律视为与合并一样的概括性继承。当然继承否定说以转让后也有被解雇的可能性为唯一理由，但无论采取哪种立场，被解雇的可能性都会存在，故采用当然继承说对于劳动者的保护更为有利。同样，与商法上的折中说一样，劳动法上的折中说也存在着难以确定何为合理、何为可替代的判断标准问题。①

2. 判例的态度

（1）肯定当然继承的判例。

早年的判例采取当然继承的立场居多。例如，有判例在引用船员法第 43 条的基础上，认为医院经营的转让并不是由有形、无形财产（物的要素）以及劳动者（人的要素）构成的经营组织的解体，而只是在维持其同一性、使其存续的前提下的指挥管理其经营的经营主体的变更，故在法律上应看作与旧使用人的劳动关系当然被新使用人继承。② 有判例认为，在企业转让的情形下，劳动关系原则上应被继承，而且，劳动合同的继承是应社会公共利益的要求，在劳动合同继承之际无须劳动者的个别同意。③ 有判例认为，虽然对于营业转让中雇佣关系的继承没有明确的规定，但关于该组织统合的合同内容为概括性的地位继承，从业人员被有机地编入经营一定规模的企业活动的企业组织中，是组织中的一员，且该企业具有整体性，故雇佣合同关系应视为已被转让。④ 这些判例背后所蕴含的法理在于，作为转让对象的营业，是由人的要素与物的要素组成在一起的有机统一体，劳动关系也是与营业不可分的组成要素，故劳动合同与当事人的意思无关，当然被继承。⑤ 不过，需注意的是，这些采取当然继承立场的判例几乎都是转让全部营业的事例。⑥

---

① 山下真弘『会社営業譲渡の法理』（信山社　1997 年）311～314 頁を参照。
② 東京地判昭和 25・7・6 労民集 1 巻 4 号 646 頁。
③ 神戸地判姫路支部昭和 38・11・21 労民集 14 巻 6 号 1434 頁。
④ 横浜地判昭和 56・2・24 労判 369 号 68 頁。
⑤ 小早川真理「企業の組織変更時における労働法の問題」日本労働研究雑誌第 570 号（2008 年 1 月）62 頁を参照。
⑥ 当然，也存在着部分营业转让的事例，如日伸运输营业转让事件（大阪地判昭和 40・2・12 判例時報 404 号 53 頁）。

（2）否定当然继承的判例。

当然继承说由于忽视了营业转让与合并在法律性质上的区别，且不尊重劳动者的意愿，故之后直至今日的判例几乎都采取当然继承否定说的立场，即劳动合同不被当然继承，如需继承，则需营业转让当事人之间的合意，并且还需该劳动者的同意。例如，有判例认为，在营业转让之际，即使新旧使用者之间约定继承雇佣关系的，该约定对反对的劳动者也无效。[①] 有判例认为，在进行营业转让的情形下，构成营业财产的各债权债务的转让需要个别地履行权利转移或债务接受的程序，故雇佣关系也不得例外。[②] 有判例认为，即使在营业转让的情形下，受让人也不应被强制接受转让人原先雇用的劳动者，而且，劳动者也不对新公司主张承担继续履行劳动合同的义务，原先的劳动关系不被当然继承。[③] 不过，与肯定当然继承的判例不同的是，否定当然继承的判例绝大多数都是转让部分营业的事例。[④]

如果作这样理解，如劳动者主张应由受让人继承雇佣关系的，其必须证明在转让当事人之间存在着明示或默示的继承劳动关系的协议。显然，这增加了劳动者的举证负担，对其保护不利，故为减轻劳动者的举证责任，多数判例倾向于从宽认定转让当事人之间存在着这种协议，如有的判例甚至认为，如没有特别的反证，应推定转让当事人之间存在着继承雇佣关系的协议。[⑤] 从这点来看，这事实上与当然继承说较为接近。[⑥]

（二）判例中其他关于劳动合同继承的法理

如前所述，对于劳动合同关系，主流判例采取的是当然继承否定的立场。既然如此，转让当事人就可通过明文约定不继承劳动合同，以排除某些特定的劳动者，或者由受让人对原先的劳动者进行重新录用，与

---

① 東京高判昭和 24・9・20 労刑資四輯 263 頁。

② 岡山地判昭和 30・1・29 労民集 6 巻 1 号 30 頁。

③ 大阪地判昭和 34・7・22 労民集 10 巻 6 号 999 頁。持同样立场的最近的判例有新关西通信系统事件（大阪地決平 6・8・5 労判 668 号 48 頁）、本位田建筑事务所事件（東京地判平 9・1・31 労判 712 号 17 頁）等。

④ 「企業組織再編に伴う労働関係上の諸問題に関する研究会報告の概要」（厚生労働省平成 14 年 8 月 22 日発表、厚生労働省ホームページ http://www.mhlw.go.jp/houdou/2002/08/h0822—1.html）を参照。

⑤ 松山地決昭和 40・5・26 労民集 16 巻 3 号 394 頁。

⑥ 小早川真理「企業の組織変更時における労働法の問題」日本労働研究雑誌第 570 号（2008 年 1 月）62～65 頁を参照。

其重新签订劳动合同，这在事实上就可改变原劳动条件。这种约定属于契约自由的范畴，是被允许的。其结果是，劳动者要么因转让人解散（特别是在全部转让的情形下）而被解雇，要么不得不接受条件更差的新劳动合同，而且之前的工作年限等也不被承认。因此，仅仅依据上述的法理，劳动者的利益很有可能因营业转让而受损。在司法实践中，法官通过运用法人格否认以及不当劳动行为的法理对上述有可能使劳动者利益受损的行为进行了一定程度的限制。

1. 法人格否认的法理

法人格否认法理的运用多发生在转让人转让其全部营业，而劳动者向受让人主张劳动关系的情形中。例如，在宝塚映画/映像地位保全等临时处分申请一案中，在转让公司解散前进行营业转让之际，由于与转让公司的董事为同一人经营的受让公司只录用一部分员工，不被录用的员工们要求法院确认其劳动合同上的权利义务关系已被受让公司继承。对此，法官认为，受让公司与转让公司在资本系列、管理人员关系、本公司所在地、营业目的、公司设施、从业人员等方面存在着实质的同一性，且在该营业转让中，经营者存在着伪装解散的恶意，依据法人格否认的法理，劳动者与受让公司之间存在着雇佣关系。[①] 又如，在新关西通信系统事件中，经营者在设立新公司、解散旧公司之际，采取先与旧公司的劳动者解除劳动合同，再由新公司重新录用这些劳动者的做法。可是，经营者却拒绝录用在旧公司里从事工会活动的员工。对此，法官认为，转让公司与受让公司存在着较强的类似性及实质的同一性，转让公司否定与该劳动者的雇佣关系，是为回避解雇的限制而滥用法人格的行为，故该行为无效，该劳动者与受让公司之间存在着雇佣关系。

由此可见，运用法人格否认的法理必须符合两个条件：第一，转让公司与受让公司之间存在着实质的同一性[②]；第二，该营业转让存在着排除特定劳动者等不当目的。

2. 不当劳动行为

在不构成法人格否认的事例中，有的判例运用不当劳动行为的法理

[①]　神戸地裁伊丹支部昭和 59·10·3 判决。

[②]　从判例中可看出，法官严格解释"实质的同一性"的存在。不仅要求事业内容、财产关系及交易关系为同一，还要求管理人员、本公司所在地、财务会计等为同一。这些判例有：クジマヤ事件（大阪地判平 11·12·8 劳判 777 号 25 頁）、静冈フジカラー事件（静冈地判平 16·5·20 劳判 877 号 24 頁）等。

对劳动者实施救济。也就是说，原则上，转让当事人之间可自由决定转让财产、权利义务的范围及形式，但不得以违法的目的而达成关于劳动合同处理的合意。在青山会不录用事件中，营业受让公司与转让公司约定，受让公司不继承原劳动合同，决定是否录用原转让人的员工是受让公司的专权事项，最后的结果是受让公司拒绝录用从事过工会活动的员工。对此，法院认为，该合意是以排除工会会员为目的的行为，不录用该员工相当于为排除工会活动的解雇，其构成了不当劳动行为。① 在大船自动车兴业事件中，当事人在转让合同中约定，受让公司录用同意降低劳动条件的劳动者，而不同意的劳动者则由转让公司解雇。对此，法院判定，以该目的而为的解雇（排除继承）无效，同样，该营业转让合同中的约定违反了民法第 90 条（公序良俗）的规定，应为无效。② 不过，何为公序暂不明确，故该判例究竟具有多大的射程，即什么样的行为构成违反公序良俗尚不得而知。③

（三）其他有关劳动者保护的问题

1. 集体合同的继承

对于营业转让中集体合同的继承问题，学说上一般认为，与一般的权利义务及劳动关系的继承一样，其法律性质为特定继承，即如需继承，必须要有转让公司与受让公司之间的合意，并需取得签订合同一方的工会的同意。④

不过，有判例以营业转让前后工资差额大等为由肯定了原集体合同的适用，但并未阐明适用原集体合同的根据。⑤ 有学者将该判例的精神理解为，集体合同中的规范部分（规定劳动者的工资、劳动时间等劳动者待遇方面的部分）构成了劳动合同的内容之一，也应被继承。⑥ 但也有判例认为，因受让公司与接受的员工之间签订了新的劳动合同、制定了新

---

① 東京高判平成 14・2・27 労判 824 号 17 頁。
② 横浜地判平成 15・12・16 労判 871 号 108 頁。
③ 小早川真理「企業の組織変更時における労働法の問題」日本労働研究雑誌第 570 号（2008 年 1 月）64 頁を参照。
④ 「企業組織再編に伴う労働関係上の諸問題に関する研究会報告の概要」（厚生労働省平成 14 年 8 月 22 日発表、厚生労働省ホームページ http://www.mhlw.go.jp/houdou/2002/08/h0822—1.html）を参照。
⑤ 広島第一交通事件・広島地決平成 10・5・22 労判 751 号 79 頁を参照。
⑥ 橋本陽子「営業譲渡と労働法」日本労働研究雑誌 484 号 67 頁を参照。

的就业规则，受让公司已存在其他的工会，且受让公司明确表示拒绝继承转让公司的集体合同，故不能认为转让公司的集体合同当然被继承。①

而劳动合同继承法②则明确了公司分立中集体合同的继承问题。该法区分集体合同中的规范性规定与债务性规定，对其分别施以不同的处理措施。关于规范性规定的内容，如工会的会员被继承公司继承，视为在该继承公司与该工会之间签订了同一内容的集体合同。而对于集体合同中债务部分的全部或部分，分立公司与工会达成合意的，该全部或部分被继承公司继承。劳动合同继承法颁布之后，对与分立功能相似的营业转让中集体合同的处理会产生什么样的影响尚不得而知，但从集体合同的特性、营业转让的法律性质以及上述判例的精神来看，至少可推出如下结论：如受让方继承劳动合同关系的，关于规范性内容的部分，可认为在受让公司与工会之间签订了集体合同；不过，对于集体合同中的债务内容，即使受让公司继承劳动关系，也不能被认为是自动地继承，而需受让公司与工会之间达成合意。

2. 劳动条件的变更及工作年限的计算

营业转让后，工资、劳动时间等劳动条件大多会发生变更。一般来说，在双方当事人同意以及有合理理由的情形下，变更劳动条件是被允许的。那么，应如何理解营业转让中劳动条件的变更呢？多数学者认为，由于劳动关系的继承需要劳动者的个别同意，一般可认为受让公司是在向劳动者明示受让公司的劳动条件后，才取得劳动者对于劳动合同继承的同意的，故关于劳动条件的变更，也可认为是取得了劳动者的同意。不过，有可能存在着劳动者为了能继续工作，违背自己的意愿而同意的情形，在这种情形下，就要从法律上具体判断该劳动者是否同意。如果在征求劳动者同意之时，受让公司没有明示劳动条件，就很难判断劳动者是否同意，这时可推定受让公司继承了转让公司中的劳动条件。③

不过，从前述判例④可以得知，在劳动条件显著恶劣或不录用拒绝劳

---

① インチケープマーケティングジャパン事件・大阪平成 10・8・31 労判 751 号 23 頁。
② 详见后述（五）中的论述。
③ 「企業組織再編に伴う労働関係上の諸問題に関する研究会報告の概要」（厚生労働省平成 14 年 8 月 22 日発表、厚生労働省ホームページ http：//www.mhlw.go.jp/houdou/2002/08/h0822—1.html）を参照。
④ 広島第一交通事件・広島地決平成 10・5・22 労判 751 号 79 頁、インチケープマーケティングジャパン事件・大阪平成 10・8・31 労判 751 号 23 頁を参照。

动条件下降的劳动者的情形下，法院有可能会作出否认劳动条件变更的判决。

如何计算工作年限，关系到能领到多少退职金，因此工作年限的计算也是涉及劳动者利益的重要问题。有学者认为，如果双方当事人协商同意继承劳动合同关系或被认定为继承劳动合同关系的，那么在转让公司的工作年限也理应一起计算；如果双方当事人约定不继承劳动合同关系或不被认定继承劳动合同关系的，那么在转让公司的工作年限就应该归零，不得向受让公司主张。[①] 在本位田建筑事务所事件中，由于转让当事人之间约定受让公司接受（≠继承）原劳动者，但对工作年限设定了限制，故有员工在受让公司工作不久后便提出辞职，并向转让公司请求退职金。对此，法院以该劳动者未同意继承为由，肯定了其对于转让公司的退职金请求权。[②]

3. 履行保护劳动者的程序义务

与公司分立的情形不同，法律未明文规定在营业转让的情形下，转让公司须通知劳动者，也没有规定其负有与劳动者进行协商的义务。因此，劳动者当然也不享有提出异议的权利。不过，对于劳动合同继承的对象劳动者，由于劳动合同的继承必须经本人的同意，故在这种情形下，转让公司理应在向劳动者充分提供信息的基础上，诚实地与之进行协商。

此外，由于劳动合同的继承、集体合同的继承以及劳动条件的变更等属于工会法上的团体交涉事项，转让公司当然应该与工会诚实地进行团体交涉。

（四）非营业转让过程中劳动者的保护

前述对于劳动者保护的规定及法理均只适用于营业转让过程中，如果解雇或劳动条件的变更不是在营业转让之际，而是在营业转让的前后进行，前述规定与法理则无从适用。故如果不对一般情形下解雇员工进行限制，前述规定与法理的作用则将大打折扣。在这种情形下，法院运用整理解雇以及员工手册的不利变更法理对其进行了限制。

---

① 小早川真理「企業の組織変更時における労働法の問題」日本労働研究雑誌第 570 号（2008 年 1 月）63 頁を参照。

② 東京地判平 9・1・31 労判 712 号 17 頁を参照。

1. 整理解雇

根据劳动合同法的规定，如解雇缺乏客观上的合理理由且从社会一般的观念来看不被认为正当，该解雇构成权利的滥用就无效（日本劳动合同法第 16 条）。该条是对以往由判例所确立的解雇权滥用法理的成文化。而对于整理解雇①正当性的判定，日本判例确定了如下四个要件：(1) 解雇的客观必要性；(2) 避免解雇可能性的有无及其避免努力的有无；(3) 解雇标准合理性的有无及其适用的妥当性；(4) 解雇程序的合理性。② 对于在营业转让前由转让公司进行的整理解雇，判例将营业转让的具体事实作为一个重要的因素来判断解雇行为的正当性。如在新科工程事件中，法院认为，如从管理人员、资本等方面来看，很难将受让公司与转让公司看成不同的法人，就不能认定转让公司处于必须从该事业撤退的客观情势。③ 而营业转让本身也并不构成整理解雇的必要性。在转让营业的部分的事例中，法院则很有可能会将是否存在转岗等可避免解雇的可能性作为判断的因素之一，由此可见，相较于转让营业全部的情形，法院对于转让部分营业中解雇正当性的判断会更加严格。④

2. 员工手册的不利变更法理

根据劳动合同法的规定与原则，劳动者与使用者非经合意，不得变更劳动合同的内容（日本劳动合同法第 8 条）。即使用者拟变更劳动条件的，也必须取得劳动者的同意。但使用者可通过变更员工手册的方法，来实现对于劳动条件的变更。不过，该变更必须满足以下条件，方可生效（日本劳动合同法第 10 条），即：(1) 必须使员工知悉变更后的员工手册；(2) 考虑劳动者承受的不利程度、劳动条件变更的必要性、变更后就业规则内容的妥当性、与工会等的交涉状况以及其他有关员工手册的情况，该员工手册的变更为合理的变更。⑤

而营业转让后变更劳动条件的，其效力判断又如何呢？司法实务中

---

① 整理解雇是由日本判例所确定的习惯用语。它指的是在维持经营有困难的情形下，公司对人员进行整理，与劳动者解除劳动合同的行为。这大致相当于我国劳动法上的经济性裁员。

② 大村野上事件·長崎地裁大村支判昭 50·12·24 判時 813 号 98 頁。

③ シンコーエンジニアリング事件·大阪地決平 5·2·1 労判 627 号 19 頁。

④ 小早川真理「企業の組織変更時における労働法の問題」日本労働研究雑誌第 570 号（2008 年 1 月）65 頁を参照。

⑤ 该要件是根据第四银行事件判决（最高裁 1997 年 2 月 28 日第 2 小法庭判决）所列举的要件归纳总结而成。

并未出现对于这个问题的判断，但在关于公司合并的案例中，法院认为，如合并中存续公司是以统一劳动条件为目的而实施劳动条件的不利变更的，劳动条件不同的劳动者在一起共存的情况本身可成为有必要变更劳动条件的一个重要因素[1]，故类似这样的变更有可能被认为是合理的。而公司重组引起的员工人数、构成的变化以及存续公司的经营状况等，都可成为判断劳动条件变更的必要性的重要因素。[2]

（五）公司合并与分立中劳动合同的处理[3]

1. 公司合并

在公司合并中，一般而言，消灭公司的权利义务都由存续公司或新设公司概括性地继承，即不必对每个权利义务个别地履行转让的程序，就可产生由存续公司或新设公司继承消灭公司所有权利义务的法律效果。因此，关于劳动合同的继承，虽然日本劳动法上并无明文规定，但绝大多数判例与学说均认为，在合并中，劳动合同关系与一般的权利义务一样也被概括性地继承，且不得以特约排除。而事实上，讨论劳动合同是否应被继承这个问题本身意义也不大，因为在公司合并中原用人单位将不存在，劳动者别无选择。

2. 公司分立

与早已存在的公司合并和营业转让制度不同，日本的公司分立制度始创于 2000 年，在创立分立制度的同时，为解决公司分立中存在的劳动合同继承问题，日本专门制定了《关于公司分立中劳动合同继承的法律》（以下简称"劳动合同继承法"）。

劳动合同继承法以劳动者与被继承营业结合的紧密程度为区分，规定了不同的处理办法。第一，如在分立计划或合同中，以从事被继承营业为主的劳动者被记载为继承的对象的，该劳动合同关系被继承公司当然地继承（劳动合同继承法第 3 条），而在该类型的劳动者被排除在继承对象之外的情形下，如劳动者在一定的期限内提出异议的，该劳动合同

---

① 大曲市農協事件・最三小判昭 63・2・16 日民集 42 卷 2 号 60 頁。
② 小早川真理 「企業の組織変更時における労働法の問題」日本労働研究雑誌第 570 号（2008 年 1 月）61 頁を参照。
③ 有关日本公司合并及分立中的劳动者保护问题的详细分析，参见拙作《日本公司重组中的劳动合同关系继承问题研究》，见梁慧星主编：《民商法论丛》，409～444 页，北京，法律出版社，2010。

关系由继承公司继承（劳动合同继承法第 4 条）。第二，如以从事被继承营业为辅的劳动者被记载为继承对象，而该劳动者在提出异议期限内提出异议的，其劳动合同不被继承（劳动合同继承法第 5 条）。①

此外，为保护劳动者的权益，分立公司还对劳动者负有事前通知及事前协议的义务。②

三、其他各国与地区的制度概况

（一）欧洲

为保护企业重组中的劳动者权利，欧盟制定了"关于企业、事业全部或企业、事业的部分移转时劳动者权利保护的加盟国法制接近的理事会指令"（Council Directive on the approximation of the laws of the Member States relating to the safeguarding of employees' rights in the event of transfers of undertakings, businesses or parts of undertakings or businesses）③ （以下简称"指令"）。根据该指令的第 1 条第 1 款，企业或事业的转让是指，构成以追求经济活动为目的的资源的组成集合的、维持同一性的经济实体的转让。

---

① 之所以作出这样的特别规定，其理由如下：关于公司分立中劳动合同关系的继承，可能存在着两种对劳动者不利的情形。第一种被称作"继承的不利"，即劳动者并不希望转移至新公司，却遭到强制性的转移；第二种被称作"不继承的不利"，即劳动者希望转移至新公司，却被排除在外。如果不对分立中的劳动合同继承问题进行特别立法，那么，劳动合同就其他的权利义务一样，依据公司法的规定，如其被记载于分立计划书或分立合同中，就被继承公司当然地继承，而不需取得该劳动者的同意。在这种情形下，劳动者就有可能蒙受"继承的不利"。另一方面，由于是否记载于分立计划书或分立合同是公司的自由，公司可以选择不将该劳动合同记载于分立计划书中。在这种情形下，劳动者又有可能蒙受"不继承的不利"。故为消除这两方面的不利，日本在创设公司分立制度的同时，制定了劳动合同继承法。虽然劳动者的利益必须考虑，却不能因此阻碍必要的公司重组，因此，基于这样的考虑，该法一方面肯定了概括性继承原则对于劳动合同关系的适用，另一方面又以劳动者与被继承营业的结合程度为区分，对一定范围内的劳动者赋予了否定被继承或被排除继承的权利。

② 分立公司必须在承认合并分立协议、新设分立的股东大会召开日两周前，向上述劳动者发出记载有法定事项的书面通知（日本劳动合同继承法第 2 条）。除此之外，分立公司还必须在应发出通知之日前，与劳动者进行协商（商法修订附则第 5 条）。

③ 该指令最初成立于 1977 年 2 月 14 日（77/187/EEC），后修订于 1998 年 6 月 29 日（98/50/EC）。濱口桂一郎「企業譲渡における労働者保護指令：98 年改正指令の内容と判例」世界の労働 1999 年 11 月号を参照。

　　该指令的核心内容为，在企业转让时的劳动合同以及因劳动关系产生的权利与义务自动转移至受让人（指令第 3 条第 1 款）。即转让人的雇员自动成为受让人的雇员，继续保持其在转让人处享有的相同的条款与条件，受让人对转移来的雇员也主张转让人的权利。其次，该指令规定，企业转让本身不得成为转让人或受让人解雇的事由（指令第 4 条第 1 款）。不过，由于经济、技术或组织等原因致使劳动力发生变化时除外（指令第 4 条第 1 款但书）。最后，该指令还对转让人和受让人规定了应通知受转让影响的雇员代表并与他们进行协商的义务（指令第 6 条）。以上三个方面的保护为最低要求，成员国享有可制定更有利于雇员的法律、条例或行政规章的自由。① 除此之外，指令还规定，转让后直至集体合同解除、期间届满或其他集体合同生效或开始使用之日止，受让人必须遵守原集体合同所约定的条款。不过，加盟国可将遵守原条款的期间限制为不少于 1 年的期间（指令第 3 条第 3 款）。

　　该指令的适用范围非常广泛，适用于所有类型的营业转让（包括公司合并、分立以及营业转让)②，且不分是否依合同或是依行政行为、立法行为还是司法行为③，但不适用于股权转让④。不过，该指令的属人范围则并不是那么广泛，其适用对象限于从事劳动于被转让组织的劳动者，且必须为"完全从事"，即该劳动者在工作时间内完全在被转让的企业内工作。⑤

　　争议的焦点在于何为"事业的一部分"，根据欧洲法院的解释，构成事业的转让，必须是确实的经济实体（stable economic entity）的转让⑥；

---

① 参见［英］凯瑟琳·巴纳德：《欧盟劳动法》，付欣、郭捷译，482~483 页，北京，中国法制出版社，2005。

② 指令第 1 条第 1 款（a）项规定，本指令适用于因企业、事业以及企业、事业的部分的合法转让（legal transfer）或合并（merger）向其他使用人的转让。由此可知，该指令适用于一切资产性的重组。

③ 1985，No. 135/83（Abels）。滨口桂一郎 「企業讓渡における労働者保護指令：98 年改正指令の内容と判例」 世界の労働 1999 年 11 月号を参照。

④ 1988，No. 324/86（Daddy's Dance Hall）。滨口桂一郎 「企業讓渡における労働者保護指令：98 年改正指令の内容と判例」 世界の労働 1999 年 11 月号を参照。

⑤ 参见［英］凯瑟琳·巴纳德：《欧盟劳动法》，付欣、郭捷译，485 页。

⑥ 1995，No. 48/94（Rygaard）。关于是否为确实的经济实体的转让，Spijkers 判决（1986，No. 24/85（Spijkers））认为，各国法院应该从（1）是否转让了建筑物或动产等有形资产、（2）转让时的无形资产的价值、（3）雇员的大部分是否被新雇主所接受、（4）是否接受了顾客、（5）转让前后活动的类似程度、（6）如果存在的话，该活动休止的期间等方面进行综合的判断。转引自滨口桂一郎 「企業讓渡における労働者保護指令：98 年改正指令の内容と判例」 世界の労働 1999 年 11 月号。

支撑企业主要活动的服务或活动，即使是周边的活动，只要该活动可分离，且在转让后仍保持同一性的，也包含在内。①而正因为该指令适用的广泛性以及对劳动者保护的严格性，有人对指令提出批评意见，认为它干涉了企业的自由，限制了承约人重组其劳动力、设立新的与履行工作有关的安排或者引进革新性的工作方法的能力，并由此干涉预期增加的效率，从而导致妨碍受让人获得企业。②

欧盟各国根据指令的要求对其本国法进行了调整。关于营业转让时的权利义务的继承，依据德国民法典第 613a 条与法国劳动法典第 122—12 条，原则上，企业转让中劳动合同应被全部继承。③ 关于伴随营业转让的解雇问题，依据德国民法典第 613a 条第 4 款与法国劳动法典第 122—12 条第 2 款，雇主不得仅以营业转让为由解雇员工。不过，根据德国民法典以及解雇限制法的规定，在存在着经营上紧急的必要性时，允许在营业转让的情形下解雇员工。而法国判例则依经济上的解雇法理的适用，允许可因现实且重大的事由解雇员工。

关于公司分立中的劳动者保护问题，德国组织变更法则规定了比指令更严格的制度。依据其规定，在企业进行分立的情形下，如其组织无任何变更，推定分立公司与新设公司共同进行经营。

对于在从事于转让对象营业的劳动者中不希望随该营业转让而转移的劳动者，德国法赋予了该类型劳动者可提出异议的权利。不过，如提出异议，异议劳动者承担因在该转让公司内找不到工作岗位而被解雇的危险。而法国法则没有明文规定此种情形下的劳动者的异议提出权。不过，在Perrier 案件中，不希望随营业转让转移的劳动者以该对象部门只是企业中的一分支，不具有自力性，不属于劳动法典上的转让为由，主张其劳动合同不应被转移，法国最高法院最终做出了支持其主张的判决。④

---

① 1992，No. 209/91（Rask）。转引自濱口桂一郎「企業譲渡における労働者保護指令：98 年改正指令の内容と判例」世界の労働 1999 年 11 月号。

② 参见［英］凯瑟琳·巴纳德：《欧盟劳动法》，付欣、郭捷译，484 页。

③ 德国民法典第 613a 条规定，企业或者企业的一部分因法律行为而转移给另一企业主的，另一企业主即加入由转移时存在的劳动关系产生的权利和义务（译文参阅《德国民法典》，陈卫佐译注，北京，法律出版社，2004）。法国劳动法典第 122—12 条规定，如雇主的法律地位发生变更，尤其因为继承、卖出、合并、营业资产转型、参与公司出资而导致其法律地位变更，变更发生之日正在履行中的全部劳动合同均在新雇主与企业员工之间继续存在（译文参阅《法国劳动法典》，罗结珍译，北京，国际文化出版公司，1996）。

④ 「企業組織再編に伴う労働関係上の諸問題に関する研究会報告の概要」（厚生労働省平成 14 年 8 月 22 日発表）、厚生労働省ホームページhttp：//www. mhlw. go. jp/hou-dou/2002/08/h0822—1. htmlを参照。

（二）美国

解雇自由原则是美国劳动法的基本特征之一，只要不构成违法的差别对待（工会所属、人种、性别、年龄、残疾等），雇主无论何时都可自由地解雇劳动者。关于营业转让时劳动者的对待问题，美国法上没有关于继承劳动合同的规则，受让公司不承担继续雇用的义务。即只要不构成违法的差别对待，受让公司可自由地决定继承的有无、人数以及对象。

根据判例，在转让公司存在着交涉代表的工会时，如营业转让前后的事业具有持续性，且从转让公司继承的劳动者占其半数以上，受让人负有承认该工会为交涉代表，并诚实地与其进行集体交涉的义务。不过，即使在这种情形下，受让公司也无必要继承原来的集体合同，对于继受的劳动者，也可以新设定的劳动条件雇用。

在公司进行营业转让时，对劳动者的影响事项为集体交涉的对象，可营业转让本身为经营上的判断，原则上似无与工会进行交涉的必要。①

（三）中国台湾地区

在中国台湾地区的有关规定中，无论是合并、分立还是营业转让，原则上转让当事人可自由商定是否留用劳动者，而劳动者也有权拒绝留用。

"劳动基准法"第 20 条规定，事业单位改组或转让时，除新旧雇主商定留用劳动者之外，其余劳动者应依第 16 条②规定期间预告终止合同，并应依第 17 条③规定发给劳动者资遣费（经济补偿金）。其留用劳动者的工作年资，应由新雇主继承予以承认。

---

① 以上关于美国法的介绍，参阅了「企業組織再編に伴う労働関係上の諸問題に関する研究会報告の概要」（厚生労働省平成 14 年 8 月 22 日発表、厚生労働省ホームページ http://www.mhlw.go.jp/houdou/2002/08/h0822—1.html）。

② "劳动基准法"第 16 条规定如下："雇主依第 11 条或第 13 条但书规定终止劳动契约者，其预告期间依左列各款之规定：一、继续工作 3 个月以上 1 年未满者，于 10 日前预告之。二、继续工作 1 年以上 3 年未满者，于 20 日前预告之。三、继续工作 3 年以上者，于 30 日前预告之。"

③ "劳动基准法"第 17 条规定如下："雇主依前条终止劳动契约者，应依左列规定发给劳工资遣费：1. 在同一雇主之事业单位继续工作，每满 1 年发给相当于 1 个月平均工资之资遣费。2. 依前款计算之剩余月数，或工作未满 1 年者，以比例计给之。未满 1 个月者以 1 个月计。"

"企业并购法"第 16 条规定，并购①后存续的公司、新设公司或受让公司应于并购基准日 30 日前，以书面载明劳动条件，通知新旧雇主商定留用的劳动者。该受通知的劳动者，应于受通知日起 10 日内，以书面通知新雇主是否同意留用，届期未为通知者视为同意留用。前项同意留用的劳动者，因个人因素不愿留任时，不得请求雇主给予资遣费。留用劳动者于并购前在消灭公司、让与公司或被分割公司的工作年资，并购后存续公司、新设公司或受让公司应予以承认。"企业并购法"第 17 条还规定，公司进行并购时，未留用劳动者及依前条第 1 项不同意留用的劳动者，应由并购前的雇主依"劳动基准法"第 16 条规定期间预告终止契约或支付预告期间工资，并依法发给劳动者退休金或资遣费。

四、我国现行法上的规定与问题

（一）营业转让中劳动合同的继承

1. 民商法上的规定

由于我国民商法至今尚未正式确立营业转让制度，故当然也不存在关于营业转让中权利义务如何继承的规定。而根据民商法的一般理论，营业转让与合并不同，其权利义务非为概括性的继承，而是特定继承。而劳动合同具有人身专属性，其相较于一般的权利义务，更应为特定继承。即只有当营业转让当事人之间约定继承劳动合同，且经劳动者本人同意时，该劳动合同关系才可被继承。

在这种原则下，如营业转让当事人约定不继承某些特定的劳动者，该劳动者理应留在原公司，这似乎并无不利。但在原公司转让其全部营业后并解散的情形下，该劳动者将无法避免被解雇的命运，这显然不利于劳动者的保护。即使在原公司只是转让其营业的一部分，该劳动者仍留在原公司的情形下，如果转让出去的营业效益好，或该劳动者一直从事于该营业活动的，该劳动者的利益也会受到损害。

---

① 根据"企业并购法"第 4 条，并购指公司的合并、收购及分割；而收购则指公司依本法、"公司法"、"证券交易法"、"金融机构合并法"或"金融控股公司法"规定取得他公司之股份、营业或财产，并以股份、现金或其他财产作为对价之行为。由此可见，此处的并购包括合并、分立以及营业转让。

2. 劳动合同法上的规定

我国《劳动合同法》也未对此问题作明文规定。然而，根据《劳动合同法》的规定，似乎有将营业转让中劳动合同的继承推定为概括性继承的可能。《劳动合同法》第 34 条规定，用人单位发生合并或者分立等情况，原劳动合同继续有效，劳动合同由承继其权利和义务的用人单位继续履行。鉴于营业转让在经济功能上与合并、分立有类似之处，该条中的"合并或者分立等情况"也不妨可理解为包括营业转让。这意味着，如果营业转让当事人约定继承劳动合同的，劳动合同应该被继承，且无须劳动者的同意。

可是，劳动者一律由承继其权利义务的用人单位接受，看似有利于劳动者，但在转让部分营业的情形下却并非完全如此，因为在转让部分营业后，原用人单位通常并不解散，如果原用人单位的效益及劳动条件均优于受让单位，或该劳动者之前长期从事的是与被转让营业无关的工作，这样的处理就会对该劳动者造成不利。

而且，根据该条的表达，也可理解为转让当事人可约定不承继劳动合同。在这种情形下，该劳动者就会因此而失业或蒙受"不继承的不利"。

3. 地方性劳动法规的规定

有的地方性劳动法规中对此有明文的规定。如《宁波市劳动合同条例》第 22 条规定，用人单位解散、关闭、被撤销、拍卖时，其全部或部分劳动者被其他用人单位接收，劳动者愿意与接收单位建立劳动关系的，接收单位可以依据接收协议与劳动者在平等自愿、协商一致的基础上重新签订劳动合同。劳动者未被其他单位接受或者劳动者不愿与接收单位签订劳动合同的，原用人单位可以与其解除劳动合同，并按规定发给劳动者经济补偿金。该条虽然没有明确其适用的情形为营业转让，但既然有其他用人单位接收，应可理解其为营业转让的情形。① 这样的规定实际上与前述 1 中民商法上的原则类似，故在此不再赘述该规定的不足。

4. 部门规章的规定

国家体改委、财政部、国家国有资产管理局 1989 年发布的《关于出售国有小型企业产权的暂行办法》规定："被出售企业在职职工的安置，要实行双向选择的原则。职工或走或留应在成交过程中达成协议。未被

---

① 为特殊情形下的营业转让，且为全部营业转让。

购买方录用及自愿离职的职工 3 个月内的工资和其它福利待遇不变，由购买方负责，所需费用支出可在确定价格时考虑这一因素。未被录用的职工，商请当地劳动部门帮助安排。"职工留任需受让企业的录用，故该规定不利于劳动者。

国家经济贸易委员会、财政部、中国人民银行 1999 年发布的《关于出售国有小型企业中若干问题意见的通知》规定，出售企业的全部职工原则上由购买者负责妥善安置。这虽然有利于劳动者，但又没有顾及受让企业的利益，从而最终影响企业并购重组的效率。

此外，根据外经贸委 2002 年的《关于国有大中型企业主辅分离辅业改制分流安置富余人员的实施办法》（以下简称"实施办法"）的规定，对从原主体企业分流进入改制企业的富余人员，应由原主体企业与其变更或解除劳动合同，并由改制企业与其变更或重新签订三年以上期限的劳动合同。该规定意味着劳动者在国有企业改制中，只得接受对其的分流，而不得拒绝。而在国有企业改制分流的情形下，通常是主体企业效益及劳动条件好于改制企业，因此，被分流的劳动者的利益将不可避免地受到损害。

（二）关于劳动合同继承的其他法理

如果将营业转让中的劳动合同继承问题理解为特定继承，那么，在转让公司转让其全部营业的情形下，不被继承的劳动者将会失去工作。这时最好的办法是运用法人格否认的法理来对该劳动者实施救济，可在我国法上能否适用该法理尚不明朗。

在公司通过营业转让排除特定劳动者（如工会会员）或大幅降低劳动条件的情形下，因我国《劳动法》尚未正式确立不当劳动行为的法理，故是否可运用不当劳动行为的法理实施救济也不得而知。

（三）关于劳动者保护的其他问题

关于工作年限的计算，《劳动法》与《劳动合同法》均无规定。当然，如果转让当事人约定承继劳动者的，劳动者在转让人处的工龄理应计算。而根据前述实施办法的规定，改制前后的工作年限应该合并计算。

关于集体合同，其规范性规定的部分应考虑在某种程度上适用于被转移的劳动者，而其债务性规定的部分则应考虑由受让公司继承其一部分，这样就可切实地保障劳动者的利益。可我国现行法对此却无任何规定，关于集体合同的处理将无所适从。至于营业转让中转让企业是否负有通知或与劳动者及工会进行协商等义务，我国现行法上也无任何规定。

（四）非营业转让过程中劳动者保护的规定与法理

1. 对解雇滥用的限制

如果重组当事公司在实施公司重组前后能够不受限制地解雇劳动者与降低劳动条件，那么，无论对公司重组中劳动合同的继承采取何种规则与措施，都意义不大。

根据我国《劳动合同法》的规定，即使职工无过错，在四种情形下，公司仍可解雇劳动者：第一，第一次劳动合同期限届满的情形；第二，劳动合同订立时所依据的客观情况发生重大变化，致使劳动合同无法履行，经用人单位与劳动者协商，未能就变更劳动合同内容达成协议的情形；第三，公司的生产经营发生严重困难的情形；第四，公司转产、重大技术革新或者经营方式调整，经变更劳动合同后，仍需裁减人员的情形（《劳动合同法》第 40 条、第 41 条）。

我国目前用人单位与员工签订的绝大多数是固定期限的劳动合同，公司在进行重组前或实施重组后，可不需任何理由解雇第一次劳动合同期限届满的劳动者，这无疑将会极大地损害劳动者的利益。而且，在公司重组的前后，通常都会伴有"客观情况发生重大变化"、"生产经营发生严重困难"或"公司转产、重大技术革新或者经营方式调整"，故公司也不难在进行重组前后以上述理由合法地解雇劳动者。而且，上述规定还存在着许多模糊之处，如"客观情况发生重大变化"中的"重大"与"生产经营发生严重困难"中的"严重"应为何种程度，"变更劳动合同"变更的是劳动岗位还是劳动条件等。而且，对于解雇标准（什么样的劳动者成为解雇的对象）的合理性问题也未作规定，这会导致解雇的公正与公平等问题。由此可见，我国现行法对于解雇滥用的规制是非常不完善的，如果劳动仲裁机关或法院审查不严，劳动者很可能因公司重组而蒙受损失。

2. 劳动条件的变更

根据我国《劳动合同法》第 35 条的规定，只有用人单位与劳动者协商一致的，才可以变更劳动条件。至于是否可通过修改员工手册等规章制度来改变劳动条件，我国《劳动法》上则没有明确规定。如果可通过规章制度来降低劳动条件，则理应要求其具有合理性，而我国《劳动合同法》却对此无规定，只在该法第 4 条中规定了较为严格的程序条件。

(五) 公司合并分立中的劳动者保护

如前所述，根据《劳动合同法》第 34 条的规定，用人单位发生合并或者分立等情况，原劳动合同继续有效，劳动合同由承继其权利和义务的用人单位继续履行。可是，究竟谁又是承继其权利和义务的用人单位呢？对于合并，根据我国民商法上的一般规定①，承继其权利和义务的用人单位只能是合并后的存续公司，故在合并中，存续公司有义务继续履行原劳动合同，这并无多大异议。而在公司分立的情形下，由于分立后存在着两个或两个以上的公司，故究竟谁有义务继承劳动合同关系不甚明朗。而根据我国现行民商法的一般规定②，则可推导出这样一个结论，即分立当事人之间无论是约定留用劳动者还是约定转移劳动者的，必须取得劳动者的同意，否则，由双方承担连带责任。显然，这样的理解对于劳动者的保护极为有利。但这可能会阻碍公司分立的进程，也有可能会给分立后的公司带来沉重的潜在负担。

(六) 小结

关于营业转让中劳动合同的继承问题，由于我国民商法上欠缺营业转让的概念，劳动法上当然对此也没有一个明确的规定，故可以说，在我国法上，如何处理这个问题尚不明朗。而且，我国法院是否会运用法人格否认以及不当劳动行为的法理以对劳动者实施救济也不得而知。集体合同中的规范性内容也是劳动合同内容的重要部分，可对于这部分如何处理，我国法并无规定。我国法也未对一些程序性问题作出规定，如企业是否应通知劳动者和工会或与他们进行协商等。此外，根据我国

---

① 我国《合同法》第 90 条规定，当事人订立合同后发生合并，由合并后的法人或者其他组织行使合同权利、履行合同义务；我国《公司法》第 175 条规定，公司合并时，合并各方的债权、债务，应当由合并后存续的公司或者新设的公司承继。

② 我国《公司法》第 177 条规定，公司分立前的债务由分立后的公司承担连带责任；但是，公司在分立前与债权人就债务清偿达成的书面协议另有约定的除外。我国《合同法》第 90 条规定，当事人订立合同后分立的，除债权人和债务人另有约定的以外，由分立的法人或者其他组织对合同的权利和义务享有连带债权，承担连带债务。如果将劳动合同理解为公司法上的"债务"或合同法上的"合同"，那么，分立当事人之间无论是约定留用劳动者还是约定转移劳动者，都必须取得劳动者的同意，否则，由双方承担连带责任。

《劳动合同法》，企业可以客观情况发生重大变化等法定理由解雇劳动者，可我国法对于这种类型的解雇的限制规定不明，这使得公司在进行营业转让之际有很大的操作空间，劳动者的利益容易受损。综上所述，我国法对于营业转让中劳动者保护的规定存在着诸多不足与欠完善之处。

五、日本法及其他各国（地区）法的启示与借鉴

（一）处理模式的选择

由以上对日本以及世界其他主要国家及地区相关法律制度的考察可知，对于营业转让中的劳动合同继承问题，世界上大致存在着三种处理模式。一是劳动合同当然被继承的欧盟模式，二是劳动合同不被继承的美国模式，三是原则上不承认当然继承、但通过其他法理对劳动者施以救济的日本模式。

欧盟模式比较强调劳动者的保护，规定几乎所有类型的重组都应由受让人继承原劳动合同。可是，这种过于偏向劳动者的处理模式存在着妨碍重组、损害交易效率的缺点。而且，即使仅从劳动者的保护角度来看，这种模式也存在弊端，因为在营业的部分转让或公司分立中，由受让人继承劳动合同并非一概对劳动者有利。不过，不容忽视的一点是，欧盟法特别强调适用的前提必须构成营业的转让，即必须是维持同一性的经济实体的转让。而在美国，解雇自由原则是其劳动法上的基本特征，故即使对于营业转让中的劳动合同继承问题专门做出保护性的规定，也无多大意义，因为转让人以及受让人仍可在转让的前后自由地进行人员上的调整。因此，劳动合同不被继承的处理模式可以说是美国法的必然选择。显然，这种模式对劳动者极为不利，也不可取。可是，有一点值得注意的是，在美国，解雇自由原则的另一面是其工会力量的强大以及社会福利制度的完善，这在一定程度上弥补了美国法的不足。

与美国模式及欧盟模式相比较，日本模式的特点在于，虽然其原则上对营业转让采取的是特定继承的方式，劳动者的劳动条件有可能因此而降低、甚至失去工作，可是，日本的判例通过运用法人格否认、不当劳动行为以及解雇滥用的法理，在很大程度上弥补了立法对于劳动者保护的不足，达到了经营效率与劳动者保护的平衡。而且，其另一个特点

也不容忽视，即其根据各种具体不同的重组方式区别对待劳动合同的继承。日本法以一般权利义务关系的继承原则为基础，并根据重组方式各自的特点，将公司合并中的劳动合同视为概括性的继承，公司分立中的劳动合同规定为折中式的概括性继承，而将营业转让中的劳动合同关系视为特定继承。在民商法的法律效果上，这三种公司重组方式各具特点、各有优劣，公司可根据这些不同的特点来选择不同的重组方式，以达到最佳效果。但如果在劳动问题上，采取与欧盟模式同一的处理方式，将会在很大程度上弱化这三种重组方式的区别。① 因此，可以说日本劳动法在保护劳动者利益的前提下，最大限度地尊重了这三种重组方式在民商法上的特点，与之保持了一致的处理风格。

因此，在以上三种模式中，笔者认为欧盟模式与美国模式都较极端，而日本模式则通过判例事实上弥补了立法对于营业转让中劳动者保护的不足，且其区分不同的重组方式采取不同的处理方法，既保护了劳动者，又兼顾了经营效率，比较合理与精致。而我国法虽然与日本法存在着不小的区别②，但公司合并、分立以及营业转让这三种重组方式在形式与法律效果上也各具特点，为了能更加合理地保护劳动者，并兼顾公司进行营业转让的效率，以及为了能使公司经营者能够有选择重组方式的余地，笔者认为我国应采取日本模式为宜，即对营业转让中的劳动合同也采取特定继承的态度。

（二）立法论以及解释论上的具体借鉴与建议

1. 使用营业转让的概念

因劳动者也是构成营业的组成部分，故只有通过那些作为有机整体的组织体的转让，劳动关系由受让方继承才具有正当性，如果只是单个财产的转让，劳动关系的继承就不存在合理性；而且，鉴于日本法与欧盟法也都强调适用特殊规则的前提必须构成营业转让，故我国也应区分

---

① 日本税法的处理方式恰恰与日本劳动法的处理方式相反，其采取税收中性原则，即不论采取何种法律形态，其税收处理是相同的（参见拙作《日本公司组织再编税制的修改及对我国的启示》，见刘剑文主编：《财税法论丛》，342～361页，北京，法律出版社，2006）。因此，如果再在劳动问题上对各重组方式的处理相同，那么，几种重组方式的区分将会极大地弱化。

② 我国法与日本法的不同之处主要在于分立中债务的承担。我国法是分立后各公司承担连带责任，而日本法则由分立计划与协议决定，但前提是必须履行通知债权人的义务。详见第二章之二之（五）的论述。

营业转让与非营业转让行为，只有构成营业转让的，才对其中的劳动者
实施特别的保护规则。至于此处的营业转让的概念，可借鉴日本判例法
上的定义，原则上也将其理解为与一般性的营业转让概念（商法总则中
的营业转让）一致，即转让人转让作为有机的、整体的而发挥功能的组
织性财产，受让人受让转让人所经营的营业活动的法律行为。因劳动法
的目的在于保护劳动者，不涉及交易安全的问题，故此处的营业转让概
念可从宽解释，如不必要求受让人一定继续经营原来的事业或转让人负
有竞业禁止义务等。

2. 关于劳动合同关系的继承

关于营业转让中劳动合同关系的继承问题，日本并未专门立法规定，
而是将其委托给法官，根据案例的实际情况进行自由裁量。营业转让分
为营业的部分转让与营业的全部转让，在转让全部营业的情形下，劳动
合同关系当然被继承应该符合劳动者的利益；而在转让部分营业的情形
下，情况则比较复杂，有的情形下劳动合同关系被继承对劳动者有利，
有的情形下不被继承对劳动者有利。鉴于此，日本司法界认为，营业转
让与合并不同，情形更为复杂，且之前的判例根据每个案例的具体情况
大致作出了妥善的处理，故不宜也没有必要在立法上进行统一的规定。

而在学说上，无论是商法上的学说还是劳动法上的学说，其折中说
均主张以劳动者与被继承营业的结合程度为标准而区别对待其劳动关系
继承。该见解与欧盟的处理方式比较类似，似乎值得考虑。可是，在日
本，在劳动者的意识当中，其是在"公司"就职，而不是在"营业"就
职，而且，频繁进行人事交替与工作轮换已是公司的惯例，特定的营业
设施与劳动者之间的结合方式多种多样，从日本的企业现状来看，将营
业设施与劳动者看作一个固定的有机结合体并非妥当，因此，日本拒绝
了欧盟的规定方式。①

近年来，日本判例对于营业转让中劳动合同关系的继承问题已基本
趋于一致，他们认为，营业转让中劳动合同关系不为当然继承，如需继
承，则需营业转让当事人之间的合意，并且还需该劳动者的同意。虽然
这样的理解可能对于劳动者的保护不利，但判例通过推定在无约定的情

① 「企業組織再編に伴う労働関係上の諸問題に関する研究会報告の概要」（厚生労働省
平成 14 年 8 月 22 日発表、厚生労働省ホームページ http：//www.mhlw.go.jp/hou-
dou/2002/08/h0822—1.html）を参照。

形下劳动合同关系被继承等一些诉讼法上的处理原则，在一定程度上弥补了上述原则的不足。而且，尤其是在转让营业全部的情形下，判例往往会运用法人格否定的法理来肯定受让公司对于劳动合同关系的继承。而在转让营业部分，即无法运用法人格否定法理的情形下，判例通过认定不当劳动行为（如排除工会会员、不录用不同意降低劳动条件的劳动者等）来否定转让当事人之间对劳动者不利的约定。最后，日本判例通过解雇滥用与员工手册不利变更的法理，在一定程度上对公司恣意解雇劳动者与降低劳动条件的行为进行了限制。其司法实践证明，这种灵活、多层次的处理方式是成功的，理应值得我国借鉴。

我国营业转让的状况与日本并无二致，鉴于以上日本立法及司法实践的经验，笔者认为我国也不宜且无必要立法对营业转让中劳动合同关系的继承问题进行统一、硬性的规定。借鉴日本判例及学说所形成的法理，我国可在司法解释或判案指导上具体确立如下原则：

第一，特定继承应为一般原则。即劳动合同不被当然继承，如需继承，则需营业转让当事人之间的合意，并且还需该劳动者的同意。如劳动者主张应由受让人继承雇佣关系的，其必须证明在转让当事人之间存在着明示或默示继承劳动关系的协议。在转让全部营业的情形下，为减轻劳动者的举证负担，如无特别的反证，应推定转让当事人之间存在着继承雇佣关系的协议。

第二，在转让部分营业的情形下，该推定原则可作如下修正，即：对于主要从事该营业业务的劳动者，应推定转让当事人之间存在着转让劳动关系的协议；而对于从事与该营业无关业务的劳动者，则应推定转让当事人之间不存在转让的协议。

第三，在转让全部营业的情形下，如当事人之间约定不继承劳动关系的，劳动者就很可能因此而失业，因此，为保护劳动者的合法权益，可考虑运用法人格否认的法理来实现对劳动者的救济，即认定受让人负有继续履行劳动合同的义务。不过，运用法人格否认的法理应该具备两个条件：一是，转让公司与受让公司之间存在着实质的同一性；二是，该营业转让存在着排除特定劳动者等不当目的。

第四，在不能运用法人格否认法理的情形下，对于那些以不正当的目的，如以排除工会会员为目的的营业转让，可认定该排除构成不当劳动行为，从而肯定受让人与被排除劳动者之间的劳动合同关系。

第五，对于某些明显不公正的行为，如受让人虽然继续聘任原劳动者，但提供的劳动条件与原来相差甚远，可考虑运用违反公序良俗的法理，认定该劳动行为构成不当劳动行为而无效。

3. 有关劳动者保护的其他事项

同样，对于与劳动合同继承有关的其他劳动者保护事项，借鉴日本法的经验，我国可在人事劳动部的部门规章或司法解释中确定如下处理方式。

关于工作年限的计算，如果受让人继承劳动合同关系的，转让前后的工作年限应该合并计算，而不能任意买断，因为这涉及劳动者的终身饭碗问题①；如果受让人与劳动者重新签订劳动合同的，则转让人应当向劳动者支付经济补偿金，劳动者的工作年限在受让人处重新计算。

至于营业转让中集体合同的处理，笔者认为我国可借鉴日本公司分立劳动合同继承法的规定，区分规范性规定与债务性规定，对其分别采取不同的处理方法。如受让方继承劳动合同关系的，关于规范性内容的部分，可视为在受让公司与工会之间签订了集体合同；对于集体合同中的债务内容，即使受让公司继承劳动关系，也不能被认为是自动地继承，而需受让公司与工会之间达成合意。但如果营业转让前后的劳动条件等差距过大，即使是在受让公司重新签订劳动合同的情形下，也理应存在继续适用原集体合同的余地。

我国《工会法》及《劳动合同法》虽然没有明文规定公司在进行劳动合同的继承、集体合同的继承等时应与工会进行协商，但依据《工会法》的法理，转让公司在进行营业转让时，应就上述问题负有与工会诚实地进行团体交涉的义务。不过，关于这一点，我国应在《工会法》上予以明确为宜。

而对于劳动合同继承对象的劳动者，转让公司应当负有在向劳动者充分提供相关信息的基础上，诚实地与之进行协商的义务。

4. 非营业转让过程中劳动者保护的规定与法理

鉴于我国现行法关于解雇滥用的规制尚未完善，故我国立法及司法应引入解雇滥用与整理解雇的法理，以解决解雇的公正及公平等问题，这样就可在很大程度上限制公司以营业转让等为由解雇劳动者。同时，为防止公司通过规章制度的改变以降低劳动条件，应规定该改变必须具有合理性。

---

① 根据我国《劳动合同法》第 14 条规定，劳动者在用人单位连续工作满十年的，可要求用人单位与其签订无固定期限的合同。

第七章 营业转让的税收制度

在营业转让中，营业转让方向营业受让方转让营业资产，作为对价，从营业受让方取得股权或非股权财产，因此，营业转让涉及资产转让所得税（企业所得税）、增值税，以及有关各类关于财产转让登记方面的税收问题。这其中，关于如何计征资产转让所得税的问题最为复杂。有的营业转让并非只是单纯的营业财产转让，而是作为企业重组的手段被利用，如以营业资产出资设立子公司，或以营业资产向子公司或其他公司增资等情形。在这些情形中，当事人只是通过转让营业以完成企业重组，而不是以取得转让对价为目的，如果对这些资产转让行为也征收资产转让所得税，显然是不符合实际情况的，故立法上应考虑对重组性的营业转让进行特别的处理，但问题在于如何区分需特别处理的营业转让与一般的营业转让。

关于营业转让中的税收问题，日本有着详尽的立法规定、完善的立法体系以及理论依据，故下文将重点介绍日本法对于这个问题的立法规定与学术上的探讨，同时，也将介绍美国、德国及法国等发达国家的制度概况，并在此基础上，探讨我国税法应如何对待与处理这个问题。①

一、日本法

日本法人税法规定了合并、分立、股份的交换及移转，以及实物出

---

① 关于营业转让的税收问题主要涉及两大方面，一个是构成免税营业转让的条件设置问题，另一个则是具体的税收处理。而具体的税收处理除了转让双方对于转让资产的计价问题之外，还有着未分配利润、利润公积金、储备金、准备金及亏损等会计科目的结转等复杂而细致的税务问题。鉴于第二个问题的复杂性与专业性，本章在此将主要探讨第一个问题，而将第二个问题的深入研究留待今后。

资的税收处理，但未专门针对营业转让进行特别的规定，因为，在税收上，对于一般情形的营业转让，将其与个别的财产转让一样对待；如果以营业作为实物进行出资，即以营业财产作为出资资产，设立公司或者受让公司将股份交付给营业转让公司以作为对价，在原则上也与个别的财产转让一样对待；而如果营业财产的实物出资构成了法人税法所规定的适格的实物出资，则适用课税的特别规定。因税收处理是以资产转让方取得对价是否为受让方的股份为标准而区分的，故以实物出资为规定对象较之以营业转让为对象更适合。

(一) 营业转让与营业财产的实物出资的税收

营业财产的实物出资当然也属于营业转让的一种。一般情况下，在税收处理上，营业转让与营业财产的实物出资原则上大致相同，仅在会计处理的细节上略有不同。

1. 转让公司的税收

在营业转让中，转让的营业财产的转让价格，作为营业转让日所属事业年度的收入计入，而该转让财产转让前的账面价格则作为支出计入。因此，如果转让价格高于转让前的账面价格，该差额作为所得计入。[①]

而在实物出资中，以实物出资取得的股份的取得价格为出资资产的价格（实物出资时的市价）。因此，如果实物出资的目的资产的账面价格与取得股份的取得价格之间有差额，该差额作为实物出资日所属的事业年度的收入或支出计入。

假设营业转让方或实物出资方将账面价格 100、市价 120 的资产转让给营业受让方或被实物出资方，该营业转让方或实物出资方的税收会计处理如下图所示。

营业转让方：

（借）现金	120	（贷）各资产	100
		转让所得	20

[①] 不过，这其中涉及营业财产估价正确与否的问题。如果是低价转让，对转让公司就会产生捐赠的课税问题，对受让公司就会产生受赠的课税问题；如果是高价转让，对受让公司就会产生捐赠的课税问题，不过，由于转让公司会将受赠的利益计入所得，故不会产生新的课税问题。秋山忠人 「営業譲渡・譲受けと税務」『営業譲渡・譲受ハンドブック』（商事法務研究会編 平成 11 年新訂第二版）374 頁を参照。

实物出资方：

（借）股份	120	（贷）各资产	100
		转让所得	20

2. 受让公司的税收

在受让公司以营业受让取得营业财产的情形中，如何计入该受让财产的账面价格非常重要，因为在折旧性的财产中，该价格是折旧计算的基础；在非折旧财产中，该价格是转让损益或评估损益的计算基础。受让公司取得营业财产的取得价格原则上为该财产在营业转让时的市价。①

同样，假设营业转让方或实物出资方将账面价格 100、市价 120 的资产转让给营业受让方或被实物出资方，该营业受让方或被实物出资方的税收会计处理如下图所示。

营业受让方：

（借）各资产	120	（贷）现金	120

被实物出资方：

（借）各资产	120	（贷）资本金	120

（二）适格的实物出资的税收

如果营业财产的实物出资构成了法人税法所规定的适格的实物出资，则可享受所谓的课税延迟及其他优惠待遇。

1. 适格的实物出资的定义

适格的实物出资分为企业集团内的适格实物出资与为举办共同事业的适格实物出资，企业集团内的适格实物出资是指符合以下（1）或者（2），并且实物出资法人没有接受除被实物出资法人股份以外资产的实物出资。

（1）实物出资法人和被实物出资法人之间有间接的或直接的 100％的持股关系。

（2）实物出资法人和被实物出资法人之间有间接的或直接的超过50％而又不满100％持股关系的，同时又符合 1）实物出资法人的分割事业的主要资产和负债由被实物出资法人继承、2）预计大约有 80％以上的

---

① 如果为取得该营业财产发生费用，该营业财产的账面价格为在取得价格上加上该费用后的金额。秋山忠人「営業譲渡・譲受けと税務」『営業譲渡・譲受ハンドブック』（商事法務研究会編　平成 11 年新訂第二版）396 頁を参照。

分割事业从业人员来从事被实物出资法人的事业①、3）预计被实物出资法人继承并经营实物出资法人的分割事业（法人税法2之12之14）。

为举办共同事业的适格实物出资是指符合以下条件，并且实物出资法人没有接受除被实物出资法人股份以外的资产的实物出资（法人税法施行令4之2之8）。

（1）实物出资法人的分割事业和被实物出资法人的某项事业之间有相互关联性。②

（2）各自事业的营业额、从业人员数或者是相当于这些项目数额的比例大致不超过5倍的，或者预计实物出资前双方法人的特定管理人员就任被实物出资法人特定管理层职位的。③

（3）被实物出资法人继承与实物出资法人的分割事业有关的主要资产和负债；预计大约有80％以上原从事实物出资法人分割事业的从业人员继续从事被实物出资法人的事业；预计被实物出资法人继承并经营实物出资法人的分割事业。

（4）预计实物出资法人继续持有因实物出资而接受的被实物出资法人的股份。④

---

① 之所以规定了要接受被合并法人等80％以上从业人员的要件，是因为日本税法认为，作为和一般的个别资产转让区别开来的、适格的组织再编，如果要想继续以前的课税关系，必须要移转一个独立的、完整的事业单位。这不仅仅包括物的转移，而且也包括所从事事业的人。参见拙作《日本公司组织再编税制的修改及对我国的启示》，见刘剑文主编：《财税法论丛》，350 页。

② 在财政部的讨论阶段，有人主张根据日本标准产业分类表来判断事业之间是否具有关联性。但如果作这样理解，只有经营同样事业的法人之间才能合并，这无疑是一种比较狭隘的观点，因为它忽视了即使是不同的业种之间，经过统合，在新的企业或企业集团内，也能够产生协同（synergy）效果的经济现状。故有学者认为只要能期待企业再编因共同经营事业而相互之间会产生某种积极的效果，就可理解为具有"关联性"，即应对它作比较宽泛的理解。山本守之『企業組織再編の税務』（税務経理協会　2000 年）64～65 頁を参照。

③ 之所以规定比例限制，是因为规模悬殊的合并被视作吞并而应被课税。在财政部的讨论阶段，有一种观点认为，事业规模应控制在1：2之内。但根据经济界针对有需求举办共同事业的公司所作的调查，1：2 的比例太窄，如果达不到1：5 的话，企业再编无法进行，故新税制将规模要件标准定在了1：5 之内。但即使是这样，有些举办共同事业的企业再编还是有可能无法满足这个比例。因此，作为对规模要件的一种补救，新税制又规定了"继续就任经营管理层职位"的要件。即只要是处于双方当事法人原经营管理层的经理、副经理、执行董事、常务董事以及相当于这些职位的管理人员一起继续就任经营管理层职位的，就可判定为适格，而不需满足前者。参见拙作《日本公司组织再编税制的修改及对我国的启示》，见刘剑文主编：《财税法论丛》，353 页。

④ 参见拙作：《日本公司组织再编税制的修改及对我国的启示》，见刘剑文主编：《财税法论丛》，352～353 页。

2. 适格实物出资与营业转让之间的关系

虽然法人税法并未如公司法一样使用营业转让的概念，可是，从以上的规定可知，事实上，除完全母子公司之间的实物出资之外，无论是公司集团内部的实物出资，还是为举办共同事业的实物出资，法人税法要求适格的实物出资最少必须构成营业转让（100％支配关系的公司间营业转让除外）。因为法人税法 2 之 12 之 14 首先要求分割的必须为事业，而不是单纯的财产。而且，法人税法所要求的营业转让还必须是特殊的营业转让，须符合（1）实物出资法人的分割事业的主要资产和负债由被实物出资法人继承、（2）预计大约有 80％以上的分割事业从业人员来从事被实物出资法人的事业、（3）预计被实物出资法人继承并经营实物出资法人的分割事业等条件。可见，相较于商法总则及公司法上的营业转让，法人税法上的适格实物出资概念实际上更为严格（要求继承债务、劳动者以及事业）。

3. 适格实物出资的税收

法人税法对适格实物出资的税收进行了不同于一般实物出资的处理。作为实物出资的特例，在实物出资法人中，该资产转让视为以账面价格进行（法人税法 62 之 4），这意味着延迟对转让财产转让损益的计入，从而延迟了对该转让所得的课税。而在实物被出资的法人中，该转让资产的取得价额为相当于实物出资法人中的该资产的账面价额。在上述假设的情形下，该转让的税收会计处理如下图所示。

实物出资法人：

（借）股份	100	（贷）各资产	100

被实物出资法人：

（借）各资产	100	（贷）资本金	100

4. 适格实物出资的税收作为特例处理的理由

鼓励企业间进行并购重组，以提高企业治理的有效性、提升国际竞争力是日本立法一贯的指导思想。[①] 在企业集团内的适格实物出资中，由于实物出资法人只是将其财产置换成被实物出资法人的股份而已，其投资仍在继续，故不宜将其视为资产转让所得而对其课税，否则将会阻碍

---

① 参见拙作：《日本公司组织再编税制的修改及对我国的启示》，见刘剑文主编：《财税法论丛》，344 页。

企业进行重组。而之所以为举办共同事业的适格实物出资也适用税收特例，一方面是因为各公司的投资仍在继续，另一方面是因为立法者抱有促进事业统合的政策目的。①

（三）事后设立的税收

所谓事后设立，是指公司成立后取得公司成立前就已预订用于公司营业的财产的行为（Nachgründung）。事后设立实际上是一种变相的实物出资。② 因此，在税收处理上，理应也将事后设立与实物出资同样对待。

1. 事后设立税收的一般处理

依事后设立转让资产的，只要不构成适格的事后设立，其税收处理与一般的财产转让无异。即将其视为以转让时的公允价值（市价）进行转让，对以此为基础计算的转让损益进行课税。而被事后设立法人所受让资产也以市价进行计价。

假设事后设立时转让资产的市价为 100，账面价格为 80，该转让的税收会计处理如下图所示。

事后设立法人：
以金钱出资时

（借）股份	100	（贷）现金	100

转让资产时

（借）现金	100	（贷）资产	80
		转让所得	20

被事后设立法人：
以金钱出资时

（借）现金	100	（贷）资本金	100

受让资产时

（借）资产	100	（贷）现金	100

---

① 参见拙作：《日本公司组织再编税制的修改及对我国的启示》，见刘剑文主编：《财税法论丛》，351 页。

② 因为事后设立可用于规避实物出资的规则，故公司法对一定的事后设立进行了规制。根据公司法的规定，公司成立后两年以内，以相当于净资产额 1/5 以上金额的对价，受让其成立前业已存在的并且为营业继续使用的财产时，须通过股东大会的决议（公司法第 467 条第 1 项第 5 款）。此外，对于公司设立后以非正常的高价受让财产的行为，可通过追究董事的善管注意责任来起到抑制的效果。参见拙作：《解读日本 2005 年公司法的大修订》，载《太平洋学报》，2007（1），26 页。

2. 适格事后设立的税收处理

适格事后设立是指符合下列条件的事后设立。

(1) 在公司设立时已预订进行资产等的转让，该转让在子公司设立后 6 个月内进行。

(2) 资产等的转让对价与子公司设立时的缴纳出资额大致相同。①

(3) 直到资产等转让时为止持续持有该子公司 100％的股份。

(4) 预计持股比例不会低于 100％。②

在适格的事后设立中，转让资产的转让所得或转让损失以计入子公司股份账面价额的修正损失或修正所得，进行处理。这相当于延迟了对转让所得的课税。而子公司所购入的资产等的价格也被修正为与母公司资产的账面价格一致。仍以上述假设情形为例，该适格事后设立的税收会计处理如下图所示。

事后设立法人：
以金钱出资时

（借）股份	100	（贷）现金	100

转让资产时

（借）现金	100	（贷）资产	80
		转让所得	20
（借）股份的取得价额修正损失 20		（贷）股份	20

被事后设立法人：
以金钱出资时

（借）现金	100	（贷）资本金	100

受让资产时

（借）资产	100	（贷）现金	100
（借）资本公积金 20		（贷）资产	20

（四）其他会计科目的继承问题

1. 有关资本负债部的继承

在进行公司分立中的物的分立、实物出资以及事后设立的情形下，

---

① 之所以规定资产等的转让对价与子公司设立时的缴纳出资额大致相同这一要件，是因为事后设立一般是以略微超过转移资产等的市价的金钱进行出资，其后随着资产的转移，事后设立方接受相当于该资产市价的金钱。山本守之『企業組織再編の税務』（税務経理協会 2000 年）53 頁を参照。

② 可见，适格的事后设立与公司集团内完全母子关系的适格实物出资一样，也不要求构成营业转让。

不分适格与非适格，盈余公积金均不得继承。这是因为这些行为在法律上只不过是资产发生了转移以及资产在形态上发生变化，而并非人格上的继承。[1]

同样，在进行公司分立中的物的分立、实物出资以及事后设立的情形下，不分适格与非适格，各类储备金、准备金等原则上不应被移转。但这只是一般性的大原则，至于具体各个科目能否被结转，《法人税法》以及《法人税法施行令》除了遵循上述原则外，还依据每个科目自身的性质一一作了规定。[2]

2. 未弥补亏损的结转

进行实物出资以及事后设立的情形下，出资公司并不解散，因此，未弥补亏损不允许被出资公司结转。[3]

（五）增值税等其他税的问题

在进行营业转让、实物出资以及事后设立的情形下，资产等的转移属于增值税法[4]上的资产转让，故这些行为属于课税交易。不过，在这里，需要注意的是，对于适格的实物出资，法人税法上规定为账面价额的转让，而增值税法上的课税对象金额则为相当于以该出资取得股份的取得价额（增值税法施行令第 45 条第 2 款第 3 项）。而事后设立（不分适格与非适格）情形下的增值税课税对象金额为该资产转让的对价（包括作为对价所接受的一切金钱或金钱之外的权利以及其他经济上的利益）（增值税法第 28 条

---

[1]　不过，在进行适格的分股型分立和合并时，盈余公积金则应该被结转。这是因为，在日本的商法理论里，关于企业合并的本质，有人物继承说（人格合一说）和现物出资说两种学说，所以税法也借助商法这一理论，把适格的分股型分立和合并拟作为人物继承的组织变更，而把不适格的分股型分立、合并以及其他的组织变更拟作为现物出资的组织变更。故像盈余公积金这类和人格（股东）紧密相连的科目，在适格的分股型分立和合并的企业组织再编中可被结转。参见拙作：《日本公司组织再编税制的修改及对我国的启示》，见刘剑文主编：《财税法论丛》，345 页。此处的分股型分立即为人的分立。

[2]　如资本公积金、坏账准备金、固定资产折旧准备金等就不得继承。但是，退休工资准备金则可被继承。秋山忠人 「営業譲渡・譲受けと税務」『営業譲渡・譲受ハンドブック』（商事法務研究会編　平成 11 年新訂第二版）412 頁を参照。

[3]　不过，在适格合并以及分立法人转移了全部事业并且在分立后立即解散的适格分股型分立（在法人税法中被称为类似适格合并分股型分立）中，可结转被合并法人或分立法人以前年度的亏损，用其所得弥补（法人税法 57 条）。山本守之『企業組織再編の税務』（税務経理協会　2000 年）83～85 頁を参照。

[4]　日本的消费税相当于我国的增值税。

第1款)。[1]

在登记税方面，如增资登记、不动产登记等，相对于公司合并与分立，进行实物出资和事后设立的情形下其税收较高。关于不动产取得税，公司合并免税，而进行公司分立与实物出资、事后设立的，在一定条件下免税。该一定条件为：（1）新设立公司的；（2）出资公司持有新设公司已发行股份90％的；（3）继续经营所转让的营业的；（4）新设公司的董事有1人以上为出资公司的董事或监事。

二、其他主要国家的制度概况

(一) 美国法

1. 应税资产转让的税收处理

在美国税法上，是否对公司资产转让征收所得税，大致是按照受让公司支付给转让公司对价的种类来区分的。即如受让公司支付给转让公司的对价为现金或票据，该资产转让为应税资产转让；而如受让公司支付给转让公司的对价为有投票权的股票，该资产转让为免税资产转让。当然，免税资产转让还必须符合美国岁入法典所定义的"重组"（reorganization）中的各种条件。

在公司进行应税资产转让的情形下，转让公司因将其资产转让于受让公司，会实现利得与损失，必须对其课税，而受让公司则以其取得价格对该受让资产进行计价。而在转让公司受让对价并将其分配给股东的情形下，该股东必须就其分配所得纳税。[2]

2. 免税资产转让的范围及其税收处理

对于公司以营业资产出资而取得受让公司股份并适用免税优惠的行为，美国税法与日本税法不同，并没有统一使用实物出资这样一个单一的概念，而是将其作为三种不同类型的行为，分别对其进行规定。第一

---

[1]　关于合并与分立，商法上将其视为权利义务的概括继承。因此，税法也遵循商法的规则，将资产转移视为概括性继承。根据增值税法施行令第2条第1款第4项的规定，资产转让的范围不包括概括性的继承。故不论是法人税法上的适格还是非适格，在进行合并或公司分立中的资产转移不被看作资产的转让，不征收增值税。

[2]　参见 Cheryl D. Block, *Corporate Taxation：Examples and Explanations*，280～284页，北京，中信出版社，2003。

种为岁入法典 368 条（a）（1）（c）所规定的免税资产收购（也称 C 型重组），第二种为岁入法典 368 条（a）（1）（d）所规定的免税资产分立（也称 D 型重组），第三种则为岁入法典 351 条所规定的免税出资设立。这三种行为的定义以及适用免税的条件各不相同，本章拟在下文逐一进行介绍。

（1）免税的资产收购。

根据岁入法典 368 条（a）（1）（c）的规定，免税的资产收购是指收购公司收购目标公司实质性全部资产（substantially all of the properties），目标公司（转让公司）只取得收购公司或其控股子公司有表决权股票的行为。如果只收购目标公司的一部分资产，其交易则不构成收购行为，而是分立行为，虽也可适用免税重组待遇，但其依据为岁入法典 368 条（a）（1）（d）。

关于何为实质性全部资产，岁入法典及其细则均未明文规定，实务部门及学者的观点倾向于不仅应从转让财产的比例，还要对转让财产的"性质"（nature）进行判断。[①] 而美国国家税务局（Internal Revenue Service）的观点则为，实质性全部资产应为占净资产市值 90% 以上的资产，或总资产市值 70% 以上的资产。[②]

尽管 368 条（a）（1）（c）中明确规定目标公司必须只取得收购公司有表决权的股票，但根据 368 条（a）（2）（b）（iii）的规定，只要 80% 以上的对价为收购公司的有表决权股票即可，即 20% 以下的对价可以是现金或资产。

此外，根据 368 条（a）（2）（g）的规定，除非取得来自财政部部长（Treasury Secretary）的弃权证书，否则目标公司在取得对价之后应进行清算，将其持有的股票、证券以及其他财产分配给其股东。[③]

在免税的资产收购中，目标公司将其资产转让至收购公司以取得收购公司股票的行为不被课税（I. R. C. §. 361（a）），其持有的收购公司股票以其转让的财产原价计价；目标公司随后对其股东进行的分配也不被

[①] 对"性质"进行判断，具体方法是将转让的财产性质与残留财产的性质进行比较。如转让财产为主要的经营性资产，而残留财产则主要是为偿还债务的流动性资产，即使后者比例大于前者，也应认为其符合该条件。参见 Robert A. Rizzi, *Corporate Organizations and Reorganizations: Quantity and Quality in the Substantially All Requirment*, 20 J. Corp. Taxation 171（1993）.

[②] 参见 Cheryl D. Block, *Corporate Taxation: Examples and Explanations*，376 页。

[③] 之所以设置这个条件，是因为目标公司股东可通过不分配现金或其他补价（boot）而逃避岁入法典 356 条所规定的对利得与损失的报告义务。参见 Cheryl D. Block, *Corporate Taxation: Examples and Explanations*，379 页。

课税（I. R. C. §. 361 (c)）。而在清算中目标公司的股东以其持有的股票取得收购公司股票的行为也享受免税的待遇（I. R. C. §. 354），其取得股票以原持有的股票价格计价（I. R. C. §. 358）。

(2) 免税的资产分立。

根据岁入法典 368 条 (a) (1) (d) 的规定，免税的资产分立是指转让公司将其资产的全部或一部分转让至受让公司，从而使转让公司或者其一个或多个股东（或者是两者的混合）控制受让公司的行为。此外，转让公司还必须将其取得的受让公司股票及证券向股东进行分配，并遵守岁入法典 354 条、355 条及 356 条的分配规则。

如果是对全部资产进行转让的资产分立行为，事实上等同于资产收购行为，故该行为也被列为收购交易中的一种。不过，需注意的是，对前者的要求与对后者的要求存在着若干不同。第一，D 型重组并不要求受让公司支付自己或其子公司的股票或证券，取而代之的是要求转让公司或其股东在转让资产后立即控制受让公司；第二，既然 D 型重组要求转让公司或其股东控制受让公司，转让公司并不被要求必须进行清算，这点与 C 型重组不同。

如果是对部分资产进行转让，转让公司必须依据岁入法典 355 条的规则对股东进行分配。该条规定了如下若干限制性条件：第一，分配公司必须将分配之前就已控制的公司股票或证券进行分配（I. R. C. §. 355 (a) (1) (A)），这意味着该被控制的公司既可以是已存的子公司，也可为新设立的子公司；第二，分配公司必须向股东分配其持有的已控制公司所有的股票或证券（I. R. C. §. 355 (a) (1) (D) (i)）；第三，无论是分配公司还是被控制公司，必须在分配之后立即积极地进行经营活动（I. R. C. §. 355 (a) (1) (C) (b)）；第四，分配交易不能作为主要用于分配分配公司或被控制公司或两者的利润的手段。

(3) 免税的实物出资设立。

根据岁入法典 351 条 (a) 的规定，股东以其财产出资设立公司的，如满足以下条件，该出资设立行为可享受课税延迟的待遇（不确认利得与损失）。即出资股东所出资不确认利得与损失，其取得的股票以其转让财产的原价计价，而被出资公司也以转让财产的原价对其所获得的财产进行计价。

第一，该出资所获得的对价必须仅为被出资公司的股票。该条件所体现的法理为"利益的持续"原则，该原则为 351 条的核心。在免税的出资设立中，股东仍可取得少量股票之外的财产（这类对价通常被称为补价）而不至完全影响股东的免税待遇，但其接受的补价却依然应被确认利得（I. R. C. §. 351（b）（1））。

第二，出资人必须在该交易后立即控制被出资公司。关于如何确认达到"控制"的程度，根据岁入法典 368 条（c）的规定，该标准为，出资股东必须持有能代表所有可行使表决权的类别股份的表决权的 80% 以上的股票，且持有不少于其他类型股票总数的 80%。

此外，还需注意两点问题。第一，该条并未限定出资股东的人数，股东人数甚至可以成千上万。[①] 第二，出资人不一定要出资设立新公司，也可出资于已存的公司。根据这一点，公司在进行部分资产的转让或物的分立（即取得被出资公司对价后不对股东进行分配的转让或分立）时，虽不能适用 368 条（a）（1）（c）以及（d），但可适用 351 条以获得免税的待遇。

（4）判例法上关于享受免税待遇的原则与法理。

除了以上成文法的规定之外，美国判例法对于享受免税待遇的各类重组手法大致确定了如下共通的原则。

1）所有者权益持续原则（Continuity of Proprietary Interest）。

所有者权益持续原则为免税重组规定的核心。纳税人之所以在这些重组交易中可获得免税的待遇，是因为这些重组交易对于投资者而言，只是"形式上的变化"（mere change in form），投资者仍继续着其对被收购公司的投资。该原则最早为判例所确立，后被成文法明文规定，其表现形式通常为"目标公司只取得收购公司有表决权的股票"。不过，如上所述，该条件并非那么严格，在有的情形下，目标公司也被允许取得少量比例的其他对价。

2）企业营业持续原则（Continuity of the Business Enterprise）。

理论上，如果目标公司的营业没有得到维持或者目标公司经营资产的用途被改变，即使目标公司股东权益在重组公司中得以保持，该项重组也不再只构成形式上的变化，故其不能获得免税待遇。在早期的事例中，税务当局的观点较为严格，主张重组交易如要获得免税重组的待遇，新公司必须从事与原营业相同或类似的营业。后来，由于法院并不完全支持这种观点，故税务当局放宽了对企业营业持续原则的要求。根据现

---

① 以上关于免税出资设立的说明参阅 Cheryl D. Block, *Corporate Taxation：Examples and Explanations*，52～56 页。

财政部规则（Treas. Reg. §1.368—1（d）(1)）的规定，如收购公司继续从事目标公司原来的营业或在营业中使用原经营资产的重要部分，就可满足企业营业持续原则的要求。①

3) 经营目的原则（Business Purpose Test）。

对盘盈资产的转让给予课税延迟的待遇对于纳税人而言非常具有吸引力。故要求重组符合"经营目的"的目的在于防止纳税人为避税而故意将其交易结构安排为符合"免税重组"的行为。在早期的标志性案件中，虽然纳税人进行的交易在字面上非常符合关于免税重组交易的定义，但该交易却因重组计划缺乏经营需要而被法院认定不适用免税重组待遇。②

（二）德国法③

德国于 1995 年专门制定了组织变更税法，以对公司合并、分立、资产转让以及组织变更的税收处理问题进行规定，但未针对营业转让进行专门的规定。因此，一般情形下的营业转让，按照一般的资产转让规则处理。而如构成了分立，即转让对价为营业受让方的股份，且符合构成分立特例的条件，则按照特例的情形处理。

德国的组织变更法将分立分为以下三种情形：（1）消灭分立（Aufspaltung），即分立公司全部的资产、负债概括性地转移至两个以上的吸收公司（含新设公司），分立公司不经清算程序解散，作为资产、负债转移对价的吸收公司的股份交付于分立公司的股东；（2）存续分立（Abfspaltung），即分立公司的一部分资产、负债概括性地转移至吸收公司（含新设公司），作为资产、负债转移对价的吸收公司的股份交付于分立公司的股东；（3）独立分立（Aufgliederung），即分立公司的一部分资产、负债概括性地转移至吸收公司（含新设公司），作为

---

① 参见 Cheryl D. Block, *Corporate Taxation：Examples and Explanations*，346～347 页。
② 在 Gregory v. Helvering（293 U. S. 465（1935）一案中，Gregory 夫人的独资公司拥有另一家公司的增值股份。如果该独资公司直接将该股增值的资产分配给 Gregory 夫人，她必须按照普通收入纳税。于是，Gregory 夫人将该股份转让至其另新设的一家独资公司，该新设公司随即进行解散清算并将增值股分配给 Gregory 夫人。该公司只存续了三天且未经营任何业务。Gregory 夫人希望将该分配按一般收入的资本利得税率纳税。对此，第二巡回法院及联邦最高法院均认为该交易缺乏经营目的而不构成"重组交易"。
③ 德国法的介绍参见日本注册会计师协会 2001 年 1 月 16 日公布的租税调查会研究报告第 2 号"企业重组税制的课题与方向"，资料来源于日本注册会计师协会网站 http：// www. hp. jicpa. or. jp。

资产、负债转移对价的吸收公司的股份交付于分立公司。因前两种情形涉及股东股权的处置，故营业转让最有可能构成第三种情形即独立分立。

原则上，无论营业转让是作为一般的资产转让，还是分立，在税收处理上，转让公司所转让的营业财产的价格以市价计入，如果高于转让前的账面价格，该差额就应作为资产所得课税。而如果该营业转让构成了分立，且满足以下条件，转让公司所转让的营业财产的价格则以账面价格计入，即享受课税延迟的待遇。

（1）独立事业单位（Teilbetrieb）要件。

转让的资产及负债必须构成独立事业单位。所谓独立事业单位，是指作为独立的组织体而可以区分的事业。虽然不一定要求有独立的账簿，但只是在理论上可分割仍不符合条件，而是要求随着资产、负债的分离，营业的全部与部分被转让，从业人员也一并转移，受让公司受让了原先的事业。该要件的目的是防止假借公司重组之名而行资产转让之实。

（2）没有交付股份之外的金钱等实物。

（3）投资继续要件。

该要件只存在于存续分立与独立分立的情形中。如果在分立五年后，转让超过因分立而取得的股份的 20% 的，将视为在分立之日以市价进行了转让。

（4）事业继续要件。

该要件要求吸收公司在分立后五年内必须继续因分立而受让的事业。

（三）法国法[①]

与德国一样，法国也没有专门针对营业转让制定特别的税收制度，因此，原则上营业转让按照一般的资产转让规则处理。而如构成了分立，且符合构成分立特例的条件，则按照特例的情形处理。

法国法将分立分为两种。一种是消灭分立（scission），即分立公司全部的资产、负债概括性地转移至两个以上的公司（含新设公司与

<hr />

① 法国法的介绍参见日本注册会计师协会 2001 年 1 月 16 日公布的租税调查会研究报告第 2 号"企业重组税制的课题与方向"（资料来源于日本注册会计师协会网站 http：// www. hp. jicpa. or. jp）以及日本内阁府税制调查会 2000 年公布的"税调委员海外调查报告——德国、法国：公司分立、合并纳税"（资料来源于日本内阁府网站 http：// www. cao. go. jp/zeicho/siryou/a02kai. html）。

既存公司），分立公司解散，吸收公司的股份交付于分立公司的股东。另一种为资产的部分出资（apport partiel d'actif），即分立公司将其资产的一部分（含个别的资产与组织性的营业资产）转移至承继公司（含新设公司与既存公司），并接受承继公司的股份。实际上，资产的部分出资可以说是营业转让的一种情形，即转让的对价为受让公司的股份。

　　在税收上，如果只是一般的营业转让或资产的部分出资，原则上，对分立公司征收资本利得税，即转让价格以资产的市价计价。而如果至少满足了以下条件，可享受课税延迟的待遇：（1）承继公司受让了独立的事业；（2）分立公司持有所交付的股份三年以上。此外，如果事先取得了法国财政部的承认，也可进行课税延迟，条件是存在着经济合理性以及股东没发生变更等情形。

三、日本与其他主要国家制度的比较与评析

　　由以上考察得知，对于营业转让的税收处理，各国法均不作专门的规定。各国法原则上都只是将其按一般资产转让的规则进行处理，即资产转让的价格按市价计价，对市价与原账面价格之间的差额向转让公司课以资本利得税。而如果该营业转让符合其他一些条件，如转让的对价为受让公司的股份、转让公司及其股东持续持有受让公司的股份、继承独立的事业单位等，则享受课税延迟的优惠待遇，即资产的转让价格以原账面价格计价，暂不对转让公司征收资本利得税。

　　在免税的营业转让的条件设定上，各国法的规定虽然大致相同，但仍在以下几个方面存在着一定程度的差异。

（一）立法政策与法理依据

　　日本立法者在设定包括免税营业转让在内的免税重组的条件时，带有鲜明的政策目标。在 20 世纪末，日本一些老牌大型企业体制僵化，企业治理水平低下，为了增强国际竞争力，这些企业急需改革僵化的机制，提高决策系统的效率，并处理一些低效部门，以使投资集中于经济效率高的部门。同时，企业之间也需进行横向的事业统合，以扩大规模，产生协同效应。故为达到这个目的，日本新税制采取了相对于他国较为独

特的方法，即既鼓励企业集团内部间的自由重组，也鼓励相同或相关事业之间的横向统合，但继承了收购应被课税这一传统，对大鱼吃小鱼这种吞并方式持保留态度。[①] 而美国法、德国法、法国法则不存在日本法那样明确的政策目标，并没有将免税的重组范围限定为集团内的重组与为举办共通事业的重组。不过，美国判例法确立了"经营目的原则"，可对一些欺诈性的重组行为予以限制，这与日本法上的共同事业原则有些类似，但毕竟两者的意旨相差甚远，不可等同。

可是，日本法上这样的规定并无充分严谨的法理依据。对于在集团内部的营业转让，因转让公司可控制受让公司，转让的结果只不过是将其资产的形式从实物变为股份而已，转让公司仍可继续支配原来的资产与营业，故应享受免税的待遇。可是，为举办共同事业的营业转让虽然符合投资利益继续的原则，但不符合继续支配资产与营业的原则。因此，这样立法主要考虑的是政策目标，而非法理依据。

（二）独立事业单位要件

德国法以及法国法均规定了免税的营业转让必须满足独立事业单位要件，即转让的资产及负债必须构成独立事业单位（即独立的营业），日本法虽然没有明文规定转让的必须为独立的事业单位，但实质上也要求为营业（出资设立子公司的除外）。由此可推断，德国法、法国法与日本法实际上均要求免税的实物出资或分立必须首先构成商法上（包括商法总则及公司法）的营业转让，日本法甚至还要求劳动者的转移。德、法、日之所以要求转让的对象必须构成独立的营业，目的是使之与一般的个别资产区别开来，以防止欺诈行为。而美国法上却没有明确的要求。

（三）对价为股份

日本、德国及法国均要求免税的营业转让必须满足转让的对价必须完全为受让公司的股份的要求，美国法则没有那么严格，允许以少量金钱等其他对价作为补充。规定该要件的理论依据为所有者权益持续理论，即免税的重组交易对于投资者而言，只是形式上的变化，投资者仍继续着其对转让公司的投资。因公司的重组目的、方法多种多样，为了促进

---

① 参见拙作：《日本公司组织再编税制的修改及对我国的启示》，见刘剑文主编：《财税法论丛》，356 页。

公司重组的顺利进行，从政策层面上讲，似不宜要求过严。

（四）股份继续持有要件

关于营业转让后，转让公司及其股东是否需要持续持有受让公司的股份的问题，美国岁入法典未作明文规定，而判例法及财政部则要求转让公司及股东应继续持有股份，而不得将其出售给受让公司的关联方，但并没有规定具体期限。① 日本法则区分集团内的适格实物出资与为举办共通事业的适格实物出资，对于前者，不作要求，对于后者，则明文要求预计转让公司继续持有因实物出资而接受的被实物出资法人的股份，但也没规定具体的期限。法国法明文规定分立公司持有所交付的股份三年以上。德国法则明文规定分立五年后，转让超过因分立而取得的股份的 20％的，将视为在分立之日以市价进行了转让。德国法既明确规定了持有的期限，且规定了违反持有期限的后果，相对较为合理。

（五）事业继续要件

日本法、德国法、法国法均要求受让公司应继续经营转让公司所转让的事业，其中日本法、法国法未对继续经营事业作出时间上的限制，而德国法则明文规定为五年。美国法则并没有那么严格，要求在营业中使用原经营资产的重要部分即可。规定继续经营原事业在一定时间内可防止利用公司重组行为而享受免税的不正当行为，有一定的合理性，但不宜过长。此外，日本法与德国法还要求劳动者一并转移，这样规定的目的在于保护劳动者的权益，与社会政策有关。

四、我国的现行规定、问题及日本与其他国家制度的借鉴

（一）我国《公司法》上的营业转让、实物出资及事后设立

关于公司重组的方式，我国《公司法》上只是明文规定了合并与分立，而没有明文规定营业转让。但无论法律规定与否，营业转让都是客观存在且必要的经济手段。在我国的经济实践当中，营业转让实际上普

---

① 参见 Cheryl D. Block，*Corporate Taxation：Examples and Explanations*，330～337 页。

遍发生，只不过未使用营业转让的称谓而已，而且，以营业性资产作为实物向新设公司或既存公司出资的情形也非少见。

我国《公司法》也没有确立事后设立这个概念。但是，由于实物出资需要有资质的评估机构对该实物的公允价值进行评估，而且，还需要办理相关财产转移手续（《公司法》第27条），手续比较繁杂，故不排除在实务中，有的公司设立者为了避开适用实物出资的规制，而选择事后设立的方式进行实物出资的情形。①因此，可以说，事后设立这种形式在客观上也理应存在。

（二）我国税法上的相关规定

我国《企业所得税法》并没有直接对公司重组的税收处理作出规定，而是以通知的形式对该问题进行了规范。根据财政部、税务总局2009年4月联合发布的《关于企业重组业务企业所得税处理若干问题的通知》（以下简称"通知"）第5条、第6条的规定，资产收购同时符合下列条件的，可以选择适用特殊性税务处理规定：

（1）具有合理的商业目的，且不以减少、免除或者推迟缴纳税款为主要目的。

（2）受让企业收购的资产不低于转让企业全部资产的75%。

（3）收购后的连续12个月内不改变被收购资产原来的实质性经营活动。

（4）受让企业在该资产收购发生时的股权支付金额不低于其交易支付总额的85%。

（5）资产收购中取得股权支付的转让企业，在重组后连续12个月内，不得转让所取得的股权。

该特殊税务处理规定为：

（1）转让企业取得受让企业股权的计税基础，以被转让资产的原有计税基础确定。

（2）受让企业取得转让企业资产的计税基础，以被转让资产的原有计税基础确定。

从以上规定可知，我国也不对营业转让的税收处理作特殊的规定，而是以资产收购为对象进行规定。因此，如营业转让符合上述关于资产

---

① 因为在设立后转让实物的，不需要对实物进行评估。

收购的条件，则适用特殊税务处理，也即可延迟缴纳税款；而如不符合，则按照关于一般资产收购的规定进行处理。这与日本及其他国家的处理原则大致上是一致的。

（三）我国税法上的主要问题及日本与其他主要国家制度的借鉴

（1）立法目的与思路的明确。

我国目前急需提升企业的国际竞争力、促进产业升级转型、优化经济结构，而企业重组正是实现这一目标的重要手段，因此，鼓励企业进行多种形式的、有益的并购重组也应当是我国税收立法长期的价值取向。事实上，从我国税务总局 2009 年新颁布了统一的企业重组所得税规定这个事实本身也可看出，我国税收行政机关实际上对公司重组也是持鼓励态度的。可是，我国立法者对何种资产收购行为应给予税收优惠待遇仍然缺乏明确的目标与思路。而日本法鼓励集团内部以及为举办共同事业的资产收购的思路值得我国借鉴。此外，日本法、德国法将税收处理与劳动者利益保护问题联动起来进行考虑的做法也值得我们探讨。

（2）对以实物出资设立新企业的行为未赋予延迟课税的优惠。

根据通知的规定，我国税法上的资产收购是指一家企业购买另一家企业实质经营性资产的交易。那么，从这个定义来看，显然，以实物出资设立新企业的行为不属于税法上的资产收购，也就是说，其不能享受税法上规定的课税延迟优惠。① 可是，以实物出资设立新企业的行为也是属于公司重组的一种形式，并且还是重要的手段之一，日本法、美国法、德国法以及法国法均赋予其课税延迟优惠的待遇，故我国将其排除在课税延迟优惠的适用范围之外是不合理的。从这点看，我国税法不妨效仿

---

① 根据国家税务总局颁布的《关于企业股权投资业务若干所得税问题的通知》，企业以经营活动的部分非货币性资产对外投资，包括股份公司的法人股东以其经营活动的部分非货币性资产向股份公司配购股票，应在投资交易发生时，将其分解为按公允价值销售有关非货币性资产和投资两项经济业务进行所得税处理，并按规定计算确认资产转让所得或损失。不过，个人股东进行实物出资的，却可享受课税延迟的待遇。在《关于非货币性资产评估增值暂不征收个人所得税的批复》中，国家税务总局认为，考虑到个人所得税的特点和目前个人所得税征收管理的实际情况，对个人将非货币性资产进行评估后投资于企业，其评估增值取得的所得在投资取得企业股权时，暂不征收个人所得税。在投资收回、转让或清算股权时如有所得，再按规定征收个人所得税，其"财产原值"为资产评估前的价值。

日本，以实物出资而非资产收购或营业转让作为对象进行规制为宜，因为这样就可自然地包括以实物出资设立新企业的行为。不过，因这种情形下出资公司与被出资公司处于完全支配关系，这时似可不必要求一定构成营业转让或营业的继承。

（3）对事后设立行为未赋予延迟课税的优惠。

从我国免税资产收购的条件之一——受让企业在该资产收购发生时的股权支付金额不低于其交易支付总额的 85％ 来看，显然，免税的资产收购又将事后设立的情形排除在外，因为在事后设立中，出资公司接受的对价为现金或其他非股份的财产。如前所述，事后设立实质上是变相的实物出资，日本法就对其赋予了课税延迟优惠的待遇①，故我国也不应将其排除在课税延迟优惠的适用范围之外。

（4）"受让企业收购的资产不低于转让企业全部资产的 75％" 这一规定并不合理。

在免税的资产收购中，有一个重要的条件为受让企业收购的资产不低于转让企业全部资产的 75％。可是，在母公司将其某一生产部门转让至其子公司并接受子公司股份的情形下，母公司只不过是将其资产的形态从固定资产、流动资产等置换成子公司的股份，因此，无论转让资产所占全部资产的比例如何，这种交易均符合投资连续性原则（即所有者权益持续原则），理应享受课税延迟的优惠，将这类交易排除在外的处理方式并不合理。故税务总局课以该条件并无正当的理论依据，笔者估计这样处理可能是借鉴了美国法上对于 C 型重组的条件，即要求收购目标公司实质性全部财产。可是，美国法之所以对 C 型重组课以该条件，是因为如果目标公司转让的资产达不到"实质性的全部"之多，其交易本身就不是收购行为，从而不构成收购性重组。可美国税法并不排除对仅收购部分财产给予课税延迟优惠的待遇。根据美国国内岁入法典 351 条的规定，转让公司转让部分资产的，如果转让公司事前持有受让公司 80％ 以上的股份，仍然可以适用免税重组待遇。② 而且，在日本法上，如转让部分资产符合在企业集团内或举办共同事业目的的，也可享受免税重组的待遇。此外，德国法、

---

① 美国法虽无对事后设立税收处理的明文规定，但根据其判例法所确立的交易步骤原则（Step-Transaction Doctrine），理应同样对符合条件的事后设立给予课税延迟待遇。

② 武井一浩・内間裕 「米国会社分割制度の実態と日本への示唆（Ⅴ）」商事法務 1532 号 45 頁を参照。

法国法也均无这样的限制。

　　而在我国，虽然转让公司转让部分资产如能构成公司分立的，也可享受免税重组的待遇，可是，根据通知的规定，我国税法上的分立是指一家企业将部分或全部资产分离转让给现存或新设的企业，被分立企业股东换取分立企业的股权或非股权支付的交易。而在实物出资中，转让企业一般不将其所接受的受让企业股份交付给其股东。因此，在我国的现行法律规定下，转让公司转让部分营业资产无法适用免税重组待遇。显然，在这里，财政部及税务总局的立法者们忽视了美国国内岁入法典351 条的规定，故我国对于受让企业收购的资产一律不低于转让企业全部资产 75% 的要求是不合理的。

　　（5）立法层次较低。

　　我国目前对于诸如公司重组的税收这样的重大问题只由行政部门的一纸通知规定的做法是不符合税收法定原则的。日本、美国、德国及法国都是以法律进行规定的。因此，从长远来看，应将有关公司重组的税收处理问题放在企业所得税法中规定。

第八章 营业受让的反垄断制度

将营业的全部或重要部分转让给其他公司，从受让公司的经济力集中这个角度来看，与公司合并有着同样的效果。因此，日本的独占禁止法将营业受让等行为视为与合并同等的、能导致市场集中的重要手段与行为，对其施以一定的反垄断法上的规制。而美国、欧盟尽管没有使用营业受让这个概念，但它们也将资产受让这一行为纳入规制的对象，这事实上也等同于对营业受让进行了反垄断法规制。我国反垄断法上也有着相关的规定，不过，相比较之下，这些发达国家的规定更为成熟与完善。因此，本章首先考察日本法，然后介绍美国法、欧盟法的概况，最后在此基础上讨论我国法的问题以及外国法的相关借鉴。

一、日本法

日本规范营业受让等行为的基本法规是其独占禁止法第16条，该条对实施符合一定规模条件的营业受让等行为的事业者课以一定期间内的禁止义务、事前申报义务以及赋予公正交易委员会可采取一定措施的权利。

(一) 接受反垄断审查的营业受让等行为

1. 营业受让等行为的类型与范围

独占禁止法第16条第1款规定，公司如因实施以下五种类型的行为，导致在一定的交易领域会实质性地限制竞争的，不得实施该行为。该五种类型的行为为：（1）营业的全部或重要部分的受让；（2）营业上的固定资产的全部或重要部分的受让；（3）营业的全部或重要部分的租赁；（4）关于营业的全部或重要部分的经营受任；（5）签订共享营业上的全部损益的合同。为行文方便，本章在下文中将上述行为统称为营业受让等，将（1）、（2）中的两种行为称为营业等的受让。

根据《关于企业结合的独占禁止法的运用指针》（以下简称"运用指针"）的解释，营业的租赁是指承租人以自己的名义，自己独立核算经营其所租借的营业，并向出租人支付租赁费的行为；营业的经营委任是指公司接受其他公司的委托经营该公司所委托营业的行为；签订共享营业上的全部损益的合同是指两个以上的公司之间签订在一定期间内共享营业上的全部损益的合同。[①]

不过，因下列三类营业受让等行为并不具有形成或强化结合关系的效果，故作为例外，这些行为在一般情况下不属于反垄断法审查的范围。该三类营业受让行为为：（1）母子公司间的营业受让等；（2）兄弟公司间的营业受让等；（3）以分立公司为目的、从 100％出资公司处受让营业。

2. 与公司法上营业受让的关系

（1）两法中营业受让概念的比较。

由于公司法是以保护股东利益为目的，而独占禁止法则以促进公平竞争为目的，两法的立法目的、宗旨不同，故两法中的营业概念虽然类似，但其范围却略有不同。关于公司法上营业受让的概念，判例与通说认为，旧商法第 245 条第 1 款第 1 项（现公司法第 467 条第 1 款第 1 项、第 2 项）规定的需履行特别决议程序的营业转让，与旧商法第 24 条规定的营业转让为同一意义，即其为（1）通过转让作为有机的整体而发挥功能的组织性财产、（2）受让人受让转让人所经营的营业活动、（3）转让人在该转让的限度内负有旧商法第 25 条所规定的竞业禁止义务的法律行为。[②] 可是，由于独占禁止法是以有可能影响竞争的情形为规制对象，故上述条件（1）与（2）也是构成独占禁止法上的营业受让的条件，但条件（3），即转让公司负有旧商法第 25 条所规定的竞业禁止义务不作为构成营业受让的要件。[③]

（2）营业受让等的范围的比较。

根据公司法第 467 条第 1 款第 3 项规定，公司只有在受让其他公司全

---

① 企业结合审查に関する独占禁止法の運用指針第 1 の5の（5）（资料来源于日本公正交易委员会网站 http://www.jftc.go.jp）。
② 最高裁大法廷判决昭和 40・9・22 民集 19 卷 6 号 1600 頁。详见第五章之二中的论述。
③ 上杉秋则「営業譲渡・譲受けと独占禁止法」『営業譲渡・譲受ハンドブック』（商事法务研究会编　平成 11 年新訂第二版）430 頁を参照。

部营业时，才必须履行股东大会的特别决议程序。而需接受反垄断审查的营业受让不仅包括营业的全部受让，还包括营业的重要部分的受让，甚至还包括营业上的固定资产的全部或重要部分的受让。而且，根据公司法第467条第1款第4项的规定，公司只有在进行全部营业的租赁、全部营业的经营委任时，才需履行股东大会的特别决议程序，而需接受反垄断审查的营业租赁等不仅包括全部营业的租赁，还包括营业的重要部分的租赁等行为。可见，需接受反垄断审查的营业受让等较之需通过股东大会决议的营业受让等范围较宽。

3. 关于重要部分的解释

根据运用指针的解释，所谓营业的重要部分，指的并不是承继营业的公司的重要部分，而是转让公司的重要部分，该承继部分具备作为一个经营单位而能发挥功能的形态①，且限于从转让公司的营业实际状态来看在客观上具有价值的情形②。因此，是否构成重要部分，应根据承继营业的市场的实际情况进行个别判断，通常，涉及承继对象部分的年度营业额占转让公司年度营业额5%以下，且涉及承继对象部分的年度营业额在1亿日元的情形不构成重要部分。③

根据1998年的修订独占禁止法，受让公司的申报义务被限定于转让对象部分的总资产或营业额超过10亿日元的情形。故在判断是否负有申报的义务方面，只有5%以下的标准对于划定申报义务的范围具有重要的意义。这意味着，即使转让对象部分的总资产或营业额超过10亿日元，只要涉及转让对象部分的年度营业额在5%以下，也不需进行申报。

不过，判断是否构成独占禁止法第16条第1款规制对象的重要部分，1亿日元的标准仍继续有效，即超过1亿日元、低于10亿日元的情形虽然不成为申报的对象，但只要该受让营业年度营业额超过了5%或1亿日元，也成为独占禁止法审查的对象。④

---

① 例如分公司、特定产品的制造部门、销售部门、工厂等。上杉秋则「営業譲渡・譲受けと独占禁止法」『営業譲渡・譲受ハンドブック』（商事法務研究会編　平成11年新訂第二版）432頁を参照。

② 例如，处于长期停业状态下的营业部门在客观上就不具有价值。上杉秋则「営業譲渡・譲受けと独占禁止法」『営業譲渡・譲受ハンドブック』（商事法務研究会編　平成11年新訂第二版）433頁を参照。

③ 企業結合審査に関する独占禁止法の運用指針第1の4の（3）（资料来源于日本公正交易委员会网站 http：//www.jftc.go.jp）。

④ 上杉秋则「営業譲渡・譲受けと独占禁止法」『営業譲渡・譲受ハンドブック』（商事法務研究会編　平成11年新訂第二版）431～432頁を参照。

（二）被禁止的营业受让等的范围

1. 一定的交易领域①

一定的交易领域实际上和一般意义上的市场同义，指的是依营业的受让等形成结合关系并得到维持、强化的所有公司的事业活动所涉及的范围。作为判断是否构成实质性地限制竞争的前提，必须先确定市场的范围。

（1）确定一定的交易领域的基本思路。

确定一定的交易领域，主要是基于从需要者角度出发的替代性，从交易的对象商品（包括服务）范围、交易的地域范围等方面进行判断。根据需要，有时也可考虑从供给者角度出发的替代性。

在考察从需要者角度出发的替代性时，假定在某地域，某事业者垄断了某种商品，在该垄断事业者对价格进行小幅的但为实质性的、非短暂性的提升的情形下，应考虑需要者可从该商品及地域转向其他商品或地域的程度。如果因可转向其他商品或地域的程度低，该垄断事业者可因提价而扩大利润，那么，该范围就为因该企业结合而有可能会给竞争带来影响的范围。

而关于从供给者角度出发的替代性，该垄断事业者对价格进行小幅的但为实质性的、非短暂性的提升的情形下，应考虑其他供给者在不承担大额的额外费用或风险的前提下，在短时间（1 年之内）从别的商品或地域转向制造、销售该商品的可能程度。如果因这样转向的可能性的程度低，该垄断事业者可因提价而扩大利润，那么，该范围就为因该企业结合而有可能会给竞争带来影响的范围。

（2）商品范围。

如前所述，关于商品的范围，首先应该基于从需要者角度出发的商品替代性进行确定。商品替代性的程度，往往与该商品的效用等的同种性的程度一致，一般可以该标准进行判断。如在甲商品与乙商品存在的情形下，对于需要者而言，两商品的效用等的同种性越大，乙商品的存在就越有可能阻碍甲商品的提价，这时，就可认为甲商品与乙商品属于同一商品的范围。

---

① 此部分的论述参阅了企业结合审查に关する独占禁止法の运用指针（资料来源于日本公正交易委员会网站 http://www.jftc.go.jp）。

其次，在确定商品的范围之时，可根据需要考虑从供给者角度出发的替代性。如在甲商品价格上升的情形下，乙商品的广泛范围的供给者可以在不需负担大额费用及风险的前提下，在短期间内转换至甲商品，就可确定甲商品与乙商品归属同一商品的范围。

在评价商品的效用等的同种性的程度时，可考虑如下因素。

1) 用途。可考察某商品是否与交易对象商品用于同一用途或能否用于同一用途。能否用于同一用途应考虑商品的大小、形状等外形上的特征，强度、可塑性、耐热性、绝缘性等物理上的特征，纯度等品质、规格、方式等的技术上的特征等进行判断。

2) 价格、数量的变化等。可考察价格水准的不同、价格与数量的变化等因素。如甲商品与乙商品虽可用于同一用途，但因价格水准相差较大，乙商品很少作为甲商品的替代品被使用，故在这种情形下，甲商品与乙商品可能不被认为是同种。又如，在甲商品价格上升的情形下，乙商品的销售数量增加或乙商品的价格也上升时，可认为乙商品与甲商品在效用上同种。

3) 需要者的认识、行动。有时也可考虑需要者的认识、行动等因素。如虽然甲商品与乙商品在物质特性上不同，但需要者将这两者作为制造同品质的商品丙的原料并用，在这种情形下，可认为甲商品与乙商品在效用等方面同种。

（3）地理范围。

同样，关于地理范围，首先也应基于从需要者角度出发的各地域所供给的商品替代性进行确定。各地域所供给的商品替代性往往可从需要者以及供给者的行动或涉及该商品运输问题的有无角度进行判断。

假设在甲地域的供给者提升了某一商品价格，由于甲地域的需要者并不产生该商品的运输问题而有可能从乙地域的供给者处购买该商品，故甲地域的价格上升就会受到抑制。在这种情形下，可判断甲地域与乙地域同属一个地理范围。

而且，关于某一商品，在需要者并不区分国内外的供给者而进行交易的情形下，由于即使在日本的价格上升，日本的需要者也能够从海外的供给者处购入该商品，故日本的价格上升受到抑制。在这种情形下，可确定超越国境的地理市场。

评价需要者以及供给者的行动或涉及该商品运输问题的有无时，应考虑如下事项。

1）供给者的事业地域、需要者的购买范围等。关于判断需要者通常能从哪个范围的地域购买该商品，应考虑需要者的购买范围（消费者的购买行动等）、供给者的销售网点等的事业地域以及供给能力等因素。

2）商品的特性。由于能运输该商品的范围与运输难易的程度，与维持商品新鲜度的难易程度、容易破损的程度以及是否是贵重物品等商品的特性有关，故判断需要者通常能从哪个范围的地域购买该商品也应考虑上述因素。

3）运输手段、费用等。判断需要者通常能从哪个范围的地域购买该商品，除了考虑运输手段外，还应考虑运输所需费用所占价格的比例以及是否大于地域间该商品的价格差等因素。

（4）其他。确定一定的交易领域，还应考虑交易阶段、特定的交易对方等其他因素。在与当事公司所处的公司集团直接就甲商品进行交易的需要者中既存在批发需要者、又有零售需要者的情形下，由于存在着物流等方面的限制，即使面向零售需要者的甲商品价格上升，零售需要者也不会购买面向批发需要者的甲商品，故面向批发需要者的甲商品并不能成为抑制面向零售需要者的甲商品价格上升的重要因素，故甲商品面向批发需要者的交易领域与面向零售需要者的交易领域不属于同一交易领域。

2. 关于"会在实质上限制竞争"

（1）关于"在实质上限制竞争"。

运用指针[1]引用东宝/新东宝事件东京高裁判决[2]的判决内容，认为所谓"在实质上限制竞争"，是指形成竞争本身在减少，特定的事业者或事业者集团可通过在某种程度上自由地左右价格、品质、数量以及其他各种条件以支配市场的状态。

判断企业结合行为是否在实质上限制竞争，应当考察企业结合前后的市场构造变化，不应只判断市场份额的变化，还应就每个案件进行综合的判断。[3]

---

① 企業結合審査に関する独占禁止法の運用指針第 3 の 1 の（1）（资料来源于日本公正交易委员会网站 http：//www.jftc.go.jp）。

② 東京高判昭和 28・12・7 審決集 2 巻 146 頁。

③ 上杉秋則「営業譲渡・譲受けと独占禁止法」『営業譲渡・譲受ハンドブック』（商事法務研究会編　平成 11 年新訂第二版）461 頁を参照。

（2）关于"会在实质上限制竞争"中的"会……"。

此处所谓的"会"（日语为"こととなる"），指的是可能性，即因企业结合，虽不必然造成对竞争的实质性限制，但只要导致容易出现这种状况，就可满足该条件。因此，根据独占禁止法第 4 章的规定，如企业结合被认为使得市场构造朝着非竞争的方向变化，容易出现当事公司单独或与其他公司协调一致地采取行动，就可在某种程度上自由地左右价格、品质、数量以及其他各种条件的状态的，就被看作在一定的交易领域竞争会在实质上受到限制，从而受到禁止。[①]

（三）事前申报与事前咨询制度

1. 事前申报制度

（1）营业等的受让的申报标准。

1）受让国内公司的营业的情形。根据独占禁止法第 16 条第 2 款的规定，公司的总资产合计额在不低于 100 亿日元的范围内且超过政令[②]规定的金额（现规定为 100 亿日元）的受让公司（包括国内公司与国外公司），在满足以下条件之一的情形下，必须事前向公正交易委员会申报"关于营业等的受让的计划"。

A. 拟受让总资产额不低于 10 亿日元且超过了政令规定的金额的其他国内公司的营业的全部的情形。

B. 拟受让其他国内公司的营业的重要部分或营业上的固定资产的全部或重要部分，且涉及该受让对象部分的营业额（指的是与最后一期的资产负债表一起制作的利润表中的营业额）不低于 10 亿日元且超过了政令规定的金额（现规定为 10 亿元）的情形。

根据独占禁止法第 10 条第 2 款的规定，此处的总资产合计额为该受让公司与其子公司（限于国内公司）以及与其母公司（指的是持有其发行股份的 50％以上股份的国内公司）的总资产的合计额。

之所以在受让营业的重要部分的情形下以该受让对象部分的营业额为判断标准，是因为在很多情形下往往难以正确把握该营业部分以及固定资产的状况，而较容易把握其营业额，且国际上也大多采用营业额的

[①]　企业結合審査に関する独占禁止法の運用指針第 3の1の（2）（资料来源于日本公正交易委员会网站 http：//www.jftc.go.jp）。

[②]　『私的独占の禁止及び公正取引の確保に関する法律施行令』。之所以由政令另规定金额，是因为这样可根据经济状况的变动由政令机动地对此进行变更。

标准。①

2）受让外国公司的营业的情形。根据独占禁止法第 16 条第 4 款的规定，在拟受让外国公司的营业的情形下，准用第 16 条第 2 款、第 3 款的规定，即受让公司（包括国内公司与外国公司）也需履行申报义务。在这种情形下，对于受让公司仍采用总资产额的标准，但是，对于转让营业的外国公司，采用的则是国内营业额的标准。而根据独占禁止法第 10 条第 3 款的定义，国内营业额是指当事公司在国内营业所（含该外国公司的子公司的营业所）的、与最后一期资产负债表一起制作的利润表上的营业额。

（2）母子公司以及兄弟公司间的营业等的受让。

由于独占禁止法第 10 条第 2 款规定公司之间取得一定比例的股份必须在事后向公正交易委员会报告，伴随该报告，在股份取得的阶段，公正交易委员会已对关于母子公司、兄弟公司之间的股份持有的竞争法上的问题进行了审查，故在母子公司、兄弟公司之间受让营业等的阶段，没有必要再对其进行另外的反垄断方面的审查。因此，这些公司之间的营业等的受让，被排除在申报的对象之外。该申报对象之外的具体情形有：A. 当事公司中，一方公司持有另一方公司的所有已发行股份的总数的 50% 以上的股份的情形（母子公司间的营业等的受让）；B. 持有各当事公司已发行股份的总数的 50% 以上的公司为同一公司的情形（兄弟公司间的营业等的受让）。

当然，该除外措施，仅限于所有当事公司均为母子关系或兄弟关系的情形，如果含有不属于这类关系的公司，自然不适用该除外规定。②

2. 事前咨询制度

事前咨询制度是指在正式的申报之前，当事公司对照独占禁止法第 4 章，就关于企业结合计划的具体事宜和该计划是否存在问题向公正交易委员会进行咨询，公正交易委员会对此进行回答的制度。为了使事前咨询更加迅速与透明，公正交易委员会颁布了《关于企业结合计划的事前咨询的对应方针》（以下简称"对应方针"）。

根据对应方针的规定，只有在符合一定条件的情形下，才能提出事前咨询的申请。该一定条件为：（1）由拟实施作为咨询对象的企业结合

---

① 上杉秋则 「営業譲渡・譲受けと独占禁止法」 『営業譲渡・譲受ハンドブック』（商事法務研究会編 平成 11 年新訂第二版）486 頁を参照。

② 上杉秋則 「営業譲渡・譲受けと独占禁止法」 『営業譲渡・譲受ハンドブック』（商事法務研究会編 平成 11 年新訂第二版）493 頁を参照。

计划的当事公司提出；（2）必须提示将来预计要进行的关于企业结合的具体计划的内容；（3）同意在进行第 2 次审查的情形下，公示关于事前咨询的内容及对此的回答。

当事公司提出申请后，委员会对此进行审查。审查分为第 1 次审查与第 2 次审查。第 1 次审查开始后，原则上应在 30 天之内，向当事公司通知无独占禁止法上的问题或需要更详细的审查（第 2 次审查）。关于第 2 次审查的结果，原则上自当事公司提出为进行第 2 次审查所必需的具体资料之日起的 90 天内，以包括其理由的书面进行回答，并公示除当事公司的秘密部分之外的内容。

如回答内容为无独占禁止法上的问题，那么，在进行与事前咨询对象的企业结合计划同一内容的申报的情形下，将不采取法定的措施。

（四）禁止期间、措施期间与措施

1. 禁止期间与措施期间

如前所述，拟进行一定规模以上的营业等的受让时，必须事前向公正交易委员会进行申报。在受理申报之日起 30 日内，不得进行营业等的受让。该期间被称为禁止期间。公正交易委员会如为阻止营业等的受让，拟根据独占禁止法第 48 条、第 49 条的规定采取劝告或审判开始决定的措施，必须在受理申报之日起 30 日内进行。该期间被称为措施期间。

措施期间与禁止期间尽可能地一致为宜，可是，越是重要的案件，独占禁止法上的审查越需要时间，故延长其措施期间的必要性就越大。如使两期间保持一致，禁止期间就有因此而延长之虞。在进行需履行商法上的程序以及其他关联程序较多的营业等的受让的情形下，这会给当事公司带来较大的负担。[①] 因此，1998 年修订独占禁止法将禁止期间与措施期间进行了一定程度的分离。禁止期间仍为 30 日，但措施期间却得到延长，即在公正交易委员会要求拟进行营业等的受让的公司在 30 日的禁止期间提交必要的报告、信息或资料的情形下，在受理申报之日起满 120 日之日与受理了所有的报告等之日起满 90 日之日两者中的较迟之日

---

① 上杉秋則「営業譲渡・譲受けと独占禁止法」『営業譲渡・譲受ハンドブック』（商事法務研究会編　平成 11 年新訂第二版）438 頁を参照。

止的期间内，公正交易委员会可决定审判开始或进行劝告（独占禁止法第 15 条第 5 款、第 16 条第 5 款）。①

如公正交易委员会认为有必要的，可缩短禁止期间（独占禁止法第 15 条第 4 款、第 16 条第 5 款）。根据运用指针的解释，在符合以下条件的情形下，原则上可缩短禁止期间。第一，已判明在一定的交易领域不会对竞争造成实质性限制；第二，缩短禁止期间有合理理由。如在事前咨询中已获得没有问题的答复，且申报内容与该咨询内容同一的就符合第一个条件。如在一定的日期前不实施营业受让，就会给公司的营业带来重大影响（例如公司破产、从业人员的离散、客户的流失等）的符合第二个条件。②

2. 措施

独占禁止法第 17 条第 2 款规定，违反第 16 条第 1 款的，"公正交易委员会……可向事业者发出提交报告或申报的命令，或发出处分股份的全部或一部分、转让营业的一部分以及采取其他为排除违反这些规定的行为的必要措施的命令"。

具体采取何种措施，需要根据每个企业结合的具体情况进行讨论，原则上应采取营业转让等构造性的措施，使当事公司所处的公司集团不能在某种程度上左右价格等，以恢复因企业结合而失去的竞争。不过，在因技术创新而市场构造变动激烈的市场中，也可采取行动上的措施。而且，原则上应尽可能地在企业结合完成前采取措施。典型的解决问题的措施一般有营业转让等③、促进进口或参入④，以及关于企业集团内的

① 之所以将禁止期间与措施期间进行分离，是因为日本公正交易委员会在禁止期间所作出的劝告或审判开始决定的措施并不一定能够阻止该企业结合行为的事实。只有在公正交易委员会根据独占禁止法第 67 条的规定，向东京高等法院提出紧急停止命令的申请，得到东京高等法院的批准后，该行为才可被停止。上杉秋则「営業譲渡・譲受けと独占禁止法」『営業譲渡・譲受ハンドブック』（商事法務研究会編　平成 11 年新訂第二版）438 頁を参照。
② 企業結合審査に関する独占禁止法の運用指針（付 2）（资料来源于日本公正交易委员会网站 http：//www. jftc. go. jp）。
③ 该措施具体包括当事公司所处的公司集团的事业部门的全部或部分的转让、与当事公司所处的公司集团结合关系的解除（放弃持有的表决权或降低持有表决权的比例、消除管理层兼任等）、与第三人业务合作关系的解除。企業結合審査に関する独占禁止法の運用指針第 6 の 2（资料来源于日本公正交易委员会网站 http：//www. jftc. go. jp）を参照。
④ 在难以找到受让营业公司的情形下，可例外采用促进进口及参入的措施。如可依据实施许可合同，使竞争者能使用该公司的专利等。企業結合審査に関する独占禁止法の運用指針第 6 の 2（资料来源于日本公正交易委员会网站 http：//www. jftc. go. jp）を参照。

行动的措施①。

由于对合并及营业受让等行为采用了事前申报的制度，且如违反独占禁止法第 16 条第 1 款，公正交易委员会可采取上述的排除措施，故独占禁止法没有规定对违反该条行为的惩罚措施。不过，如公司未申报或提交有虚假记载的申报书，以及在禁止期间进行对营业等的受让的，可对行为实施者处以 200 万日元以下的罚款（独占禁止法第 91 条之2 (10)、(11)）。

二、其他主要法域的制度概况：以美国法与欧盟法为例

（一）美国法

美国法并不使用大陆法上的营业转让或受让的概念，其通常使用的是资产（asset）这一概念。根据现行的《克莱顿法》（Clayton）第 7 条的规定，隶属联邦贸易委员会管辖的任何人受让从事商业或任何对商业有影响的活动的其他人的资产的全部或一部分时，如该项受让的结果将会实质性地减弱本国任何地域的某项商业或影响商业的任何活动中的竞争，或者意图形成垄断，则该项受让将被禁止。

关于此处"资产"的范围，根据美国联邦与州法院的判例，资产不仅包括厂房、设备以及建筑物等有形物体，还包括商标、专利权、销售量、租借权以及导致控制决策的交易（transactions resulting in control of decision making）。可见，美国法上"资产"的范围相当广泛，包括任何有可能导致减弱竞争的资产。至于资产的一部分应为多大的比例，司法实践中，一般倾向于作比较宽泛的解释，即只要该项受让会带来足够大的反竞争效果即可。②

美国《哈特-斯考特-罗迪诺反托拉斯强化法》（Hart-Scott-Rodino antitrust law）还规定了资产受让当事人的事前申报义务。即在满足下列

---

① 如在共同出资公司生产产品、各出资公司分别销售的情形下，可采取遮断各个子公司间的信息交换、禁止共同采购原料等确保独立性的措施。企業結合審査に関する独占禁止法の運用指針第 6の2（资料来源于日本公正交易委员会网站 http：//www.jftc.go.jp）を参照。

② 参见王为农：《企业集中规制基本法理——美国、日本及欧盟的反垄断法比较研究》，15～16 页,北京，法律出版社，2001。

条件之一时，决定实施受让资产的当事人，负有事前向美国司法部及联邦贸易委员会申报的义务。（1）作为受让方或转让方的一方当事人，其总资产或年度销售额在 1 亿美元以上，而另一方当事人的总资产或年度销售额在 1 000 万美元以上，且作为受让的结果，受让方获得其资产或股份的金额在 5 000 万美元以上。（2）受让方取得的附表决权股份或资产价额在 2 亿美元以上。可见，与日本法同样，美国《克莱顿法》第 7 条所规制的对象范围，与资产受让事前申报制度的适用范围并不一致，前者强调的是结果，后者则为形式①；而且，美国法也不仅仅强调当事人规模，还强调交易规模。此外，美国虽然没有正式确认事前咨询制度，但事实上相关当事人与美国的规制当局也在使用这一非正式程序，以减少和降低政府规制当局和当事人的运行成本与风险。②

与日本不同，美国并没有建立审查与措施期间制度，即不对实施审查及采取法律措施的时间范围作出限定。因此，即使当事人在禁止期间结束后完成资产受让，或司法部及联邦交易委员会在禁止期间作出了不采取相应措施的决定，司法部及联邦交易委员会仍可采取相应的措施，而无任何法律上的障碍。③

（二）欧盟法

与美国法同样，欧盟法上也不使用营业这个概念，而直接使用资产这一用语。在欧盟，规制资产转让的基本法规是 2004 年 1 月 20 日欧盟部长理事会通过的《欧盟理事会关于企业集中规制规则》（Council Regulation No. 139/2004 of 20 January 2004 on the control of concentrations between undertakings）（以下简称"企业集中规制规则"）。④ 该规则第 2 条规定，企业集中如果发生在共同市场或其大部分，将严重妨碍有效竞争，

---

① See Helmut Bergann, "Settlements in EC Merger Control Proceeding: A Summary of EC Enforcment Practice and a Comparison with the United States", 62 *Antitrust Law Journal* (1993) 54.

② 正田杉 「合併、株式取得等による企業集中の規制について」 公正取引 537 号第 16 頁を参照。

③ 《克莱顿法》第 7A 条（i）（1）项。なお、川浜昇 「米国 EC における企業結合事前届出制度について（上）」 公正取引第 558 号第 46 頁を参照。

④ 该规则的前身为 1989 年 12 月 21 日欧盟理事会通过的《关于规制企业间集中行为的理事会规则》（Council Regulation EEC on the control of concentration between undertaking No 4064/89）。

特别是通过产生或加强市场支配地位的形式，将被宣布与共同市场不相容。而根据该规则第 3 条，企业集中是指两个或两个以上原来独立的企业或其部分的合并，一个或多个人已经控制至少一个企业，或者一个或多个企业通过购买股票或资产、签订合同或其他任何手段，获得对另外一个或多个企业直接或间接的全部或部分的控制权的行为。

此处的"资产"，不仅应具有经济上的价值，还必须是对于转让企业而言属于其企业的重要组成部分的资产。在实际判定该资产是否属于企业集中规制规则中所说的重要资产时，通常需要确认其是否具有一体性并且能否被分离，同时还要看是否能计算出其具体的售价。[1]

根据欧盟企业集中规制规则第 1 条，企业集中规制规则所适用的对象范围，仅限于达到了"共同体规模"（community dimension）的集中行为，不具有"共同体规模"的合并由各成员国竞争事务当局来处理。达到"共同体规模"需满足以下三个条件：第一，参与合并的企业在世界范围内的年销售额共同达到 50 亿欧元；第二，参与合并的企业中至少有两个企业在共同体的年销售额达到 2.5 亿欧元；第三，参与合并的各企业在共同体市场年销售额的 2/3 以上不是来自同一个成员国。如果不符合以上三个条件，符合以下五个条件的，也被视为达到"共同体规模"。第一，参与合并的企业在全球的年销售总额超过 25 亿欧元；第二，参与合并的企业至少在欧盟 3 个成员国的共同市场年销售额超过 1 亿欧元；第三，参与合并的企业中至少有 2 个企业各自在欧盟上述 3 个成员国的市场年销售额超过 2 500 万欧元；第四，参与合并的企业中至少有 2 个企业各自在欧盟市场的年销售额超过了 1 亿欧元；第五，参与合并的各个企业在欧盟市场年销售额的 2/3 以上不是来自同一个成员国。

欧盟也存在事前申报的制度。与日、美不同，欧盟事前申报的对象与其企业集中规制的对象完全一样。也就是说，所有达到"共同体规模"的企业集中，原则上都为事前申报的对象。此外，在欧盟，参与企业集中的当事人在进行事前申报之前，也可通过法定程序以外的非正式程序向欧盟委员会进行咨询。[2]

与日本类似，欧盟也存在着禁止期间与审查、措施期间。根据欧盟

---

① 参见王为农：《企业集中规制基本法理——美国、日本及欧盟的反垄断法比较研究》，37 页。

② 参见上书，198、220 页。

企业集中规制规则第 7 条第 1 款，在申报之前与在审查期限内，当事人不得进行共同体规模的企业集中。而根据欧盟企业集中规制规则第 10 条，欧盟委员会必须在收到申报材料后的 25 个工作日内作出初步审查的决定，如果申报的信息不全，则应当从收到完全信息之日起计算该审查期限。如果成员国提出请求，或当事人承诺改变集中计划从而使其与共同体市场相容，则委员会可将初步审查期限延长至 35 个工作日。

三、我国法上的问题及日本与其他主要法域制度的启示

（一）关于我国《反垄断法》第 20 条第 2 项中的资产取得

相对于日本独占禁止法上的"企业结合"以及欧盟竞争法上的"企业集中"，我国《反垄断法》采用的是"经营者集中"这个概念。①《反垄断法》第 20 条第 2 项规定，经营者集中包括"通过取得股权或者资产的方式取得对其他经营者的控制权"的情形。可是，何为"通过取得股权或者资产的方式"？又何以能以此方式取得对其他经营者的控制权？经营者又是一个怎样的概念呢？反垄断法作为规范市场经济秩序的法律之一，其对于主体概念的使用应以有关市场主体法即民商法以及公司法为基础，以免产生概念上的混乱。可是，在我国民商法以及公司法中却并不存在经营者这一概念。那么，经营者到底指的是什么就不得而知。是企业法人本身，还是企业中的管理层或者是营业呢？如果将经营者理解为企业法人本身，一般来说，取得对其他经营者的控制权只能通过取得股权，而靠取得资产是无法实现这一目的的。而如果将经营者理解为企业中的管理层，则更不靠谱。对此，立法部门只是指出取得资产是指"一家企业通过购买、置换、抵押等方式取得另一家或几家企业的资产"，而对如何能取得其他经营者的控制权未作解释。② 鉴于反垄断法的立法目的与宗旨，以及某些资产转让可与公司合并一样取得限制竞争的效果，该条款

---

① 笔者认为使用"企业集中"或"企业结合"更为妥帖，因为"经营者集中"中的经营者实为企业或营业本身，但在字面上却容易让人误解为企业的经营者或企业法人。欧盟采用的也是"企业集中"或"企业结合"（concentration between undertaking），而其企业的概念却非法人本身。

② 参见全国人大法工委经济法室编：《〈中华人民共和国反垄断法〉条文说明、立法理由及相关规定》，117 页，北京，北京大学出版社，2007。

所指的只能是以取得资产的方式取得对其他公司的营业的控制的行为。①

可是，并非所有取得资产的行为都应该成为反垄断审查的对象，只有那些受让转让方营业性资产并能经营该营业的资产取得行为才可取得限制竞争的效果，因此，严格来说，此处的资产方式应该改称"营业受让"更为准确。② 无疑，营业受让不仅包括营业的全部的受让，还应包括营业的重要部分的受让。不过，由于我国《公司法》等商事法律并未明确营业的概念，如何在《反垄断法》中定义何为营业受让以及营业的重要部分则成为问题。

如前所述，日本独占禁止法上的营业受让被解释为：（1）受让人受让转让人的作为有机的整体而发挥功能的组织性财产；（2）受让人受让转让人所经营的营业活动的行为。笔者认为我国也应采纳这个定义。该两个条件缺一不可。首先，受让人取得的应当是经营性资产，包括各类财产、权利以及客户等各种事实上的利益，而仅取得存货、应收账款、票据之类的非经营性资产，受让人是不能经营转让人的营业的；其次，受让人还必须受让转让人所经营的营业活动，如果受让人仅仅取得资产，而不继续经营原营业，也不会产生反垄断法上的问题。这样就可将非构成营业受让的一般性资产取得排除在外，以免浪费国家的行政资源。

至于何为营业的重要部分，日本的运用指针将其解释为具备作为一个经营单位能发挥功能的形态，且限于从转让公司的营业实际状态来看在客观上具有价值的情形；并认为涉及承继对象部分的年度营业额占转让公司年度营业额5%以下，且涉及承继对象部分的年度营业额在1亿日元以下的情形不构成重要部分。前半部分的意思是指重要部分必须构成一个经营单位，如某电器公司生产电冰箱的工厂、某软件公司开发游戏软件的部门，后半部分则从营业额的比例与营业额的绝对数值两个方面明示了具体的数值标准。笔者认为我国也可借鉴日本的这一方法，对营业的重要部分作出定义，至于具体的数值标准，则可根据我国的国情更精确地确定。

鉴于受让有关营业上的固定资产的全部或重要部分最有可能在市场竞争上造成与营业受让同样的后果，我国相关法律也应与日本独占禁止

---

① 陈国奇也持同样的观点。参见陈国奇：《作为反垄断法规制对象的营业转让——兼析〈反垄断法〉第20条第2项》，载《北方法学》，第2卷总第12期，77页。

② 台湾"公平交易法"上也不使用取得资产这个概念，而使用"受让营业或财产"。见台湾"公平交易法"第6条第1款之3。

法一样，将受让营业上的固定资产的行为也纳入反垄断审查的范围。① 同样，营业的租赁、承包以及企业间的联营也会造成竞争法上的问题，故我国也应使这些类型的行为接受反垄断审查。

(二) 接受反垄断审查的行为与需申报的行为的合理区分

日本独占禁止法规定公司如实施营业受让等五种类型的行为，在一定的交易领域会实质性限制竞争的，公司不得实施这类行为；并规定公司如违反该规定，公正交易委员会可命令当事公司采取必要的措施。也就是说，营业受让等五类行为是反垄断审查的对象。不过，实施这五类行为不一定必须申报，当事公司只有实施一定规模以上的行为才有义务进行申报，而且，考虑到执法机构的工作负担、当事公司的经营效率等问题，合同性的结合行为（如营业的租赁、委托经营等）则不在申报对象之列。但是，不申报并不意味着不对其进行反垄断审查，如其在结果上导致限制竞争的，同样会受到反垄断上的处罚。这表明日本独占禁止法对需接受反垄断审查的行为与需申报的行为进行了合理的区分。而且，美国也采取类似的处理方法。②

我国《反垄断法》在列举了经营者集中的行为之后，另行规定如经营者集中达到国务院规定的申报标准的，经营者应当事先向国务院反垄断执法机构申报。可是，我国《反垄断法》似乎并未规定应如何处置虽不符合申报标准，但具有或者可能具有限制竞争效果的经营者集中。的确，《反垄断法》第 28 条③并没有明确规定该条中的经营者集中的行为是否为需申报的行为，但从该条紧随在规定申报程序的条款之后，以及规定反垄断执法机构应采取禁止经营者集中的决定的内容来看，该条显然是针对需申报的经营者集中而设。不过，国务院后来颁布的《关于经营

---

① 不过，笔者对该款的合理性尚存有疑义。比如说受让某报社几乎所有的电脑、印刷机等固定资产，而不接受其编辑、记者团队的受让行为，不会对市场竞争产生限制；而反过来，软件公司的最重要的资产不是固定资产，而是人才与各种知识产权，受让某软件公司的研发团队与软件著作权等同样会对竞争产生限制的后果。

② 美国所确定的事前申报的对象范围，比日本宽泛得多，因为美国并不排除合同性的企业集中。但是，美国不仅将事前申报的对象限定在一定的范围之内，还对满足一定条件的对象作出了将其排除在申报对象之外的规定。参见王为农：《企业集中规制基本法理——美国、日本及欧盟的反垄断法比较研究》，197 页。

③ 《反垄断法》第 28 条规定，经营者集中具有或者可能具有排除、限制竞争效果的，国务院反垄断执法机构应当作出禁止经营者集中的决定。

者集中申报标准的规定》（以下简称"申报标准"）中则明确了这一点，规定经营者集中未达到该申报标准第 3 条规定的申报标准，但按照规定程序收集的事实和证据表明该经营者集中具有或者可能具有排除、限制竞争效果的，国务院商务主管部门应当依法进行调查，但仍未规定应采取何种措施。而且，我国《反垄断法》将包括合同性的所有的经营者集中都列入申报的范围，可是，如果所有类型的经营者集中都必须进行申报，恐怕反垄断执法机构会不堪重负。事前申报制度的意义在于，如果在经营者集中实施后，命令当事公司转让营业等可能会给当事公司之间的交易安全带来不安。可合同性的经营者集中事后较易解除，无须将其列入申报之列。可见，在接受反垄断审查的行为与需申报的行为的区分上，我国《反垄断法》的规定不合理或者至少可以说规定的结构不合理。

故我国立法应借鉴日本法以及美国法的立法技术，合理地区分需接受反垄断审查的行为与需申报的行为，将一定规模之下以及合同性的经营者集中排除在申报范围之外。但是，即使是这些被排除在申报范围之外的经营者集中，如果其具有或者可能具有排除、限制竞争效果的，也理应使其接受反垄断审查，反垄断执法机构可采取不限于禁止经营者集中的必要措施。

（三）事前申报与事前咨询制度

1. 关于事前申报标准

根据申报标准的规定，经营者集中达到下列标准之一的，经营者应当事先向国务院商务主管部门申报。（1）参与集中的所有经营者上一会计年度在全球范围内的营业额合计超过 100 亿元人民币，并且其中至少两个经营者上一会计年度在中国境内的营业额均超过 4 亿元人民币；（2）参与集中的所有经营者上一会计年度在中国境内的营业额合计超过 20 亿元人民币，并且其中至少两个经营者上一会计年度在中国境内的营业额均超过 4 亿元人民币。可是，该规定过于简单，并没有考虑到营业受让的特性，因为营业受让与公司的合并不同，营业受让后，当事公司之间并不存在股权持有方面的连接关系，故对于营业转让的申报标准应着眼于受让公司的总资产额以及所受让的营业性资产的数量，而并非当事公司的营业额的合计。例如，在甲电器公司将其冰箱业务转让给乙电器公司的情形下，假设甲电器公司与乙电器公司在中国境内的年营业额均为 15 亿元，但甲电器公司的冰箱营业额仅为 2 亿元，乙电器公司的冰箱营业额也只有 3 亿元，按照上述申报标准，该营业转让必须进行申报。可是，两公司冰箱生产部门的合并显然并不具有限制竞争的效果，要求当事公司进行申报极不合理。因此，我国应借鉴日本法上关于申报的规定与标准，区分各种不同的经营者集中形态，制定适合营业受让特性的申报标准，可首先规定受让公司的总资产额，再规定其所受让的资产额（营业额标准也许更加合适），这样规定才更加精致与合理。

2. 关于事前咨询制度

我国《反垄断法》没有规定事前咨询制度。可是，在通常情况下，准备实施企业集中的当事人，为了尽可能地避免在正式提出的事前申报中出现《反垄断法》上的问题，总是希望能够在正式的申报之前得到政府规制当局的指导。履行这一非正式的程序，既可以避免或减少当事公司因企业集中计划违法而招致处罚的风险，又可以降低规制当局因实施规则而必须投入的成本，因此，在日本，该项程序一经形成便受到准备实施企业集中的当事人的普遍欢迎，并得到了广泛的利用。① 除日本之外，欧盟、美国也存在着事前咨询制度，且得到当事人积极的利用。我国也理应存在着对事前咨询制度的客观需求，因此，我国应借鉴日本以及美国、欧盟的做法，倡导当事人多利用事前咨询，并尽量将其制度化、透明化。

---

① 参见王为农：《企业集中规制基本法理——美国、日本及欧盟的反垄断法比较研究》，217～222 页。

第九章　与营业转让类似的
营业担保及租赁等制度

一、问题的提出

如前所述，除营业转让外，以客观意义上的营业作为交易客体的还存在着营业的担保、营业的租赁以及委托经营等行为。

毋庸置疑，企业有时候需要在继续进行营业的前提下，以全部的营业财产作为担保标的物进行融资。而在我国现行的担保制度下，又是否可实现这种形式的担保呢？如果不能进行这样的担保，自然理应引入这种担保制度或承认这种担保形式。那么，如果当事人签订这样的担保合同，在与股东利益的关系上，又该如何进行调整呢？这个问题换句话说也就是，签订营业的担保合同是否需要履行股东大会的决议程序。对此，我国当然没有立法进行规定，学说理论上也鲜见关于此问题的探讨。

企业有时也需要将其营业租赁或委托给他人经营。企业实施这样的行为，当然会引起合同当事人之间、合同当事人与债权债务人之间、合同当事人与其股东之间以及当事人与国家经济秩序之间（反垄断的问题）等方面的利益冲突，故需要合理妥当的规则对这些利益冲突进行调整。可是，我国现行法上却几乎不存在规范这些行为的法律法规，学者们也很少对相关问题进行探讨。

关于这两个问题的解决，日本有着完善的立法规定、相对丰富的判例积累，学说理论上也对这个问题进行了较为充分的探讨。而韩国、法国及美国等其他国家与地区也有着相对较为完善的立法规定及判例积累。其中，法国法上的商事营业资产的质押制度颇具特色。因此，本章首先详细地考察日本的立法、判例及学说理论，再介绍上述其他国家与地区的制度概况，最后分析我国法的现状，在借鉴日本及其他国家与地区制度经验的基础上，对我国立法以及司法提出建议。

二、日本法

（一）营业的让与担保

所谓营业的让与担保，是指企业以营业进行融资的一种制度。其具体形式为，债务人仍保留对营业财产的占有权，而营业的所有权却与转让一样转移至债权人，在债务不履行的情形下，提供用于担保的营业所有权不归还于债务人。正因为营业的所有权有可能因营业的让与担保而失去，从而影响到股东的利益，故实施营业的让与担保是否需通过股东大会的决议经常会引起争议。

1. 营业的让与担保的有用性与必要性①

企业的发展需要融资，而融资的一个有效手段就是企业以其自身的财产为担保向他人借贷资金。企业的财产除了各种固定资产、流动资产，还有商誉、老铺权等具有财产价值的事实上的利益，即所谓的事实关系。企业一方面需要以整个营业财产或营业作为担保进行融资（尤其是在固定资产少的情形下），另一方面，又需要继续占有财产以维持经营，而且，对于在库商品、工业生产的原材料等财产，还需要使其继续保持可变动的状态。

可是，一般的质权与抵押权却不能满足企业以营业为担保进行融资的需求，因为：（1）在设定质权时，必须将质权目的物转移至债权人处占有（日本民法第 344 条、第 345 条），故在拟以继续占有质物而进行融资的情形下，就不宜利用质权进行融资；（2）抵押权因不需要转移占有，可适用于（1）中的情形，可是，动产抵押仅限于汽车抵押、航空器抵押、建设机械抵押、农业用动产抵押、船舶抵押等法律明文规定的类别，其利用范围有限；（3）质权、抵押权的变价方法也存在问题。变价的主要方法是根据民事执行法进行拍卖，程序相当复杂，且需不菲的费用，

---

① 本部分内容参考了宇田一明『営業讓渡法の研究』（中央経済社　1993 年）163～166 页中的论述。

而且，一般还不能获得高价。当事人之间往往希望按照约定的方法进行变价，可是，由于物权法定的原则，当事人不得变更质权或抵押权的成立条件以及内容等。

利用财团抵押制度①，可将用于企业经营的土地、建筑、机械等物质设备或工业产权等组成一个财团，在该财团上设定担保权。可是，财团抵押并不是以作为含有债权、债务或事实关系的有机体的企业以及营业为目的物。而且，用于企业经营的机械、器具等每天都在增减变动，而在财团抵押制度下，如果某物件不登记于财团目录登记簿，就不属于抵押权的目的财产物，抵押权人怠于进行目录变更将会对自己不利，但如果对每一次变动都进行变更登记，又会特别繁杂。除此之外，组成财团也需花费不菲的费用，且能用于财团抵押的也仅限于工业、矿业、渔业、铁道等营业。因此，财团抵押制度也不能满足企业的上述融资需求。

而企业担保制度由于是以变动中的企业整体价值为目的物，正好可以克服上述财团抵押制度的缺陷，可是，可设定企业担保权的企业仅限于股份有限公司②，而且，其被担保债权限定于公司债（企业担保法第1条）。故企业担保制度也不适宜于以营业为担保的融资。

2. 营业的让与担保的两面性

让与担保同时具有权利转移与物权担保两方面的性质，如果无限地强调前者，其接近于纯粹的权利转让；如果无限地强调后者，其类似于担保权。因此，让与担保在这两种性质中间具有相当宽的幅度，无论朝哪个方向理解均有可能。如将营业的让与担保理解为前者，即在接近于营业转让的情形下，那么该营业的让与担保就应履行股东大会的特别决议程序；如将营业的让与担保理解为后者，即在构成担保权的情形下，则应将其视为经营政策的一种，仅需董事会的决议即可。

让与担保的首要性质是担保，是为促进担保债权回收的手段。债权人与债务人之间存在着资金借贷等的债权债务关系，为担保该债权债务关系，债务人将一定的财产权转让给债权人。而且，当债务不履行时，债务人一

---

① 财团抵押制度根据行业不同分别规定于各个单行法规，如《工厂抵押法》、《矿业抵押法》、《渔业财团抵押法》、《观光设施财团抵押法》、《道路交通事业抵押法》、《铁道抵押法》等。

② 不过，这点障碍在日本2005年公司法修订后已消除，因2005年公司法将股东有限公司与有限公司合二为一，统称为股份公司，而企业担保法也将其适用范围修改为股份公司。

般可行使清算权与返回权。① 因此，让与担保合同为由担保性支配的合同。

让与担保还具有转让性，不过，从本质上讲，该转让性是为确保担保性的转让性，而绝不是为确保转让性的担保性。可是，在为确保担保性而将营业的全部或重要的一部分进行让与担保的情形下，如债务清偿变得不可能，该转让性就成为让与担保的首要性质。从理论上讲，这种可能性为营业被提供于让与担保情形下的 50%。②

3. 营业的让与担保与股东大会的决议

(1) 判例。

在关于营业的让与担保的判例中，只有两例认为需通过股东大会的特别决议，而其他判例都对此持否定态度。在认为需通过股东大会决议的一案中，某公司将其建筑物提供于让与担保，然后对其所有的动产及不动产附上代物清偿的预约，并将该公司的一切经营委任给担保权人，且债权人对一切财产已履行了登记程序，法院认为这一连串的合同在本质上应视为营业的全部转让或重要部分的转让，需履行股东大会的决议程序。③ 不过，在该案中，因让与担保、关于动产不动产的代物清偿的预约、经营委任合同交织在一起，这些行为在结果上与营业的全部转移至债权人无异，故该案不应看作让与担保的事例。④ 在另一案中，A 有限公司因经营失败，从 B 公司获得整理资金进行任意整理，于 1965 年 10 月17 日通过了解散决议。在 18 日，A 公司将其建筑物以及机械器具卖给了 B 公司。之后，B 公司的总经理等人设立了新公司 X 股份有限公司，该总经理担任 X 公司的总经理，受让了 A 公司的营业。后来，X 公司由于经营不善，又将该营业转让给 A 公司的原经营者。对于 A 公司向 B 公司的转让，法院认为其虽属于让与担保或附买回条款的买卖，但是，因为通过 B 公司从 A 公司处受让营业的 X 公司是以自己作为经营主体并以自己的经营责任经营事业，故该转让应适用有限公司法第 40 条第 1 款第 1项。⑤ 由此可见，这两例都是由债权人经营营业，不属于典型的营业的让

---

① 清算权是指债务人有权取得担保目的物与债权之间的差额，返回权是指债务人可在清算金尚未支付之前，支付债务相当额，取回担保目的物的所有权。平野裕之『民法総合 (3)—担保物権法』260、267 頁を参照。

② 宇田一明『営業譲渡法の研究』(中央経済社　1993 年) 168～170 頁。

③ 大阪高判昭和 36・11・10 下民集 12 巻 11 号 2712 頁。

④ 宇田一明『営業譲渡法の研究』(中央経済社　1993 年) 184 頁。

⑤ 即该转让被视为营业转让，需通过股东大会的特别决议。東京高裁昭和 53 年 5 月 24 日判決 (昭和 50 年 (ネ) 第 378 号)。

与担保事例，而是接近于营业转让，故法院认为其应该通过股东大会的决议的论断具有合理性。

而在判定为不需履行股东大会决议的事例①中，一般都为单纯的财产让与担保，不存在委任债权人经营营业或由债权人继承营业的情形，也不存在事实关系的继承。这些以营业作为担保物的担保都是为了确保债权的回收，而并非着眼于营业的组织价值。②

（2）学说。

关于让与担保是否需要履行股东大会的决议，学说上存在着决议不要说、决议必要说以及折中说的分歧，这三者都具有一定的说服力，很难判断何为通说。决议不要说的理由有如下几点：1）让与担保是以通过融资而继续营业为目的的行为，如清偿债务就可恢复原态，就是经营政策的问题；2）即使将让与担保视为普通的营业转让，如坚持营业活动的继承标准或竞业禁止标准③，让与担保也不需通过股东大会的决议；3）因设定同样具有融资功能的抵押权以及其他的担保物权不需股东大会的决议，故如设定让与担保需通过股东大会的决议，则会造成制度间的不平衡；4）如设定让与担保需通过股东大会的决议，那么，在对于因该设定而受让财产所有权的债权人来说构成营业的重要部分的情形下，债权人为向清偿债务后的债务人返还财产也需通过股东大会的决议，可如果是这样，如该返还被否决则面临比较棘手的局面，既然在这种情形下不需股东大会的决议，那么在设定时也同样应当不需要；5）在预计期限前无法清偿债务、执行担保权不可避免的情形下，即使在股东大会上否决了让与担保的设定，如公司不能存续，那么该决议也因无选择的余地而失去了意义；6）如果是以回避大会决议为目的而进行形式上的让与担保，则可将之处理为脱法行为即可；7）即使从比较法的角度来看，对于英美法上的按揭（mortgage），衡平法重视其担保的性质，故美国模范公司法第78条规定，仅通过董事会的决议即可④；8）可发行公司债的股份有限公司可根据企业担保法将企业进行担保，可是，中小企业却不能利

① 大阪地判昭和25·6·6下民集1卷6号865頁、大阪地判昭和30·12·6下民集6卷12号2559頁、大阪地判昭和31·6·20下民集7卷6号1585頁、東京高判昭和32·10·22下民集8卷10号1959頁、東京地判昭和38·12·18金融法務363号10頁。
② 宇田一明『営業譲渡法の研究』（中央経済社　1993年）186頁を参照。
③ 关于构成营业转让条件的探讨，详见第五章之二中的论述。
④ 山下真弘『会社営業譲渡の法理』（信山社　1997年）192～193頁を参照。

用该担保法，如果在该企业中设定让与担保需股东大会的决议，现行法律制度就成为对中小企业有歧视的制度；9）1971 年的商法修订将大会的决议事项限定于商法规定或章程中记载的事项，以加强董事会、代表董事的权限，而营业的让与担保不属于大会的决议事项，而且，让与担保与合并、营业转让以及变更章程等情形不同，反对股东不具有股份回购请求权；10）可将营业的让与担保归类于"大额的借款"，因为，通常情况下，将营业提供于让与担保是以担保"大额的借款"为目的的，而且，从实现让与担保权需要以重要物件全部财产的评估总额为标准对营业财产进行清算这点来看，也应将其视为"大额的借款"这类行为，而"大额的借款"专属于董事会的决议事项①。

　　而决议必要说的理由则为：1）让与担保在对外关系上向债权人转移了所有权，与一般的转让没有两样；2）如果对于营业转让不采取营业活动继承标准与竞业禁止标准，就可有使让与担保通过决议的余地；3）让与担保与抵押权及其他单纯的担保物权相比，虽然目的共通，但其性质、担保目的物的范围不同，不存在对它们采取同样处理的必然性；4）因在实现担保权的阶段不能要求其通过股东大会的决议，故有必要在设定的阶段履行决议的程序；5）如果设定让与担保一律不需决议，就会有规避法律恶用之虞，虽然也可将其作为规避法律的行为进行处理，但事实上举证非常困难；6）美国法上的按揭不具有转移所有权的性质，且其担保目的物的性质与范围也和让与担保不同，不能将两者视为同一性质。②

　　折中说则认为，让与担保本身是担保物权，与普通的转让不同，故原则上可不需通过股东大会的决议。但是，有的情形下也存在着股东保护的问题。在以规避法律为目的的情形下，即使将其作为规避法律的行为进行处理，可因举证却并不容易，故也有必要从正面考虑保护股东的问题。因此，处理原则可为，含有事实关系的营业的让与担保需通过股东大会的决议，而其他情形原则上则不需通过。关于后者，如在实质上可视为与前者同一，可对其进行积极的解释，而且，如果存在规避法律的嫌疑，可放宽对规避法律行为的认定。通过这样处理，可实现对股东合理的保护。③

---

① 宇田一明『営業譲渡法の研究』（中央経済社 1993 年）187、191、192 頁を参照。
② 鈴木竹雄「営業譲渡と総会の決議」『商法研究Ⅲ（会社法②）』（昭和 46 年 有斐閣）89 頁を参照。
③ 山下真弘『会社営業譲渡の法理』（信山社 1997 年）194～195 頁を参照。

笔者赞同折中说的见解，因为从上述判例可知，营业的让与担保在实践中的表现方式、实际情形多种多样，有的只是单纯的融资，有的则包含着各种事实关系，有的则存在着经营委任等合同，因此，必须根据具体情况，判断有无保护股东的必要以决定是否应履行股东大会的决议程序。

（二）营业的租赁、经营委任、损益共通合同等

公司除对营业进行转让外，还可对营业进行租赁、经营委任以及与他人共享营业上的损益。不过，在实务中，这类合同的签订一般出现在同一企业集团内部的公司间，而相互独立的公司之间则很少签订。①

1. 营业的租赁合同

（1）营业租赁合同的定义与内容。

营业的租赁合同是指与民法上的租赁类似的、在一定的期间内，营业的承租人以自己的名义与核算对出租人营业的全部或部分进行使用、收益，并向出租人支付租金的合同。② 此处的营业，一般可解释为与营业转让中的营业同样的意思。③ 不过，由于营业的性质特点，营业的租赁合同与普通的财产租赁不同，不一定构成民法上的租赁合同，只能说是无名合同或者说是复杂的混合合同。

关于合同内容，公司法并未特别规定，具体依当事人之间的合意，除此之外，可类推适用民法中关于租赁的规定。④ 一般而言，营业的出租人在出租期间，负有让承租人使用营业并从中取得收益的义务。其具体内容为，出租人将构成营业的各财产转移至承租人占有，并向承租人介绍原来的客户、传授营业上的秘诀等。通常，营业财产中的流动资产、尤其是存货资产的所有权转移至承租人，但是，由于是租赁合同，故出租人保留对固定资产的所有权。承租人取得以自己的名义和核算进行经

---

① 江頭憲治郎『株式会社法』（有斐閣　2006 年）853 頁を参照。其中，营业经营的租赁、营业经营的委任与营业的转让经常作为企业联合的手段被利用。事实上，经营遇到困难的企业向大企业租赁其营业的情形比较多。而作为租借营业的大企业，其可以利用该手段弹性地扩大经营，即使将来需要缩小企业规模，也只需解除租赁合同即可，该方法与一般性的扩大企业规模相比，具有可避免处理设备和解雇劳动者等麻烦事务的优点。

② 民法 601 条、東京高裁 2001 年 10 月 1 日判决判时 1772 号 139 頁。

③ 参见［日］山下真弘：《日本公司法上的营业转让与股东保护》，刘小勇译，载《太平洋学报》，2009（7），57 頁。

④ 大隅健一郎『企業合同法の研究』（弘文堂　1935 年）192 頁を参照。

营的权利，负有向出租人支付租金的义务。营业费用由承租人负担，但营业财产的修缮费用以及其他的保修费用则应由出租人承担。①

关于出租人是否负有竞业禁止义务，与营业转让不同，法律并未明文规定，而学说上对此则存在着分歧，多数见解认为，应类推适用旧商法第 25 条（商法第 16 条）的规定，即合同中如无相反的意思表示，出租人应负有竞业禁止义务，其理由在于确保营业租赁的实效性。② 对此，有见解认为，出租人不应负有竞业禁止义务，但是，出租人不得实施违反租赁合同旨趣的行为。③

（2）债权债务的处理。

关于原营业上债权债务的处理，法律并未明文规定。有学者认为，在当事人之间的内部关系上，如无特约，债务并不转移。④ 关于是否类推适用关于营业转让的商法第 17 条至第 18 条的规定，学说上则存在着肯定说与否定说的分歧。肯定说为多数说，该说认为，关于出租人的债权债务，只要合同上没有特别的规定，由出租人营业产生的债权债务不转移至承租人，但在与出租人的债权人、债务人的关系上，应类推适用商法第 17 条至商法第 18 条的规定。⑤ 其具体内容主要有：如承租人继续使用出租人的商号，也承担清偿因出租人的营业所发生的债务的义务；在承租人不继续使用出租人的商号，仍发出承担因出租人的营业所发生的债务的公告时，出租人的债权人也可向承租人请求清偿等。而否定说认为，在续用商号情形下无条件地对承租人课以责任太过严酷，故应仅类推适用第 18 条，使承租人在发出承担出租人债务的公告或通知的情形下承担责任。⑥

判例则倾向于对承租人课以清偿的责任。在东京高判平成 13 年 10 月

① 岸田雅雄『企業取引法入門—商法総則・商行為』（日本経済新聞社　1996 年）136 頁を参照。
② 鴻常夫『商法総則』（弘文堂　1999 年第 5 版）152～153 頁、大隅健一郎『商法総則（新版）』（有斐閣　1978 年）325 頁、伊藤敦司「商法 26 条の適用範囲に関する一考察」杏林社会科学研究第 19 巻第 4 号 49 頁を参照。
③ 岸田雅雄『企業取引法入門—商法総則・商行為』（日本経済新聞社　1996 年）136 頁を参照。
④ 西川昭「ゴルフ場営業の賃貸借と商法 26 条 1 項の責任の有無」金融商事判例 1141 号 61 頁。
⑤ 鴻常夫『商法総則』（弘文堂　1999 年第 5 版）153 頁、大隈健一郎「商法総則」（有斐閣　1978 年）325 頁、田邊光政『商法総則・商行為法』（岩波書店　1965 年）158 頁、岸田雅雄『企業取引法入門—商法総則・商行為』（日本経済新聞社　1996 年）136 頁等。関于商法中的规定内容，详见第四章之二之（二）中的论述。
⑥ 服部栄三『商法総則（第 2 版）』（青林書院新社　1975 年）430 頁。

1日中，法院认为，商法第 17 条的立法意旨应解为，在营业受让人续用转让人商号的情形下，营业上的债权人通常会信赖受让人接受了债务，故应保护这种信赖，使受让人与转让人一起并存地对债权人承担清偿的责任。而且，营业的租赁也是依法律行为的营业转移，承租人成为因该营业产生的权利义务的主体，从应保护营业上债权人的信赖的角度来看，与营业转让的情形并无二异。[①] 不过，有一点不容忽视的事实是，这些事例中的营业租赁实际上都比较接近于营业转让，且当事人多是以规避法律的目的实施的。[②]

对此，有学者认为，因判例通常将商法第 17 条的意旨理解为外观信赖的保护，当然会出现这样的判断。但如果将企业财产理解为营业上债务的担保，因财产所有权依旧归为出租人，故承租人不应承担责任，也就不应类推适用商法第 17 条。不过，由于是有机整体的可发挥功能的财产的租借，承租人在此基础上开展营业活动，企业收益力归为承租人，故从这点看似又应类推适用该条。[③]

（3）营业租赁合同与股东的保护。

1）营业租赁合同与股东大会。公司法明文规定，公司进行营业全部的租赁、经营委任，与他人对于营业上的损益共通的合同及其他类似于此的合同的签订、变更、解除以及进行事后设立的，需要通过股东大会的特别决议（公司法第 467 条第 1 款第 4 项、第 5 项）。根据营业租赁合同，出租公司一般只收取租金，故尤其在因经营困难而出租营业的情形下，易造成出租公司处于承租公司支配下的局面。之所以只要求在租赁营业全部的情形下才需通过股东大会的决议，是因为将营业的全部委托于他人经营才是类似于变更营业目的的重大行为，才需要确保其对价及方法的妥当性。[④]

[①] 東京高判平成 13 年 10 月 1 日金融·商事判例 1129 号 13 頁。其他判例有：東京高判平成 14 年 9 月 26 日判例時報 1807 号 149 頁、東京地判平成 13 年 8 月 28 日判例時報 1785 号 81 頁。

[②] 这样的事例一般为高尔夫球场的转让，因土地、建筑物设有担保，无法转让，故只能采取动产转让而土地、建筑物租赁的形式。池野千白「企業外観法理と商法 26 条」中京法学 37 巻 3·4 号 77 頁を参照。

[③] 伊藤敦司「商法 26 条の適用範囲に関する一考察」杏林社会科学研究第 19 巻第 4 号 49 頁、新里慶一「営業譲渡における譲受人の弁済責任」中京法学 39 巻 3·4 号（2005 年）280 頁。

[④] 参见［日］山下真弘：《日本公司法上的营业转让与股东保护》，刘小勇译，载《太平洋学报》，2009（7），57 页。

2）异议股东的股份回购请求权。公司进行营业全部的租赁合同的签订、变更、解除的，反对股东可对进行营业全部租赁的公司，请求以公正价格收购自己持有的股份（公司法第469条）。[1]

（4）反垄断法上的规定。

公司如因租借其他公司营业的全部或重要部分而造成实质上限制一定交易领域内的竞争的，则不得进行该租借（独占禁止法第16条第1款）。

2. 营业的经营委任合同

（1）营业经营委任合同的类型与内容。

经营委任合同是指将企业委任给他人经营的合同。营业经营的委任与营业租赁的不同之处在于，前者仍以委任公司的名义进行，后者则以承租人的名义进行，因此，在进行营业经营委任的情形下，在对外的关系上仍是委任公司在经营营业。[2]

经营的委任合同又分为两种类型，一种是经营的盈亏归属于受托人的类型，该类合同被称为"狭义的经营委任合同"，另一种是经营的盈亏归属于委任人的类型，该类合同被称为"经营管理合同"[3]。

1）狭义的经营委任合同。狭义的经营委任合同是指经营本身以委任公司的名义，但以受托人的计算进行的合同。即委任人将使用有机的、组织性的财产并从中取得收益的权利赋予受托人，受托人向委任人支付报酬。多数情形下，委任人赋予受托人营业上广泛的代理权。由于营业是以受托人的计算进行，委任人在委任期间对受托人负有竞业禁止的义务。

2）经营管理合同。经营管理合同是指以委任人的名义与计算进行营业经营，业务执行权转移至受托人的合同。即委任人将委任受托人进行营业的运营、管理，并向受托人支付一定报酬。该合同实质上类似于劳务供给合同。不过，在法律性质上，此类合同被视为委任合同（日本民法第643条）的一种，关于合同的签订、法律效果，适用民法及商法上关于委任的规定。

（2）债权债务的处理。

在内部关系上，由委任人营业产生的债权债务一般解为不转移至受

---

① 有关股份回购请求权的内容，详见第五章之二之（六）中的论述。
② 鸿常夫『商法総則』（弘文堂　1999年第5版）154頁を参照。
③ 鸿常夫『商法総則』（弘文堂　1999年第5版）155頁、岸田雅雄『企業取引法入門—商法総則・商行為』（日本経済新聞社　1996年）137頁を参照。

任人。但在对外关系上，是否也类推适用商法第 17 条至第 18 条的规定，存在着不同意见。通说为否定说，其理由在于，关于委任人的营业所产生的债权债务，因在对外关系上依旧以委任人的名义进行经营，不会给债权人及债务人带来特别的危险，故无必要适用商法第 17 条以下的规定。① 判例也持同样的立场②，对此，有见解认为，因经营委托的情形下委托人的商号当然被续用，故在某种意义上当然不应类推适用以商号是否续用的区分为前提的商法第 17 条及第 18 条，但为保护原来的债权人，应吸取第 18 条的精神，在受托人发出承担原来债务的公告或通知的情形下使其对债权人承担清偿责任。③ 也有见解认为，狭义的经营委任合同与续用商号的经营租赁合同在对外关系上均以委任人为营业主体，在对内关系上营业的损益均为受托人或承租人，故承担经营责任的受托人似有承担清偿责任的义务。④ 当然，即使合同名义为经营委任，但如果实质为营业转让或营业租赁，则仍应类推适用商法第 17 条及第 18 条。⑤ 至于经营管理合同，则因其法律性质解为以处理事务为目的的委托合同，学说上一致认为不适用商法第 26 条。⑥

(3) 营业的经营委任合同与股东的保护。

公司进行营业全部的经营委任的合同的签订、变更、解除，也需要通过股东大会的特别决议（公司法第 467 条第 1 款第 4 项、第 5 项）。不过，有学者认为，并非上述所有类型的经营委任合同都适用此规则，因为无论是哪种类型的经营委任合同，都是以委托公司的名义进行经营，哪怕只是名义上的也好，经营权都在委托公司一方，受托公司接受委托公司授予的代表权进行经营，委托公司的管理层负经常的监视义务。在

---

① 大隅健一郎『商法総則（新版）』（有斐閣　1978 年）325 頁、升田純「現代型取引をめぐる裁判例」判例時報 1653 号 11 頁、池野千白「企業外観法理と商法 26 条」中京法学 37 巻 3・4 号 79 頁、伊藤敦司「商法 26 条の適用範囲に関する一考察」杏林社会科学研究第 19 巻第 4 号（2004 年 3 月）64 頁注 3。

② 東京高判平成 14 年 2 月 12 日金融・商事判例 1148 号 39 頁、東京高判平成 14 年 8 月 30 日金融・商事判例 1158 号 21 頁。

③ 服部栄三『商法総則（第 2 版）』（青林書院新社　1975 年）434 頁。

④ 山本和子「商法 26 条について」名古屋文理大学紀要第 3 号（2003 号）42 頁。

⑤ 森宏司「営業譲渡における商号統用者責任の要件（上）」銀行法務 2004 年 10 月号 18 頁。这样的判例有東京高判平成 13 年 10 月 1 日金融・商事判例 1129 号 13 頁、大阪高判平成 14 年 6 月 13 日判例タイムズ 1143 号 283 頁。

⑥ 服部栄三『商法総則（第 2 版）』（青林書院新社　1975 年）435 頁、山本和子「商法 26 条について」名古屋文理大学紀要第 3 号（2003 号）42 頁。

这点上，其与营业的租赁不同，因委托公司仍保留控制受托人的权限，可以认为仅限于在委托公司经营管理层权限大幅缩减的情形下才适用该规则。[①]

同样，根据公司法的规定，在这种情形下，反对股东对公司可行使股份回购请求权。

（4）反垄断法上的规定。

根据独占禁止法第 16 条第 1 款的规定，公司因受任经营其他公司营业的全部或重要部分而造成实质上限制一定交易领域内的竞争的，则不得进行该受任。

3. 营业全部的损益共通合同以及其他准于此合同的合同

与他人共通营业上的损益全部的合同指的是，当事公司维持各自的独立性，但共同核算损益，并将损益以事先约定的方法向各当事公司进行分配的合同。各企业放弃独自经营与独立核算，作为企业集团的一员按照约定的比例接受损益的分配。依此，当事公司可避免投资的重复，实现规模效益。[②] 该类合同被视为民法上合伙的一种。[③]

其他准于此合同的合同，则为包含与公司法第 467 条第 1 款第 4 项所列举的上述合同同等的所有合同。例如，共同销售公司的销售的分配或为进行集中的销售卡特尔[④]，某一公司对其他公司负有缴纳营业上全部利益的义务，但每年可获得一定金额的合同（Gewinnabführungsvertrag）等，就属于此类合同[⑤]。

公司进行与他人对于营业上的损益全部共通的合同及其他类似于此的合同的签订、变更、解除的，需通过股东大会的特别决议。因其以使营业的全部参加为前提，故在解释上当然应限定于以全产品为对象的情形。[⑥] 同样，在这种情形下，反对股东也可对公司行使股份回购请求权。

---

① 高橋美加「経営委任契約における会社法 22 条 1 項の類推適用について―ゴルフ場経営の事例を中心に」黒沼悦郎＝藤田友敬・江頭憲治郎先生還暦記念『企業法の理論（上巻）』167 頁（商事法務　2007 年）を参照。

② 参见 ［日］ 山下真弘：《日本公司法上的营业转让与股东保护》，刘小勇译，载《太平洋学报》，2009（7），57 页。

③ 大隅健一郎『企業合同法の研究』（弘文堂　1935 年）214 頁を参照。

④ 参见 ［日］ 山下真弘：《日本公司法上的营业转让与股东保护》，刘小勇译，载《太平洋学报》，2009（7），57 页。

⑤ 江頭憲治郎『株式会社法』（有斐閣　2006 年）855 頁を参照。

⑥ 参见 ［日］ 山下真弘：《日本公司法上的营业转让与股东保护》，刘小勇译，载《太平洋学报》，2009（7），57 页。

同样，公司因签订与其他公司共通营业上的损益全部合同而造成实质上限制一定交易领域内的竞争的，则不得签订该合同（独占禁止法第 16 条第 1 款）。

三、其他各国及地区的制度概况

（一）中国台湾地区的有关规定

1. 让与担保

台湾地区的让与担保制度也是通过判例所确定的，根据其"最高法院"判决，所谓让与担保，是指债务人为担保其债务，将担保物所有权移转登记予债权人，而使债权人在不超过担保之目的范围内取得担保物所有权，债务人如不依约清偿债务，债权人可将担保物变卖或估价，而就该价金受清偿。[①]

关于公司将其全部或主要部分营业或财产进行让与担保是否需经过股东大会的特别决议，尚无相关判例出现，故学者对此问题的关注甚少。有学者认为，依"公司法"第 185 条第 1 项第 2 款的文义，"让与"应指具有移转营业或财产所有权的行为，故如公司为举债或营业的需要将其全部或部分营业或财产设定让与担保，解释上仍应通过股东会的特别决议；不过，根据"企业并购法"第 4 条第 4 款关于收购的定义，营业让与应属于以股份、现金或其他财产作为对价的有偿行为，而在让与担保的情形下，债务人将标的物的所有权移转于债权人，其目的仅在于提供担保，当债务人不履行债务时，债权人可就担保标的物优先受偿，且应以变卖担保物、协议估价或订立契约以担保物抵偿债务等方式进行，因此，其效果与设定担保物权向他人借款无异，故其是否应通过股东大会的特别决议，仍有探讨的余地。[②]

2. 营业出租、委托经营或与他人经常共同经营

台湾"公司法"第 185 条第 1 项第 1 款规定，缔结、变更或终止关于出租全部营业、委托经营或与他人经常共同经营之契约，需通过股东大

---

① 参见王志诚：《企业组织重组法制》，180 页。
② 参见上书，182 页。

会的特别决议。这与日本法上的分类以及规定如出一辙，显然是在借鉴日本法的基础上制定的。又据该"法"第 186 条的规定，如股东于股东大会就前项事项决议前已以书面通知公司反对该项行为的意思表示，并在股东大会上提出异议的，可行使股份回购请求权。而"公平交易法"第 6 条第 1 项第 3 款、第 4 款规定，承租他事业全部或主要部分之营业或财产者、与他事业经常共同经营或受他事业委托经营者，为事业结合；该"法"第 11 条进而规定，事业结合如符合（1）事业因结合而使其市场占有率达三分之一、（2）参与结合之一事业的市场占有率达四分之一、（3）参与结合之一事业的上一会计年度之销售金额超过中央主管机关所公告之金额等情形，应向中央主管机关申请许可。

（二）韩国法[①]

1. 让与担保

韩国有判例认为，将成为公司存续之基础的重要财产作为担保提供，如果财产是依卖出担保[②]而转让的，那么若在赎回期内不能赎回，营业的全部或者重要部分就被歇业，因此要求通过股东大会的特别决议（大法院 1965 · 12 · 21 判决）。

2. 营业的租赁、经营委任、损益共通合同等

韩国法沿袭了日本法上的分类方法，将营业租赁性质的行为分为营业租赁合同、经营委任合同、共同损益合同以及其他准合同。而且，对其的规定也几乎与日本法相同，根据其商法第 374 条第 1 款第 2 项规定，公司租赁或者委托经营营业的全部，与他人签订、变更、解除共担全部营业的损益的合同及其他准合同的，应当履行股东大会的特别决议程序。营业租赁合同是指出租人接受对价，让承租人利用营业财产及营业组织，承租人以自己的名义及自己的计算进行营业的合同。虽然营业租赁并非最终处分营业，没有营业转让所具有的对公司存立的威胁，但是，因公司财产属于第三者占有，有可能导致公司财产基础的不安，故进行全部营业租赁需履行股东大会的特别决议程序。当然，部分营业的租赁则不

---

① 本章对韩国法的介绍，参阅了 ［韩］李哲松：《韩国公司法》，吴日焕译，401～403 页，以及吴日焕译：《韩国商法》。

② 因日本将让与担保分为让与式担保与买卖式担保，故笔者认为此处的"卖出担保"应为让与担保中的买卖式担保。另参见 ［日］我妻荣：《新订担保物权法》，592 页，东京，岩波书店，1987。

需通过股东大会的特别决议。而且，承租其他公司营业时，也须接受反垄断法上的规制。

经营委任合同是指将公司经营委托给受托人，营业活动的名义和损益核算归于委托公司，委托公司向受托人支付报酬的合同。同理，将全部营业进行经营委任也需履行股东大会的特别决议程序。而受任其他公司经营的行为也必须接受反垄断法上的规制。

共同损益合同是指与他人共同承担营业的全部损益的合同，即数个企业之间共同营业，并根据所投入资本的比例或其他约定的比例分担或分配损益的合同。签订这种合同可产生与营业租赁或经营委托相同的效果，故要求通过股东大会的特别决议。

其他准合同是指分别类似于营业租赁、经营委任、共同损益合同的所有合同。例如，各种托拉斯、康采恩、销售卡特尔等可理解为这类合同，因其可能对公司经营基础产生重大影响，故也需通过股东大会的特别决议。

而且，公司如通过了关于上述事项的决议，反对股东同样可行使股份回购请求权。

(三) 法国法

1. 商事营业资产的质押

与日本的情况类似，由于传统的不动产抵押制度、动产的质押及抵押制度不能满足企业筹资的需求，法国 1909 年 3 月 17 日法律（第 8 条及随后条款）规定了商事营业资产的质押制度。依据该制度，商事营业资产的所有权人可不转移占有、将其营业资产作为一个整体财产抵押给债权人，以获得债权人提供的贷款，而当商事营业资产的所有权人不能够按期返还贷款时，抵押权人可通过变卖或公开拍卖商事营业资产优先受偿。该制度的优越性在于可使商人在继续经营的前提下获得融资，而继续进行经营也可保证债权人得以有效地实现担保债权。[①]

为了维护第三人的利益，法国法规定营业资产的质押应当在商事营业资产所在地的商事法院书记官处登记，以示公告，且登记必须在设立质押合同订立之日起 15 天内履行，否则，质押无效（1909 年 3 月 17 日

---

① 参见张民安：《商法总则制度研究》，368~370 页。

法律第 11 条）。① 为了保证商事营业资产质押合同的实效，依据法律规定与学说理论，抵押人除对商事营业资产享有管理权外，还可对其享有一定程度的处分权，但应承担正常经营商事营业资产、不得随意搬迁商事营业资产、不得随意变更经营活动等义务；而抵押权人则享有优先受偿权、追及权以及（拍卖或变卖的）竞价权等权利。② 此外，商事营业资产经营场所的出租方还负有不得随意解除租赁合同的义务。也许正是因为有了这种质押制度③，法国法并未确定让与担保制度。

关于营业资产的质押是否必须履行股东大会的特别决议程序，法国公司法并未明文规定，而判例则是以该质押是否会影响公司继续经营、甚至影响到公司的存在为标准进行判断的，如果影响，则理应通过股东大会的特别决议。④

2. 营业的租赁—经营

法国法与日本法、韩国法不同，仅在法律中规定了租赁—经营（location-gérance，1956 年 3 月 20 日法律）这样一种形式。在租赁—经营中，承租人以自己的名义经营，并向资产所有人支付一定的报酬。⑤ 可见，法国法上的租赁—经营大致相当于日韩法上的营业租赁。

法国判例将租赁—经营合同视为一种无形动产租赁合同，因此，出租人必须保证承租人平静地享用营业资产，特别是不能与承租人开展竞争。因被交付的租赁物是营业资产，而营业资产由多种要素构成，故出租人应当将自己对其享有所有权的营业资产构成要素全部交付给承租人。而承租人必须交纳租金，尤其要对资产进行实际经营。其理由在于，如承租人不经营资产，将会引起资产的顾客群体散失，从而导致营业资产

① 参见［法］伊夫·居荣：《法国商法》，第 1 卷，罗杰珍、赵海峰译，771 页。
② 参见张民安：《商法总则制度研究》，378～383 页。
③ 不过，由于这种质押是一种不完善的担保，故并不很有效。因为，首先，其顺位很低，质权债权人之前还有国库债权的优先权，而且，在裁判重整程序中，还可能有薪金雇员首先享有的优先权；其次，设立质押的财产范围窄，不动产不能用于质押；最后，当质押权人想到要卖掉营业资产时，营业资产这时一般几乎丧失了价值。参见［法］伊夫·居荣：《法国商法》，第 1 卷，罗杰珍、赵海峰译，770～771 页。
④ 参见［法］伊夫·居荣：《法国商法》，第 1 卷，罗杰珍、赵海峰译，367～368 页。
⑤ 参见上书，771～772 页。此外，虽然立法没有明文规定，实践中人们也采用另外一些合同形式，如"管理合同"（contrat de managemant），在这种类型的合同中，资产持有人仍然是名义上的经营者，故其大致相当于日本法上的经营委任合同；又如"薪金雇员管理经营"（gérance salariée），在这种类型的合同中，资产的所有权人仍然保留着资产经营者的身份，而由其雇用的某一个薪金雇员来实施管理，该薪金雇员往往通过参与利润分配的方式来取得报酬。

本身消失。[①] 此外，除非营业资产的出租人同意，承租人不得将营业资产转让给第三人；而且，承租人还应当继续履行出租人与第三人订立的劳动合同。[②]

在对出租人的债权债务人的关系上，有判例认为，在理论上，由出租人订立的合同对租赁经营人并无效果，租赁经营人并无义务去履行这种合同，也不得请求履行这些合同。[③] 可是，由于营业资产的租赁有可能减损营业资产的价值，使债权人的一般担保基础削弱，故法国法规定，如果债权人认为营业资产的租赁可能会使自己的债权不能实现的话，可在进行关于营业资产的租赁公告后 3 个月内向商事法院起诉，要求出租人即刻清偿自己的债务（1956 年 3 月 20 日法律第 7 条）。[④]

在对承租人的债权人关系上，一般原则为：由于承租人是商人，应对资产的经营负责。但是，法律明文规定，在租赁经营合同于"商事登记簿"上进行公告之后的 6 个月内，出租人须与经营管理人一起对后者在经营资产时缔结的债务负连带责任（1956 年 3 月 20 日法律第 8 条）。不过，由于这种连带责任的依据并不充分，故判例往往严格适用这一条。[⑤]

在对营业资产买受人的关系上，法国法倾向于认为，一旦第三人购买正在租赁中的营业财产，第三人有权解除出卖人与承租人订立的租赁合同，此时，营业资产的承租人仅享有要求出租人承担损害赔偿的权利。[⑥]

在租赁经营期限到期后，也存在着很多问题。在对第三人的关系上，由于在租赁经营到期后租赁经营人缔结的债务并不能转移至资产出租人，为了避免租赁经营人在没有清偿债务之前逃之夭夭，债权人可以立即要求清偿债务（1956 年 3 月 20 日法律第 10 条）。在出租人与承租人之间的

---

① 参见［法］伊夫·居荣：《法国商法》，第 1 卷，罗杰珍、赵海峰译，774～775 页；张民安：《商法总则制度研究》，389 页。
② 关于这一点，法国劳动法虽未明文规定，但其学说判例均持肯定的态度。田中昭一「営業の賃貸借と第三者との関係—フランス法の1956 年 3 月 20 日法を中心として」『商事法の研究—大隅先生還暦記念』（有斐閣　1965 年）7 頁を参照。另参见张民安：《商法总则制度研究》，389 页。
③ 参见［法］伊夫·居荣：《法国商法》，第 1 卷，罗杰珍、赵海峰译，775 页。
④ 参见张民安：《商法总则制度研究》，390 页。
⑤ 参见［法］伊夫·居荣：《法国商法》，第 1 卷，罗杰珍、赵海峰译，775 页；田中昭一「営業の賃貸借と第三者との関係—フランス法の1956 年 3 月 20 日法を中心として」『商事法の研究—大隅先生還暦記念』（有斐閣　1965 年）18 頁。
⑥ 参见张民安：《商法总则制度研究》，389～390 页。

关系上，有判例认为，租赁经营人不享有合同延展权，除非得到出租人的同意，否则租赁经营人在合同到期时应放弃经营，一般来说，租赁经营人也不能得到任何补偿金，即使通过他的经营活动使营业资产的顾客群体有所增加。有学者还认为，除了有相反条款规定之外，原承租人不得在出租人的营业资产的附近重新开业，与出租人开展竞争。① 不过，也有学者认为，除非营业资产租赁合同对承租人在合同终止后的竞业禁止义务作出规定，否则承租人在营业资产租赁合同终止后仍然有权从事与出租人类似的商事经营活动。②

　　而在对股东的关系上，法国法上并无要求需通过股东大会决议的明确规定。判例对此所采取的态度是，如果该租赁行为有可能引起公司经营范围的变更甚至公司解散，就必须履行股东大会的特别程序。反之，如果将某项营业资产进行租赁经营，正常情况下需要修改公司章程，但如果做出这样的决定不会影响公司的活动，董事会也可以在特别情况下作出租赁经营的决定。③

（四）美国法

1. 按揭

　　美国法上相当于大陆法系的让与担保制度为按揭（mortgage）。④ 关于公司财产的按揭是否需要通过股东大会的特别决议，美国模范公司法第12.01条规定，除非章程另有规定，不论是否在通常或常规的业务中，对公司全部资产进行按揭或质押（pledge），均不需股东的同意，特拉华州、纽约州以及加利福尼亚州等也存在着类似的规定。⑤

　　对此，学说上也有见解认为，即使将公司全部财产进行信托或按揭，只要不以公司事业的终结、解散及重组为目的，就不需要股东大会的决议。⑥ 而判例也与制定法及学说持相同的态度。⑦ 有学者认为，之所以美

---

① 参见［法］伊夫·居荣：《法国商法》，第1卷，罗杰珍、赵海峰译，776页。
② 参见张民安：《商法总则制度研究》，391页。
③ 参见［法］伊夫·居荣：《法国商法》，第1卷，罗杰珍、赵海峰译，367~368页。
④ 参见齐恩平：《让与担保与按揭法律制度研究》，载《法学杂志》，2005（3），78页。
⑤ Del. Gene. Corp. Law. §272；N. Y. Bus. Corp. Law，§911；Cali. Gene. Corp. Law，§3900.
⑥ Ballantine, On Corporations (rev. ed. 1946), p. 670.
⑦ Boteler v. Bagy (1936), 55 P. 2d. 1207；Greene v. Reconstruction Finance Corp, 24F. Supp. 181, aff'd 100F. 2d. 34 (Del. Stat.).

国法不要求公司全部财产的按揭需经股东的同意，是因为美国衡平法上的按揭制度更重视担保的侧面，且可成为担保标的物的范围远不如让与担保广泛①；而如果出现实质性与转让同一效果的情形，也应履行股东大会的特别决议程序②。

2. 营业的租赁

由于美国法不承认在无约定的情形下转让人负有一般意义上的竞业禁止义务，而只承认转让人负有不得进行诱引旧营业的顾客等不正当行为的义务，故由此可推断在公司租赁其全部财产时，出租人当然也不负有竞业禁止义务，除非租赁合同中有特别约定。

而在关于股东保护的问题上，判例似乎倾向于认为，公司租赁其全部财产时，不需股东大会的承认决议，其理由为，公司虽将其全部财产租赁，但这并不意味着公司被剥夺了在租赁后继续经营同一事业的权限，因此，该转让不需股东大会的承认决议。③ 不过，美国模范公司法则规定租赁全部财产应取得股东的承认，当然，其前提是公司因此而失去重要的且持续的事业体。而有的州公司法规定包含商誉、营业权的公司全部财产的租赁需股东大会的承认决议，有的州公司法规定事业的通常过程外的全部财产租赁需股东大会的承认决议。④

四、我国法的现状及借鉴

（一）营业担保

与日本的企业一样，我国企业无疑也需要在继续占有营业性资产、

① 山下真弘『会社営業譲渡の法理』（信山社　1997年）193～194頁を参照。衡平法上的按揭虽也承认权利转移，但转移的是衡平法上的权利而非普通法上的权利（屈茂辉、戴谋富：《按揭与让与担保之比较》，载《财经理论与实践》，2001-03，126页）。而关于担保标的物的范围，按揭虽然可以适用于动产，但主要适用于包括现房、在建工程和楼花的不动产；而让与担保适用标的范围十分广泛，凡是依法可以转让的财产权，包括不动产、动产所有权、企业所有权、他物权、债权、知识产权以及正在形成中的权利均可以成为让与担保的标的物（参见齐恩平：《让与担保与按揭法律制度研究》，载《法学杂志》，2005（3），78页）。从这点看，让与担保对公司存续的影响也许更大。

② 山下真弘『会社営業譲渡の法理』（信山社　1997年）74頁を参照。

③ In Re Knaisch (1922), 203 App. Div. 725, 197 N. Y. S. 116.

④ 详见第五章之三之（一）中的论述。

经营营业的前提下，以自己的营业作担保以获取融资。① 可是，根据我国《担保法》的规定，动产质押的设定需将质物移交给债权人占有②，而权利质押中的各类票据质押也必须向质权人交付凭证③，且可用于质押的其他权利范围有限④，而构成营业的商誉、老铺权、营业权等都不得用于质押。至于抵押，我国《担保法》仅明文规定了有限的几种财产可作为抵押目的物，至于其他财产可否用于抵押，则须依据法解释。⑤ 关于动产抵押，有观点认为可用于抵押的动产应限于特殊动产与生产资料⑥；也有观点认为应从宽，只要某项财产符合抵押物的条件，即抵押人有权处分、具有可转让性、便于管理和实施，就应当承认其属于抵押物范围⑦。可是，无论怎么从宽，其范围均不及让与担保广泛。⑧ 况且抵押权的实现相对来说也比较僵化、复杂。此外，我国并未规定财团抵押制度，《物权法》虽然也规定了类似于日本企业担保制度的浮动抵押制度，但该制度仅允许以动产作为抵押物，而价值更大的不动产以及权利类财产则不能用以抵押，且还存在着其他制度设计上的缺陷，以至其担保融资功能大打折扣。⑨ 而《担保法》虽也规定可将法律允许的动产、不动产以及权利一并抵押，这似与财团抵押类似，但对抵押人的资格、抵押标的范围、抵押的登记机关和公示方法及抵押的效力等问题均未作出不同于普通抵押的界定。⑩ 因此，在我国现行制度下，企业难以其营业资产作为担

---

① 参见汪渊智、陈敏：《略论让与担保制度在我国的确立》，载《山西省政法管理学院学报》，2005（2），29 页；齐秀梅：《动产让与担保制度之可行性探讨》，载《长春理工大学学报》（社会科学版），2007（4），86 页。而且，众所周知，我国中小企业、民营企业融资难的问题更为突出。

② 参见《担保法》第 63 条、第 64 条。

③ 参见《担保法》第 76 条。

④ 《担保法》明文规定的只有商标权、专利权以及著作权中的财产权，参见《担保法》第 75 条。

⑤ 参见《担保法》第 34 条、第 37 条。

⑥ 参见江帆、孙鹏：《交易安全与中国民商法》，103 页，北京，中国政法大学出版社，1997。

⑦ 参见孔祥俊：《担保法例解与适用》，256 页，北京，人民法院出版社，1996。

⑧ 根据《担保法》第 53 条的规定，债务履行期届满抵押权人未受清偿的，可以与抵押人协议以抵押物折价或者以拍卖、变卖该抵押物所得的价款受偿。由此可见，与日本法相比，我国法上抵押权的实现形式更为灵活，故我国法不存在日本法上抵押权实现手续复杂的缺点。

⑨ 参见关涛：《浮动抵押刍议》，载《法学论坛》，2007（3），117～122 页。

⑩ 参见《担保法》第 34 条。参见陈本寒：《财团抵押、浮动抵押与我国企业担保制度的完善》，载《现代法学》，1998（4），55 页。

保物进行融资。而从比较法的角度来看，为便于企业融资，日本及其他各主要国家、地区也都各自确立了营业让与担保制度及营业资产质押制度，故我国也应考虑引入适当的营业担保制度。笔者认为，法国式的商事营业资产质押制度设计较为复杂，立法及实施成本较高，且未见得有很好的效果，而让与担保制度的利用则相对简单易行，故我国可考虑引入营业的让与担保制度。

我国《公司法》对营业转让的程序要件没有进行专门规定，但也并非完全无法可依。该法第 122 条规定，上市公司出售重大资产超过公司资产总额30%的，应履行股东大会的特别决议程序。而对于非上市公司，根据第 105 条的规定，公司章程可规定转让重大资产必须通过股东大会的决议。尽管《公司法》并未明确此处的"资产"的概念，但如营业转让符合上述条件的，也同样需通过股东大会的决议。因我国立法以及司法尚未确立让与担保制度，在实践中如当事人自觉运用营业让与担保方式的，在设定之时其只能表现为公司资产的转让，故如该担保资产构成重大资产的，依据我国《公司法》及公司章程的规定，该让与担保必须履行股东大会的特别决议程序。可是，让与担保的目的在于融资，而非资产转让，这样处理无疑过于扩大了需股东大会特别决议的范围。因此，借鉴日本、我国台湾地区以及美国的判例与学说，我国可大致确立以下原则：营业的让与担保原则上不应使其履行股东大会的决议程序，但在有必要考虑股东利益时，如在转让资产的同时还转让了各种事实关系或包含了经营委任合同等情形，则必须通过股东大会的决议。

(二) 营业租赁及委托经营

因我国法上不存在明确的营业概念，故当然也不存在定义与规范营业租赁及委托经营的明文规定，但在我国的经济实践中，事实上存在着大量公司经营承包、委托经营以及租赁经营的事例。在公司经营承包的框架下，承包人一般是以公司的名义进行营业活动，而盈亏则归属于自己，并向发包公司缴纳一定的承包费。[①] 因此，公司经营承包合同类似于日本法上狭义的经营委任合同。我国经济活动中也存在着大量的委托经

---

① 参见刘俊海：《新公司法框架下的公司承包经营问题研究》，载《当代法学》，2008（2），75 页。

营合同，这其中，有的合同类型也相当于日本法上的经营管理合同。① 此外，我国也存在着不少公司营业的租赁事例。② 这些合同大致相当于日本法上的营业租赁。至于与他人对于营业上的损益全部共通的合同，则似乎有些类似于我国的法人联营制度。虽然一些行政法规如 1988 年 3 月 1日起施行的《全民所有制工业企业承包经营责任制暂行条例》、1988 年 7月 1 日起施行的《全民所有制小型工业企业租赁经营暂行条例》等对国有企业的类似行为进行了规范，但这些法规所规定的对象并非一般意义上的营业租赁及委托经营，且适用对象仅限于国有企业，加之有些制度还很不合理，远远无法作为关于企业间营业租赁及委任经营的一般规范甚至是参考规范。③

在解释论上，对于租赁及委托当事人之间的关系以及债权债务的处理，借鉴前述日本法与其他各国法的经验，我国法可大致确立如下原则。

进行营业租赁的，在当事人之间的内部关系上，营业的出租人在出租期间，负有让承租人使用营业并从中取得收益的义务，即出租人将构成营业的所有财产转移给承租人占有，并向承租人介绍原有的客户、传授营业上的秘诀等；如无特约，债权债务并不转移；出租人在租赁期间对承租人负有竞业禁止义务。而在对外关系上，出租人的债权债务原则上也不发生转移，但承租人继续使用原商号的情形除外。

---

① 笔者查阅了一些冠以委托经营合同名称的合同，发现在经济活动中，这类合同并不存在一定的固定内容。有的实质上是承包合同，有的实质上是资产租赁合同。当然，也有纯属于提供劳务式的经营管理合同，如宁夏英力特化工股份有限公司委托中国国电集团石嘴山发电厂运营管理其位于国电石嘴山发电厂的 10♯50MW 发电机组及其全部资产事例，参见《宁夏英力特化工股份有限公司委托经营合同公告》，见 http://stock. jrj. com. cn/cominfo/ggdetail _ 2008 - 10 - 29 _ 000635 _ 719767 _ stock. htm。

② 如太原煤气化股份有限公司租赁太原城市煤气工程气源厂部分资产进行经营，参见《太原煤气化股份有限公司关于租赁经营太原城市煤气工程气源厂部分资产的关联交易公告》，见 http://business. sohu. com/20061025/n245995511. shtml；又如上海飞鸣工贸有限公司对昆山市华建塑钢门窗有限公司进行租赁经营案件，参见《上海飞鸣工贸有限公司诉昆山市华建塑钢门窗有限公司企业租赁经营合同》，见 http://www. lawtime. cn/info/sunhai/jlhtjf/2008110843767. html。

③ 如《全民所有制工业企业承包经营责任制暂行条例》第 14 条规定，发包方为人民政府指定的有关部门，承包方为实行承包经营的企业。但企业应为合同的客体，且即使作为主体，自己又如何承包自己呢？又如《全民所有制小型工业企业租赁经营暂行条例》第 9 条规定，承租人仅为个人或厂长，这本身与传统商法中的企业间租赁经营相去甚远。再如，《全民所有制小型工业企业租赁经营暂行条例》第 31 条规定，企业租赁经营前的债权债务及遗留亏损的处理办法，按照租赁经营合同规定办理，这明显未考虑原债权债务人的利益。

　　进行狭义的营业委托经营的，在内部关系上，因委托人营业产生的债权债务不转移至受托人；即使在对外关系上，无论是否续用原商号，受托人不承担原营业债务的清偿责任，但如发出承担债务的通知或公告的，则应对债权人承担清偿责任。而如签订营业的经营管理合同，则无论在对内还是对外关系上，因委托人营业产生的债权债务均不转移至受托人。

　　我国《公司法》上并未明文规定公司可否进行营业的租赁、委任，而学术界对于公司能否将其营业承包给第三人尚存在分歧。本章在此无意讨论这些类型的合同是否合法，但既然这些行为在现实生活中客观存在，故从股东保护的角度来看，《公司法》应对其进行规制。一般来说，公司进行营业全部的租赁，经营委任，与他人对于营业上的损益共通的合同及其他类似于此的合同的签订、变更、解除的，其经营形态发生了重大变化，对股东的利益影响极大，故我国应借鉴日本、韩国、美国等的公司法的规定，规定如公司进行这类行为的，应通过股东大会的特别决议，而且，还应赋予反对股东的股份回购请求权，以保护股东的合法利益。当然，这也不能一概而论，在上述类型的行为中，也有些行为对股东的影响不是很大，如经营管理合同或委托经营活动，在这种情形下，也可考虑使其免经股东大会的决议。

　　最后，在反垄断法的问题上，我国应立法明确禁止实施有可能造成限制竞争的以上行为。①

---

　　①　我国《反垄断法》第20条规定经营者集中包括"经营者通过合同等方式取得对其他经营者的控制权或者能够对其他经营者施加决定性影响"的行为，可这是否包括营业租赁及经营委任尚不明确。

后　记

　　历时五载，这本本该早已出版的拙著终于要和大家见面了，拖了这么久，倒不完全是因为"慢工出细活"，而更多的应归咎于本人的松懈与懒散。

　　我于2004年年底从日本留学归国，有幸被华南理工大学聘为副教授。当时由于一时半会儿还未适应国内的学术环境，加之又经受不住市场经济的诱惑，所以几年下来在学术研究上几乎一事无成。虽然浑浑噩噩地在广州度过了几年，可我骨子里仍想在学问上有些造就，成名成家。我当时认为要实现这个梦想，需要一个短期内没有论文压力、课题压力，能够安心做学问的环境。正好地处一隅的汕头大学山清水秀，宛如世外桃源，科研压力小，且学校又能给我爱人安排一个有正规编制的工作，于是，在经历了几番痛苦的挣扎之后，我带着学术的梦想于2008年来到了汕头大学。可是，这里虽然宁静，但不适宜于体制内的发展，且形势变化极快，于是乎我的梦想离现实越来越远。不过，在事业不顺的另一面，我还是得到了其他安慰，享受了无可替代的天伦之乐，也做了一些踏踏实实的学问。

　　来到汕头大学不久，为了尽快在学术上有所建树，我想尽快先完成一部专著。本来，翻译并完善在日本期间撰写的博士论文是一个捷径，但我觉得翻译也挺费时间，而且很多地方还要去完善，加之博士论文题目（《敌意收购中目标公司董事的行为规制》）比较狭窄，在写书的过程中很难顺带出论文，于是我决定另拟题目。而企业的并购重组涉及股东及债权人的保护、董事的责任、会计核算、税收等诸多问题，在公司法领域中是一个比较重要且有技术含量的课题之一，国内在此方面的立法、学术研究还很不完善，存在着很大的研究空间，而且我也一直比较关注这个问题，所以我决定将这方面的研究作为今后学术研究的重点之一，并雄心勃勃地制定了撰写公司合并、公司分立、营业转让三部曲的计划。

而相对来说，营业转让又是学术研究中空白中的空白，且与当下商法讨论中的热门话题——商事通则相关，故我决定先从营业转让的研究入手。

几乎就在我准备着手撰写此书的同时，我盼望已久的小女来到了人世。中年得女，十分欣慰。作为新生儿的父亲，我本应该承担起照顾母女的繁重任务，这时多亏了我的岳父岳母，他们虽然年迈，身体也不大好，但不远千里从洛阳来到了汕头，数年如一日地帮我们照看孩子、料理家务，使得我能够有充足的时间来完成本书的撰写。可以说，如果没有老人家们无私尽力的帮助，我无论如何是写不出这本书的。在此，我向岳父岳母的付出与帮助致以深深的谢意！同时，我也要感谢我的爱人，在我写书期间，她悉心地照料着小女，使得小女能够健康茁壮地成长，从而使得我能够安心地从事研究。

在撰写此书的过程中，为了能够完成科研任务以及职称评定，我将与此书内容相关的部分论稿分别向《清华法学》、《山东大学学报》、《民商法论丛》等期刊、集刊投稿，并有幸得到了采用，每次发表都如同雪中送炭，对我的职称评定、课题申请帮助极大，在此，我向这些期刊、集刊的编辑及评审老师们表示感谢！

这部书稿实际上早在 2010 年年底就已完成，当时已经将书稿交付给法律出版社准备出版。而就在此期间，我为了申请课题，先后以本书稿为基础申请各种省部级以及国家级资助项目，并最终幸运地获得了国家社科基金后期资助项目的资助。这个资助项目的获得对我至关重要，因为这几年为了评职称，我几乎申请了所有的省部级和国家级资助项目，由于没有如统计分析、实证调查等研究方法上的"炫技"，也不追逐什么国家需要的如"和谐社会"、"科学发展观"等热门内容，再加之平台、人脉等因素，始终无法申请到一个省部级以上的项目，屡败屡战。而就在我感到几乎没什么希望的时候，这个资助项目及时地来到了。这个资助项目的获得表明了学术界对我研究成绩的肯定，使我获得了荣誉，给了我莫大的鼓励与自信，而更重要的是对我的职称晋升起到了关键的作用。在此，我非常感谢全国哲学社会科学规划办公室为我提供了这样一个宝贵的机会，也非常感谢宁波大学郑曙光老师以及其他几位不知道名字的评审老师们的"慧眼识珠"！此外，在这个国家社科基金后期资助项目获得之前，法律出版社的刘文科老师已经对本稿作了密密麻麻的修改润色，在此，我对他曾经付出的辛勤劳动表示感谢，并对我突然撤稿的行为表示歉意！

　　在获得了国家社科基金后期资助项目的资助之后，我根据评审老师们的修改意见，又花了差不多一年的时间对原稿进行了进一步的完善、深化与补充，才最终交付出版。中国人民大学出版社的编辑在本书的编辑出版过程中付出了大量艰辛的劳动，在此我向他们表示感谢！

　　本人天资愚钝，才疏学浅，文中内容难免存在着浅薄、幼稚及疏漏之处，敬请各位专家学者批评指正。本人也尽量尊重所有与本书内容相关的研究，如有漏引之处，敬请原谅。

　　最后，谨向所有曾经鼓励、支持与帮助过我的人表示诚挚的感谢！

刘小勇

图书在版编目（CIP）数据

营业转让制度研究：以日本法为中心展开/刘小勇著 . —北京：中国人民大学出版社，2014.3

（国家社科基金后期资助项目）

ISBN 978-7-300-19031-0

Ⅰ.①营… Ⅱ.①刘… Ⅲ.①商法-研究-日本 Ⅳ.①D931.339.9

中国版本图书馆 CIP 数据核字（2014）第 044168 号

国家社科基金后期资助项目

营业转让制度研究——以日本法为中心展开

刘小勇 著

Yingye Zhuanrang Zhidu Yanjiu

出版发行	中国人民大学出版社				
社　　址	北京中关村大街 31 号		**邮政编码**	100080	
电　　话	010 - 62511242（总编室）		010 - 62511770（质管部）		
	010 - 82501766（邮购部）		010 - 62514148（门市部）		
	010 - 62515195（发行公司）		010 - 62515275（盗版举报）		
网　　址	http://www.crup.com.cn				
	http://www.ttrnet.com（人大教研网）				
经　　销	新华书店				
印　　刷	涿州市星河印刷有限公司				
规　　格	165 mm×238 mm　16 开本		**版　　次**	2014 年 4 月第 1 版	
印　　张	21.5 插页 2		**印　　次**	2014 年 4 月第 1 次印刷	
字　　数	347 000		**定　　价**	57.80 元	